自序──

儒學轉向：從「新儒學」到「後新儒學」的過渡

「儒學轉向」，是的！儒學是到了一該轉向的年代了；這轉向是依著儒學而開啟新的轉向，又依這樣的轉向，而開啟著一新的儒學。這樣的轉向，我們就稱它為「儒學轉向」，這樣的儒學，在時序處在當代新儒學之後，我們就將它稱為「後新儒學」。

一九九四年，這個關鍵的年代，當時我刻在美國威斯康辛麥迪遜校區（Wisconsin University at Madison）訪問，春雪紛紛，內心有著忡憬，有著憂疑，有著痛苦；我深深感受到當代新儒學是到了一個該轉向的年代了。在二月廿二日，我寫下了《後新儒學論綱》。四月間，我趁著游學之便，在哈佛大學杜維明先生所主持的「儒學討論會」上做了第一次講述，想法與杜先生容或有異，但「和而不同」，本是儒家良善的傳統，重要的是攻錯與啟發，何必強其同。可以這麼說，自此，我的「後新儒學思考」正式啟動了。

一九九四年四月底，我完成了《儒學與中國傳統社會之哲學省察：以「血緣性縱貫軸」為核心的展開》一書的初稿（該書於 1996 年出版），這書主要在闡明儒學與中國傳統社會的複雜關係。它一

方面闡明了儒學之為儒學是不離生活世界、不離社會總體的；一方面則隱然而現的是要脫出「血緣性縱貫軸」的限制，而強調開啟「人際性互動軸」的重要。

在以「血緣性縱貫軸」為中心的一體化結構裡，它是以「宰制性的政治連結」為核心，以「人格性的道德連結」為方法、「血緣性的自然連結」為背景而建構起來的。儒家傳統在這裡的「聖王理想」是眾所周知的，結果卻常轉而落為「王聖現實」的困境，這種詭譎的實況，我名之為「道的錯置」（misplaced Tao）。「道的錯置」如同整個中國民族之咒，這咒如何解開，我認為這不只是在道德、思想層面下功夫就得成效，而是要在整個制度面、結構面做一番轉向，才能開啟嶄新的可能。就此而言，我並不滿意當代新儒家牟宗三先生以「良知的自我坎陷」這樣的「主體轉化的創造」；我倒是聽進了林毓生、傅偉勳兩位前輩所提起的「創造的轉化」。林、傅兩位前輩亦各有所異，我雖較同意創造的轉化，但與彼等主張仍各有異同。

我仍然以為儒家「仁學」之以「人格性的道德連結」為核心，這是恆久不變的。以前帝皇專制年代，一直到黨國威權時代，這核心被「宰制性的政治連結」所攫奪，因而「仁學」在帝皇專制壓迫下異化為「主奴式的心性修養」。現在，「仁學」已脫開了專制、威權，仁學早不應在主奴式的心性修養底下思考問題，而應進到「主體際的道德實踐」。原來儒家是在血緣性的自然連結下，展開其實踐向度的；現在則有所別異，「血緣性的自然連結」雖然是一最為基礎的結構，但卻不是最重要、最巨大的；除此之外，「契約性的社會連結」所構成的社區、社群、社團，進一步以廣義的來說

是一契約所成的公民社會，應該是儒家實踐的最重要依憑土壤。有了這契約性的社會連結所成的公民社會，我們才能進一步去締造一「委託性的政治連結」，實施民主法治，讓政治充分的現代化。我以為儒家的「仁學」在這裡，有一嶄新的可能發展，如同長江出三峽，波瀾壯闊，寬廣盛大。

我總覺得：前輩先生披荊斬棘，以啟山林，自有其存在實感，有這樣的存在實感，因之而有真切的問題意識，進而才有締造新理論的可能。從熊十力、唐君毅到牟宗三，他們最關切的問題是如何克服整個族群的意義危機，透入心性之源，遙契古聖先哲，接續道統，對比西哲，重建道德的形而上學；進而以此下開民主、科學，完成現代化。據實而論，當代新儒學重建道德的形而上學，厥功甚偉；但於民主、科學之開出，對於現代化的理論貢獻並不多。九〇年代後，當代新儒學最重要的議題已不再是三、四〇年代到六、七〇年代，須要去面對整個民族實存的意義危機，它重要的是如何參與一嶄新的公民社會之締造。以是之故，我們可以說問題已不再是如何開出民主、如何開出科學，而是如何在現代化的學習過程裡，去釋放出傳統經典的可貴意義，參與到現代化話語論述的交談過程，有所調節，有所轉進，有所創造，有所發展。簡單的說，問題已不再是「如何從內聖開出外王」，而應該是「如何從外王而調節內聖」。這「內聖——外王」之轉為「外王——內聖」，這顯然是「儒學轉向」的關鍵時刻。

在一九九四年的〈後新儒學論綱〉裡，曾有這樣的陳述：

　　第十六條、「老儒家的實踐立足點是血緣的、宗法的社會，

是專制的、咒術的社會；新儒家的實踐立足點是市民的、契
約的社會，是現代的、開放的社會；後新儒家的實踐立足點
是自由的、人類的社會，是後現代的、社會的人類。」

第十七條、「由老儒家而新儒家，再而後新儒家，這是一批
判的、繼承的、創造的發展；它不是一斷裂的、隔離的、推
翻的發展；究其原因，則根本的仍是那內在的、根源的實踐
動力，此仍是儒學之法鑰。」

就在這樣的定向上，繼續展開了我的後新儒學之路，終在一九
九八年結集成了《儒學革命論：後新儒家哲學問題向度》一書，由
臺灣學生書局出版。以全書所論來說，衡諸「後新儒學論綱」來
說，大體來說，仍然處在由「老儒家」而「新儒家」的發展階段為
多，至於由「新儒家」而「後新儒家」則只起了一些苗芽而已。

綜論之：當代新儒家唐、牟、徐諸先生所締造的理論系統，旨
在指出：如何由「老儒家」開展到「新儒家」。他們強調的實踐立
足點已不是血緣的、宗法的社會，不是專制的、咒術的社會；而是
市民的、契約的社會，是現代的、開放的社會。但值得注意的是，
他們的重點在「如何的開出」，而不是如何在「市民的、契約的、
現代的、開放的社會」裡，如何調節適應與發展。再說，他們對於
那「血緣的、宗法的社會」、那「專制的、咒術的社會」的理解、
詮釋與闡析仍有所未足，因而所謂的開出說常常是一種呼籲而已。
內裡還有許多複雜的問題，這須要下大工夫才能清理明白。換言
之，當代新儒家是指出了儒家面向現代性的重要，但還沒有真切的
去開出一具有現代性的儒學向度，至於邁向一在現代化之後的儒學

向度，那更是遠之又遠，遑不及論。

這麼說來，「後新儒學」其實要去開啟的活動是繁重而巨大的，他不只是在新儒學之後，順著新儒學已開啟的向度去發展而已。更為重要的是，他必須審視整個當代新儒學的發展路向，重新調整、轉進；一方面去釐清原先老儒家與血緣的、宗法的、專制的、咒術的社會之關係，另方面則須正視在市民的、契約的、現代的、開放的社會裡，儒學傳統如何釋放出其原先的意義系統，參與交談、辯證。再者，更為重要的是，後新儒學則必須去面對現代性所帶來之種種異化以及病痛，展開一文化的批判與意義的治療，進而前瞻現代化之後人類文明的可能發展。

在二〇〇三年五月間，〈迎接「後牟宗三時代」的來臨——《牟宗三先生全集》出版紀感〉一文，我曾作了這樣的呼籲與表示：

> 《牟宗三先生全集》出版了，這標誌著牟宗三哲學的完成，但這並不標誌著牟宗三哲學的結束；相反的，它標誌著牟宗三哲學的嶄新起點。這嶄新起點是一轉折，是一迴返，是一承繼，是一批判，是一發展。
>
> 我們當該將牟先生在形而上的居宅中，「結穴成丹」的「圓善」再度入於「乾元性海」，即用顯體，承體達用，讓他入於歷史社會總體的生活世界之中，深耕易耨，發榮滋長，以一本體發生學的思考，正視「理論是實踐的理論，實踐是理論的實踐」，「兩端而一致」的辯證開啟，重開儒學的社會實踐之門。「轉折」，不再只停留於「主體式的轉折」，而

應通解而化之，由「主體性」轉折為「意向性」，再由「意向性」開啟活生生的「實存性」。

「迴返」，不再只停留於「銷融式的迴返」，而應調適而上遂，入於「存有的根源」，進而「存有的彰顯」，再進一步轉出一「存有的執定」。「承繼」，不再只停留於「哲學史式的論述」，而應如理而下貫，一方面上遂於文化道統，另方面做一理論性的創造。「批判」，不再只停留於「超越的分解」，而應辯證的落實，入於「生活世界」所成的歷史社會總體，「即勢成理，以理導勢」，成就一社會的批判，進而開啟一儒學的革命。「發展」，不再只停留於「古典的詮釋」，而應展開哲學的交談，面對現代的生活話語，經由一活生的存在覺知，重構一嶄新的學術話語，參與於全人類文明的交談與建構。

我既做這樣的表述與呼籲，當然，我的整個哲學活動就在這樣的路程中邁進。牟先生的哲學系統成了我最重要的學問資源，但同時也成了我最重要須得去釐清、詮釋與論定的課題。

當然，這樣的嶄新起點「是一轉折，是一迴返，是一承繼，是一批判，是一發展」。他總的來說是「從『兩層存有論』到『存有三態論』的發展」，是從「新儒學」到「後新儒學」的一個轉向。這本文集之定名為「儒學轉向」，其意在此。

這部《儒學轉向：從「新儒學」到「後新儒學」的過渡》大體上是這十年來在海峽兩岸三地講學的部份紀錄。第一章到第四章，是一九九九年春夏間，筆者擔任中央大學哲學所「當代儒家哲學專

題」課程，約六月間，應同學之邀，特別加講了四個講次，以一問一答的方式展開。起先由中央大學哲學所、南華大學哲學所的學生做了紀錄，之後再由師大國文研究所的同學做了文字上的修飾，最後再經筆者訂定。

〈第一章、「哲學」之義涵及其相關的基本論述〉，本章旨在闡明「哲學」的基本義涵，以及由此所衍生之中西哲學對比的問題。首先，筆者指出「哲學」是經由教養、學習、覺醒而回到本源的彰顯；就《論語》的哲學觀而言，基本上便是通過一個「仁智雙彰」的過程而回到本源的彰顯。因此，中國本來就有哲學，只是中國的理論思想主要是以「經、傳、注、疏」的方式來表達，這不同於西方。我們不能從西方或歐美的中心主義來斷定中國只有思想而沒有哲學。再者，討論到中西哲學基本上是一種「存有的連續觀」與「存有的斷裂觀」的對比區分。當我們談論中國哲學的時候，也必須在這樣一個宏觀的文化型態學底下，才能夠找到自己的定位。就中國存有的連續觀之文化型態而言，我們也必須去正視從原來的巫祝、占卜傳統與後來之道德教化傳統之連續性的問題。基本上儒家是用「人文化」的方式，才將原來鬼神、巫祝的信仰傳統轉而為內在道德的自我確立。

此外，本文更提出了儒道同源而互補的觀點，認為儒家所強調的是「人倫的自覺」，而道家所強調的則是「自然的生活」。在「存有的遺忘」與「具體性的誤置」（misplaced concreteness）等現代化的危機之下，中國哲學當可以提供一個反思的基點。最後，從劉蕺山所提出的「純粹之善的意向性」出發，說明「意」是在「境識俱泯」而將起，當下一個「淵然之定向」，在這樣的觀點上來看，

則儒學並不是以立誠為其目的，而是以其本身之自為動力為目的而說立誠；更不可忽略中國哲學中所存在的一個「氣」論的傳統，應該要以「理」、「氣」、「心」三個核心概念來看「主體的參與」到「場域的生發」而說的總體之顯現。

〈第二章、後新儒學的思考：對牟宗三先生「兩層存有論」的批判與「存有三態論」的確立〉，本章首先就牟宗三先生「兩層存有論」的理論構造加以反省。牟先生繼承了宋明理學傳統中所強調的心性論與天道論，主張人可以經由修養的工夫，使內在的本然之我與宇宙的造化之源通而為一。雖然牟先生也主張良知可以經由一個客觀化的坎陷歷程以開出知性主體與民主科學，但這種「民主科學開出論」的「開出」基本上只是一種「超越的統攝」意義之下的開出，它說明了理論上的一個轉出的可能，而非實際的發生過程。牟先生哲學不同於康德哲學的關鍵點在於強調人具有「智的直覺」，然而這樣的一個哲學構造方式卻可能忽略了中國傳統中作為生命動源意義下非常重要的「氣」的問題，使得心性主體過分傾向於純粹義與形式義，而忽略了主體在場域之中的具體義、實存義。如此說來，儒學不只是「心學」，而應是「身心一體」之學，應該要從主體性的哲學回到「處所哲學」或「場域哲學」之下來思考。「存有三態論」的理論架構，認為必須要解開與「存有的執定」相伴而生的種種文蔽，返回到「存有的本源」，才能使存有之總體本源於生活世界中加以開展。這樣一個「存有三態論」的理論構造，可以化解掉儒家只是作為心性修養之實踐意義下的形態，而回到一個總體的生活世界，在歷史社會總體裡談安身立命。不僅可以貫通傳統儒、道之經典傳統，也可以開展出儒家之「實踐人文主義」的

真實意義。

〈第三章、儒、道、佛三家思想的「生活世界」與其相關的「意義治療」〉，本章旨在針對儒、道、佛三家思想的「生活世界」一概念提出釐清，並對於相關的意義治療學、存有治療學、般若治療學提出概括性的對比詮釋。首先，釐清了「生活世界」的兩重意義界定，進而審知須得肯定人內在的本源與宇宙的本源是通而為一，而存有之本源（道）則須經由「存有的執定」在「德、性、位、份」中落實。其次，針對儒道佛三家之異同，指出儒家型的意義治療學從「我，就在這裡」開啟；道家型的存有治療學是從「我，回到天地」開啟；而佛家型的般若治療學則是從「我，當下空無」開啟。儒道佛三家的詮釋系統有別而其本源不分，他們都經由一回溯的歷程回到「道」的本身。就治療而言，這得從醫道、醫理、藥理到切實的治療。再者，作者闡述「陰陽五行」運用於「意義治療」的方式，並縷述了意義治療實際展開所涉及之諸問題。強調由「它與我」（it and I）、「我與它」（I and it）再轉而回到「我與你」（I and Thou）等範式的轉變。

〈第四章、良知、良知學及其所衍生之道德自虐問題之哲學省察〉，本章旨在通過對於中國傳統良知學的反省，探討良知在歷史業力形成過程中所造成的種種異化與扭曲，並進一步思考可能的復歸之道。首先，就良知與良知學進行分疏與釐清，指出良知本是當下明白的內在根源之體，但當人們通過語言文字符號系統所理解的良知學，便造成了異化的可能。良知之所以會演變成道德自虐，也正是在帝皇專制的高壓底下，將專制的意識型態與道德良知結合在一塊，而這也是今日在檢討良知學時必須去正視的問題。再者，須

得強調的是如何從宗法封建與帝皇專制之中，將人的個體性提昇出來，正視人的個體性、回到人的主體性，再進而回到根源性的總體。由此獨立的個體，進而形成一個契約性的社會連結，構成一個理想的公民社會；而正視社會公義，在社會公義之下談道德修養，才會使得良知學得以有更為暢達的發展。此外，經由中國傳統小說中所蘊涵的顛覆性思維，探討在帝皇專制、父權中心、男性中心之思維底下所造成之「王法天理」與「江湖道義」等種種詭譎奇特之現象，認為惟有擺脫「宰制性的政治連結」，釐清「血緣性自然連結」之分際，並開啟嶄新的「契約性的社會連結」，才能夠成就一個理想的公民社會之下的人之生存狀態。最後，要指出的是：慈悲才能化解業力，批判的目的，是為了治療，而不是為了奪權。期望能藉由「智慧」與「慈悲」，化解現代文明所含之文蔽及其背後所涵之種種問題。

〈第五章、良知、專制、咒術與瓦解：對於中國文化一個「核心－邊緣」性的理解與詮釋〉，本章原為一九九三年間為清華大學文學所所做的演講，它可以視為「後新儒學思考啟動」的前沿。本章，首先就「核心性」與「邊緣性」的詮釋加以對比理解，認為所謂的核心與邊緣，其實是同一對立面的兩端；並反省了傳統儒學實踐論的缺失，提出對於中國文化的研究，應以一種「核心－邊緣」性的理解與詮釋方式。希望通過這樣的研究態度，破除本質論式的思考，真正去正視傳統思想背後的廣大生活世界與歷史世界。其次，就中國傳統的良知學加以檢討。認為良知學以一種「核心性」的詮釋方式，並不能真正給予整個歷史社會總體與生活世界一個結構性的解釋，因而造成了「無世界論」與「獨我論」的傾向；而這

樣的良知學，基本上是在整個中國帝皇專制的高壓底下所生長出來
的東西。此外，傳統儒學中所強調的道統、根源性的慎獨倫理，以
及根源性的血緣倫理，皆與絕對專制性的倫理有著密切的關聯性。
因此，作者指出，惟有對生活世界的重新發現、對於歷史社會總體
的結構性理解，以及恰當地去建立一個由社會共識所形成的公民社
會，才能真正解開其中的困結。最後，在問題與討論中，作者再次
地強調：中國並不是一個言說論定的傳統，而是一個「氣」的感通
傳統。除了要正視良知與整體文化結構之間的互動關係之外，還要
從這樣一個「氣」的感通傳統轉向言說的論定，並建立起一個客觀
的、公共的空間和生活世界。如此，良知、專制與咒術之間的糾葛
關係，才能夠有真正瓦解的可能。

　　〈第六章、儒學革命的可能方向〉，此章乃二〇〇〇年四月我
在中國上海復旦大學的講詞。本文主要經由對於當代新儒學的反
省，提出「存有三態論」作為後新儒學的一個擬構。首先，作者就
牟宗三先生的「兩層存有論」進行探討，認為其兩層存有論與康德
哲學最大的不同在於「人雖有限而可以無限」，這樣的分別與中西
文化分處於「存有的連續觀」與「存有的斷裂觀」對比下的思考方
式有著密切的關聯性。雖然牟宗三先生這種道德的形而上學的建
立，是為了要克服中國當代思想史上之心靈意識的危機，但因為其
對於心性主體的強調所採取的仍是一種本質主義式的方法論
（methodological essentialism），因而仍未能跳出類似於反傳統主義者的
本質論式的思考窠臼。於此，作者通過熊十力先生的體用哲學而提
出了「存有三態論」思想架構，從存有的根源、存有的開顯，到存
有的執定，希望通過一種「方法論上的約定主義」（methodological

conventionalism），來重新觀照整個傳統文化與現代化之間的關係。由此可知，人們必須要回歸到存有的本源，才有可能展開批判與治療的活動。而這樣一個「存有三態論」與「兩層存有論」最大的不同，即是在於得以免除一個純粹化、形式化的道德之體，回過頭來落實到整個生活世界與歷史社會總體之中。如此，「內聖」經由「外王」的發展而得到安頓，「外王學」也必因「內聖學」的安頓而獲致一個恰當的方向。這樣的儒學就不再只是以心性修養論為核心，而能夠開啟以「社會正義論」為核心的一個發展方向。最後，作者指出，儒學作為一個參與對話的話語系統，應與生活世界密切結合，所謂的「儒學革命」是一個不是革命的革命，其重點在於開啟一個對話、交談的嶄新可能。

〈第七章、後新儒學的基本規模：對比與差異——以「存有三態論」為核心的思考〉，這是二○○一年十月間在臺灣東華大學中文系所做的講演紀錄。本文旨在闡述作者近年來所構作的「存有三態論」之理論系統，以及「後新儒學」的基本規模。首先，作者主張要回到「存在的覺知」，並指出牟宗三先生的哲學系統基本上還是一套以心性論為核心的「道德智識化的儒學」，而其「良知的自我坎陷」此一論點，也是一種「理論上的邏輯次序」安排，不等於「歷史的發生程序」，也不等於「實踐的學習次序」。牟先生這樣的提法，基本上也是其詮釋系統下的必然轉出。再者，我們當可以認定內聖之學應是在整個歷史社會總體與生活世界中所生長出來的學問，因此，面對整個外王情境的變化，內聖之學也必然應有所調整，而聖賢的教言，也必須置於整個歷史文化的總體情境下，才能夠有恰當的理解。

　　面對心性之學與專制主義結合而造成之專制性、暴虐性及以理殺人等種種之異化，我們必須將原來儒學的內聖工夫轉化為一套客觀的制度結構，只有在這樣一個契約性的社會結構底下，人才能夠自然地進入到社會裡頭開展論述，而不再是以「存天理，去人欲」的方式作為時時警覺的核心。當代新儒學並未發展完成，新一波的儒學必須有新的發展，「後新儒學」正是在新儒學之後，以廣大的生活世界與歷史社會總體為基底的一個新的發展。

　　〈第八章、關於「儒家生死學」的一些省察：以《論語》為核心的展開〉，這是一九九四年十月間於清華大學「生死學」課上所做之講演紀錄。本章主要就《論語》一書，探討儒家對於生死的觀點。首先，指出「生死學」乃起源於人的「不安不忍」之感。各大宗教之終極關懷，不同的宗教與思想流派間對於生死的不同觀點，牽涉到對於整個世界的不同理解，而「敬」則是一切宗教之所以相遇的最根本處。儒家所說的「孝」是對於生命根源的一種追溯與崇敬，就整個過去、現在、未來的時間觀來說，儒家重視的是整個生命的連續，將過去收攝到現在，再由現在開啟未來。因此，儒家強調人間性的生生之德，認為惟有對生命有一種恰當的體會，死亡才能夠真正得到安頓。對於儒家而言，從「喪禮」到「祭祀」，代表了一種生死的「斷裂」與「再連結」。喪禮主要用來安頓死者，代表對過去生命的告別；而祭禮則是要提昇生者，將原來的斷裂性轉化為超越性、純粹性，以開啟一個新的內在的人間性，使生命得到恰當的安頓。因此，儒家對於生死問題的理解，乃是重在如何面對生命的存在，使生命能夠通達過去、現在、未來。儒家這種「人文的宗教性」，實表現了一種道德的理性之下通達的生死觀。

　　〈第九章、「後新儒家」的哲學擬構：武漢大學的講詞〉，這是二〇〇〇年四月間在武漢大學哲學系所做的講演紀錄。本文旨在說明「後新儒家」的哲學擬構，首先指出「存有三態論」的最初構想，開始於《存有、意識與實踐》一書，而這樣一個理論，基本上較為接近「氣學」的傳統。「氣」的概念所強調的是一種「實存的歷史性」或「存在的歷史性」，它既是宇宙創生的本體，又是整個生活世界與歷史世界的總體。在宋明理學中，以船山學最為重視「氣」作為核心性的概念。因此，船山學不但是近代啟蒙的一個起點，也潛藏著各種發展的可能性。再者，當代新儒學所面臨到的是「如何從傳統進到現代」的問題，牟先生兩層存有論的理論建構，以及「良知的自我坎陷」說，基本上都是為了克服中國近代思想的存在意義危機。雖然牟先生的兩層存有論主要是消化了康德哲學的架構，但由於兩者背後分屬於「存有的連續觀」與「存有的斷裂觀」兩個不同的文化傳統，因而對於「人」的理解，亦有著不同的觀點。基本上，華人的文化傳統注重的仍是一種「我與你」之互動感通的生息互動，重視場域、脈絡之總體判斷，而牟先生對於「人雖有限而可以無限」的觀點，正是在這樣的文化脈絡下所開展出來的思考。雖然牟先生「良知的自我坎陷」說處理了傳統文化與現代化之間的矛盾，但其缺點卻在於過度高揚了傳統文化中的心性論而忽略了其它不同的向度，而其所論之「民主科學開出說」，基本上也是混淆了「理論的邏輯次序」、「歷史的發生次序」以及「實踐的學習次序」三者之間的關係。再者，通過熊十力先生的體用哲學，提出了「存有三態論」的構想，強調以社會正義論為優先，再來安排心性修養論。通過《論語》中有子與曾子之兩大脈絡，闡釋

了先秦儒學原具有「孝悌倫理」與「忠信倫理」兩種傳統，然而在後來的帝皇專制之下，「忠信倫理」卻因而湮沒萎縮。因此，儒學並不是帝制化的產物，真正應該思考的是，如何才能解開那帝皇專制化的儒學。於此，作者強調，應該要重新建立一個新的「外王」、一個恰當的社會總體與客觀法則性，如此「內聖」之學才能得到恰當的調理與發展；而這樣的儒學，才不會是「以心控身」，而能「暢其欲，通其情，達其理，上遂於道」，調適而上遂地生長。「存有三態論」其實是要回到一個天人、物我、人己通而為一的「道論」的傳統，而「後新儒學」的「後」，基本上也是繼承著當代新儒學的往前轉化與開展。

〈第十章、「後新儒學」的構想：華東師範大學的講詞〉，此文乃二○○○年四月間在上海華東師範大學哲學系的講詞。本文旨在提出「後新儒學」之構想，闡明它是對於當代新儒學的一個反省、繼承與發展。首先，指出當代新儒學主要是繼承了宋明理學以心性之學為主導的發展脈絡，他通過一種方法論上的本質主義，探入到心性之學的核心，並通過這樣一個心性之學的理論建構，安排民主與科學的發展，其目的是為了克服近代中國思想上存在意義的危機。然而，宋明理學與當代新儒學所處的社會結構與所要面臨的問題是有所不同的，當代新儒學所面臨的是宰制型的政治連結瓦解與重建的問題。對於此，當代新儒學應重新思考其開展的可能，必須就整個政治社會共同體的建立，進入到社會契約的民主憲政格局裡面。接著，討論了從先秦到宋明以後的儒學發展，認為先秦儒學重視「社會實踐」，強調的是「身心一如」；但宋明之後卻愈來愈走向心性修養的道路之上，表現出「以心控身」、「心主身奴」的

傾向。當代新儒學雖也留意到這種內傾的可能性，但卻無法徹底走出此內傾的思維，基本上還是通過一個現代哲學的理論建構，來克服這個時代意義實存的危機。最後，提出「存有三態論」作為後新儒學的理論建構，希望由原來對道德本心的過度重視，返回到面對整個生活世界與歷史社會總體。這樣一個理論的提出，基本上是繼承著牟宗三先生「兩層存有論」的體系而向前的一個開展，希望解開道德主體主義的傾向，而真正朝向一個天地人相與為一體的生活世界。

〈第十一章、「存有三態論」與廿一世紀文明之發展——環繞「存有」、「場域」與「覺知」三概念的展開〉，本文乃應國立臺灣師範大學之邀，於二〇〇二年三月二十二日所做之講演紀錄。本文旨在經由「存有」、「場域」與「覺知」三概念，環繞「存有三態論」，省察現代性工具性合理性的異化，進一步尋求其歸復之道，並預示廿一世紀世界和平之哲學反思。首先，指出廿一世紀不只有其「符號」意義，更有其「實存」意義。人之做為一活生生的實存而有，其實存的主體性是至為優先的。人常因「文」而「明」，卻也可能因「文」而「蔽」，我們當「解其蔽」，而使得真理開顯，回到實存的覺知場域之中。再者，對比東西文化之異同，指出「神」的兩個不同向度：人的參與觸動及整體的生長、話語系統所形成的理智控制。進一步，做了人文精神的解構與展望，指出「存有」是「天、地、人」交與參贊而構成的總體本源。「場域」是「道生之，德畜之」、「無名天地之始，有名萬物之母」；而「覺知」則是「寂然不動，感而遂通」這樣的「一體之仁」。

最後，指出「存有三態論」下的人文精神，在東土現象學審視

下的可能發展，如何地解開「存有的執定」，回到「存有的開顯」，再上溯於「存有的根源」，並再迴向於「存有的確定」。如此，通古今之變，究天人之際，方得安身立命。

〈第十二章、儒家哲學與意義治療——以心性學為主導〉，本文原是二〇〇一年間應慈濟大學宗教研究所做的系列講演之一，本文旨在檢討儒家心性學與意義治療之關聯，並藉由生命根源性的縱貫立體結構，以及朱子學、陽明學的修養功夫，指出道德實踐之確切道路，並達到安身立命之最終境界。首先，指出陸王「心性為一」與程朱「心性為二」的差異性，進而闡明心性學是一種在「存有的連續觀」下，心靈意識整體由往而復的修行活動；而道德實踐的動力起源，則是來自於生命本真的根源性感動，在「究天人之際」的同時，成為縱貫的立體結構，並開發、留固生命根源所具有的愛。再者，從信息論的系統來看儒學的內聖學，說明心性學修養落實的功夫，在於強化宇宙與內在心性之源的同一性，並將此同一性如其本真地流露出來。亦即人作為一個「信息之場」，以一己之覺性去「參贊」宇宙萬物，將價值意涵、道德向度與自然哲學連在一起，構成一個天人、物我、人己通而為一的龐大系統。並通過一種確定的、永恆的定向結構關聯，接通道德創造意義之源，使其如愛的源泉一般，滋潤身心、讓身心獲得安頓。

最後，進一步融通朱熹與陽明不同之修養功夫：藉著朱熹「涵養用敬」、「格物窮理」——客觀之理的把握，以及陽明「一體之仁」——致良知於事事物物之上，再次拈出儒家治療學「上通於天，下接於地，中立於己」的道德實踐之路。

〈附錄一、當代中國哲學思維向度之理論反思〉，本文乃應陳

鼓應教授、林義正教授之邀於二〇〇二年十一月廿五日在我的母校臺灣大學哲學系所做的講演紀錄。首先，對哲學話語提出反思，檢討「格義」與「逆格義」的諸多問題。在文化類型學的對比之下，闡述了「存有的連續觀」與「存有的斷裂觀」的異同，並經由這樣的對比彰顯了中國文化自身的主體性。再者，就以中國哲學之研究而言，實亦當注意到歷史社會總體以及豐富的生活世界，從存在的覺知，進而有一概念的反思，以及理論的建構。唯有歸返原典，才能破斥虛假論述，唯有回到實存的生活世界，哲學語言才能有一恰當的衡定。中國哲學須得面對古典話語、現代生活話語，以及西方話語，彼此之間如何轉繹、融通與重鑄的問題。最後，就以臺海兩岸而言，衡情而論，以前是保臺灣以存中國文化之統，而現在則是存中國文化之統以保臺灣，並以此促進兩岸之和平發展，進而參與人類文明之締造。

　　附錄二、附錄三，是澳洲學者梅約翰教授（John Makeham）與我兩次的訪談，第一次是在西元二〇〇三年一月間，第二次是在二〇〇四年二月間，內容所涉甚廣，大體及於思想與意識型態之區分，新儒學、當代新儒學與後新儒學諸多向度。除此之外，還及於臺灣與中國大陸的關係，從主奴意識談到臺灣的本土化，特別關聯到咒術與解咒等問題。

　　政治是一時的，文化是長遠的，人性是真實的，天理是永恆的。

　　果如先哲船山先生所言：

為之而成，天成之也；為之而敗，吾之志初不避敗也。如行鳥道，前無所畏，後無所卻，傍無所逸，唯遵路以往而已爾。（王夫之《讀通鑑論》卷十三）

「儒學轉向」「六經責我開生面」，「轉向儒學」「生面責我開六經」，衷心祝之，虔誠禱之！肫肫此心，不敢不勉！

文集纂成，多賴諸方師友護持，尤其我授業的研究生們更是貢獻卓著，沒有他們的筆錄、謄稿、打字、校訂，這本書不會這麼順利問世的。願此天地道義長存不朽，中華文化因之發皇光大，日新又新。

——乙酉冬末，丙戌春初，孔子紀元二五五七年（西元二〇〇六年）一月廿三日自由日，自序於臺北近郊之元亨居——

儒學轉向：從「新儒學」到「後新儒學」的過渡

目　錄

《儒學轉向：從「新儒學」到「後新儒學」的過渡》
自序 ……………………………………………………… I

第一章　「哲學」之義涵及其相關的基本論述 …………… 1

一、「哲學」就是「經由教養、學習、覺醒而回到本源
　　的彰顯」 ………………………………………… 3

二、主體在場域中經由「仁智雙彰」而回到本源的彰顯 …… 4

三、「哲學」與「思想」不同，中國的理論思想主要以
　　經傳注疏的方式來表達 ………………………… 5

四、一個哲學的發展會牽涉到後起者的詮釋與繼承 …… 6

五、中西哲學的對比區分：存有的連續觀與存有的斷裂
　　觀 ………………………………………………… 7

六、應該要去正視巫祝、占卜的傳統與道德教化傳統之

　　間的連續性 ……………………………………………… 9

七、中國、印度與西方哲學之主流與其宗教傳統有著密
　　切的關係 ………………………………………………… 12

八、從權力結構還原回傳統原點是必要的工作 ………… 13

九、「存有的斷裂觀」是把本源當作客體的對象直線序
　　列地往前推尋，「存有的連續觀」則是要回歸那渾
　　淪、無分別的總體根源 ………………………………… 14

十、儒家用「人文化」的方式，將原先鬼神、巫祝信仰
　　的傳統轉成內在道德的自我確立 ……………………… 16

十一、儒道同源：總體之根源、原初之場域及人的參贊
　　　是和合為一的 ………………………………………… 18

十二、就宇宙本身之存在而說本源、而說彰顯，不在宇
　　　宙本身之存在之外而說本源、而說生起 …………… 20

十三、道的創生動力是就詮釋系統而說的彰顯過程，人
　　　在參與的當下就有一個回到原初內有之動力 ……… 21

十四、「存有的遺忘」與「具體性的誤置」是現代性的
　　　危機，使得人成為一個它者的存在與虛無的存在 … 23

十五、道家哲學與存在主義對於「具體性的誤置」之反
　　　省 ……………………………………………………… 25

十六、道家跟儒家是一個總體的兩面，一個強調「自然
　　　的生活」，一個強調「人倫的自覺」 ……………… 26

十七、「良知」是指向對象而說的「知」，「意」則是
　　　超越善惡之對立而淵然有定向，這定向本身即是善
　　　的 ……………………………………………………… 29

十八、對良知的光景與內縮的純綷意向之治療：回到總

　　　體之根源與歷史社會總體 ……………………………… 31

十九、以「理」、「心」、「氣」三個核心概念來看主

　　　體參與到場域而說的總體之顯現 ………………………… 33

二十、學習是要將具體的生活感知，提到一個理論的、

　　　理性的、抽象的思考 ……………………………………… 36

第二章　後新儒學的思考：對「兩層存有論」的批判與

　　　　「存有三態論」的確立 ……………………………… 41

一、牟宗三先生兩層存有論之構造 ……………………… 43

二、宋明理學和當代新儒學皆主張主體與道體的同一性 …… 44

三、牟宗三先生強調良知學必須經由客觀化的歷程於具

　　體生活中展開 …………………………………………… 46

四、康德是「窮智見德」，牟宗三先生是「以德攝智」 …… 47

五、「民主科學開出論」的「開出」是「超越的統

　　攝」，而非實際的發生過程 ……………………………… 48

六、心性主體被理論化、超越化、形式化、純粹化之限

　　制 ………………………………………………………… 49

七、當代最大的「別子為宗」之確義：疏忽「氣」的生

　　命動源義 ………………………………………………… 50

八、「咒術型的轉出」與「解咒型的轉出」之對比 ……… 51

九、儒學不是心學，而是「身心一體」之學 ……………… 53

十、良知學本身具有專制性的結構，與巫祝、咒術的思

　　維方式 …………………………………………………… 54

十一、要從主體性的哲學回到一種「處所哲學」或「場域哲學」 ··· 55

十二、中日之文化類型對比：情實理性與儀式理性 ·········· 56

十三、「存有三態論」的基本結構——從「存有的根源」、「存有的開顯」到「存有的執定」 ·············· 58

十四、「存有的三態論」隱含有治療學的思維 ··············· 59

十五、以「存有三態論」通貫儒、道諸經典傳統 ··········· 60

十六、從「意識哲學」到「場域哲學」：熊十力先生體用哲學的新詮釋 ·· 62

十七、儒學是「實踐的人文主義」，而不是以「宗教之冥契」為優先 ·· 63

第三章　儒、道、佛三家思想的「生活世界」與其相關的「意義治療」 ······························· 65

一、「生活世界」的兩重意義界定及其開顯之道 ············· 67

二、「調適而上遂於道」不僅是心性修養，也是社會實踐 ··· 68

三、「有道」才能使德、性、位、份得到恰當地釐定 ········· 69

四、存有之本源（道）須經由人心之參與而使其彰顯 ······· 70

五、儒、道、佛三家對於意義治療詮釋系統之不同 ········· 72

六、儒家型的意義治療學從「我，就在這裡」開啟 ········· 73

七、道家型的存有治療學從「我，回到天地之間」開啟 ····· 74

八、佛家型的般若治療學從「我，當下空無」開啟 ········· 76

九、儒、道、佛三家之詮釋系統有別而其本源相通 ········· 78

十、般若治療、存有治療、意義治療可通統為一 ················· 79

十一、「意義治療」是經由一回溯的歷程回到「道」的
本身 ·· 81

十二、從醫道、醫理、藥理到切實的治療 ······················ 82

十三、「陰陽五行」運用於「意義治療」的方式 ············ 84

十四、意義治療實際展開所涉及之諸問題 ······················ 86

十五、由「它與我」、「我與它」再轉而回到「我與
你」 ·· 90

十六、示例：就「千里尋親」這謊論做一意義治療 ········ 92

第四章　良知、良知學及其所衍生之道德自虐問題
之哲學省察 ··· 97

一、「良知之在其自己」及經由語言符號系統而彰顯的
「良知學」 ··· 99

二、關於「良知」與「道德自虐」之為「法病」與「人
病」的問題 ··· 102

三、「道德實踐」與「政治實踐」的糾葛──邁向社會
公義的可能 ··· 105

四、道德威權、道德自虐是對立面的兩端所成的一個總
體 ··· 108

五、「氣的感通」下的傳統乃是一非關他律與自律的
「交融的倫理」 ··· 110

六、瓦解「無形的專制」才能使得儒學進到社會公義的
層次來思考 ··· 112

七、破除專制義下的心性修養而進入社會正義下的道德
實踐 ··· 115

八、章回小說中的顛覆性思維及其相關之「禮教吃人」
的問題 ··· 118

九、儒學「人學」的新開啟：建立契約性社會連結、締
造委託性政治連結、實現人格性道德連結 ················· 123

十、帝皇威權、父權男性中心主義下「王法天理」與
「江湖道義」的矛盾辯證 ·· 125

十一、文明、文蔽及其背後所涵之種種問題經由慈悲才
能化解 ··· 132

第五章　良知、專制、咒術與瓦解：對於中國文化
一個「核心–邊緣」性的理解與詮釋 ·············· 139

一、本文的緣起及問題的點出 ··· 141

二、另一種詮釋的方式：「核心–邊緣」義的提出 ·········· 142

三、中國儒學實踐論的缺失及其相關問題 ······················ 142

四、以「核心–邊緣」性替代傳統「核心性」的理解方
式：解咒的可能 ·· 146

五、傳統中國哲學的貧困與其再生的可能 ······················ 147

六、如何檢驗「核心–邊緣」性的理解詮釋是恰當的 ······ 150

七、從「歷史社會總體」下的實踐來補足傳統式的核心
意義之缺失 ·· 151

八、從「歷史社會總體」看宋明理學中的良知、咒術與
宰制關係 ·· 152

九、從「根源性的慎獨倫理」到「絕對專制性的倫理」

　　——破解「道」的迷思 ·································· 158

十、「根源性的慎獨倫理」之意義 ························· 159

十一、從傳統「根源性的血緣倫理」之思維演變成「絕

　　　對的宰制」 ····································· 160

十二、重新理解並革除「獨我論」之弊病 ·············· 160

十三、如何解開根源性的血緣倫理和宰制性的社會倫理 ······· 161

十四、從「原始儒家」、「新儒家」繼而「後新儒家」 ······· 163

十五、問題與討論 ···································· 165

第六章　儒學革命的可能方向：

　　　　上海復旦大學的講詞 ························· 177

一、《鵝湖》社中對於儒學的觀點有其異質性 ········· 179

二、從「兩層存有論」到「存有三態論」——後新儒學

　　的擬構 ··· 180

三、牟宗三哲學與康德哲學的異同關鍵在於「人雖有限

　　而可以無限」 ··································· 181

四、「存有的連續觀」與「存有的斷裂觀」之對比 ········ 182

五、牟宗三先生建立了「道德的形而上學」以克服心靈

　　意識的危機 ····································· 183

六、「方法論的本質主義」之差別 ····················· 184

七、傳統文化與現代化有著調和的交互作用 ············· 185

八、韋伯論述的可能窠臼 ···························· 186

九、「歷史的發生次序」、「理論的邏輯次序」及「現

實的學習次序」三者的關係⋯⋯⋯⋯⋯⋯⋯⋯ 187

十、「方法論的約定主義」的可能與「存有三態論」的
展開⋯⋯⋯⋯⋯⋯⋯⋯⋯⋯⋯⋯⋯⋯⋯⋯⋯⋯ 188

十一、「存有三態論」較接近於西方現象學的傳統⋯⋯ 190

十二、「內聖」與「外王」兩端而一致⋯⋯⋯⋯⋯⋯ 191

十三、開啟以「社會正義論」為核心的儒學⋯⋯⋯⋯ 192

十四、結語：儒學作為一個參與的對話系統⋯⋯⋯⋯ 193

第七章　後新儒學的基本規模：對比與差異
　　　　——以「存有三態論」為核心的思考⋯⋯⋯ 195

○、引言⋯⋯⋯⋯⋯⋯⋯⋯⋯⋯⋯⋯⋯⋯⋯⋯⋯⋯⋯ 197

一、「存在的覺知」優先於「概念的思考」⋯⋯⋯⋯ 198

二、形而上理由追溯之理論邏輯次序，不同於經驗考察
之歷史實際發生次序⋯⋯⋯⋯⋯⋯⋯⋯⋯⋯⋯ 200

三、「良知自我坎陷開出知性主體」的提出是為了要克
服中華民族的意義危機⋯⋯⋯⋯⋯⋯⋯⋯⋯⋯ 202

四、「良知的自我坎陷」亦是牟宗三先生詮釋系統下的
必然轉出⋯⋯⋯⋯⋯⋯⋯⋯⋯⋯⋯⋯⋯⋯⋯⋯ 204

五、由「如何從內聖開出外王」轉而為「在外王發展的
過程裡，儒學應如何調適」⋯⋯⋯⋯⋯⋯⋯⋯ 206

六、康德的道德哲學與社會契約論密切相關，孟子性善
論則與親情倫理密切相關⋯⋯⋯⋯⋯⋯⋯⋯⋯ 208

七、天人、物我、人己通而為一的存有連續觀是中國文
化基本模型⋯⋯⋯⋯⋯⋯⋯⋯⋯⋯⋯⋯⋯⋯⋯ 210

八、牟宗三哲學是當代中國哲學最大的別子為宗 ………… 211

九、聖賢教言必須置於整個歷史文化的總體情境下來理
　　解 ……………………………………………………… 213

十、「意圖倫理」與「責任倫理」的對比釐清：歷史因
　　素的考量 ……………………………………………… 214

十一、心性學與專制主義結合所造成的異化：專制性、
　　　暴虐性與以理殺人 ………………………………… 217

十二、「君」、「父」、「聖」三者構成了「血緣性縱
　　　貫軸」的基本構造 ………………………………… 219

十三、在帝制下，良知學仍有其主體能動性，具瓦解的
　　　力量與根源性的重生動力 ………………………… 221

十四、公民社會下的「自由意志」與「普遍意志」必須
　　　有一種理想上的呼應 ……………………………… 224

十五、必須將儒學的內聖工夫轉化為一套客觀的制度結
　　　構 …………………………………………………… 226

十六、市民社會的理想公共空間必須經由言說論述慢慢
　　　交談、辯證而呈現出來 …………………………… 230

十七、由多元的互動與溝通慢慢形塑成一恰當的共識 ……… 234

十八、我們應深入古典把他的意義解放出來參與到國際
　　　人文學的論述脈絡之中 …………………………… 237

十九、內聖學的重建如同一個點滴工程，須從點點滴滴
　　　的研究累積來調整 ………………………………… 240

二十、人作為一個真存實感的存在要重新去調整自己力
　　　求安身立命 ………………………………………… 244

第八章　關於「儒家生死學」的一些省察：
　　　　以《論語》爲核心的展開…………………… 247

一、學問關聯著生命、生活與生長………………… 249

二、「生死學」源於「不安不忍」與各大宗教之終極關
　　懷………………………………………………… 250

三、儒家「生死學」的核心──「孝」是對生命根源的
　　追溯與崇敬……………………………………… 255

四、從「人倫孝悌」到「生生之德」的深化………… 258

五、從「生生之德」到「臨終關懷」的重視………… 260

六、從「死生幽明」到「性靈實存」的肯定………… 265

七、從「喪葬」到「祭祀」──生死的「斷裂」與「再
　　連結」…………………………………………… 268

八、從「生死學」到「道德學」：從「安身立命」到
　　「仁宅義路」…………………………………… 272

九、問題與討論：「不朽」、「人性善惡」與「前世今
　　生」……………………………………………… 276

第九章　「後新儒家」的哲學擬構：
　　　　武漢大學的講詞…………………………… 283

○、引言介紹………………………………………… 285

一、從《存有、意識與實踐》一書已見「存有三態論」
　　的端倪…………………………………………… 286

二、「後新儒學」比較接近「氣學」的路子………… 287

三、「理」、「心」、「氣」三概念的理解 ················· 288

四、船山學之傳承及清代「御用朱子學」所面臨的問題 ······· 289

五、當代新儒學所面對的是「如何從傳統進到現代」的
　　問題 ·· 290

六、當代新儒學仍免不了「中體西用說」的格局 ············· 292

七、康德哲學強調由「知識的主體性」轉到「道德的主
　　體性」 ·· 293

八、康德認為「人是有限的，而上帝才是無限的」 ··········· 294

九、儒、道、佛三家的「人觀」與康德的「人觀」頗為
　　不同 ·· 295

十、「存有的連續觀」沒有此岸與彼岸對舉的觀念 ··········· 296

十一、「使用筷子的文化」和「使用刀叉的文化」代表
　　　兩種不同思維方式的文化傳統 ······················· 297

十二、華人的文化傳統重在「我與你」互動感通的生息
　　　互動 ·· 298

十三、我們的思考視點是來自於場域的、脈絡的總體判
　　　斷 ·· 299

十四、牟宗三先生「兩層存有論」的基本構造 ··············· 300

十五、「良知的自我坎陷」是為了安排民主與科學 ··········· 302

十六、牟先生對於傳統的態度接近於「超越繼承法」 ········· 302

十七、「理論的邏輯次序」、「歷史的發生次序」與
　　　「實踐的學習次序」是不相同的 ····················· 303

十八、躍出「兩層存有論」直溯存有的根源：正視熊十
　　　力的體用哲學 ··· 305

十九、對「生活世界」、「歷史社會總體」的重視是必
　　要的……………………………………………… 306

二十、「內聖-外王」架構的另類思考：以社會正義論
　　為中心…………………………………………… 308

廿一、《論語》中有子與曾子兩個脈絡之異同 ……… 309

廿二、儒家的兩大分派：「孝悌」傳統與「忠信」傳統 …… 310

廿三、要解開被帝王專制化的儒學，不能誣陷儒學是帝
　　制化的產物……………………………………… 311

廿四、由「外王」而「內聖」：正視「社會正義」優先
　　於「心性修養」………………………………… 312

廿五、船山學強調以「理欲合一」取代「存天理，去人
　　欲」的格局……………………………………… 313

廿六、修行不只是內在的心靈境界而是當下的喚醒與實
　　踐………………………………………………… 314

廿七、男性父權中心的瓦解帶來新的視野與實踐方式 …… 315

廿八、聖賢話語系統與歷史社會結構、經濟生產方式有
　　密切關係………………………………………… 316

廿九、依「存有三態論」恰當地調適以長出現代化的可
　　能………………………………………………… 318

三十、「後新儒學」的「後」是「接續其後」的繼承與
　　發展……………………………………………… 319

卅一、問題與討論 ………………………………………… 320

第十章　「後新儒學」的構想：

華東師範大學的講詞…………………………… 341

一、當代新儒學的發展：繼承宋明理學的發展，以心性
之學為主導………………………………………………… 343

二、當代新儒學是通過心性之學的理論建構，來安排民
主與科學，以克服存在意義的危機…………………… 345

三、當代新儒學與宋明理學所處的社會結構與所面臨的
問題不同………………………………………………… 346

四、先秦儒學重社會實踐，宋明理學重心性修養 ………… 349

五、先秦儒學強調「身心一如」，宋明以後卻走向「心
主身奴」之「以心控身」……………………………… 351

六、當代新儒學「兩層存有論」理論建構：牟宗三先生
的《現象與物自身》…………………………………… 353

七、牟先生建構兩層存有論，主張由「良知之自我坎
陷，以開出知性主體」………………………………… 355

八、「良知之自我坎陷」是一個理論的邏輯次序，並不
是一個實際的發生次序，它代表著那個年代克服意
義危機的一種方式……………………………………… 357

九、後新儒學的建構──「存有三態論」：由道德本心
回到生活世界…………………………………………… 358

十、通過「存有三態論」展開一存有的治療學，並在傳
統文化與現代化之間做一個妥當的調節與融通 ……… 360

十一、後新儒學的發展在於繼承新儒學體系，是接著講

不是照著講 ··· 363

十二、問題與討論 ··· 365

第十一章 「存有三態論」與廿一世紀文明之發展
　　　　——環繞「存有」、「場域」與「覺知」
　　　　三概念的展開 ································· 375

○、師大校長的介紹與引言 ···························· 377

一、做為「對話主體」，不能只「照著談、跟著談」，
而要「接著談、對著談」，這樣對廿一世紀文明發
展才真有貢獻 ··· 378

二、「對著談」的「對」就是彼此有主體，「接著談」
的「接」就是彼此有參與、有連續 ············· 379

三、「現代性」的理智中心主義使得人離其自己，而處
在「亡其宅」的異化狀態 ························· 380

四、把現代科學做為一種掠奪式的追求，並且把它當成
是卓越，這是教育上的大忌 ····················· 382

五、廿一世紀不再以工具理性的主體性做主導，而應注
重存在的覺知與生活世界的場域 ················ 383

六、「天地人交與參贊」的「參贊」是「人迎向這個世
界」，而「這個世界又迎向人」 ················ 385

七、人因文而明，卻也可能因文而蔽，須得解蔽才能復
其本源，才能顯現人文精神 ····················· 387

八、「神」的兩個不同向度：人的參與觸動與整體的生
長、話語系統所形成的理智控制 ················ 388

九、人文精神的解構與展望：在「存有」、「場域」、

　　「覺知」中所構成的總體才有人的主體 ……………… 390

十、「道生之、德蓄之」：道德並不是壓迫，道德是活

　　生生的實存而有，是具體覺知的生長 ……………… 391

十一、古典話語要用現代的學術話語去甦活它，用現代

　　　生活世界中的日常話語去喚醒它 ………………… 392

十二、生命的存在覺知是先於邏輯的、先於理論構造

　　　的，是一切創造之源 ……………………………… 394

十三、內在深沉的信息投向冥冥的穹蒼，那裡有個奧秘

　　　之體，那裡有個存在根源，祂召喚你，祂跟你有一

　　　種親近，這是真實的 ……………………………… 395

十四、從存有的執定，把「執定」解開，回溯到存有的

　　　開顯，上溯到存有的根源，再反照回來，重新確認 …… 397

十五、當我們回溯到更原初的覺知、場域、存在，這樣

　　　的一體狀態，就會生發出一個確定性的力量 ………… 399

十六、結語與討論：由「通古今之變」，才能「究天人

　　　之際」，才能「安身立命」………………………… 400

第十二章　儒家哲學與意義治療

　　　──以心性學為主導 …………………………… 405

一、經由儒家哲學與意義治療的連結，談儒家型的意義

　　治療與文化批判的相關問題 ………………………… 407

二、陸王的「心」與「性」是通而為一的，此心即是天

　　理；程朱的「心」則是落在經驗界裡面，必須通過

格物窮理、涵養用敬，才能把天理內化到本心 …………… 408

三、心性之學，非常強調如何經由心靈內在的深度體
　　會，而達到安身立命的狀態 ……………………………… 410

四、心性學在儒學常被視為「內聖之學」，但「內聖」
　　和「外王」是一體之兩面 ……………………………… 411

五、心性學是在「存有的連續觀」底下，連著存在的對
　　象，整體由往而復的修行活動 ………………………… 413

六、儒家強調：道德實踐動力的起源，不是來自於客觀
　　的認知，而是來自於真誠的實感，一種生命本真的
　　根源性感動 ……………………………………………… 415

七、心靈有一個最基本的單位，作為整個心靈意識活動
　　的悠游涵泳之所，那就是「家」 ……………………… 416

八、儒家一再強調：如何回到生命的根源，去開發生命
　　根源所具有的愛，讓愛的力量爬升上來，而傳達，
　　而留固 …………………………………………………… 418

九、儒家講心性之學，必須有一個縱貫的立體結構性關
　　係，也必須有一個歷史的延展關係 …………………… 420

十、在中國發展的佛教，比較接近「存有的連續觀」，
　　但處理「存有的連續觀」之方式，與儒家不同 ……… 422

十一、陸王與程朱都相信：宇宙創造的動源或原理，與
　　　內在的心性之源是通而為一的，亦即宇宙與人有一
　　　種內在的同一性 ……………………………………… 424

十二、孟子說「怵惕惻隱之心」，證明每一個人內在都
　　　有自己生命所安居的宅第 …………………………… 425

十三、如果沒有愛和關懷，而理性的約制卻被提到最高
　　　位置，其結果就是權力的爭奪，臺灣現今的問題就
　　　在這裡 ……………………………………………… 426

十四、儒學的工夫，就是好好面對自己的靈性，對心靈
　　　之體涵養省察 ………………………………………… 428

十五、儒學的教育觀，非常強調通過一個縱貫的歷史建
　　　構，把它落實到人間來，成為一種愛的傳達、流
　　　布，而無所不在 ……………………………………… 430

十六、所謂儒學的意義治療，就是通過一個涵養省察的
　　　活動，接通道德創造的意義之源，以滋潤身心，使
　　　身心獲得安頓 ………………………………………… 433

十七、生命的信息之場要清理，只有自己能做，這就是
　　　所謂實踐的重要性 …………………………………… 436

十八、從儒家的心性學落實到意義治療，可藉由兩條路
　　　來檢討：一是「心性為二」的朱子學，一是「一體
　　　之仁」的陽明學 ……………………………………… 438

十九、朱熹強調「涵養用敬」與「格物窮理」並重，道
　　　德修養與客觀事理的把握並行 ……………………… 440

二十、「涵養用敬」在某個意義底下是「行」，重點在
　　　於必須從客觀之理的理解與把握，作為實踐之路 …… 442

廿一、陽明的悟道，已經跳脫了話語系統，進到存在根
　　　源性的覺知；且致良知於事事物物之上，使良知能
　　　夠即知即行 …………………………………………… 445

廿二、良知的「知」，不是認知的「知」，而是如同知

縣之「知」，是作為主宰的實踐源頭；因此陽明認

為道德無關乎認知，道德就是實踐 ……………………… 447

廿三、陽明開發了人內在道德實踐的根源性動力，並產

生一種治療作用，此一治療，即是以積極的建設，

取代生命苦痛的疏離 ………………………………… 449

廿四、儒學的治療學，就是上通於天，下接於地，中立

於己，其維度是一個立體的建構，以及一個歷史的

延展 …………………………………………………… 451

附錄一、當代中國哲學思維向度之理論反思 ……………… 453

○、引　言 …………………………………………………… 453

一、問題的緣起：關於哲學話語的問題 …………………… 454

二、過去接受西學的過程是運用一種格義的方式 ………… 455

三、未來接受西學仍應正視中國文化本身的主體性 ……… 458

四、從文化類型學的對比展開對自身文化的理解 ………… 461

五、理解中國哲學必須照顧到歷史社會總體 ……………… 463

六、歸返原典以破斥虛假論述 ……………………………… 466

七、哲學語言本身應回到生活世界去驗察 ………………… 469

八、研究中國哲學應學習操作古典話語 …………………… 471

九、方法論上應跨越本質主義的思考 ……………………… 473

十、結語：保臺灣以存中華文化之統，並以此邁向世界 … 477

＊問題與討論 ………………………………………………… 479

尾　聲 ………………………………………………………… 495

附錄二、John Makeham 訪談林安梧(之一)
　　　　——論「新儒學」與「後新儒學」 ················· 501

附錄三、John Makeham 訪談林安梧(之二)
　　　　——論「新儒學」與「後新儒學」 ················· 531

重要字詞及人名索引 ·· 545

第一章　「哲學」之義涵
及其相關的基本論述

【本章提要】

本章主要在說明「哲學」的基本義涵，以及由此所衍生之中西哲學對比的問題。

首先，筆者指出「哲學」是經由教養、學習、覺醒而回到本源的彰顯，就《論語》的哲學觀而言，基本上便是通過一個「仁智雙彰」的過程而回到本源的彰顯。因此，中國本來就有哲學，只是中國的理論思想主要是以經傳注疏的方式來表達，不能從西方或歐美的中心主義來斷定中國只有思想而沒有哲學。

再者，討論到中西哲學基本上是一種「存有的連續觀」與「存有的斷裂觀」的對比區分。當我們談論中國哲學的時候，也必須在這樣一個宏觀的文化型態學底下，才能夠找到自己的定位。就中國存有的連續觀之文化型態而言，我們也必須去正視從原來的巫祝、占卜傳統與後來之道德教化傳統之連續性的問題。基本上儒家是用「人文化」的方式，才將原來鬼神、巫祝的信仰傳統轉而為內在道德的自我確立。

此外，本文更提出了儒道同源而互補的觀點，認為儒家所強調

的是「人倫的自覺」，而道家所強調的則是「自然的生活」。在「存有的遺忘」與「具體性的誤置」等現代化的危機之下，中國哲學當可以提供一個反思的基點。

最後，從劉蕺山所提出的「純粹之善的意向性」出發，說明「意」是在境識俱泯而將起，當下一個淵然之定向，在這樣的觀點上來看，則儒學並不是以立誠為其目的，而是以其本身之自為動力為目的而說立誠；更不可忽略中國哲學中所存在的一個「氣」論的傳統，應該要以「理」、「氣」、「心」三個核心概念來看「主體的參與」到「場域的生發」而說的總體之顯現。

關鍵字詞：哲學、思想、存有的連續觀、存有的斷裂觀、存有的遺忘、具體性的誤置、道、良知、純粹之善的意向性、氣

一、「哲學」就是「經由教養、學習、覺醒而回到本源的彰顯」

　　所謂「哲學」就希臘的"philosophy"這個詞來說，就是愛智之學，這是很古雅的。牟宗三先生根據康德的意思，把愛智之學理解成實踐的智慧之學，這很恰當。現在我們根據中國《尚書》的脈絡，對哲學這個詞可以有不同的說法。《尚書》說：「睿明曰哲。」我們可以從這裡來瞭解「哲」這個字；至於「學」這個字，一方面有「教養」的意義，一方面則有「覺醒」的意義。這樣看來，「哲學」這個詞在原先中文的脈絡似乎不那麼明顯地具有「愛智」之義，但只是不那麼明顯，並不是沒有。我們將《尚書》的「睿明曰哲」，以及「學者，效也，覺也」，也就是效法、學習的意思，關聯在一塊，哲學這個詞就中文的意思來說，就是「經由教養、學習、覺醒，而回到本源的彰顯」。換句話說，所謂哲學，就是要回到本源的彰顯。而回到本源的彰顯如何可能？如何能回到本源的彰顯呢？就是要經由教養、學習而覺醒。

　　根據中國《尚書》的脈絡而來的哲學觀，跟牟先生所說的實踐的智慧之學會有一點點不太一樣。我們強調的是經由教養、學習而回到本源的一個覺醒。回到本源的覺醒，就是由覺醒而回到本源的彰顯。主體是在「場域」中覺醒的，覺醒是主、客渾而為一，心、物不二，境、識俱泯而俱起的，本源在此狀態下彰顯。換句話說，這並不是直指主體來說彰顯，而是把主體放在天地的場域中來談彰顯。所以我們可以這麼說，如果牟先生是「一心開二門」的哲學觀的話，那麼我這提法相對來說則是「三才」的哲學，「天、地、

人」三才。人做為一個活生生的實存而有，進入到這個場域中，跟
這個場域是合而為一的，應該說，是不分為二的——這便是當下生
命的相遇，當下生命的相遇，其實就是那個本源的彰顯。但是人基
本上老早在一個歷史、社會總體中，在一個生活世界裡面，在一個
語言文字所建構的世界裡面，就此來說，他已經是曲折了。由於已
經曲折，所以他必須經由一個回溯的過程，才能回到那個本源，這
個回溯的過程就是「教養」。因此，「教養」在我們華人的本義
中，不是專業知識的把握、控制或運用，而是除了專業知識的把
握、控制、運用以外，更重要的是，強調回到本源的一個覺醒，強
調本源的喚醒與彰顯。

二、主體在場域中經由「仁智雙彰」而回到本源
的彰顯

根據中國《尚書》的脈絡而來的哲學觀，用孔老夫子在《論
語》裡頭所說的話來說，就是「既仁且智」。仁跟智這兩個活動在
《論語》裡面，是「仁、智雙彰」的。仁跟智其實都通統於道、回
到那個本源的彰顯，但就其為活動而言，是有所不同的。「智」基
本上是指向一個對象而讓它確定；而「仁」則是對象與主體互動融
通，互動融通而有那個一體感就是覺，所以「仁」以「覺」為性。
換句話說，仁就是「覺醒」，我覺得陽明所謂「一體之仁」這句話
是很恰當的。由此可知，既「仁」且「智」有兩個向度，一個是由
那個本源指向對象而使那個對象確定；另一個則是就主體和對象的
關係來說，不只是主體對對象的把握這個關係而已，而且是生命互
動融通的關係。哲學應該回到這個本義上來說，我覺得這一點是很

重要的。從這個角度來說，我們強調的是：要在這個場域中來看哲學，而不是以哪一個觀點來看，比如以主體，以客體，或者主體跟客體都先說了，然後再談主、客如何合一，講心、物如何合一。我們所強調的是在「主、客」、「心、物」、「境、識」都還沒有分別之前的那個狀態，是一個總體的狀態，哲學就要從這裡說。

三、「哲學」與「思想」不同，中國的理論思想主要以經傳注疏的方式來表達

問：老師，哲學和思想的分別在那裡呢？因為我們常聽說中國只有思想沒有哲學。

答：一般認為中國只有思想，沒有哲學，這基本上是一個很嚴重的誤解。打個比喻來說，中國只有筷子而沒有叉子，但是你不能夠說中國人吃飯不用餐具。哲學是一個更廣的共名，不應說中國人只有思想而沒有哲學。一般所謂哲學，是說人們對於存在的事物、對於認知、對於知識的構成、對於倫理實踐的向度，有一整套的理解、一整套的系統的構成，這時候我們說它叫哲學。以中國來講的話，我們可以說，它沒有系統相，但有系統性。也就是說，因為它表達的方式，可能比較傾向於經傳注疏解的方式，它和在經傳注疏裡，所以並沒有以明顯的一個理論方式構造出來，因此有人誤認為中國沒有哲學。其實中國也有以理論的方式構作出來的，譬如《易傳》；也有非常理論性的，譬如《文心雕龍》便是一部非常完整的文學理論；還有像是《莊子》的〈齊物論〉與〈天下〉篇，都是很完整的理論性作品。

我覺得我們是在西方中心主義或者歐美中心主義的思考底下，

才長久以來誤認為我們只有思想，沒有哲學，所以只叫中國思想史，不能叫中國哲學史，我覺得這是很荒謬的。其實不對，中國本來就有哲學。哲學跟思想的不同就是，哲學它有一個系統性的理論、構成的理論；思想的話不是，它不一定要有系統性的理論或構成的理論，它可以有，也可以沒有，思想的範疇比較寬，大體來講是這樣。

四、一個哲學的發展會牽涉到後起者的詮釋與繼承

問：我想拿老師剛才對哲學的定義來與西洋哲學做個比較而提出我的問題。西洋哲學在發展的源處，他們首先面對的是一個自然，然後提出一個問題。這可以從先蘇之前的這些哲學家看出來，這當中又可以以泰利斯的問題為代表。他所問的問題就是：「世界的本源是什麼？」由此來看整個西洋哲學對這個問題的回答，相較於老師剛才所提的哲學的定義，是否東西方哲學在一個問題的原初點上，對於所關注的事件基本上就有很大的不同？

答：關於這個問題，我的理解大概是這樣的，先蘇期的哲學家，像泰利斯，他說宇宙最早的太初起源是水。當他這樣講的時候，是完全只把它外在化地去看這個世界的起源是什麼？還是他也和著整個人進去呢？我認為你不能夠那麼徹底地說他完全是外在化的，他其實也和著人而說的。但是，整個西方哲學後來的發展向度，是把人跟這個世界分隔開來了。人去認識這個世界，這個世界則做為我認知的對象。在整個西洋哲學的發展中，從蘇格拉底到柏拉圖以後，這個發展向度非常非常強。因為我們是通過蘇格拉底、柏拉圖回過頭去理解先蘇期的哲學家對太初的理解，所以我們就把

它定性，說西方哲學它有這樣的一個向度，但是我願意說，這個向度是在整個詮釋發展以後被強化的，並不是原初就是這樣。換言之，他其實一方面也有主體的對象化活動，一方面也有主客交融的活動，只是這個部分比較弱一點，而所謂弱跟強，起先不一定很清楚，這牽涉到後來的發展。

在這個地方，有人認為整個西洋哲學的發展，從蘇格拉底、柏拉圖以後，就走偏了，因為，它走向主體的對象化以後，把經由語言文字符號所定位的、所對象化的對象當成存有自身，這就造成了所謂的存有的遺忘這個問題。這就是海德格對整個西方哲學傳統的檢查結果，他認為回到先蘇期的時候，整個理解會不一樣。但是，果真是如此嗎？這裡爭議很多。所以，從這裡我們就發現到，一個哲學的發展會牽涉到後起者的詮釋與繼承，就好像現在我要去詮釋我的家的時候，我一定會把它美化一點，為什麼？因為我受過文化教養，因而去美化一點，這是很自然的。我往那邊走，就往那邊去了解，這地方牽涉到詮釋的一種力量。但是從歷史的發展來講，就西方的哲學傳統來講，的確，它的重點是經由主體的對象化活動去確定那個對象，並把那個對象直接當做存在自身，基本上是這樣的。

五、中西哲學的對比區分：存有的連續觀與存有的斷裂觀

就中國哲學來說，其實是非常清楚地知道，當我們去說外在的一個存在事物的時候，是經由「名以定形」，經由主體的對象化活動，去說一個存在的事物，然而這是我們去說一個存在的事物，並

不等同那個存在，所以它從這裡切開，這就是老子很清楚地告訴我們的「無名天地之始，有名萬物之母」，以及王弼所解釋的「名以定形」。「主體的對象化活動」意指經由符號的命名活動使得一個對象成為對象，但這個對象是我所說的對象，並不是事物自身，這是很厲害的。但是，在我們經由「名以定形」與「主體的對象化活動」去說一個對象之前的那個存在事物本身，它跟我的關係原來是不分的、是整體融通的。這就牽涉到整個文化形態，牽涉到你去理解這個宇宙、理解人跟人之間、理解人跟物之間，是採取一個所謂存有的連續觀，而不是採取存有的斷裂觀。

分開地說，就是中國強調天人、物我、人己不二，通而為一；而在西方，主體的對象化活動很強，並把對象化活動的對象當成存在本身，這就形成一個主客對立的格局，把天人、物我、人己分而為二，這就是我所謂的斷裂觀，兩者跟他的文化傳統是密切相關的。大體來講，在我這幾年所做的思考裡面，便是在這樣的一個宏觀的文化類型下切開的。早先做比較哲學的先生們，像吳森先生便用兩個詞去說，一個是 concern，另一個是 wonder。西方哲學對世界是 wonder 的態度，中國哲學對這個世界則是 concern 的態度。這個說法也無不可，但是不究竟，為什麼呢？請問中國難道不wonder 嗎？西方難道不 concern 嗎？那麼我們應該這麼說：西方所說的 concern，是在 wonder 這個意義下的 concern；我們的wonder，是在 concern 這意義下的 wonder，這樣的話就比較清楚。

有時候我就借用馬丁·布伯（Martin Buber）講的那個 pattern，一個是「我與你」關係（I-Thou relation），一個是「我與它」關係（I-it relation），這兩個範型的區分很有意思。「我與它」其實是主體的

對象化活動；「我與您」就是主客交融的、不二的狀態。我覺得這樣的一個切開是必要的，而我們去談中國哲學的時候，也必須在這樣一個宏觀的文化型態學下，在這樣一個「存有的連續觀」以及「存有的斷裂觀」的對比下，才能夠找到自己的定位。當然你可以說，這個定位果真是如此嗎？依據詮釋學觀點來講的話，所有在詮釋系統下所做的定位，都是暫時性的，都是功能性的，都是方便的，隨時都可以撤掉。它只是要有助於你的理解而已，一旦你理解以後就可以撤掉了。

六、應該要去正視巫祝、占卜的傳統與道德教化 傳統之間的連續性

問：剛才老師提到「哲學是什麼」，老師是從「場域」這樣的一個角度來切入。我想請問老師，剛才我們討論到中國有沒有所謂的哲學，老師剛才提到像《易傳》……《論語》關心的是人倫……還有涉及於「主體」、「客體」等問題……。

答：你那個問題整理一下就變成：我剛剛那樣說是不是會著重在《易傳》的傳統上說，而《論語》的傳統是不是可以跟《易傳》的傳統放在一起說？它們是不是不一樣？妳的意思是不是這樣？重點是不是這樣？

問：除了這個之外，我的意思是，如果今天我們從《論語》這個的角度來講的話，是不是會跟老師的立論有所不同？

答：不會，因為《論語》最注重的是生活之場域。這個地方牽涉到一個問題，也就是說民國初年以來，有一種怕神學的、怕宗教的、怕形而上學的科學主義（scientism）的心態。這科學主義的心態

滲透到每個知識分子的心裡面，談宗教好像比較低，再來就是談倫理跟談道德，談形而上學就是玄學鬼，這是一個有趣而被扭曲的事實。至於《易傳》，由於各種考古也還沒有現在這麼發達，所以那時候所知道的，就一直認為這個東西完全是後起的。那時候的哲學史常常是一個斷頭的哲學史，就從孔子往下說，以前的不能說。由於現在各種考古的出土，整個中國古文明史的實際狀況，大體已經可以被勾勒出來了。可以肯定地說，八卦一定是很早很早以前就有了，《易經》也是很早很早就存在的了，而《易傳》雖是後起的，但思想可不一定後來才發生的。

　　如何從占卜、卜筮的傳統，變成後來道德教化的傳統，這中間有一個連續性，我們得正視這個連續性。《論語》裡面所說的跟《易傳》所說的東西，其實並不相違背。子貢說：「夫子之言性與天道，不可得而聞也。」這個話很明顯就已經告訴你，夫子是言性與天道的。孔子談不談性與天道？談啊！只是不可得而聞也。不可得而聞就是說，我子貢聽不懂啊！並不是說，孔老夫子不談性命天道，只是孔老夫子認為真正的哲學實踐，是在日常的生活世界裡面展開的，所以是當下而具體的，認為必須從具體的生活裡面去呈現一個普遍的理念，而不是從理論的建構裡面去穩定那些普遍的理念。所以，我並不認為《易傳》的傳統就跟《論語》、《孟子》的傳統不一樣，我並不認為《易傳》、《中庸》就是以形而上學為中心的，變成以形而上學為中心的倫理學。如同勞思光他所理解的，就是以氣化宇宙論為中心的，相對來說，強調儒學就是以道德主體的《論語》、《孟子》為主的主體主義的。問題是，《孟子》裡面也說：「盡其心者，知其性也；知其性，則知天矣。存其心，養其

性，所以事天也。」那麼這個「天」怎麼說？更何況從更多的記載中可發現，很明顯的你一定要去解釋如何從巫祝、占卜的傳統，進到道德教化的傳統，這是非常複雜的過程。

從巫祝的傳統進到道德的傳統，再進到儒道兩家的傳統，有一個非常複雜的人文化的過程、理性化的過程。這個部分，依照儒家來講的話，是放在整個周朝的禮樂教化這樣的禮文教化裡頭去反省，而構成一個合理的制度。從祭祀鬼神回到人的敬德，從對天地鬼神的敬，祭神如神在，轉到完全的人文化，這個過程是個非常複雜的過程。道家的整個人文化過程是把整個自然氣化，他不放在「人倫教化」上說，而是放在「自然無為」上說。這樣的自然哲學與西方自然哲學意義不一樣，道家是關聯著天地人、放在一塊的自然哲學。所以，從民國以來對中國哲學史的理解上是有偏差的，如果不把這些東西放進來的話，那麼中國哲學上有一些斷代就會變得不重要而不去討論。比如漢代、清代，都會變得不重要，凡是談到氣的就變得不重要，這就會有問題了，其實宋明理學家也很注重那些的。所以當我們理解一個東西的時候，要回到他背後那個 horizon of understanding，一個理解的依憑、一個理解的背景，或者一個水平線，這樣子才能夠恰當了解。

問：依這個問題再往下問，《論語》算不算是哲學作品？

答：當然是！就好像柏拉圖的《對話錄》算不算是哲學作品？當然是！尼采的《查拉圖斯特拉如是說》算不算是哲學著作？當然是！《莊子》是不是哲學著作？當然是！如果是，那《論語》當然也是。哲學這個詞更廣地來說，就是學問，就是對智慧的追求，如果用我們剛剛那個解釋來講，也就是經由教養而對於生命的一種喚

醒。回到那本源，讓那本源彰顯，這就是哲學。

問：那這樣哲學跟現在一般所謂學問有什麼不一樣？哲學就是學問，但是學問不一定就是哲學。

答：哲學跟其它學問最大的不同就是，哲學最重要的是要通於本源，其它學問它可能是專門的，所以是科學的，philosophy 和 science 最大的不同應該從這裡說，科學我們是把它窄義地看，相當於自然科學。我的哲學觀是這樣子，當然妳也可以有不同的哲學觀，但是如果依照哲學的古義來講的話，應該從這個角度去理解比較恰當。

七、中國、印度與西方哲學之主流與其宗教傳統有著密切的關係

問：老師剛才講到巫祝傳統，如果拿中國跟印度來做對比的話，在印度，宗教跟哲學的關係好像就一直是非常的密切，中國是不是也這樣？

答：只是方式不一樣。如果以中國、印度和廣義的西方文化傳統來講的話，基本上，印度的宗教跟哲學是很密切地連在一塊的；中國大概就是半密切的連在一塊；西方基本上是先切開，切開以後再把它連在一塊。

西方是古希臘的哲學發展，加上了希伯來宗教，是通過古希臘的哲學系統，去詮釋、去定位希伯來宗教。這個過程裡面，基本上是以古希臘哲學的系統做主導，把神學建立起來，從奧古斯丁（St. Augustine）到多瑪斯（St. Thomas Aquinas）都是。他們的神學看起來和哲學是非常密切的連在一塊，但卻是以我們剛才所講的那個過程那

樣連在一塊，其實原來是兩個不同的脈絡後來才把它連在一塊的。

　　就中國來講的話，其實我們的宗教一直是非常複雜或者非常豐富的。用我的話來說，他有一種文化的沉積，可有巫祝，可有占卜，可以一直上升，可以上升到有祭祀，可以上升到道德教化，在這個地方有一個連續性。這時候我們就必須去看，當你看到一個聖賢的語句的時候，如果你背後有一個宗教學的訓練基礎，那麼你的理解與光從所謂道德哲學的角度去把握，就會不一樣。譬如說，「積至誠，用大德，以結乎天心，使天若慈母之保赤子而不忍釋」，這是方孝孺在《深慮論》中的句子。這背後其實就是人跟宇宙間冥冥中有一種默契，這個冥契，是他肯定的，這其實是來自一個非常深厚的宗教傳統。當然你也可以把這個部分暫時先不去說，把它講成非常高超的天人不二、天人合一的哲學理論，但是如果你背後有宗教的理解做背景的話，你理解這句話的時候就不一樣了。你會比較有真存實感，比較容易把握，你就不覺得說這些東西，唉呀！好困難啊！所以我的意思是說，包括宋明理學家所說的那些高超的道德哲學、形而上學，其實當你把它還原到一個非常豐富的文化土壤裡頭去理解的時候，很多就可以擺定。所謂擺定有兩個意思，一個就是理論上你可以看清楚這到底是怎麼一回事；另外一個就是，從實際的角度去看，你可以發現這裡頭有太多盲點，太多麻煩。這就是我一直在做的「道的錯置」（Misplaced Tao）的問題，它非常複雜。

八、從權力結構還原回傳統原點是必要的工作

　　問：有時候我們看實際上跟宗教傳統有關的那些東西，比如氣功，好像都是被貶到一個民間的、低俗的境域。一個傳統，好像沒

有辦法跟官方的東西分庭抗禮，他好像就變成背後一個很大的影子，這又如何理解呢？

答：這個地方牽涉到知識系統跟權力結構的問題，他當然要這樣子啊！我把你封鎖在那裡啊！讓你登不了大雅之堂，封鎖在那裡的時候，我處理這個問題就這麼處理啊！這一定是這樣的。這是一個知識的權力結構，結構上的那個權力機制跟控制所導致的。

問：我在想，經過儒、道把背後這個背影經過人文化、理性化的一個過程，變成一個比較系統化的東西，是不是無可避免的一定要刪除掉一些比較不可說的或者一些比較玄妙的東西？

答：這很自然，而且多半是因為權力的因素。那很簡單啊！這權力的因素，他當然不會告訴你這是權力。

問：可是這一套東西事實上要跟背後這東西連接在一起，變成一個場域，這樣才算完整。

答：我的意思就是要還原回去，還原回去的時候，那麼你有一個定位，就會比較豐富，比較恰當，要不然的話只是理論上比較空洞的一個定位，這是我目前做的中國哲學的工作。另外我也從這裡去想，就整個人的哲學來講，應該有的一個我認為比較恰當的觀點。

九、「存有的斷裂觀」是把本源當作客體的對象直線序列地往前推尋，「存有的連續觀」則是要回歸那渾淪、無分別的總體根源

問：老師剛才提到說，中西文化在天人關係這方面，一個是連續的，一個是斷裂的。從連續的天人關係跟斷裂的天人關係這兩個

觀點來看所謂本源的話，本源這個詞的意義應該是不大一樣。我想請老師講解一下從這兩個觀點來看本源，主要的差別是什麼？

答：在「存有的斷裂觀」下，它是在主、客兩概觀裡來論問題，就是主、客對立，以主攝客。換言之，它去追溯所謂的本源，是把它當成一個客體的對象，而去論這個客體背後的本源。它是就這個客體的對象直線的序列一直往前推，推到後來，就說它是God。更早的時候，推到後來是水、是火。不管是什麼，它基本上是放在一個直線的序列往前推。

中國所說的那個本源的意義，就是在還沒有主客對立前的那個狀態。那個狀態是一個什麼樣的狀態？是一個渾淪而不分的狀態。渾淪不分的狀態是一個什麼樣的狀態呢？是不可說的狀態，雖不可說但你可體會到的狀態，所以這整個不一樣。這個不可說的狀態，就是存有之本源。由存有還沒彰顯以前那個狀態，就是渾淪的狀態，走向存有的彰顯之後，再走向存有的執定。從「存有的根源」，到「存有的彰顯」，到「存有的執定」，這就是我這些年來常講的「存有三態論」。

中國談所謂本源就是回到那個主客不分、境識俱泯、心物不二那個狀態，所以基本上他所說的本源，並不是一個客觀的對象，放在一個直線的序列去說它的第一項是什麼，序列它有第一項、第二項、第三項、第四項。他不是，他是從這個分別的狀態進入到無分別的、那個渾而為一的狀態。所以這樣說的那個本源，不是在宇宙生起論意義下說的，不是把宇宙當成客觀的去理解的那個本源，而是回到跟人連在一起的，我覺得還是可以用牟先生的詞，就是本體宇宙論意義下的本源。就此而說的本源，意義當然完全不一樣，因

為就這樣而說的本源，才可以免除現在從科學的觀點來看這宇宙論有什麼意義。《易傳》講：「翕闢成變。」這宇宙論的玄想有什麼意義呢？它的意義就在於：它並不叫做玄想，而是人參與進去所展開的詮釋，這個詮釋是從分別相回到無分別相那個本源，大體來講是這樣。

十、儒家用「人文化」的方式，將原先鬼神、巫祝信仰的傳統轉成內在道德的自我確立

問：孔子一方面講實踐力，一方面又講敬鬼神而遠之。這個地方，像天命或背後的這一套東西，好像很難直接用理性去掌握，有一些直接和這個傳統有關的事物很容易被貼上迷信的標籤。我的問題的核心點是，像孔子一方面講知天命，可是他自己又講敬鬼神而遠之，他是不是能夠分辨有些要歸於迷信？

答：鬼神的信仰就孔老夫子而言，已經從原來巫祝、鬼神的一個生命所畏懼的外在的力量，轉成了一種內在的敬德。由「懼」而生「畏」，由「畏」而生「敬」，再轉就由「敬」而生「仁」。這個轉折，在孔老夫子是非常非常明顯的，所以他所謂的「知天命」，就是放在這個整體的脈絡中去說，回到了整個宇宙總體之本源說。「知天命」有兩個意思，一個是，這個「命」放在存在事物中、就其限制義說，它叫「命限」；另一個是，你知道這個限制，同時也知道在這個限制之上有一個不可說的、超乎這個限制之上的一個不可限制的那個東西，那個就是「本源義的命」。所以「命」有兩個意思，就其天命本身來講的話，一個是「天命之謂性」的命，另一個則是具體事物之命限、限制義的命。孔老夫子說「五十

而知天命」，一方面是知道現實之限制如何、人的命限如何，知道人之命限，同時也因此可以知道宇宙本源之無限開展的可能。

這個地方已經將原來那個鬼神的、巫祝的信仰傳統，轉成了以道德的、實踐的理解來詮釋這個宇宙。所以到心學的傳統裡面，上下四方謂之宇，古往今來謂之宙，我的心就放在宇宙之間，我的心跟這宇宙是合而為一的，「宇宙即吾心，吾心即宇宙」。至於鬼神那些東西呢？其實都只是「一氣之屈申」。鬼者，氣之屈也；神者，氣之申也。至於其它的、放在那裡去拜它的，就是氣之屈申所成的一個象徵，把它外在化的一個象徵。這個象徵放在語文教化裡的時候，它有它的功能、它的作用。對於此，儒家基本上是用「人文化」的方式來處理，我們可以拿「封神」這兩個字眼來解釋。所謂的「封神」，就是把神恰當的定住。譬如山川之神，是不可以隨意亂動的，山川之神，就專管山川之事。那人們要怎麼跟山川之神溝通呢？就要通過祭祀、通過敬意。

人們的可貴在這裡，那是通過什麼來封神的呢？是通過「文」，通過語言文字符號系統。《淮南子》記載，倉頡造字的時候，「天雨粟，鬼夜哭」，這代表著農業時代及文明的降臨。「天雨粟」象徵農業時代的來臨，農業時代，人們開始使用了文字，倉頡就是造字者的意思。在華人的哲學傳統裡面講造字，文字本身能夠「名以定形」，它有一種定位的功能，對人的定位，對鬼神的定位，它進入到對象化，開始理性化。理性化的過程，就是我常常說的斷絕、封限。斷、絕、封、限，就把你封在那裡，所以《尚書》說：「絕地天之通。」「絕地天之通」就是鬼神是鬼神的事，不要來干預人間的事，但並不是說鬼神跟人間完全無關，而是密切相

關！通過什麼相關？就是「敬」。所謂「王其疾敬德」，便是開始強調敬德的重要性。

十一、儒道同源：總體之根源、原初之場域及人的參贊是和合為一的

問：在老師的脈絡裡面，還有一個詞滿重要的，就是「場域」。這個詞跟連續的天人關係下的這個本源，最主要的差別是什麼？

答：不同的語詞，但它所指稱的卻可以是一樣的。我要從場域去說「體」，不從超越於這個世界上去說「體」；從即用顯體而說體，不說超越於這個世界之上的一個獨立之體。然而是從那個獨立之體去生這個世界嗎？不是，它就跟這個世界連在一塊，就是這世界本身的彰顯。所以它不是從梵天大我流出，它就在這個世界裡頭彰顯。怎麼在這個世界裡頭彰顯呢？就我們的傳統來講的話，根本沒有一種把它推出去的外在宇宙論的色彩；或者說，那樣的色彩很淡，只是把它放在一塊，把人放在一塊。這樣而說的宇宙的生起，是人參與以後，就其詮釋意義的彰顯而說的生起，至於這個宇宙如何生起的問題，則不解決。

問：那道家呢？

答：也不解決。這就是說，在原來儒家、道家的傳統，不解決；但是在原先巫祝、占卜的傳統，有這個傾向，也要解決這個問題，因為他思考問題的時候不清楚，混在一塊。儒家、道家則不解決這個問題，這是人類精神理性化的過程。

儒家認為「人」做為一個「活生生的實存而有」，或者用海德

格的那個詞，就是 Dasein。我，是進入到這個世界的。天、地、人，人進入到天地，being-in-the-world。我進入到這個天地的時候便彰顯了，所以說：「人能弘道，非道弘人」、「志於道，據於德，依於仁，游於藝」。回到那個宇宙本源之道，有一個定向。因此，那個本源就向你彰顯，彰顯而落實為德；你就依據那個德而落實在人間裡，就有一個恰當的感通，依據這個感通，就是依於仁；在整個人間器物生活世界裡頭悠游涵泳，便是游於藝。

但是道家呢？則是從那個本源說，就那個本源之彰顯說，不從人之參與說，而是將人放在這個大宇長宙的運行裡面說。「道生之，德蓄之」，就道之彰顯落實於事事物物，他有一個內具而涵蓄的力量。內具於其中，德蓄之；形成一個存在的事物，物形之。當我們說形成一個存在的事物的時候，其實人們的活動已經在展開了，這便是「名以定形」的活動，但不要忘了在「名以定形」的時候，它就將一切的麻煩帶出來了。名言概念的參與與語言文字符號的對象化過程，就是把欲望及其其它種種一起摻雜進去的過程，於是使得它有一個不可制止的驅迫力量，這就叫「勢成之」。那該怎麼辦呢？就要回到「道、德」，所以「萬物莫不尊道而貴德」。

顯然地，道家是從場域的本源之彰顯說，而儒家是就人去參與、去觸動這個場域說。儒家是就參贊義說，就「自覺」義說；道家是就順成義說、就「自然」義說。但是不能夠切開儒家跟道家，二者其實就是一個整體。「道」與「德」這個詞應該是儒、道所共用的，而且是很準確的。我覺得從這樣的一個哲學觀來看會比較恰當，整個哲學史的脈絡，也會比較清楚。這是十幾年來我所努力的方向，我也認為這是可以確定的。

十二、就宇宙本身之存在而說本源、而說彰顯，不在宇宙本身之存在之外而說本源、而說生起

問：道家說「道生之」，可不可以把它解釋成由道生出來？

答：那當然不對！

問：那有沒有動力因的向度？

答：我想這是在一個詮釋的意義之下，並不是把它推出去說從一個本源生出來的。就是說，道不是一個超絕的太初（Arche），我認為它是內在的根源，用這個詞比較恰當，因為是就本源地說。如果是講 transendent，那麼便是隔離於這個世界之上。

問：老師，這是否不是一個流出之說，而是呈現之說？

答：這叫彰顯地說，就其彰顯而說。它不是流出說，流出說就像印度婆羅門教的梵天大我。

問：彰顯跟呈現是不是不一樣？

答：彰顯跟呈現很接近，彰顯是就道說，呈現是就本心說，重點不太一樣。它是預取了這裡頭一個複雜的、總體的本源，這個複雜只是還沒有分化以前的複雜，所以是豐富的狀態。

問：老師會不會去關心宇宙如何生起？

答：不是不會去關心，而是說它的整個的一個向度有後來的發展。我剛才就講過了，所有的詮釋都跟後來的詮釋有關係，如果你從另外一套去詮釋的時候，我認為那可能會更不恰當。那不是梵天大我流出說，也不是基督教的上帝創世說。

問：那應該用什麼方式說？

答：那個年代人們思考問題的時候，不是像我們分得那麼清楚地去思考，它其實是混在一塊的，但是我們現在把它弄懂的時候，就是我們看他的重點，往這邊走。就好像一個身體，可以穿西裝，可以穿和服，可以穿唐裝，如果穿唐裝比較漂亮，那就穿唐裝，詮釋就是這樣。但是並不是說穿和服完全不行，那也可以。所以我並不排斥基督教，不認為像輔仁大學那一套詮釋都錯。有時候會講嚴重一點，但那當然也是一套詮釋系統。那一套詮釋系統我之所以說比較不恰當，是因為有一些它沒有辦法解釋。像「道生之，德蓄之，物形之，勢成之」，從我那個方式去說就會比較順，但從他們那個方式去解釋則比較不順。

問：儒家跟道家可不可以算是一元論的系統？

答：不是。我們現在是在這個場域中，這個場域本身就是多元的，只是在還沒有分別以前那個無分別的狀態，渾成一個整體。

問：那個本源在無分別以前是不是同質的？

答：當然不是同質的，那就是說「和而不同」。「兩者同出而異名，同謂之玄，玄之又玄」。什麼叫做玄呢？「不同而同」。「不同」但是「而同」，所以通同於道，道本身就是陰陽兩面，所以最後用辯證的兩個律動去詮釋它。

十三、道的創生動力是就詮釋系統而說的彰顯過程，人在參與的當下就有一個回到原初內有之動力

問：老師，如果道不是宇宙生成的動力的話，那麼「道生一，一生二，二生三，三生萬物」，這要怎麼去說？

答：講動力是可以啦！但這個動力就不是把它推出去說的動力。它當然是動力，但是這動力，我認為它不是一個推出去的、客觀意義下的、客觀宇宙意義下的那個動力，它是一個詮釋的，就詮釋系統而說的一個彰顯過程。「道生一，一生二，二生三，三生萬物」，「道」是就其自身而說「道生一」，這自身是「不可說」的，這個不可說就已經隱含了「可說」，這叫「一生二」，這個「可說」就隱含著「說」，這是「二生三」，這個「說」就要「說出對象」，這是「三生萬物」。所以是從完全「不可說」，到「可說」，到「說」，到「說出對象」。因此我說我們的形而上學深刻地不得了，我們是真的回到了所謂的形而上學。我們不是就一個客觀對象事物而說的「體性的形而上學」，而是就一個存在事物、關聯著人、回到那個本源的、不可分的狀態而說的形而上學。

值得注意的是，這裡所說的「形」是個「形著義」，我們講「物形之」，「形」就是形著之義，經由形著的過程才成為一個具體的實在物。再問其背後是靠什麼呢？它有一個很複雜的過程，這個叫「形而上」，在你展開這個活動背後的那個「道」，所謂他背後那個東西就是不可說的東西。相對於「形而上者謂之道」，我們又說「形而下者謂之器」。「形而下者謂之器」就是「物形之」，那這樣解的話就通。

問：這個過程是不是有一個目的因？

答：那個目的因就是，人參與的時候，當下之顯現，它有一個 intention，就那個 intention 而說有。但是那個目的本身，它的 intention 是回到你自身而說 intention，並不是朝向一個發展的終點而說的目的，而是回到原初內有的一個動力，所以與其說是目的，

而帶動了這些，毋寧說你是來自於一個不可置疑的一種創造力做源頭。怵惕惻隱，並不是由於最高善才使得你怵惕惻隱，而是因為你怵惕惻隱所以朝向最高善。「怵惕惻隱」、「非所以內交於孺子之父母也，非所以要譽於鄉黨朋友也，非惡其聲而然也」，是當下的、是內在的、是本來合一的。

十四、「存有的遺忘」與「具體性的誤置」是現代性的危機，使得人成為一個它者的存在與虛無的存在

問：老師剛才提到，「三生萬物」是說出對象，說出對象是不是就是名以定形的意思？老師所說的名以定形是在連續的天人關係下說的，這個意義之下的名以定形，和在主客對立之下的名以定形是否不大一樣？

答：其實是一樣的，只是說，西方的哲學傳統把前面那一大段忘掉了，我以為這就是所謂的「存有的遺忘」，只把那個「名以定形」的「形」當成「對象」。這一方面是海德格（Martin Heidegger）所說的「存有的遺忘」，一方面也就是懷海德（A. Whitehead）所說的「具體性的誤置」，這是很明顯的。你從這個地方進一步去探索現代性的危機，也就是主體在對象化活動的過程中，把那個主體的對象化活動所成之對象當成那個客觀的事物本身，並且就你所構造的系統的理序，認為它就是整個自然的秩序。其實不是，然而你認定它就是，並且操作它、控制它、產出它，經由這個理序而產出一些東西來，在這個理序裡面，整個人就軋進這個體系了。

因為它本身就是一個「我－它」，指向對象化的「我－它」的

存在，所以久了以後，它本身就是一個非常大的 the other，它者，人們被和在這個 the other 裡面。你雖然是個 I，但是原來你是 I-it relation，現在更變成 It-I relation，這便更嚴重了，It 擺到前面去了，I 擺到後面了。原來是 I-it relation，主客對立、「我－它」的結構，現在不是，變成「它－我」的結構了，你是個徹底的它者。徹底的它者一往而不復，用老子的話來講就是落於物勢，不能「尊道而貴德，不能冲氣以為和」，所以就那個物本身來講的話，就往下了，物形成一個不可制止的驅迫性力量，那就一塌糊塗了。

這裡就很明顯了，你不回到那個「道」，不回到那個「德」，天地無道，人間無德，就在物勢中討生活，用一種所謂民主法治的機制在物事中達到某種均衡狀態，以為那種均衡狀態叫道德，以為那種均衡狀態叫理性，其實不是，它其實是在那物勢過程，其實是那個權力機制的某種工具理性的合理化，它其實更精緻地使得你沒有機會去反省物勢，沒有機會去反省權力，沒有機會去反省宰制性的結構，它整個滲透到你的內心裡面。所以人基本上便會成為一個虛無的存在，人成為 I-it relation 之下的 It-I relation 系統裡面的一個 I，這個 I 是 It-I 這樣的 I，這個 I 就是連 It 都還不如的，在 It 之後的 I，他是異化而異化的存在。他可能是很卓越、很成功，但這個人一點都不真實。雖然現在已經走到網路的時代，但他沒有辦法，他來不及反省。什麼叫 fiction，什麼叫 reality，他已經混淆了。

這就好像電影上那個配詞的而已，他不會動心啊！「具體性的錯置」使得具體性的生活世界已經被另外一套語言文字符號的世界所替代，你所感知的是一套語言文字符號的世界，而不是世界本

身,那個世界已經完全被遮蔽了。你所碰到的是遮蔽存有的那些東西,並且把那些東西當成存有本身,這是很嚴重的。這是個無道之世,存有之道已經被遮蔽了。所以,也可以解釋,為什麼兇殺案會那麼多,動不動就突然發生了,這些人不一定是惡性的,但看多了以後,不小心連我們自己都會啊!為什麼?物交物引之而已,你當下的那個念頭就喪失了調節的能力。所以我們可以從這個地方看得到,整個主體的對象化活動,如果一往而不復的時候,那就很可怕。

十五、道家哲學與存在主義對於「具體性的誤置」之反省

道家哲學在這個地方的反省非常非常深啊!他告訴你,任何一個語言文字符號的活動,必然伴隨著主體的對象化活動,而主體的對象化活動伴隨這個語言文字符號活動以後,名以定形地指向一個對象物,這個過程就把人類的欲望(desire),人類的任何東西都加上去了。這就像哈伯馬斯(J. Harbermas)所說的 knowledge 與 interest 的關係,你構成了什麼知識,你背後的利害就跑進去了。用佛教的話來講就是業力。用我以前所寫的〈道與言〉來講,就是「言業相隨」,業是隨著言而展開的。

所以,「天下皆知美之為美,斯惡矣,皆知善之為善,斯不善矣」,這便有一種逆反。當價值本身被對象化、異化以後,這時候就善惡難分。像有些知識分子就是不辨香臭啊!因為鼻子壞了,所以就不辨香臭啊!那鼻子怎麼會壞呢?因為你的感知的能力沒有了。所以當人們用主體的對象化活動與語言思考的能力去替代真實

的存在感知時，這就很嚴重了。

　　為什麼存在主義的運動會喚起人們那麼大的一個迴響？就是因為它提出一個最重要的口號——存在先於本質。所謂的本質，原來只是在主體的對象化活動之後而去說那個對象的東西，並不是那個東西本身。但當你用那個方式來說人，那就太嚴重了，因為你是直接地面對著人是什麼。所以存在主義，有一個非常重要的口號，就是存在先於本質，就是強調主體性的優位性，而不是主體對象化的那個客體物。

　　從這個角度來正視道家的話，那麼道家是很了不起的啊！道家哲學絕對不是境界型態的形而上學，道家哲學基本上是要放在整個人的生活場域裡頭，回到那個「道」，回到那個「德」本身，他就是要你「尊道而貴德」，「尊道而貴德」所以才能「道生之，德蓄之」。就這個總體的本源來講的話，我把它名之為「存有的治療學」或「道的治療學」，它具有一種治療的作用。這治療作用就是回到那個本源，讓你恰當地生長。我覺得從這裡來講的話，我跟牟先生所理解的道家就不一樣了，這就是為什麼我寫〈語言的異化與存有的治療〉。我寫道家，基本上的論點是這樣的，說語言的異化，這語言不是就語言本身來講，因為語言的活動本身就伴隨著desire 進去，那怎麼辦呢？就要回到存有本身，才能夠有治療作用。

十六、道家跟儒家是一個總體的兩面，一個強調 「自然的生活」，一個強調「人倫的自覺」

　　這樣理解道家的話，那麼你去看老子《道德經》的時候，不是

只有王弼的注而已，其實王弼的注也不一定只是境界型態，還有像唐朝杜光庭他們這些人，或者早一點的《老子想爾注》。講到《老子》，《老子》的思想當然是一整套的，道家的思想當然也是一整套的，如何「以身觀身、以家觀家、以國觀國、以天下觀天下」，如何「致虛極，守靜篤，萬物並作，吾以觀復。夫物芸芸，各復歸其根，歸根曰靜，是謂復命，復命曰常，知常曰明」。所以，道家並不是作為儒家的補充，道家跟儒家是一個總體的兩面，一個強調「自然的生活」，一個強調「人倫的自覺」。我主張的是「儒道互補」說，並不是「儒主道輔」說。牟先生基本上還是以儒家為主，道家為輔。陳鼓應先生他也提了一個「道家主幹」說，然而不管在考據上或者在理路上都是沒有辦法建立起來的。不過，這也很有趣，因為這樣來詮釋道家的時候，道家會變得很豐富。

我現在的詮釋是，道家跟儒家不能夠切開。任何一個讀書人，基本上就兼有道家、儒家的思想資源，只是有輕有重而已。這樣來理解道家，道家會豐富很多，而且道家太可貴了。如果從這個角度來講，與其說我是新儒家，毋寧說我是新道家。這新道家，就不是王邦雄老師那個意義底下的新道家，王老師所說的新道家是境界型態的、修養工夫論式的。但是王老師已經進一步地從牟先生的那個系統裡面走出來，並且面對現代性的世界，然後他又以非常精緻的日常語言，通過講演的方式，將一些東西從微言中指出來。所以我不得不佩服他，因為他高妙的地方就在這裡。

問：老師，我還是要追問在渾然一體和主客對立的觀點下，對於「名以定形」的這個形，兩者的涵義可能不大一樣，是嗎？

答：那當然不一樣，剛才已經解釋了。一個是很清楚地知道，

這是我所說的對象；一個說這個對象，但也知道，不管說不說，它
就是存在，道家在這個部分就很清楚。道家很清楚，意思是說，這
杯子是你所說的杯子，這跟杯子本身是兩回事，當你操作語言文字
的時候是你所說的，任何人所說的，不是它本身。這個地方道家的
警覺性非常高，因為你把它當它本身就會出問題，所以，你要記
得，這只是你所說的。正因為如此，你要能退，它才能彰顯，要不
然的話，你就用語言文字把它定住了。定住了是一種彰顯的方式，
這叫做「定住的彰顯」；另外一種就是你撤開那個定住，讓它自己
顯現。所以前面那個名，叫做「執著之名」；後面那個名是「無執
著之名」，撤掉了，讓它自己彰顯。用我以前常說的話，前面那個
叫做「清楚」，後面那個叫做「明白」。明白是無主客對立相的，
清楚就有主客對立相。西方人就是把清楚當明白，中國人是清楚跟
清楚，明白跟明白，把它分別開來。

　　我們這麼說的時候，便可以建立中國之學統。在整個哲學史來
講的話，我們有個連續的、從不可說到可說的學統，在這個連續裡
頭，我們有個形而上學，我們有真正的形而上學，這個形而上學不
是西方意義的「體性的形而上學」，不是主體對象化的、把那個對
象當做存在事物去探索它本質，那個意義下的形而上學。所以康德
也很厲害，他取消了傳統的形而上學，並用知識論來取代。所以，
現象是怎麼一回事？是可以知道的！但是，是人們經由主體的活動
對於你所感觸到的，你感觸直覺所接收到的那個現象，給予一個論
定，這個叫做知性為自然立法。至於那個事物本身呢？就不知道，
康德很厲害的地方在這裡。牟先生說，那個事物本身也可以知道，
那知道是智的直覺。西方說上帝才有智的直覺，在中國呢？這個智

的直覺就是修養工夫論意義底下的儒家的良知、道家的玄智、佛教的空智或般若智。他這麼說的時候其實是經由修養工夫論、實踐論，去補足那個東西。認為經由修養工夫論、實踐論以後，人就可以提到上帝的層次來說。這個就是唯主體主義，把主體超越化，成為一個神聖的主體。就此而言，再從神聖主體由上往下說，再講坎陷。但我們的詮釋系統不是這樣，而是回到本源說。

十七、「良知」是指向對象而説的「知」，「意」則是超越善惡之對立而淵然有定向，這定向本身即是善的

問：我們剛才談到，目的因在這個系統要回到本源的一個純粹意向性來說，純粹意向性跟良知是一樣的東西，還是說有一個什麼樣的關聯？

答：關於這個「純粹的意向性」，我接受劉蕺山的說法。這純粹的意向性是先於本心的，是先於良知的，也就是「意是心之所存，非心之所發」。他所謂意是心之所存，就是心的活動「存主」於「意向性」（intentionity）之中，而有一個主導、一個指向，就此而說「意是心之所存」。就此而言，當我們說良知的知是知非，知是知非是指向對象而說的知是知非，但是在指向對象之前，便有了一個純粹的意向性。這是在不思善不思惡狀態下的一個淵然而有定向，就此而說，便叫「意」，這也就是劉蕺山的學問比陽明進一步的地方。但劉蕺山是不是那麼透澈？未必！因為他有繳繞。但是，可以這樣詮釋，這個詮釋就是我強調的，他那個「意」是指純粹的意向性。因為純粹意向性是先於對對象的論斷，對良知指向對象是

非的論斷。「意」就是還沒有指向對象之前的那個純粹的意向、純粹的意指。良知是就指向對象而說的「知」，所謂知善知惡；「意」則是「無善無惡」的，無善無惡當下是善，超乎善惡之對立相而淵然有定向。所以那個很接近現象學的純粹意向性（pure intentionity）。這一點，西田幾多郎理解的不錯，他在《善的研究》一書裡面講的頗有見地。

就這一點來講的話，我們可以回到更本源去說，「意」就是在「境識俱泯」而將起，當下一個淵然之定向，這淵然之定向就是怵惕惻隱的仁心之定向，所以這個定向本身是善的。所以我說，如果要說「善」，這個地方就是個「善向論」，而不是「向善論」。善已含於其中而為向，並不是於其外做為投向的目的，所以是回到本源，以其本源之動力而說，並不是做為一個彼岸的他在、做為我追求的目標。如果用最高善這個詞來講的話，這個最高善就是，即其向而說為最高善，並不是做為一個彼岸而為最高善，並不是做為一個線性的那一端、永恒的那一端，而為最高善。這就是為什麼中國哲學那麼強調圓頓之教，當下之為圓，當下之為頓，就此而顯現。這樣的話就清楚了，要不然的話，圓頓怎麼解？它並不是以目的而說其為立誠，它是以其本身之自為動力，即此動力本身為目的而說其為立誠，這就是整個儒學的核心所在。其實道教也是這樣的，他講內丹，練丹的丹，認為經由一個修練的過程裡，可以讓你的生命之氣，回到一個本源，那個本源是跟宇宙的本源通而為一的。「丹」原來的本義，就是天地之精華，人最根本的精華、本源。所以當我們這麼來理解的時候，儒家、道家、道教、儒教，通通可以放在一起理解，不必排斥這個，也不必排斥那個。

十八、對良知的光景與內縮的純綷意向之治療：回到總體之根源與歷史社會總體

問：老師，劉蕺山提出這個純粹意向是想要解決什麼問題？還是之前王陽明的良知有什麼問題？

答：良知會產生光景，或者更準確地說，良知學會產生光景。劉蕺山說良知學可能會產生兩個光景，一個是「虛玄而蕩」，一個「情識而肆」。為什麼會「虛玄而蕩」呢？因為往境界走，所以虛玄而蕩；為什麼會「情識而肆」？因為誤人欲以為良知，這就是我所謂的「錯置」（misplased）。所以，他要回到那個本源說，回到「歸顯於密」說。「歸顯於密」其實就是由那個「知體」回到那個「意體」，而這「體」其實就是「即用顯體」的「體」，即用顯體之體，是體樣、體貌、體態，是以當下所顯現的那個純粹指向之為體。那劉蕺山的思想是不是就帶有很強的開展性呢？有，但卻也非常的封閉。他的思想可以開展出兩個面向，這就是劉蕺山學問的麻煩。如果他那個純粹意向性繼續往前走的話，一方面會衝出歷史性來；但如果往內縮的話，另一方面則會變得非常保守。那是為什麼？這個地方就牽涉到他對於歷史社會總體的認知不夠。他是往高超的、純粹的意向性走，但對於整個歷史社會總體認知不夠的時候，就會認為只要那個問題解決掉，所有問題就都可以解決了。這就是為什麼他會回答皇帝說：「陛下心安，則天下心安矣！」所以，他的學問充滿了可能性，但卻又很保守。我覺得到目前為止，我這個解釋是恰當的。

問：老師剛才提到儒學的核心問題是圓頓，老師說的圓頓之教

是儒學的本懷嗎？

答：不是！我說的圓頓可以在我那個解釋系統裡頭得到恰當的解釋。但儒學也有很多種方式，圓頓這樣的一個工夫方式，可以在我那個解釋系統裡頭取得一個恰當的解釋，但並不只有圓頓而已。

問：我的意思是，就我們的傳統，包括牟先生，他認為儒學的最高境界就是達到一種圓頓的化境。

答：可以這麼說。

問：如果把圓頓的化境放在場域的觀點來理解的話，那會是怎樣的後果呢？

答：那就是兩句話！一句是「我欲仁，斯仁至矣」，另外一句是「士不可不弘毅，任重而道遠」。究竟地說、就修養工夫論而說，「我欲仁，斯仁至矣」、「克己復禮，天下歸仁焉」；就社會實踐說，「士不可不弘毅，任重而道遠」。什麼叫「弘」？就是寬弘！吾心即宇宙，這叫「寬弘」；什麼叫「毅」？就是堅持，如天地之生生不息。能夠回到那個寬弘無所不包的場域裡生生不息地奮鬥，就叫「弘毅」。當下「圓頓」而不妨礙後面的「弘毅」，這就叫做永恒不休息，所以說「仁以為己任，不亦重乎！死而後已，不亦遠乎！」。

因此，圓頓之教是就心性修養之究竟義說，不是就社會實踐義說，社會實踐是永恒之努力。宋明理學家即是太強調心性修養之究竟而忽略了社會實踐之恒久努力，當代新儒學也是如此。所不同的是當代新儒學沒有宋明理學家的真正圓頓的境界，只是把圓頓的境界構作成理論，以理論去替代圓頓的境界，所以是以理論的圓頓替代心性修養的圓頓，並且用這樣的方式來涵蓋社會實踐。有時候我

們會發現，當你碰到社會實踐、社會正義、社會公義問題的時候，往往一塌糊塗，因為沒有在這裡實踐過，就不懂得怎麼實踐。就好像人可能會開車，但如果從來沒開過車，就不會開。

問：老師所說的「道」，是就本源說。在回溯的過程中，如果要做一個治療的話，在個人身上好像比較容易知道該怎麼做，但是如果就整個場域來說，整個場域這麼大，那該如何？

答：這個就是《大學》裡面說的，由身、家、國、天下循序漸進。「身」就是個場域，所以從「修身」說，「自天子以至於庶人，壹是皆以修身為本」。記得！是「壹是皆以修身為本」，不是「壹是皆以格物為本」。修身前所說的格物、致知、誠意、正心，就是修身，那一段是在談工夫如何可能的理論依據。從修身、齊家、治國到平天下，那是個社會實踐的展開之域，從身的場域說，我如何調身、調氣、調息；從家的場域說，我如何讓這個家能夠和諧；從國的場域說，要國泰民安；從天下說，則要風調雨順。那該怎麼做？那就要一點一滴地、具體地做。那是不得了的，那個工作其實也是做不完的。但要記得，雖然只做了一點點，但不要以為它沒有用，它就是有用，勿以善小而不為，勿以惡小而為之。

十九、以「理」、「心」、「氣」三個核心概念來看主體參與到場域而說的總體之顯現

這樣的哲學觀，如果以理、心、氣這三個核心概念來說的話，顯然不是以「理」，不是以「心」，也不是以「氣」做核心概念。「氣」這個字眼所顯示的，用唐君毅先生的話，很明白的就是「流行的存在，存在的流行」，process 跟 reality，reality is process、

process is reality；用牟先生的話就是「即存有即活動」。「心」是就主體義說，「理」是就形式義說，「氣」是就活動義說。所以我們這樣一個詮釋系統，其實就是「即用顯體」，這就是在《新唯識論》裡面所說的「轉變」、「功能」，就是講到本源之「翕闢成變」。

從這個角度去看，就可以發現，宋明理學的幾個大傳統，整個當代詮釋的幾個大傳統，牟先生顯然是陸王傳統為主，唐君毅先生同樣是以陸王傳統為主，錢賓四先生一樣以陸王傳統為主，徐復觀先生也是。以朱子學傳統為主導的，則是馮友蘭的新理學，這是很清楚的。屬於氣這個傳統的王夫之呢？顯然是有所缺！熊十力呢？熊十力其實應該把他畫歸到心學的傳統，只是他這個心學的傳統非常強調「動能義」，而不是「判斷義」。牟先生也強調動能義，但是，在他的整個哲學系統裡面，因為是放在康德的「現象與物自身」的結構來說，在「執的存有論」與「無執的存有論」這樣的分辨底下，最後把它掛搭到「智的直覺」上說，就難脫裡面的一些麻煩。

其實牟先生對於中國的哲學的把握，也是很精切的，但是他有很強的主體主義傾向，這基本上是受到康德影響。但是他比勞思光先生好很多，勞思光先生基本上是平面的主客兩橛意義下的主體主義，牟先生的那個主體則是通於道體而說的。我們現在所說的，是主體參與到場域而說的總體的顯現，就此而說，有這幾套的不同，從這裡回過頭去看宋明理學就清楚了。在我們的師友輩裡面，像曾昭旭老師，是研究船山學的代表學者之一，我個人認為他是陽明式的船山學，他非常強調的是那個主體，他不是不重場域，但主體仍

然是優先的。船山有沒有這一部分？有！但以船山的《周易外傳》
和《周易內傳》來講，《周易外傳》注重的是「器」，「形而下者
謂之器」的「器」，講「無其器，則無其道」，強調「場域」；但
船山的《周易內傳》就比較強調「道」，比較強調主體性。當然你
可以說他是「道器合一」、「兩端而一致」。但總的來講，我是比
較往「器」、往生活場域、往歷史社會總體這邊去詮釋船山學；而
曾老師則是比較往「道」、往心靈主體這邊去詮釋。其實王船山哲
學走徹底了，是可以跟馬克斯的唯物論關聯在一塊的。

　　問：老師，「氣」是形而上的還是形而下的？

　　答：「氣」其實無分形而上、形而下，它是對比於形而上、形
而下這兩端的一個辯證性的概念。你說它是物質，它又不是物質，
你說它不是物質，它又是物質，就是這樣的東西。

　　問：老師，可不可以說那是一個氣化流行的存在？

　　答：那當然是氣化流行的，但那個氣化流行不要把它唯物化，
那是心物不二的意義下的氣化流行，所以氣是「即存有即活動」，
是存在的流行，流行的存在，唐君毅先生的說法是恰當的。所以
「氣」是就「用」上說，「即其用而顯體」；氣也可以說是體，但
是從功能上說體。氣是無形的，但是氣也可以有象，氣無形而有
象，因其象而定為形，因為在中國的世界裡面是「象在形先」，而
不是「形在象先」。我現在所說的，不出我在南華時期所寫的〈道
與言〉那個大脈絡，即所謂「道顯為象，象以為形，言以定形」。

二十、學習是要將具體的生活感知，提到一個理論的、理性的、抽象的思考

問：老師是不是認為道家在儒家之上？

答：我認為是互補的，無所謂上，無所謂下。基本上，就是儒家強調人倫的自覺義，道家強調自然的生成義。

問：老師，如果就保守的程度來說呢？

答：這很難說，要看怎麼說。道家「為而不有」，儒家「知其不可而為之」。知其不可而為之，要看是如何知其不可而為之。所以就儒家來講，保守性是滿重要的，因為他要維護既有傳統的發展，對傳統要有一個連續性。道家則是不管傳統，主張要回到自然，自然才是我的傳統。道家所謂的「道紀」，「能知古始，是謂道紀」。我知始，我知古，是經由道之體會而為古始，並不是儒家所說的追本溯源那樣的古始，這很深刻啊！道家從這裡把人文切開，切開以後再去談，認為儒家這些人與其避人，毋寧避世。道家之徒不是對孔老夫子這麼說嗎？你去到這裡跟人合不來，去到那裡也跟人合不來，所以算了吧！我們根本就跟這個世界合不來，所以逃遁人文，回到自然吧！

問：那道家就是沒有走向生活世界嗎？那麼這生活世界很容易被人認為是一種自然的、心理的世界？

答：對，他有這個面向。但這個面向又有轉變。所以在《莊子》的外篇、雜篇便有些不一樣的轉變，那就是後來連著黃老之學來說的，他就要入世。但他起先就做了「形而上的保存」，所謂形而上的保存，就是道之保存。道之保存放那裡呢？道之保存就在治

療之間。所以他就有很多派別，如此一來，道家不一定是遁世的，他甚至可以是社會存有論，並展開我所謂的存有的治療。

問：老師，那你的學問就是儒道融合，而不是儒家或道家？

答：你所謂儒道融合，我的理解是從這裡說。我認為我們現在太過支離地去看待學問的研究，這裡切一塊，那裡切一塊。我強調的是要回到了本源論定以後，再研究什麼。當然！如果以專業研究來說的話，那我研究王夫之，研究過熊十力，研究儒學跟傳統社會的關係，研究過印順與熊十力的對辯，但是現在我們應該要把它同於大通來看，回過頭來這些東西才能一一擺定。學問要有本源，但並不是說每個都要講本源，而是說，有本源以後，才能一一論定。這過程是不是恰當？當然還在發展。

大體來講，當你現在問我一個問題的時候，從我這個脈絡、這個系統，我一定有一個答案，這答案不管是對或錯，但有一個答案。這個答案跟牟先生不太一樣，但是會跟他相關，跟熊十力不太一樣，但也會相關，因為從本源上的理解便不太一樣。就是我所知解、所理解的，不敢說我已經體悟，而只能說我理解。我所理解的東西跟原先這幾個系統不太一樣，簡單地說是這樣。那你或許會說，這會不會流於六經皆我註腳的傾向？有可能！所謂的哲學都是六經皆我註腳，所有的系統都一樣。

所以回過頭去看禮、樂、射、御、書、數時，就很清楚了。原來六藝之教是要通六藝之文，基本上就是如同現在所說的通識。「禮」是「規範性」；「樂」是「和諧性」；「射」是「確定性」；「御」是「主宰性」；「書」是用文獻陶養、教養，就是「歷史性」；「數」則是一種次序，一種宇宙的次序，就是「合理

性」。從這個地方可以發現，它背後原來有一個「道」的存在。可以落在「道」說，落在「德」說，可以就「仁」說，可以就「義」說。如此一來，任何一個中國哲學語詞概念通通可以擺定，那便表示你這個詮釋系統有效，大體來講是這樣。

前幾天看到陳鼓應先生所寫的一篇文章，寫得還可以，當放到這個脈絡裡面時，你得有一個能力去分判，他哪些地方講過頭了？哪些地方沒過頭？雖然你沒有仔細的去讀過那些文獻，但是他現在幫你把這些文獻引出來，你同樣可以論。就好像你不是學武當派的招式，但當你對拳道、武術，對那個「道」有了解的時候，再回過頭去看這套拳法，哪裡有問題？哪裡精采？就特別清楚了。所以我說，學要有本源，學要有辦法，這個要學習。這些從那裡學習呢？從我常說的，將具體的生活感知，提到一個理論的、理性的、抽象的思考，要時時刻刻做這個活動。做這個活動，中間有很多很麻煩、很複雜，到底怎麼做成的，有時候也不知道，但它有時候有一種 intuition，有一種直覺，然後你用一個概念去概括它，嘗試著來做之後，你才能了解此事不虛，慢慢的這個理論就可以成立，然後再次的驗證。這是從 perception 到 conception 的過程，是一種 perceptive，從這樣的一種感知的活動，到一個概念性的思考的活動、理論的建構，再回過頭來去驗證它。

關於這部分，我在很多年以前曾經在淡江大學講演，談「存有、思考與方法」，後來在《鵝湖》發表。那時候我正在寫博士論文，快寫完了。我覺得那是一次滿不錯的講演，很準確地把我的想法講出來，那是我最專心用功的時候。我還記得那時正在寫博士論文，突然間想到，今天已經約好要去淡江大學中文系演講，但是只

剩下半個鐘頭，所以我就用半個鐘頭從我家開車到淡江，很誇張啊！半個鐘頭開到了。那時來不及吃飯，於是請人幫我買一個便當，吃便當的時候，開始寫大綱，寫完大綱就講，講完了就是一篇文章了。那一次是我覺得非常快慰的事情，有一種自得於心的感覺。那次的演講有錄音，後來也整理出來了。非常有趣，那一次經驗非常好，我有好幾次那個經驗。

　　還有一次，在臺大講儒家的宗教觀，其實就是後來在《中國宗教與意義治療》裡面的其中一篇——〈論儒家的宗教精神及其成聖之道〉。那其實也是不預期地被請去講，講了以後他們記錄，後來發表的時候，為了要滿足學術體裁，就加上了一堆注。我覺得那個時候很好，所以你們在念碩士、博士的時候要勤一點，這是最好的時候。你那個時候有一個力量持續著，大概可以持續到我們現在這個年紀，如果繼續持續下去，大概可以持續到五十歲，五十歲時就要「五十而知天命」了，因為人的力量有限。所以創造力最好的時候就是你們現在，我現在如果還有一點創造力，也是那個時候延續的。這很有趣，這是我的經驗，我應該把這個經驗告訴你們。

　　哲學很少有第二個春天，哲學大部分都只有一個春天，學問也很少人有第二個春天。有人說維根斯坦有兩個春天，我很懷疑，我認為他只有一個，因為那是一個發展，並不是兩個。牟先生也只有一個啊！這一期的鵝湖，有一篇牟先生的〈論詩一家言〉，是他在二十九歲的時候寫的，那個文字，的確是大師級的文字，大師就是大師，不是七十歲時才成為大師，二十九歲就是大師，那時候沒有人承認他，但是你現在就非得承認不可。現在人文學院的學者心量不夠大，他們是沒有辦法了解的，但這從牟先生身上可以看得到

啊！你看他五十歲時寫的那個《五十自述》，中國當代哲學家沒有一個寫得出來；二十九歲時寫的文學理論，那美學的工夫到什麼地步了！你《文心雕龍》讀一百遍也做不出來啊！二十四歲寫《周易自然哲學及其道德涵義》，我覺得光是那一部就可以當中研院院士了，其他那些人跟他一比，不用「形同侏儒」這樣誇大的修辭也難。

問：老師，牟先生到晚年的時候是不是轉向形上境界？

答：對！的確是！天才的哲學常會這樣，像海德格後來便走向了自己的世界裡面。我現在操作哲學語言，很多東西都是跟牟先生學的，我從那裡學到怎麼樣遣詞造句，怎麼樣自鑄哲學之詞。牟先生都是自己鑄的，他鑄造得比熊十力恰當。你看他二十幾歲時的著作，就已經到那個地步了，你不得不佩服啊！今天，我們就講到這裡。

（一九九九年春夏間，筆者擔任中央大學哲學所「當代儒家哲學專題」課程，約六月間，應同學之邀，特別加講了四個講次，以一問一答的方式展開。現在這裡所呈現的是第一次的紀錄，由丁金順同學紀錄，再經由師大研究生何孟芩潤飾、修訂完成）

第二章　後新儒學的思考：
對「兩層存有論」的批判與
「存有三態論」的確立

【本章提要】

　　本文首先就牟宗三先生「兩層存有論」的理論構造加以反省。牟先生繼承了宋明理學傳統中所強調的心性論與天道論，主張人可以經由一種修養的工夫，使內在的本然之我與宇宙的造化之源通而為一。雖然牟先生也主張良知可以經由一個客觀化的坎陷歷程以開出知性主體與民主科學，但這種「民主科學開出論」的「開出」基本上只是一種「超越的統攝」意義之下的開出，說明了理論上的一個轉出的可能，而非實際的發生過程。牟先生兩層存有論的關鍵點在於強調人具有「智的直覺」，然而這樣的一個哲學構造方式卻可能忽略了中國傳統中作為生命動源意義下非常重要的「氣」的問題，使得心性主體過分傾向於純粹義與形式義，而忽略了主體在場域之中的具體實存義。

　　對此，作者認為，儒學不只是心學，而應是身心一體之學，應該要從主體性的哲學回到一種「處所哲學」或「場域哲學」之下來

思考。因此，作者提出了「存有三態論」的理論架構，認為必須要解開與「存有的執定」相伴而生的種種文蔽，返回到「存有的本源」，才能使存有之總體本源於生活世界中加以開展。這樣一個「存有三態論」的理論構造，可以化解掉儒家只是作為心性修養之實踐意義下的形態，而回到一個總體的生活世界，在歷史社會總體裡談安身立命。不僅可以貫通傳統儒、道之經典傳統，也可以開展出儒家之「實踐人文主義」的真實意義。

關鍵字詞：兩層存有論、存有三態論、良知的自我坎陷、牟宗三、
康德、心性、良知、氣、咒術、專制

一、牟宗三先生兩層存有論之構造

　　牟宗三先生的哲學，一般來講，可以用所謂的「兩層存有論」去概括它。所謂的兩層存有論，是通過康德「現象與物自身」的超越區分，把現象界視為「執」的存有，把物自身界、睿智界叫做「無執」的存有。所以，牟先生在《現象與物自身》一書中，談到所謂「執相」與「無執相」的對照，構造了現象界與睿智界的存有論，或者說是構造了兩層的存有論：執的存有論與無執的存有論。

　　這兩層存有論和康德的建構其實是不同的。康德哲學的建構，重點是在於知識論的建構，也就是通過「知性為自然立法」而說明如何從現象界來建構客觀知識。至於屬於睿智界的那個部份，則並非人的智慧所能及，因為人只具有「感觸的直覺」（sensible intuition），而不具有「智的直覺」（intellectual intuition），康德認為，只有上帝才具有智的直覺。但是在牟先生的系統裡面，他通過了中國傳統儒、道、佛三教工夫論的傳統，強調通過修養實踐的工夫，可以使人從做為一般性的存在，提昇到一個更高存在的狀態，而當提昇到一個更高存在狀態的時候，他認為那是一個本然之我的狀態，或者說那是一個回到本來面目的狀態。就儒家來講的話，那是一個具有「性智」的狀態，也就是孟子所說的「仁義禮智」的狀態。那樣的狀態，用傳統哲學的語詞歸約起來，儒家就是所謂的「性智」，而道家用的是「玄智」，佛教則是用「空智」這個詞。

　　不管是儒家的性智、道家的玄智、佛教的空智，牟先生借用了康德「智的直覺」這個詞，而說東方儒道佛三教的哲學都認為人不只是具有感觸的直覺，更具有智的直覺。智的直覺跟感觸的直覺有

何不同呢？感觸的直覺只能及於「現象」，而智的直覺可以及於「物自身」。也就是說，感觸的直覺把抓的是現象，智的直覺則創造了物自身，而物自身與現象是同一事物的兩個面相。從這個地方，隱約可以看出智的直覺與感觸的直覺，總的來講，是歸到本心、歸到一心說的。在這裡我們可以約略把兩層存有論的構造，歸到用「一心開二門」的那個構造說出來。所謂「一心開二門」，是牟先生借用了《大乘起信論》的構造，將心分成兩門：心真如門與心生滅門。心真如門所對應的是物自身、睿智界；心生滅門所對應的則是一般生生滅滅的現象界，但心真如門與心生滅門最後都還是要歸於一心的。

牟先生兩層存有論的構造，還有一個特殊的地方，就是當論述回到了哲學的人類學的時候，他是怎麼樣去正視人的？他又是怎麼樣去正視人那個本來面目的我的狀態呢？那個我其實就是一個純粹的、超越的、自性的我，或睿智界的我，即可以及於物自身界的那個我。那個我不是經驗所能限制的，也不是歷史所能限制的，遠超乎經驗與歷史之上，而又作用於經驗與歷史之中。所以牟先生講的這樣的一個我，其實是一個超越的、純粹的形式之我。在儒家這個我是個道德的我，在佛家這個我是個解脫的我，在道家來講的話，就是那個返璞歸真的真我，牟先生便是以此作為他哲學最高的一個支柱。

二、宋明理學和當代新儒學皆主張主體與道體的同一性

從這裡我們可以發現到牟先生這樣的作法，在整個哲學史的發

展上有一個很重要的意義，他擺落了這個民族幾千年來歷史的業力、社會的習氣以及在經驗中、歷史中種種沾惹在其身上的那些應該甩脫掉的東西。宋明理學家已經很接近這個方式，他們基本上就是從「本心」這樣的主體，上溯到超越的主體，也就是內在的主體和超越的道體，兩者通而為一。譬如在象山和陽明的系統中，就把這兩者徹底的通而為一，或者我們也可以說，他們是去揭示了人內在的本源和宇宙的本源原本就有一種同一性，所以，這樣的哲學基本上是一種同一性的哲學，是主體和道體的通而為一的哲學。

在宋明理學家中，程朱學派基本上並不這麼直接地把道德的本心和那個天理通而為一；但是，他們也強調要經由修養工夫而涵養主敬、格物窮理，最終也是要讓本心與天理通而為一。大體來講，這是整個儒學非常重要的根本所在，宋明理學和當代新儒學所走的路大體上都是如此。也就是經由一種修養的工夫，讓你內在的本然之我跟宇宙的本源能夠通透起來，這樣的方式是整個儒學很重要的心性論之本源。

儒學另外一個很重要的方式，則是經由一種道統論、一個理想的歷史延續性，把現實的、不合乎理想的部份給跨過去。最明顯的就是直追三代，堯、舜、禹、湯、文、武、周公、孔子、孟子，一直跨到宋代，這就是宋代理學的道統論。當然當代新儒學基本上仍然延續這樣的道統觀，只是不太強調罷了。當代的道統論裡面，國民黨也提了一套，堯、舜、禹、湯、文、武、周公、孔子、孟子，然後是孫中山、蔣介石，當然這是黨國威權之下的道統論，這是把黨國威權的思考，也就是將三民主義的思想，與中國文化傳統的道統連在一塊，而取得其政權形而上的合法性。

三、牟宗三先生強調良知學必須經由客觀化的歷程於具體生活中展開

就當代新儒學而言，並沒有努力去區隔這之間的不同，也沒有再去努力地締造自己的道統論，基本上只是繼承了心性論。如果就宋明理學以來的儒學而言，有三大重要的支柱，即「心性論」的傳統（或叫良知學的傳統）、「道統論」的傳統，還有一個就是「宇宙論」的傳統。如果談到「天命之謂性」、談到宇宙本源的生生之德，就宇宙論這個部份而言，當代新儒學談的比宋明理學少，而在道統論這個部份，談的也比宋明理學少。當代新儒學主要還是抓住了心性論、良知學這個向度，予以徹底的發揮。

良知學這樣的一個發揮方式，在牟先生的兩層存有論中，幾乎達到了一個最高的高度。良知作為一個內在的主體，同時也是一個超越的道體，牟先生說出了「既超越而內在」這樣的一個詞，來連結良知與天理。基本上，這還是對於宋明理學以來天理良知一致性的一個新的詮釋。這新的詮釋有別於宋明理學的地方，在於他強調這個良知學必須在我們具體的生活中展開，而這展開的過程必須經由一個客觀化的歷程，或者一個主體對象化的歷程。用牟先生的術語來說，即是所謂「良知的自我坎陷」以開出知性主體，由知性主體開出對列格局思考下的民主和科學。這樣的說法，一方面是在強調民主和科學與中國傳統的良知學之間並不相妨礙，另一方面也將現代化兩大支柱的民主和科學收到了良知學裡面來。

四、康德是「窮智見德」，牟宗三先生是「以德攝智」

　　在牟先生的哲學架構中，作了一個有別於康德哲學的轉向。康德強調要「窮智見德」，牟先生則藉由中國心性論的傳統，回溯到那個心性和道德的本源，由心性道德的本源開出知性主體，再由知性主體開展民主和科學，這很顯然地是所謂「以德攝智」的傳統。

　　「以德攝智」的傳統，跟「窮智見德」的傳統，思考問題的方式是不同的，整個解決問題的方式當然也有所不同。「窮智見德」的傳統，一方面是要釐清科學的知識如何可能，一方面也要釐清這樣的客觀知識的界限何在，而進一步則保留了道德的、信仰的領域。當然，很重要的是，在康德的哲學系統裡面，他是一個道德的主智論者，也希望讓道德成為一種客觀法則現象所能論定的東西，所以康德是一個道德的法則主義者、道德的主智論者。而牟先生所詮釋的儒學或哲學系統，主要的問題意識還是以儒學為主，《現象與物自身》雖然也有談到道家，談到佛教，並且在判教上借用了佛教的一些道理，像圓教、圓善的觀念都是借用於佛教的判教觀念，但基本上他的思想還是儒家的。就儒家而言，其問題意識並不在於去探討知識所能及的境界究竟何在，也並不是要去為科學找尋一個客觀的、知識學的基礎，他的重點是在於經由道德實踐、經由心性修養工夫，去證成那個內在本心是真實的呈現，而不是一種哲學的論證。而牟先生更進一步，從心性之本源是一個本然的呈現，再經由《易傳》「曲成」的觀念轉出「主體的對象化活動」的方式，而強調由「良知的自我坎陷」開出知性主體，由知性主體開出主客對

列之局，來涵攝民主和科學。

五、「民主科學開出論」的「開出」是「超越的統攝」，而非實際的發生過程

其實牟先生這樣一種「民主科學開出論」的「開出」，基本上是一種「超越的統攝」意義之下的開出。我認為與其說是開出，毋寧說其在現實上不相違背、在實際上可以和現實共存，而在理論上可以轉折地開出。也就是說，牟先生這樣的一個論據，並不足以說明從良知學如何可以經由良知的自我坎陷工夫去開出所謂的民主和科學。牟先生所說的開出論，當然是曲折的開出，這樣曲折的開出只是要說明：這是兩個不同的知識狀態或知識系統，而這兩個知識系統可以連結在一塊，並且是以道德學作為主導的。在整個系統的建構上，良知是作為現實的民主科學之用、知性主體之用的超越基礎，但是，卻不足以說是現實民主與科學之實踐的、現實的發生學上的動力，因為良知只是一個理論上的超越基礎。

因此，牟先生只是做了一個形上學的、本源的追溯，做了一個理論上的疏通，來回答從民國以來的反傳統主義者、科學主義者、民主論者、自由論者背後徹底的反傳統思考。他們都認為，中國文化傳統其實是妨礙了整個現代化、妨礙了民主和科學的發展，而牟先生這樣的一個論點，則是針對這些人之所說而發的，是有針對性的，這個針對是一個「對反上的針對」。牟先生提出這樣的論點主要是在告訴他們，中國文化傳統並不會妨礙現代化，即使現代化之民主和科學這兩大支柱，仍然跟儒學的良知學不相違背。從這裡我們可以發現，牟先生跟整個三民主義的黨國威權所強調的民主、倫

理、科學有若干符合的地方，但是其實還是不同的。因為三民主義所說的民族主義、民權主義、民生主義之倫理、民主、科學三者是分開來說的，而這三者又統合於黨國威權的最高頂點，這跟牟先生將其統於良知學的思考是不同的。但是，就整個大思潮來講，兩者顯然都是傳統主義者，也都是保守主義者。

這樣說下來，我們可以發現，所謂民主科學開出論的這個「開出」，與其說是「開出」，不如說是「涵攝」要來得更加地準確。說「開出」也只不過是理論上的一個轉出的可能，並不是說在實際上、在發生上是經由這樣的一個過程。從事民主和科學的活動，並不是起先以一個道德修養工夫達到良知的一個狀態之後，再用良知學的方式轉折地開出知性主體。發生的過程跟理論的疏清是兩回事，這點必須區別開來。

六、心性主體被理論化、超越化、形式化、純粹化之限制

當我們這麼說的時候，可以發現牟先生兩層存有論的關鍵點在於：以康德的語詞來講，即人具有「智的直覺」。人如何具有智的直覺呢？牟先生認為，這只能通過儒、道、佛三家的修養工夫論回溯地去闡明它。這個地方，他一再地強調良知並不是一個「假設」，而是一個「呈現」，這是關連著熊十力所說的方式來說的。這樣一個兩層存有論的構造，有其時代的背景，但最大的一個限制，就是將一個活生生的實存的人、有血有肉的人，高調化、理論化、道德化、超越化、純粹化了。

這樣一個人的主體，是一個形式性的主體、抽象的主體、空洞

性的主體；這樣的實踐，往往也是屬於心性修養的實踐多，在現實社會發生意義上的實踐少。在整個解釋力上來講的話，則是變成必須環繞著人的道德主體為核心，來展開解釋。這樣解釋的最後模型，是回到「心即理」的傳統，但是它的意義其實是歧出而帶有混淆的，既可以上溯到理，強調其純粹性和形式性，也可以往下降於心，強調其主體性和能動性。

牟先生在他的哲學系統裡，一再地強調這是「即存有即活動」的，就「活動義」講是「心」，就「存有義」講是「理」。雖然「即存有即活動」的提法，在牟先生的系統裡，不知道出現了多少次，但是，當他說「理」這個存有，包括「心」的活動義的時候，其活動義仍然是一個純粹義的、形式義的活動，而不是一個實存義的活動；雖然牟先生偶爾也會強調實存義的活動，但那個強調只是一般形式義的強調，這是我們可以看得到的。

七、當代最大的「別子為宗」之確義：疏忽「氣」的生命動源義

在這樣的一個提法之下，其實跟朱子學是有很大的差別；但牟先生那個「即存有即活動」的活動，如果只是一個純粹義的、形式義的活動，這麼一來就變成跟朱子具有某種同調的意義了。這也就是為什麼我說，如果牟先生說朱子是「別子為宗」，那麼牟先生本身亦可以被歸類為另一個類型的「別子為宗」。因為這樣的哲學構造方式，疏忽了一個非常重要的問題，就是「氣」的問題。牟先生在處「理、氣」這個問題上，基本上還是通過「理氣二元」的方式，把「氣」認為是屬於形而下的，認為「氣」是作為一個材質意

義下的氣，而「理」是作為形式意義下的理。「氣」在牟先生來講，比較難理解為生命的一個動源；但是如果回到中國哲學的傳統來講的話，「氣」這個字的意義其實是非常豐富的，具有材質義，也具有動力義，在動力摧促著它的發展過程裡，也成就其條理義和形式義。

所以「氣」這個字眼，由於其重點在於生命之源，所以格外具有豐富的意涵。牟先生的兩層存有論，其實很難安排在中國那麼龐大的「氣」學系統裡，因為他談到「氣」的問題的時候，並沒有一個恰當的安頓。就這點而言，我認為兩層存有論在理論的建構上，是有瑕疵的。因為兩層存有論的重點在於回到本心之上，而這樣的本心，我認為也並不能夠很正式地去正視它，只是把它純粹化、形式化了去說，而不是就其活生生實存之動源去說，也不是就一個存在的本源上去說。因為就其為存在的本源去說的時候，很難說其為主客的對立，也不能夠將其歸為主體所創造。我們應該如其所如地回到主客交融為一處的那個混然為一的狀態，而這點是牟先生所忽略的，也是我們在看兩層存有論的過程中可以發現的。

八、「咒術型的轉出」與「解咒型的轉出」之對比

整個新儒學其實有一個轉出的過程，我以前在〈良知、咒術、專制與瓦解〉一文中，便討論到良知學本身一直跟巫祝的傳統與專制的傳統混雜在一塊。當代新儒學也意識到了這點，而思考要如何從這裡轉出來。我認為這個轉出有兩個方式，一個是「咒術型的轉出」，一個是「解咒型的轉出」。這個部份，我在《儒學與中國傳統社會之哲學省察》一書中有談到，在〈咒術型的實踐因果邏輯到

解咒型的實踐因果邏輯〉中，有一大段都在談這個問題。我認為當代新儒學仍然處在一個「咒術型的轉出」方式，而不是一個真正「解咒型的轉出」。當代新儒學其實是希望回到那個咒術之源，回到良知、專制、咒術連在一個整體的裡面，企圖從那個地方轉出來，並且認為其本身就具有那麼強大的力量可以轉出來，這就是我在〈解開道德思想意圖的謬誤〉一文裡主要處理的問題。

　　道德與思想的意圖，基本上就是將良知、專制、咒術連結在一塊。咒術的意思是，人們經由一個特殊的、神聖的語言，經由儀式及其它的實踐活動，能夠去觸動那個宇宙最原初的動源，由那個動源開啟一個非常強大的力量，並由那個強大的力量改變現實上的各種狀態。當代的中國人到現在為止都還相信這個，相信這個總體裡面有一個不可知的力量，而這個不可知的力量可以藉由某種道德實踐的修養方式，經由一個符咒的儀式，去觸及到祂，並且造成一個改變。牟先生的民主科學開出論，良知的自我坎陷以開出知性主體，進而去涵攝民主科學，基本上仍然是停留在這種思考裡面，這基本上是一種「咒術型的轉出」方式。

　　相對而言，所謂「解咒型的轉出」，就是要去釐清良知學與巫祝傳統、專制傳統之間複雜而難理的關係，當那些複雜而難理的關係釐清之後，我們才得以還給良知學一個恰當的份位。所謂恰當的份位就是說，良知其實是平平坦坦，沒有那麼偉大的，只是平平常常而已。良知學本身即具有一種動力，足以瓦解顛覆夾雜在它身上的巫祝傳統與帝皇專制的傳統，這是我一直非常強調的。我認為當代新儒學並沒有徹底地轉出來，這牽涉到當代新儒學忽略了「歷史發生」這個層次的考量，而太強調形上層次的追溯。這也就是我在前

幾年寫〈良知、咒術、專制與瓦解〉時，探討中國文化核心與邊緣「兩端而一致」的思考；這也即是我所強調的，必須從「血緣性的縱貫軸」走出來，轉成一個平鋪的、橫面的、主客對列的橫面軸，從「血緣性的縱貫軸」到「地緣的、主體際的互動」的一個平鋪的互動面，這是必須、也是一個艱辛的過程。

九、儒學不是心學，而是「身心一體」之學

　　至於西方形上學的傳統，是否也是屬於這種兩層存有論之構造？就牟先生而言，他認為現象界與物自身界的超越區分，這種經驗界與超越界之構造，是從柏拉圖以降的一種基本構造。但是在現象學的傳統中已經不是這個樣子了，在解釋學的傳統也不是這個樣子，而牟先生認為哲學一定要開二門，這是他的一個想法。我們現在在討論牟先生的思想時，基本上是在說這樣的兩層存有論到底是怎樣的一個構造方式？有哪些限制？其特點就在於這是一個人學的系統，而有別於基督教系統。

　　即使康德學非常強調人學的系統，但是依照牟先生的看法，康德學只成就了一個道德的神學，並沒有成就一個道德的心性論或道德的形而上學，就這一點來講是不同的。因為在東方的儒家、道家或佛教的傳統下，都可以成就一套心性論，而這心性論在西方是沒有的，這也是牟先生一直強調的。

　　但我所要質疑的是，現在所強調的心性論固然是傳統中非常重要的，但是卻是太過於強調它了，而使它變得不太恰當。也就是說，儒學不是心學，道學也不是心學，儒學是身心一體之學，道學也是身心一體之學。身心一體之學跟心學是不同的，這就牽涉到我

等會要談的「存有三態論」。因此，我認為應該要從「一心開二門」的結構過渡到「存有三態論」的結構。

十、良知學本身具有專制性的結構，與巫祝、咒術的思維方式

兩層存有論就中國哲學一本論的傳統來講，這個一本的「本」，就是本心，也就是道心、道體、主體。但是這個地方，畢竟良知的部分很重。本心論之所以會在中國哲學中成為一個重要的傳統，基本上是和中國的帝王專制、原先的巫祝咒術有著密切的關連。因為在整個中國的帝王專制制度中，皇帝是成為一切存在之價值的、實踐的一個現實上的頂點，這跟中國傳統巫祝咒術思考下所認為的那個最高頂點有相同性，只要皇帝是親民的，只要皇帝是如同天地之本源一樣的，那麼這個世界就好了。

現在這個良知學即是連帶著這樣一個社會總體的結構，強調如果那個頂端的、最高的絕對主宰是處在一個道德的、良知的真實狀態，那麼整個宇宙的問題也就都解決掉，整個存在的問題也都可以解決掉了。所以我們可以發現良知學的傳統，是在明代達到顛峰，而明代也正是中國帝王專制最為顛峰的時代。

我這麼說，並不是說良知學就是帝王專制之學，而是說良知學就是在一個極端的不合理的帝王專制高壓統治下，知識份子為了要對抗那個帝王專制，所形成的另外一個對立面的思考。但是兩者在結構上是一致的，也就是良知學與帝王專制思考的內在本質結構往往是一樣的；然而卻是往兩個端點上走，一個是朝一個最高的絕對者走，另一個則是強調那個內在的本心作為最高的絕對者，而不是

一個外在的最高絕對者。這是很有趣的結構狀態，也就是我說的超越的、絕對的、權威的主宰，跟內在的、良知的那個本心、那個主體，有一種內在的同一性，或者一種相同的構造關連，這點非指出來不可。

　　這也就是說，良知學本身具有專制性的結構，良知學本身即具有巫祝的、咒術的思維方式，跟帝王專制之具有巫祝的、咒術的思維方式是一件事，這就是我與新儒學的朋友們在理解上最大的不同之處。對於良知學，我強調必須通過一個具體的、真實的歷史社會結構的總體理解，通過整個中國人深層意識的理解，關連到我們本土的宗教理解，恰當地指出良知學本身具有什麼樣的內容。我認為兩層存有論的構造即是疏忽了這一點，對此沒有給予恰當的釐清。

十一、要從主體性的哲學回到一種「處所哲學」或「場域哲學」

　　現在我做這樣釐清的時候，其實就是要強調：那個主體是一個什麼樣的主體？主體之為主體，並不是能生發宇宙萬有的主體，而是在主客對立之後才有所謂的主體；在主客對立之前，則是一個主客交融下、境識俱泯的狀態。那樣的哲學如果以哲學建構來講的話，其實應該回到一個總體場域的本源之中，而就那個本源來講，用《易傳》的話來說，就是「寂然不動，感而遂通」那個「寂然不動」的狀態，也就是一個「空無」的狀態、「境識俱泯」的狀態。這樣的一個說法，其實是強調：當我們要去作哲學建構的時候，不應該繫屬在一個「超越的形而上的本心」說，而應該回到一個「存在的、本源的真實狀態」去說一個「主客不分」的狀態、一個「境

識俱泯」的狀態、一個寂然不動的那種寂靜而空無明覺的狀態。這樣的一個哲學，基本上我們可以理解成一個場域、一個處所，那樣的一個主體客體不分、泯除分別相而回到一個無分別狀態的哲學。這樣的哲學不同於主體性的哲學，而是一種「處所哲學」，或者說是「場域哲學」。

我們所強調的不在於主客對立，也不在於泯除客體、強調主體。因為當代新儒學以牟先生的方式，有泯除客體、回到主體，再由主體重開生源、穩立客體之趨勢。而我們的方式乃是要回到一個主客不分、境識俱泯的存在之本源，回到寂然不動、感而遂通的本源狀態裡。那樣的詮釋，叫做「存有的根源」，是一個不可分的狀態。用道家的語言來說，就是一個「不可說」的「道」的狀態；用儒家的語言來說，就是「生生之德」，創造不已的「生」的狀態；用佛教的語言來講，就是「一念無明法性心」，那個「即無明即法性」的一個空無的本源狀態。

十二、中日之文化類型對比：情實理性與儀式理性

那個本源的狀態，用日本京都學派的講法，則是接近於「絕對無」的狀態。但不同的是，日本京都學派之「絕對無」的狀態，其「處所義」、「場域義」比我們中國哲學還要強。也就是說，中國哲學的重點仍然在於人參贊於天地之間，所構成的一個「人與天地交與參贊的總體之本源」；日本的哲學重點則不在於人參贊於天地的總體之本源，而是人在天地間展現，天地是作為一個背景，人則是一個活生生的、有情欲的，跟大自然交融成一個整體的人，是一個徹底的感性的、欲望的人，那個背景是一個場域的絕對無，這當

中所隱含的是一個神道的思想。

　　就人本身尊崇神道而言，它所產生的莊嚴肅穆感，引發了一種客觀法則性的要求，但就作為一個在場域中徹底感性的人的欲求而言，是極壯烈也極脆弱的，既具有所謂「劍」的性格，也具有所謂「櫻花」的性格。就其法則性來講，有一種對於神道莊嚴肅穆的要求，這個要求便是日本人所強調的法則性的那個「理」，也就是平常我們所說的「有理無體」。這麼一來，就把理提昇到最高的形式之理的狀態，整個人的生命則可以為那個理而犧牲。當「理」成為一個最高的、不能質疑的意識型態，就產生了日本的天皇系統、神道系統。所以日本用「天皇」這個字眼，而我們是用「天子」這個字眼，是有所不同的。「天皇」是神格化的，而「天子」則是神人合一、天人合一的。如果說，日本是一個「儀式理性」，相對而言，中國則是一個「情實理性」，這一點可以這樣去理解。

　　所以日本講到「絕對無」的時候，重點在於「場域」。因此日本人顯偏鋒相，不顯中和相；顯儀式相，不顯充實相。我們可以發現，凡在中國日常之間屬於「游於藝」這個層次的東西，日本通通把它轉為「道」，把「游於藝」轉為「心向於道」，所以我們的花藝、劍術、書法，它們稱之為花道、劍道、書道。這就是原來在我們生活世界中一種主客交融的狀態、一種在倫常日用裡品嘗潤澤的狀態，在日本都把它分立開來，把它極端地客觀化、形式化、超越化，作為主體心嚮往之的那個東西。

　　然而，如何心嚮往之呢？就是要通過一個儀式化的過程。人恆言其所不足，正因為沒有，所以要猛強調，而日本人也深知很難契之於道，所以要努力地心嚮往之，透過儀式化的方式企及於道，這

個儀式理性竟然成為日本接榫現代化最重要的一種理性。中國在接榫現代化時，是經由調節的過程，慢慢容受現代化，而對現代可以起一個治療的作用。日本人不是經由這個方式，所以接受西學比中國人為快。但不要擔心，二十一世紀整個華人的文化傳統，在面臨現代化的時候，會比日本本身的文化更能起調節性的作用，這是我的判斷。

十三、「存有三態論」的基本結構──從「存有的根源」、「存有的開顯」到「存有的執定」

我們回到剛才所說的「存有的根源」與京都學派「絕對無」的觀念，基本上兩者還是有所不同的。「存有的根源」所強調的仍是具有道德創生意義的總體本源，這總體本源不是良知而已，而是良知與萬有一切存在事物通通混而為一的不可分的狀態，這是就「無名天地之始」那樣一個狀態下說的。這存有的根源，在寂然不動中隱含了感而遂通，即寂即感，在不可說中即隱含了可說，在境識俱泯中就隱含了境識俱顯的可能。

在「存有三態論」中的第二個階段為「存有的開顯」。存有開顯之階段即主客一時俱顯而還未劃分之狀態，就是人與萬物一時明白起來的那個狀態。就這個狀態本身而言，就是鳶飛魚躍、造化流行，純任自然生機的狀態。然而，人文世界的建立不止於這個狀態，還要透過「名以定形」的過程，經由人們透過語言文字的構造去說這個世界，這便是我所謂的「存有的執定」，以這樣的方式去決定這個世界。所謂的決定，包括理解、詮釋、構造、運作、利用，以這樣的過程，讓人的生命能夠在這個語言文字符號所構造的

系統下安身立命。但是問題也是從此而生，也就是在這個過程裡，人的欲望、人的癡心妄想、人們的種種其它活動都會掛搭在上面，伴隨而生。「名以定形」、「主體的對象化」活動的過程，其實就是一個「自我的他化」過程，而在自我的他化過程裡面，一方面成就了宇宙的客觀的存在，同時亦不可避免地導生了異化的狀態。因此，在這異化的狀態裡面，我們人類的文明，一方面「文明」，一方面則產生了「文蔽」的狀態。

對於這樣的後果，我們必須要除蔽、解蔽。去除遮蔽，讓那個存有如其本如地彰顯，這也就是老子所說的「道生之，德蓄之，物形之，勢成之」。如其本源而說，是謂「道」；如其本源落實為本性，是謂「德」；成為存在的事物，經由語言文字的構造與主體的對象化活動，使萬物成為「物」；物之形成一個不可自已的趨「勢」，於是造成了我們所說的遮蔽、疏離、異化的狀態。這時候就必須「莫不尊道而貴德」，回到那個生命之本源，由其本源之開顯而落實為本性，以此本性為貴。因為道德就是一種生長、一種畜養。如其「道、德」地生長和畜養，而不是在「物、勢」的驅動之下離其自己、遠而不復。這一點我覺得老子有很深的洞察力，隱含了非常深的治療學的思維。一切回到道家的治療，我名之曰：「存有的治療」。

十四、「存有的三態論」隱含有治療學的思維

所以這個存有的三態論，其實隱含了一個治療學的思維。對於經由語言文字、主體的對象化活動所構作成的存有之執定，這相當於牟先生所說的執的存有論，我們要對這樣的執的存有論應該要給

與治療。給與治療就是要恰當地處置它，讓它由染歸淨，除病不除法。也就是說，我們肯定存有的執定本身的必要性，但是也留意到存有的執定本身所可能相伴隨而生的那些病痛，因此我們要除病而不除法。「存有的執定」是個「法」，由存有的執定伴隨而生的病痛是「病」。像這樣的一個詮釋方式，其實是有意地要避開良知學本身太嚴重的負擔，也趁這個機會，可以解開良知學所可能隱含的咒術性以及專制性。

我們所要強調的就是要回到那存有總體之本源，而存有總體之本源，其實就在我們生活世界的點點滴滴中展開。「道」與「場域」有其同一性，「道」是就總體說，「場域」是就展開說，「道」是二層都可以說。「道」就其總體，可以往上說，就是其本源，這是就其理想義說；就落實為具體的實存義說，也可以講「道」，那是在場域中實存的狀態。所以我們談「存有三態論」，其實就是「道論」。這個「道」就那個生命之源說，其實就是「氣」。這樣來看，兩層存有論是以「本心論」為主，而存有三態論則是以「氣論」為核心概念。

十五、以「存有三態論」通貫儒、道諸經典傳統

問：存有三態論之本源要如何去證成它呢？

答：這個地方我所採取的是現象學的傳統，借助於《易傳》所謂的「見乃謂之象」。什麼是「象」呢？「象」就是道體之「顯現」，即我耳之所聽、眼之所視、手之所觸，當下那個無分別的狀態，有覺知而無分別的狀態，那就是作為我們這個哲學的一個基礎點。你的知覺是就主客交融而不分、一時明白起來的那個狀態下做

為一個起點來說。往上逆推的時候，我們說一個還沒開顯的、先天地生的那個狀態，這隱含了「可說」，而可說之上還有一更高層之「不可說」，大體上我們將它區隔開來。就其「寂然不動」的狀態，我們稱為「存有的根源」；就其彰顯而說，則是「見乃謂之象」；至於針對其所說，已經是「形乃謂之器」。「形」便是具體化，如何具體化？乃是透過「名以定形」。「見乃謂之象」之前是「無名」（不可說）的狀態，通過「現」的過程而進入「名」，這個「無名」而「不可說」的狀態就是「形而上」的狀態、「道」的狀態；而「形乃謂之器」則是「形而下」的狀態。我以為《易傳》所謂「形而上者謂之道，形而下者謂之器」，這個「形」是作為動詞，即「形著」、「彰顯」之義。就其形著而上溯其本源，我們說其為道；就其形著而作為一個具體存在，我們叫做「器」（或「物」）。這個區分在《老子》、《莊子》、《易傳》及儒學中都是相通的。道家從「道法自然」往下說，「道生之，德蓄之，物形之，勢成之」，講「萬物莫不尊道而貴德」；儒家則從心能自覺處說，「志於道，據於德，依於仁，游於藝」。由於心對於道的總體之本源有一個真實的嚮往，因此道方得開顯；因道之有開顯，落實於存在的事物，落實於人而有一個生生之德、生生之本性，這叫做據於德，「道」就本源說，「德」就本性說；依於仁，則「仁」就感通處說，你所依存的是人跟人之間真實的感通；而游於藝，強調的是悠游涵養於生活之中。於是，我們就可以把儒家所說的「志於道，據於德，依於仁，游於藝」和道家所說的「道生之，德蓄之，物形之，勢成之」關連在一塊恰當地說，並且也可以把《易傳》的「見乃謂之象，形乃謂之器」、「形而上者謂之道，形而下者謂之

器」通通連在一塊說，而《老子》的「無名天地之始，有名萬物之母」亦可以連在一塊說，通通可以恰當地擺定。

十六、從「意識哲學」到「場域哲學」：熊十力先生體用哲學的新詮釋

　　由這樣的說法，我們就可以說明中國傳統基本上是儒道同源，儒跟道其實是一體之兩面。總地來說，是一個總體的，只是儒家是從「自覺」處強調，而道家從「自然」處往下說。而這麼一來的話，就可以化解掉以儒家為主流，以道家為輔助的說法，甚至可以化解掉道家只是一個境界形態形上學的說法，也可以化解掉儒家只是作為心性修養之實踐意義下的一個形態的說法，而可以回到一個總體的生活世界，在歷史社會總體裡談安身立命，這存有三態論的優點就在這裡。

　　另外，在文獻詮釋上，譬如《論語》、《孟子》、《大學》、《中庸》和《易傳》也可以徹底地連貫起來，而不必把《易傳》推出去，不必避諱什麼宇宙論中心。這樣一個處理問題的方式，我認為是回到那個生活的場域，回到那個總體上去。這樣的話，就可以使得牟先生的哲學從「意識哲學」轉入到「場域哲學」，或即是唐力權先生所謂的「場有哲學」。這個場域即人與天地交互參贊之總體的本源，即是交互參贊所構成之總體的場域；即其場域即其為本源，即其存有即其為活動。

　　當然這裡仍含有牟先生所談之本心論的影子，但這已是轉了好幾轉了。我以為這比較接近於熊十力先生的體用哲學——即用顯體，承體達用。就用處說，是就構成的總體之存在的事物，彼此之

間的交互顯現；就此所顯現的，即用顯體，可以推顯出原初總體的本源；承體啟用，是承受這總體之本源的創生動力，而開顯為萬物之用。

十七、儒學是「實踐的人文主義」，而不是以 「宗教之冥契」為優先

所以我們這樣的一個說法，是掃除了另外一種太強調內在心性修養能夠跟宇宙動源合而為一的神祕氣氛，盡量把人可以經由儀式、經由修養、經由咒語，直接冥契於宇宙之動源的東西擺落，而強調所謂的「仁以為己任，不亦重乎？死而後已，不亦遠乎？」我認為這才是儒學最重要的精神。所以儒學不是以「宗教之冥契」為優先，而是以「歷史的傳承」為優先，所以是人文主義。因為從冥契主義去講儒學，有時候會太過，雖然有那樣的向度，但那個向度並不是儒學最強調的。儒學最重要的就是剛才所講的「仁以為己任，不亦重乎？死而後已，不亦遠乎？」當下能夠體悟、證悟「吾欲仁，斯仁至矣」、「朝聞道，夕死可矣」。但是不要忘了，在「吾欲仁，斯仁至矣」的時候，是說如果我對於那個當下的感通，有一種來自生命內在的願望欲求的話，當下我就有那個感通的能力，它的重點是在這裡。這還是要去實踐的，並不在於跟冥冥的絕對者之冥契。

「朝聞道，夕死可矣」是說：當我們的生命真正面對死亡的時候，才能夠對於那個最高的、回到一個存有的空無狀態，有一種冥契之感。其它在儒學裡談論這個問題的時候，通通都是擺在一個人文的領域說的。所以，要說儒學是一個「超越的冥契主義」，還是

一個「實踐的人文主義」，我認為還是要從實踐的人文主義去定位。所以在宋明理學家的整個發展過程裡，太過強調超越的冥契主義這樣的工夫論，就某一個意義下來講的話，儒學實踐人文的那一面相對地也就慢慢減少了，這是一個很值得重視和思考的問題。

（本文乃一九九九年春夏間於中央大學哲學研究所教授「當代儒家哲學專題」一課之講詞之一，經由劉謹鳴、楊謦綺兩位同學整理，再經何孟苓潤筆，最後經講者修訂而成）

第三章　儒、道、佛三家思想的「生活世界」與其相關的「意義治療」

【本章提要】

　　本章旨在針對近年來作者所提儒、道、佛三家思想的「生活世界」一概念提出釐清，並對於相關的意義治療學、存有治療學、般若治療學提出總括性的對比詮釋。

　　首先，作者釐清了「生活世界」的兩重意義界定，進而審知須得肯定人內在的本源與宇宙的本源是通而為一，而存有之本源（道）則須經由「存有的執定」在「德、性、位、份」中落實。

　　其次，針對儒道佛三家之異同，作者指出儒家型的意義治療學從「我，就在這裡」開啓；道家型的存有治療學是從「我，回到天地之間」開啓；而佛家型的般若治療學則是從「我，當下空無」開啓。儒道佛三家的詮釋系統有別而其本源不分，他們都經由一回溯的歷程回到「道」的本身。就治療而言，得從醫道、醫理、藥理到切實的治療。

　　再者，作者闡述「陰陽五行」運用於「意義治療」的方式，並

縷述了意義治療實際展開所涉及之諸問題。強調由「它與我」、
「我與它」再轉而回到「我與你」等範式的轉變。最後，舉一事
例：就「千里尋親」這謊論做一意義治療。

關鍵字詞：意義治療、存有治療、般若、我、陰陽、我與你、我與
　　　　　它、生活世界、陰陽五行

一、「生活世界」的兩重意義界定及其開顯之道

問：大體說來，從一九九一年寫定《存有、意識與實踐》一書起，「生活世界」成了你自己展開儒、道、佛詮釋的核心性概念。這提法主要是想避開主體主義的詮釋傾向，而這樣的詮釋必得遭遇到兩個問題，第一個問題是，「生活世界」與「存有的根源」其關係如何？第二個問題是，如何經由「生活世界」去體現「存有的根源」？

答：一般講「生活世界」，就是我們現在所處的生活場域。我們在這裡是有所「生」、有所「活」，共著這個場域而說。所謂「場域」，是人參與其中才構成了「場域」，才構成了「生活世界」。但是它不只是這一層，這一層我們說是俗世的生活世界。當我們說「生活世界」的時候，其實也隱含了一個根源性的意義，便是「源泉滾滾，沛然莫之能禦」的根源性創造狀態。也就是說，這個生活世界有兩層意義：一個是世俗義的，一個是根源義的。

但是如何知道它是世俗義？又如何知道它為根源義？人之所處在這生活世界裡，既有根源義又有世俗義，根源義與世俗義是和在一塊的，必須經由人的「理解」、「詮釋」的過程，才能調適而上遂於道。這就是王夫之在《莊子通》裡所說的「因而通之，皆可以造乎君子之道」，因而通之、調適而上遂於道，這樣才能歸返到根源性的生活世界裡。如果沒有調適而上遂於道，就在此生活世界中隨勢而趨，這個生活世界便將會日漸枯損。這時候人就不能「相忘於道術」，既無道術人就不能相忘，既無江湖魚就不能相忘。魚相濡以沫，人相濡以言語。相濡以沫的魚很需要水，你只要給它一點

水就能活，要不然相濡以沫最後就會變成小魚乾了，人也是如此。所以當我們只談「語言的溝通」而不談「心靈之交會」，或者根本沒有心靈之泉，沒有道之源泉，這時候的生活世界只是一個虛假的、偽飾的生活世界，這樣就枯竭了。在這種狀況之下，生活世界這概念便會遠離。所以這時候，我們要去澆灌這個場域，去培養這個道。讓天地有道，人間才有德。

生活世界這概念是放到我們生活的場域中而說，我們日常生活所及的這個世界，當下活生生地參與在裡面，往下隨勢而生而息，往上調適而上遂於道之本源。總的來講，「生活世界」和「存有的根源」有著密切的關係。「生活世界」因而通之於「道」，就那個「道」而說存有的本源，而這個「道」則於場域中開顯，一般人間世的生活世界便是就此而說的。

二、「調適而上遂於道」不僅是心性修養，也是社會實踐

問：如上所說，我們可以再問：怎麼樣才算在生活世界中體現「道」呢？因為如果沒有人去體現的話，若「生活世界」只是「道」的自然開顯而已，這個「道」與我們人好像一無所關，這又應該如何避免？

答：在華夏文化傳統裡面，就其「存有的連續觀」而言，「人」與「道」是連成一體的，「人」與「天」是合而為一的。在這個過程裡面，我們是肯定人的內在本源跟宇宙的本源是通而為一的。人心不離道心，道心須得通過人心來彰顯。顯然地，這裡隱含一個自覺反省的過程。然而自覺反省的過程並不是隔絕外在的事

物，而只是面對人的內心；是面對外在事物的同時，當下就回到你的內心。所謂當下回到內心，就是在理解與詮釋的過程裡調適而上遂於道。「調適而上遂於道」看起來好像是一個內心的調養或者心性的修養，其實，這也是一個社會的實踐。或者應該說，經由這個理解與詮釋的歷程，就是要從世俗的分別相回到根源的無分別相，由現實個別認知的知識回到那總體根源的智慧。

三、「有道」才能使德、性、位、份得到恰當地釐定

問：《莊子》書上說：「道在屎溺。」這所展現的又是什麼樣的「道」？

答：日常生活裡的任何一個存在事物都有道，但我們對於「道之有道」與《莊子》所說的「道無所不在」，應該要有個恰當的區分。講道無所不在的時候，是總體地說、如其本源而彰顯於整個生活世界地說；但是當我們說有道、無道的時候，是就其所彰顯於任何一個存在的事物，而這個事物又能否如其本然地來彰顯它而說。如果，那個「道」隱藏於其中，或遮蔽於其中，那就是「無道」了。譬如說這個杯子，它之有道所以稱之為杯子，「埏埴以為器，當其無，有器之用」。但是如果把它塵封起來，沒讓它顯現出來，它就無用，或者你拿去做別的用途，這就不適用，就沒有如其德而用之。沒有如其德而用之，就沒有讓原來落實為德的那個道恰當地彰顯，這時候就叫「無道」。在這樣的過程裡，那個「道」是「即用而顯體」地說，是一種如其德而回溯那個道而說。「德」是就本性說，本性則是就存有事物的存有義說，而這個存有的事物之為存

有，它本身活動的作用便是落在於生活上。道之為有用否，即是從這裡說，是「即用顯體」地說、即功能而回到本體地說、即現實存在的一一事物而回到總體本源地說。如果不能夠暢達地回到那裡，我們就說它是「無道」。這裡有程度之分，道彰顯程度也有所不同。這裡牽涉到這些存在事物本身的德，那個性、那個份、那個位是否可以恰當地釐定？德、性、份、位之所以能被恰當地釐定，就是因為有道。那如何才能有道呢？人心參與那個道，才使得那個道彰顯。

所以這個參與的過程，是一個很重要的過程。而如何參與呢？便要通過存在的事物，從一個一個具體實存的事物，回到那總體的本源而說通極於道。所以這個地方就有一個解釋學上的循環，經由理解、詮釋的過程而通極於道，經由道的彰顯而落實於存在的事物，使得德、性、位、份有所釐定，這是一個圓圈的來回過程。所以莊子說：「道在屎溺。」道在哪裡？道無所不在，這是究極地、總體地、本源地說。但是有道、無道是落在德、性、位、份而說，是就具體實存的存在事物而說。而所謂具體實存的存在事物都是通極到那個總體的、創造的本源，如果不能通到那個地方，就會有程序之異，甚至有有無之別，我們要從這個地方來看。

四、存有之本源（道）須經由人心之參與而使其彰顯

問：通過「道」而彰顯，我們又如何上遂於「道」呢？

答：究極地說，道之在其自己而彰顯自己；但是人之所以為一個人，是參與在場域中的，即在場域中而上遂於道。人做為一個

人，最為獨特的地方就是具有一個參與的「主體能動性」。他不是那個「道」，但他是「人」；他不是那個 Sein，但他是 Da-sein。他是一個 being-in-the-world，他進入到這個世界中，做為一個「在世的存有」，而促使那存有之道彰顯，這正是《論語》中所說的：「人能弘道，非道弘人。」

的確，人有一個非常重要的能力，就是去使「道」彰顯。不是人去開顯道，而是使「道」彰顯。「去開顯道」和「使道彰顯」不同，「去開顯道」的時候，人會逾越了人卑微的本份，變成道的狂熱者，誤認自己當下的那個心就是良知，就是天理。其實不是，人只是做為觸動者而已。人不是上帝，人只是向上帝祈禱；人不是道，人是使道彰顯。那如何使道彰顯呢？就要通過「敬」，尊敬的敬，去面對存在的事物，去如其德、如其性、如其位、如其份，因而通之於道；通過「靜」，安靜的靜，使得一切動作、行為，一切彰顯的東西恢復到它的自身，這叫「重為輕根，靜為躁君」。回到這樣一個靜而重的本源裡，這個事物才能如其德、如其性、如其位、如其份，而如其德、如其性、如其位、如其份，當下就如其道。

就儒家講那個尊敬、那個「敬」的工夫，即是由具體的、實存的存在事物，經由一個詮釋、理解、行動的過程而歸返到道；就道家那個「靜」字，就是對當下任何一個存在的事物，知其德、性、位、份，當下就透到那個道字。如何能透到？那是通過一個「分別說」而回到「無分別說」的狀態，通過「分別」而回到「無分別」，通過「末」而回到「本」；那樣的一個方式是經由一個「致虛守靜」的方式，當下地觀看。「以身觀身，以家觀家，以鄉觀

鄉，以國觀國，以天下觀天下」，這叫做「致虛守靜」；「夫物芸芸，各復歸其根；歸根曰靜，是謂復命」，這是「復命」的工夫。這樣的「復命」工夫，是當下戡落語言文字的分別相而直接回到事物本身，跟儒家就事物存在的理解詮釋所構成的系統、經由「文」而回到「人」那樣的人文化成，各有其勝場。儒家是成就「文化」，道家是歸返「自然」，這是很清楚的一個區分。所以，同樣歸返到「道」，儒、道的方式是不太一樣的，治療的方式也是不太一樣。我們可以把那歸復到道、回到存有之道，理解為治療的方式。儒家是從「敬事而信」做起，道家是就「致虛守靜」而說，這兩套方式雖然不同，但是卻可以通而為一。

五、儒、道、佛三家對於意義治療詮釋系統之不同

儒家的重點其實是從「省察」到「涵養」，從「省察」回到真實的「敬」之體，回到「仁」之體；道家則是由戡落語言的表象回溯存有之自身，將對於語言的異化，對知識所造成的欲求、渴望、利害、利益、人間所有種種權力，通通戡落，而回到事物本身。所以儒家所走的路是希望「正名以求實」，道家則是「無名以就實」，是把那個「名」無掉，回到那個「實」本身，這是兩套不同的方式。

問：就儒家、道家的系統來看，存有之道的彰顯一定是透過實踐。問題是，如果我們從理性上去說，理性如何去彰顯道呢？

答：這個地方就牽涉到中國文化的獨特傳統，當我們指向一個存在的事物的時候，背後就有一個非常複雜的過程。當你指向一個對象，這就使得確定對象本身這樣的理性並不是究竟的，因為必須

經由這指向一個對象使它成為定象，去理解其理則、次序。這樣的一個理性，必須要經由一個理解、詮釋的過程，因而通之，上遂於道，而回到一個無分別的、調適而上遂之的過程。若就佛教講，便要「轉識成智」；就儒家講，則要「仁智雙彰」，回到「一體之仁」的真實感動裡面；道家則是要化繁為簡，歸返自然，以慈心，以儉德，不為天下先，而讓天地間的萬物如其萬物，好自生長。

關於「治療」這個概念，在我的用語裡，治療不是對治，治療基本上是一個「化解」，是一個「消融」，是一個「戡落」。「化解」是連著成全而說，「戡落」是回到那個事物本身，「消融」則是洞察事物原本虛無。由化解到成全，基本上所走的是儒家的路；由戡落而回到事物本身，走的是道家的路；由消融而洞察事物原本虛空或者空無，這便是佛家的路。

六、儒家型的意義治療學從「我，就在這裡」開啓

大體來講，我用「意義的治療」這樣的一個稱呼去說儒家，用「存有的治療」（道療）去說道家，用「般若的治療」去說佛家。就儒家意義的治療而言，我是以唐君毅先生《人生之體驗續編》一書中所提到的，從人進到世間以其做為自覺的主體而說。所以他提出一個範式：「我，就在這裡。」當我進到這個世間，我就在這裡，是從我當下的觸動說起。

這其實是連著孟子心學而來的傳統，指的是當下之怵惕惻隱。「今人乍見孺子將入於井，皆有怵惕惻隱之心」，那個乍見、那個當下、那個怵惕惻隱、那個無所執著之當下所顯現的，即是「我，就在這裡」。這是一個承擔，是一個意義理解詮釋的論定。這個論

定背後有一個判斷，這個判斷是由道而來的判斷，既是道之光照，又是一個判斷。這個判斷也是一個恰當的論定，就在這裡知是知非，就在這裡展開道德實踐的活動。這跟利害無關、跟交情無關、跟人間俗世無關，也跟名利無關。「非所以內交於孺子之父母也，非所以要譽於鄉黨朋友也，非惡其聲而然也」，這當下之怵惕惻隱，便是從「我，就在這裡」而開啟的。這可以說是個承擔的精神，是就著人們的語言文字符號系統所詮釋而構成的。這樣的「意義治療」，是回到當下的本心，而這當下的本心就是放在一個非常長遠、非常深廣的一個性情文化的系統裡面說；這樣的意義治療，也是就歷史文化傳統，是就與人的性情德行相關的那個文化傳統，就當下的一個觸動而說的。

這跟弗蘭克（V.E. Frankl）所說的意義治療不同。弗蘭克的意義治療是把它擺在一個超越的彼岸，擺在一個未來要往前邁向的端點，是把它擺在一個明天的希望，而這跟儒家擺在我當下之覺醒是有所不同的。因為，弗蘭克背後是一個一神論的傳統，而儒家是總體的天道性命相貫通的道德創化宇宙論傳統，這是兩個明顯的對比。

七、道家型的存有治療學從「我，回到天地之間」開啟

我就道家而說「存有的治療」，基本上則是面對語言的異化而做一個對比。什麼叫語言的異化呢？「語言的異化」就是經由主體的對象化活動與語言文字的構造，通過「名以定形」的方式，使得那個對象成其為對象，因執而成定，因定而為形，並誤以為那個

形、那個對象就是存在之自身。如此，「物形之」而「勢成之」，由物之形，由勢之成，一個存在成為一個對象物，在這個形成對象物的過程中，你的欲求、你的意念、你的欲望、你的利害、你的權力都加進去了，於是就產生了一個不可制止的驅迫力勢。這時候應該怎麼辦？只有一個可能，就是戡落那語言所造成的異化。戡落那語言所造成的異化，才有機會「尊道而貴德」，才能夠如其德、性、位、份，而通到那個道。這就是我所說的「道療」，或者叫「存有的治療」。

「存有的治療」基本上就是要解開對於存有物的執著限制，解開語言文字符號對於存在事物的枷鎖，解開這語言文字符號所伴隨而生的欲望、名利、利害、權力等種種枷鎖，解開以後、讓開以後，才能夠物各付物，才能夠「尊道而貴德」。由「貴德」才能「尊道」，這樣才能夠達到我所謂的「存有的治療」。這樣的道家型存有治療學，是要回到整個生活場域，最後回到自然，所謂「道法自然」。我們若用一個範式來說，則可以說是從「我，回到天地之間」而開啟。道家並不是從我就在這裡，不是從當下之怵惕惻隱的自覺說，而是把自己回歸到那個場域的流行之中，那個自然的化境裡面，這叫「縱浪大化中，不喜亦不懼」。

這與儒家所說的「先天下之憂而憂，後天下之樂而樂」是不同的。道家對於造化自然之創化生生不息，有一個深層的信賴，而這深層的信賴基本上就是用一種退處自然的方式，從容不迫地迎接它。所以「萬物靜觀皆自得，四時佳興與人同」，這是程明道的詩。再問，如何而能如此呢？正因為「道通天地有形外，詩入風雲變態中」。其實程明道背後有一個很深層的道家的東西，而這跟儒

家並不是完全切開的。當你讓自己回到那個場域裡，由那場域來擁抱自己，並將自己放下，這就比較偏向於道家的工夫；如果你是從那個怵惕惻隱、那個覺情、自覺之情去觸動、去開發，明知其不可為而為之，以那個觸動點為先，那就是儒家的工夫。我們從《論語》書裡記載孔老夫子和道家人物的對話中可以看到，這是一個很精采的過程。但總地來講，這還是一個陰陽和合、儒道相須的結構。

八、佛家型的般若治療學從「我，當下空無」開啓

相對於儒家的意義治療學、道家的存有治療學，我則稱佛教為「般若治療學」。經由般若智，洞察一切「緣起性空」，因之而得治療，以故名之。

就佛教來講的話，其實是很清楚地發現到：任何一個存在的事物，背後都有一個不可置疑的「力量」，那叫「業」。這個「業」，是人們經由心靈意識的活動，那個念頭感之即有，在這裡頭形成一個業惑，由這個業惑便形成一個痛苦。論其根源，那是無明的，所以無明業惑這個因緣鑄造成那個苦。苦業難解，如何為解？就要洞察這背後的因果序列。如是果，如是因，如是作，就要如是解開。通過「緣起性空」的如是解開其因果，解開其業作之因，而回到那個事物之本身。

所謂「回到那事物之本身」，即是明知其事物本身原無本身，事物原本空無。事物之原本空無，就是回到主體意識跟那個存在的外境，相與俱泯、歸於空無的狀態，就那個狀態徹底地消融。所以說「我，當下空無」，物亦當下空無，這就叫「我法二空」。我，

是我的心靈；法者，Dharma，通於一切之謂也，也可以說就是物。當心跟外在的物不二，當下皆空，在當下皆空裡，就可以把一切糾纏夾雜在上頭的東西通通解開，並且連其本身所隱藏的業力也都解開了。通通解開就是空無，但是如此之空無，其實是自心之為淨土，並不是外在的事物不成其為事物，所以這叫「色不異空，空不異色」。

就其當下之「空無」而為「空」，而此「空無」無礙於顯現於外的存在之事物，此為「色」。「色不異空，空不異色」，就其「空」說，是就存在事物之「源」說（但這「源」不是生起論之「源」，而是緣起論之「源」）；就其「色」說，是就其源而入其流、入其末而為說之為色。如其源，那個源並不是本體生起論的水源之源，而是一個虛涵的、如其本源的、無基礎論式的，並不是去尋求一個因果序列而說的一個源，它是一個心物俱泯、境識俱泯那樣的一個空無。

佛教，就此而說「同體」，而「同體無體」也；就此而說「大悲」，而「大悲無情」也。但是以其大悲之為無情，以其無情而為有情。以其無情所以能夠為獅子吼，能夠為金剛怒目；以其無情而為有情，所以能夠為低眉菩薩，能夠割肉餵鷹。雖然分為兩層，但是就怒目金剛、低眉菩薩而言，其神態卻是同一的，其內在心境也是同一的。所以那低眉菩薩有怒目金剛之威嚴，怒目金剛也有低眉菩薩之慈悲，這便是其可貴之處。如上所述，我們可以說佛家型的般若治療學是從「我，當下空無」而開啟的。

九、儒、道、佛三家之詮釋系統有別而其本源相通

問：您剛剛是分開說，如果合在一起說，講到存有的三種形式，第一層是境識俱泯、存有的本源，那是不是說，在儒、道、佛這三個系統裡面，都一定要回到第一個層次才能達到治療的效果？

答：是的，但這是如其存有本源的本身，如其那個意向、那個動源而說是如；如其場域而說，則是道；如其意、如其場域，究竟地說，原本無執、無雜、無對象相、無主體相、無心相、無物相、無我相，此為佛。

問：這意思應該是說，境識俱泯（存有的根源）這境界在儒、道、佛三個系統裡的狀況極為相似，可是如何達到這個狀態的方法有點不一樣。

答：是的，儒、道、佛達到這個狀態的途徑方法與修為方式略有所異，而接近這個狀態的描述也是略有所別。如其境識俱泯、淵然而有定向，就此純粹之意向或純粹意識，而說怵惕惻隱、而說仁，那就是儒家；如其場域，如其天地，那就是道家；如其場域，如其意識，說無物相、無我相、無法相、無心相、無種種相、無種種所做相、無種種果、無種種因，而說其為空無，一切消融於此，這就是佛家。這也就是說，我們是通過這個總體本源之三個不同向度的理解與詮釋，而把儒、道、佛通通收歸於此而說。這是就其境界、就其本源相通而說；雖然各有詮釋與修為的途徑，但是並不相妨害。

問：在儒、道、佛這三個系統裡面，最後一層所涉及到的存有之實相，其中是否有差異呢？譬如說，佛教最後是空，在儒家就講

那個體、那個良知，道家就講那個道。

答：之所以有不同，是因為人各為說，故有所不同。這是一個說統之不同、詮釋系統之不同。但是究其源如何，則不必經由人的詮釋系統強制分別其為同或不同。這個地方是怎麼樣，一切默然，應予放開。我的想法是這樣，這也就是我認為我們應該繼續著牟先生的判教系統而進到一個「無判之判」。至於我們剛剛講的，說儒、道、佛都達到「境識俱泯」的情況。在儒家這個系統，是講「善的純粹意向性」；道家是講「歸返自然」；佛家是講「當下空無」。這很明確地和他們背後存有之源的設定是相關的，這就是與其構成的詮釋系統。當你去說背後的存有之源雖有不同，但是如其本源的說，我認為這是可以默然的。這個「默然」是指它的不可說嗎？是！這只能就工夫論、就理解詮釋系統而去說 ontological system 有什麼不同？但是「如其源」而說，那大可放開、不說了，可以「相視而笑，莫逆於心」。所說者是過程，至於本源就不必說。

十、般若治療、存有治療、意義治療可通統為一

問：上次我們講到，如何落實到怎麼做（How）這個層次？譬如說佛教，因為本身是一個宗教，所以不管什麼時代，其發展都會扣緊問題，雖然好像有各種不同的方式，可是目的就是要把「主體」去掉；道家也有一個系統在，就是怎樣回到天地，或者說與天地之氣打通；儒家在這個地方好像就比較欠缺，譬如說我們要達到所謂善的純粹意向性，而這純粹意向性是就「境識俱泯」情況來講，但儒家所強調的是主體的自覺，那要達到境識俱泯是不是須得

進一步的翻轉，才有可能？

　　答：如果用陸象山的話來講，那是你自己「支離」了，這是不成問題的。儒家是「敬事而信」，當下之省察、當下之涵養。涵養、省察本通而為一，即用顯體，承體達用。儒家的重點是落在事事物物上用工夫，在事上磨練。道家基本上是回到一個天地自然去說，儒家則是就存在事物上用工夫。所以儒家用尊敬的「敬」，道家用動靜的「靜」，而佛教用「空」這個方式去說，基本上是這樣，這是一個詮釋系統上的異同。至於說如何落實？那就要看不同的時代、不同的情境、不同的因緣。如果從業力上說，因為佛教深知業力，就其阿賴耶緣起而說業力之不虛。如何化解？就要「轉識成智」，必須以般若智才能把此化掉。雖然很困難，但這是唯一的可能。只有這樣地化、這樣地消融，才能夠我法、心物、境識皆空；在俱泯的狀況之下，才能夠讓一個存在事物如其為存在事物。先回到那個空無，再由空無來彰顯。以目前這個狀況，我覺得應該要先做佛家的工夫。

　　在這樣的一個消融工夫之後，進一步來說道家。回到那個場域，培其道而成就其德，使道之能生，德之能蓄，這樣才能化解物、化解事。在這個過程裡，才能使得任何一個存在的事物的德、性、位、份，如其本然。這時候儒家那個定向才會清楚，所以才能「志於道，據於德，依於仁，游於藝」；而這時儒家的良知才不會被整個權力、利害的龐大系統所誤用。這就是我所強調的落實而說做工夫，從先回到「我法二空」、當下空無，再歸返到這個場域，回到當下那個自覺來說。

　　這在理上如此說，在文字疏解上如此說，看似有三個不同的層

次，但是當下的實踐卻是貫穿起來的。我們這麼說的時候，其實是新的一套儒、道、佛融通論的可能。我覺得隨順著整個儒學再往前發展，是應該這麼說。這是一個可能，也是我在努力的一個方向。就這樣而說的時候，我們也會發現般若治療、存有治療、意義治療，這三個層次、三個向度是通而為一的。所謂通而為一，是指當下具體之實踐，這三者都要有，但也有層次之分、有向度之別。面對個別事物的時候，那就看工夫從哪個地方用，用得如何了。

十一、「意義治療」是經由一回溯的歷程回到「道」的本身

　　問：我們用「治療」這個詞，這和「工夫修養」或者「道德實踐」有什麼不同？或是說它是否更為重視心理分析或精神方面的分析？

　　答：我用「治療」這個詞，其實是受到維根斯坦（L. Wittgenstein）的影響，也受弗蘭克（V.E. Frankl）所謂 Logo-therapy（意義治療）的影響。我強調「治療」，基本上是希望落在這整個實踐過程裡面，能夠起一個恰當的作用。哲學有其恰當的作用，宗教有其恰當的作用，整個人文學也有其恰當的作用。這恰當的作用就是怎麼樣由「文」回到「人」，由我們所理解、所詮釋的語言文字符號系統，回到人本身、回到事物本身、回到道本身，這是我所強調的。這也就是回到天地，而讓天地生長萬物。這個地方我之所以會有這麼強的一個要求，就是因為面對到整個時代的業惑、業力、迷惑，所產生的一個思考。

　　問：老師說在 How 上，我們怎麼達到那個狀況，是不是儒、

道、佛三家方法也是同一的？

答：我剛才的意思是這麼說的。我們把儒家說到極點的時候，是說其純粹的意向性；把道家說到極點的時候，是說其整個根源性的生活場域；把佛家說到極點的時候，則是說當下之空無。這三者都是要回到本源而說，我們基本上有這樣一個用意。至於如何用這個具體 How 的過程，當然是一個非常複雜的過程，我現在只就原則上說。

十二、從醫道、醫理、藥理到切實的治療

問：就剛剛所強調的，不管是儒家的意義治療、道家的存有治療或佛教的般若治療，究極而說都是要由分別相回到無分別相。如果是這樣的話，那麼想請問老師在面對事情時應該要用什麼方法？因為儒、釋、道是可以融合一體的，如果分別說的話，又是如何？

答：在這地方的確有難處。能懂藥理、能懂醫理，未必能醫人。醫生的困難在於很具體地面對存在的人事物，在懂得醫理藥理之後，在他行醫的過程裡，那個地方是醫生最重要而最困難之所在。做為醫生必須懂得醫理、藥理，但也要思考如何醫治一個人，因其病而有恰當的藥去醫那個病。我們剛只講了醫理與藥理，就存在的狀態裡頭，那是個難處，它之不簡單也正在這裡。

就理論上來講，應該有所謂的特殊性。儒家是就原來的「怵惕惻隱」，究極而說，是就那個「純粹的意向性」，落在具體的存在事物而講那個實際的分寸——講「禮」，因其「禮」，而有規範、而有節度；道家則認為落在任何一個存在事物的時候，不要執著在人文的建構而去說是什麼？必須有一個讓開的態度，使其生長。但

問題是你該如何判斷？這是最難的問題。譬如有一個孩子，你是要他如其所謂分寸地落在一個具體的存在事物裡，要求他怎麼去做？還是根本放開了而認定他本身就能生長？或是根本來講，你要真正去幫忙讓他能夠洞察我法二空、洞察那個存在本身之空無，就此而解開那個業惑。要如何下判斷，的確不容易。

剛剛提到，當我們面對業力難解的時候，要優先做佛教的工夫，其次是道家工夫，之後則用儒家工夫。大體而言，儒家是就積極面說，是固本培元；佛教是解開那個病痛業力，比較是就消極面說；而道家也固本培元，但其固本培元重在先戡落人文的建制以及語言符號所帶來的束縛。我們這樣說，仍只是就醫病之理說，就醫病之理說仍然不是醫病本身，但也只能談醫病之理，不能談醫病本身。因為就醫治本身來講的話，是具體的、當下的，因此個別差異也是不能免的。這也就是為什麼當孔老夫子講到冉求的時候，認為他應該努力去做，不必問父兄；但講到子路的時候卻認為有父兄在，必須好好跟父兄討論。這公西華感到迷惑，於是就問孔老夫子，孔老夫子便告訴他：「求也退，故進之」、「由也兼人，故退之」。同樣地，孔老夫子回答弟子「如何孝順」，也是各因其性，而有所不同。事父母最重要的事是什麼？色難，然後要養，如果只養父母而沒有敬意是不行的。因此，具體的修養本身，只能就具體的實存而說。

從這裡我們也可以發現幾個層次：「具體醫治」是一個層次，就具體的醫治行為所關聯到的「醫病之理」是另一個層次，然後則是就醫病之理回到「醫治之道」本身。醫病之理是經由這個醫道，而去用藥，所以必須先了解藥理、醫理這幾個層次，等到這些真正

都熟悉了，才能給予恰當的治療。

這治療的麻煩在哪裡？譬如說你長一個疔瘡，當它還不成「勢」時，你可以請外科醫生把它拿掉；但是當它已經成「勢」時，你就不能這樣做，因為它已經入到你的生命了，這就必須養瘡以存活生命。這時候就不是用儒家的是非之心，而是要先以道家與佛家慈悲的心情，以道家的「慈心」和佛家的「悲心」，長養身體、長養這個瘡，養這個瘡使其流膿。這本身就會產生一個調節性的力量，使其慢慢地自己處理掉。

以臺灣文化的治療來講，目前不適合老是落在是非判斷的立場上爭議。老子所用的批判是一種非攻擊性的批判，或者我們說他是「以治療替代批判」。所謂的「治療」是什麼？目前最重要的是，能夠用更寬舒的心情去養那個瘡。養瘡不是姑息，而是培植生命的力量。不過這個地方的拿捏分寸非常重要，假如這個地方容易了解的話，那這世間就不必有醫師，只需要把醫理、藥理搞清楚，那麼就可以馬上去抓藥了。但就是沒辦法，所以「師」之為困難就在這裡。教師有其困難，醫師也有其困難，因為必須具體地去理解一個存在的生命，並且去尊重那個生命，這當然不容易。

十三、「陰陽五行」運用於「意義治療」的方式

問：「道」的治療和陰陽五行的治療有什麼不一樣？是不是可以合在儒、道、佛三家裡面來理解？

答：「陰陽五行」的治療法其實是道家治療的一個圖式的表現方式，把它圖式以後去談任何一個存在的事物，本身構成一個小宇宙和整個大宇宙的關連。它可以通過一個結構的圖式去說，從那個

結構圖式裡面，經由原來氣化宇宙論的思考，說生命之氣運行的相生相剋的關係。

所謂五行相生，是「金生水，水生木，木生火，火生土，土生金」；而所謂的五行相剋，則是「金剋木，木剋土，土剋水，水剋火，火剋金」。就這個相生相剋的關係，而去說任何一個存在的對象或者存在的生命主體。它本身放在場域裡頭，在氣息交感的互動過程裡面，有它的一個歷程的相生相剋關係，在這相生相剋的歷程裡，又有一個對反的辯證性。當把人放到這個過程裡，說人本身去面對這個對反的辯證性以及歷程的相生相剋的關係時，人應該取得一個主動的作用，這個主動的作用可以是經由人們對語言文字符號的詮釋，或人們對存在事物的理解與詮釋。

那麼，如何從矛盾的辯證性裡，由惡而善，撥陰而取陽？如何在那個歷程的相生相剋裡，恰當地理解、詮釋並且安頓一個辯證而相生相剋的位元？這時候，你可以有所取擇，它的過程是這樣的。它的有趣在這裡，它的難處也在這裡。

這裡你必須要有一個非常強的覺察能力，能覺察一個存在的事物、存在的生命主體本身，放在這個場域的氣化流行中，思考這個歷程的相生相剋到底之為何？思考那個存在的事物本身、它的矛盾陰陽辯證到底之為何？這必須要有非常強的感知能力。所謂非常強的感知能力，就是必須熟悉這一套脈絡，這脈絡是來自生命本身放在這個氣化宇宙論的整個歷程裡面。要恰當地、高度地運用了這些概念範疇，金、木、水、火、土的範疇，仁、義、禮、智、信的範疇，還有其他種種的範疇。

那麼，講陰陽五行，就要思考如何「撥陰取陽」？如何「退一

步以固其本」？如何「進一步以開其源」？如何在進、退、剝、取之際，使得你的生命在大化流行之際有一恰當之份位？因為得到恰當的份位，才可以如其德、如其性，也才能通於道。

所以，就五行治療來講的話，我認為它是以道為主、以儒為輔地摻雜進去。那佛教呢？佛教則是做為一個最深層本源式的背景。你可以說這樣的一個詮釋系統是從道家為主、儒家為輔而發展出來的系統，你也可以說當我們在談如何從事治療五行陰陽或者輔導活動的時候，除了治療法以外，是否也能發展出新的東西？當然，這也是可以的。

如上所述，王鳳儀所展開的五行治病法，即是以儒、道為主的構成系統落實下去的一個方式。但還可以有別的方式，還可以繼續，那就必須從更多的方式裡去理解學習，這裡便牽涉到我們應該如何去理解人類實存的心靈。當你通過榮格（Carl Gustav Jung）的理論、佛洛依德（Sigmund Freud）的理論，通過各種不同的理論的時候，便可以構造出新的處理方式。就新的 How 而言，How 也是可以有很多種的。

十四、意義治療實際展開所涉及之諸問題

問：以上談了儒、道、佛以及陰陽五行的意義治療，我們可以進一步追問：當展開了治療的程序與模型，則在治療過程中所可能產生出來的情形是什麼？或者說針對不同的人、不同問題，在治療中可能會發生什麼樣的情況？又要如何對治？而治療的目標最後要又是達到什麼？

答：當人家問說做學問到底是為了什麼？或者說是要面對什

麼？這就是要面對「人存在的異化及其歸復之道」。人存在所導致的疏離與異化，你怎麼去克服它，讓它回到人本身？這便得做「克己復禮」的工夫。

那「治療」該怎麼做？我以為，當我們展開對於這社會上種種事物的理解、詮釋、批判與重建的過程時，便有一個因而通之、上遂於道的過程，這就是「治療」的過程。我寫很多的短文發表於報章上，其目的都是為了我們整個生活世界的調理與生長，我將這些文章收歸在《臺灣文化治療》一書裡，其實為的就是如此。

當我們看到批判者瓦解了威權體制，卻又變成新的威權之替代者，不免會心生不忍，但又能如何呢？我們不只要批判舊的威權，也不只要批判新的威權，而是更要去發現這背後有一個非常複雜的、卻始終如一的那個威權特質，我們應該去思考如何化解這個威權。這時候，你會發現化解威權的困難，因此，對它要有一份悲矜之情。至於說要如何落實於具體實踐？我覺得那因各個不同的個體、不同的狀態，應有不同的作法。至於如何不同？有沒有模擬過？我覺得基本上我應該對自己有試過，對存在的事物有些有嘗試過，但還沒有很具體地把那些實際的案例一個一個臚列出來。不過，我已經發現到這地方的困難，我也真能體會到這其中的艱難。

在這個過程裡，我對於任何存在的人事物，寧可以「業力」來解釋。因為我發覺有很多人，明明不是壞人，但是放在那裡就糟了。為什麼會這樣？整個民國以來，有那麼多的知識份子想去挽救國家族群的危亡，結果反而都造了很多嚴重的業。我以為應該要先解開這個業惑，解開業惑，就得展開理解、詮釋的活動。這就是我為什麼會寫《臺灣文化治療》這本書，就是我為什麼會去寫《儒學

與中國傳統社會之哲學省察》。因為必須先對中國的傳統社會做深
入的考察，才能恰當地釐清儒學做為一套思想觀念型態，落在生活
場域、落在歷史社會總體的時候，它那背後有多少複雜的東西。

又比如說，當你好好去理解「挺」這個字，就可以了解背後許
多複雜的東西；當你發現有一個號稱千里尋親的小伙子，結果竟然
是騙局，就可以去思索背後許多複雜的東西；當你看到日常生活用
語「打屁」這個詞，就可以去了解語言的使用是什麼樣子？這些東
西，我們都要去賦予關懷，而不只是表象的評斥、呵斥。以呵斥為
批判是不行的，而是要恰當地理解、詮釋與治療。

我強調的是以理解、詮釋為先，而在理解、詮釋的過程中，要
有恰當的批評、判定。批評、判定就好像斷病一樣，要去判斷你生
的是什麼病？斷病的目的是，當判定那個病以後，就要由那個病徵
找那個病因，因病而恰當地給予治療，這便是「因病而藥」。

這是非常漫長的過程，而我感受最深的，就是當代一百多年
來，我們非常急於把病治好，但是又急病亂投醫，沒有「因病而
藥」，反而是「因藥而病」，舊病未去，新病又來，在這個過程
裡，就造成了紊亂。至於說怎麼去展開？能不能慢慢使它有模式
化？我覺得這必須要有一個長遠的發展過程。

再者，從「哲學治療學」的理論發展出來，還必須有恰當的
「社會批判論」、恰當的「詮釋論」、恰當的「心靈輔導學」，以
及與心靈醫學相關連的東西。這部分決不是一人之力所能完成的，
這是一個時代所參與的一個新的學問方向。這個學問的方向，我很
願意把自己對於中國儒、道、佛的思維以及西方宗教學的思維，加
入到我們現代的生活場域去展開，但這必須要一群人去展開。我之

所以感受這麼深，是從學校教育中而感受到的。當一個學生出了什麼問題，這時候我們知道心理學的重要、心靈輔導的重要，但是我們常誤認為有唯一而至高的普遍心理學。心理學當然有它的普遍義，但是心理學構成一個學的時候，一定受到它整個文化傳統、生活場域、歷史社會總體的影響，這是毋庸置疑的，但是我們基本上是疏忽了。我們常常只藉美國人的心理學以及現在留學生所學到的，把它當成普遍的模型，回來做普遍的運用，各領風騷數百天地以一個權力替代另一個權力，舊的過去了，又來了一個新的。在這過程裡面，我們沒有自己的教育學，因為教育學必須長於斯民斯土，必須長於自己的文化母土，必須長於自己的生活場域、自己的歷史社會總體。但是我們沒有，我們只是橫的移植，拿了別人的人文理論、人文的理解所構造成的理論，當成這個世界普遍的理論而拿來用。簡單地說，我們是把別人的西裝當成唯一的的衣服，也不論身材如何，硬是要穿上，在這過程裡就非常不適當。穿西裝沒有大毛病，但是亂吃藥毛病可大了！牟先生說，這叫「意識型態的災害」，不瞞各位，我們仍然處在意識型態的災害裡面。我常說我們真的是沒有「因病而藥」，反而是「因藥而病」，這也就是為什麼我一直強調一定要有「文化主體性」的原因。人文如果沒有回到人，沒有回到土，那是不行的。有人斯有土，有土斯有財。

　　人一定要回到這個生活場域，這樣才能長出新的東西來，才能有恰當的溝通、恰當的訊息傳達，這樣語言文字符號系統才不會成為虛言，才不會成為錯誤論述，才不會成為權力慾望的幫傭。但是近一百年來我們對這個部分的反省太少太少了！這怎麼辦？首先我們就要好好回到我們的經典本身，好像解碼一樣，讓經典的意義釋

放出來，參與到我們的生活場域裡面。讓我們傳統智慧加入我們的生活之中，讓它得以彰顯，這是第一步。為什麼民間講學那麼重要，是就此而說；為什麼經典講學那麼重要，也是就此而說。這一點我非常肯定，就像王財貴教授所推行的兒童讀經運動。當然不能只停留在目前的兒童讀經，因為根本不是兒童讀經，而是兒童誦經，背誦經書。除此之外，還必須更往前一步地讓你播下的種子，有恰當地灌溉、恰當地施肥、恰當地發榮滋長，這樣一來，才有新的可能。這也就是為什麼我們說下一步要有講習經典的活動，這講經的活動，很多朋友，包括我自己在內，都有在開展。

十五、由「它與我」、「我與它」再轉而回到「我與你」

但這也很困難，它難處就在於人類從十九世紀進入二十世紀的文明，特別近一百年來，整個華夏文明是處於邊陲的邊陲。在我們學校的體制教育中，自然科學那就不用說了，就人文社會科學的運用，包括教育學也是人文科學的運用，基本上完全是橫的移植，沒有自己本土恰當地滋長，在這個過程裡面，我們失去了主體性。所以我談的治療裡面含有很大的力量，是要治療這個現象。

因為一個喪失主體性的生命個體，一個喪失自己傳統記憶的族群，基本上是沒有辦法找到恰當的自我認同與恰當的自我同一性（identity）。一個自我沒有重整、沒有同一性的個體，他的學習能力是有限的，他甚至學的會是錯的。在這過程裡，我們看到多少知識份子受了意識型態的災害，一直在錯亂忙惑中擺渡。如何渡？渡口何在？不知真的無問津者，大家只急著趕快上船，趕快渡。從 A

渡到 A1，從 A1 渡到 A2，從 A2 渡到 A3，以為每一站都是終點，因為大家都在那個站上獲得了利益，獲得了權力。

各位，如此就滿足了嗎？我們仍然在盲目、在迷惑、在徬徨及迷惘中，這是當今最大之病。這病我們上面談過了，包括科學主義之病、反傳統之病，包括白種人文化負擔等種種之病，其中最嚴重的是資本主義化、消費化，整個人類文化的心靈投向於對象化之物，是這樣一往而不復的病痛啊！這個病痛如何了得！怎麼辦？很難啊！這裡我從很多朋友身上略微地覺察一下都可以看到，從很多事物身上，從我的生活周遭包括我自身裡頭也都可以覺察到。這病痛該怎麼去止？我覺得必須要好自為之，必須要正視這個病。你做為一個人，在這樣的風土民情，這樣的生活世界、世俗化的世間，在這個消費化的社會，在資本主義高張的狀態底下，在後資本主義年代這樣的一個狀態底下，要如何去治它？這裡需要有非常豐富而龐大的認知，必須有非常深厚的知識能力。從這裡可以發覺到，我們要面對著這麼寬廣、龐大的資訊系統，真是如何了得啊！

因此，就必須要有一個能耐，要有一個不同的向度而關連到那個整體本源的能耐，這是很困難的，但也必須要去做。我們可以回到哲學的古義裡所說的，哲學是通過文化教養的歷程，喚醒一個智慧之源，也因為老早預存了智慧之源，才得以喚醒。而真正落實的活動就必須經過交談、傾聽，通過這樣一個 dialogue 的過程，才可能讓目前以雄辯、以語言論定、以判斷的方式為主導的東西與宣傳，以及資訊的控制方式，慢慢地消掉。不再是資訊、宣傳的控制，也不再是執著的定向，而是解開了這些東西，回到真正的「傾聽」與「交談」。

這也就是我借用「我與它」的關係（I-it relation），進一步說有「它與我」的關係（It-I relation）。怎麼樣去化解掉那個「它與我」的關係（It-I relation），正視「我與它」關係（I-it relation）的限制，而回到「我與你」（I-thou relation）那樣的一個總體本源呢？這個「我與你」的關係，是一個無比重要的課題。藉用陽明的話來說，就是「一體之仁」那樣一個渾然一體的狀態。能以此做為本源，那麼「我與它」的關係（I-it relation）就是明白而清楚的認定，這樣的認定是一個確實的認定，而不是執著的對象化，不是指向那對象所拖帶出來的、進而走向一個「它與我」的關係（It-I relation）下的狀態。

或者，我們可以說經由「傾聽」、「交談」，轉而為語言的論定、判斷，並且對於資訊、宣傳有一恰當的釐清。邁入廿一世紀的文明當然一方面要知道「由文而明」，另一方面也要知道「由文而蔽」。唯有解開這樣的「蔽」，我們才能真正見得「明」，再由此「明」而得有一個恰當的「文」。這也就是如上所說的，由「它與我」、「我與它」，再轉而回到「我與你」的範式上來。

十六、示例：就「千里尋親」這謊論做一意義治療

問：我們就最近引發爭議的「千里尋親」的例子來講的話，千里尋親是一件事情，如果是真實的，那真的是滿感人的。千里尋親之所以有問題，是因為那個小孩子說謊，結果造成以後在看這些事情可能會有一些負面的心態，會產生這樣一個現象出來。如果我們要治療的話，我想還可分做二方面來談：一方面是我們就現象來說治療，另一方面我們就說謊的小孩子來說治療。如果就現象來說治

療的話，所涉及到的是涉及到這現象以及關心這個現象的人，那我在想，治療在這個意義下，是否偏重於所有人的溝通以及現象的詮釋與批判？

答：我懂你的意思，其實這個地方在《論語》裡講得很清楚。為什麼說「修辭立其誠」、「辭達而已矣」？話語的目的就是要把一個真實說出來。為什麼說謊會是一個惡德呢？這是因為，當對象做為一個對象，如其對象的最後是要如其本地回到那個存有自身，但說謊本身會使得一個恰當的對象物不能如其對象地去說它，沒有辦法如其德、如其性、如其位、如其份，也就沒有辦法回到那個「道」本身。

以「千里尋親」為例，千里尋親何等動人！而現在正因為有一個虛假的千里尋親故事愚弄了人們。這還是小事，更嚴重的是在愚弄的過程裡，使得人們對千里尋親的圖像，對這個原來「通極於道」的圖像，原有一個非常高貴的認定，現在卻遮蔽了、完了。如果把千里尋親譬喻成一張非常有價值的鈔票，但我們後來發現這張鈔票是偽鈔，不但沒有用，而且在用的過程裡會使得原來鈔票的價值也被混淆掉。為什麼？因為有人偽飾。這就是為什麼目前的資訊宣傳控制與人們為了達到目的所做的那些東西，會使得人們只重視策略，重視立場，不重視是非，不重視真實。

這是整個消費化時代，資本主義過頭了之後所造成的嚴重後果。人們的心靈一往而不復，覺得這沒有錯啊！更何況由於目前網絡使用的方便，人們在交談的過程裡，可以通過網絡無遠弗屆地彼此鄰接，通過匿名的方式，可以更換幾十個、幾百個匿稱，這時候就無法真正回到一個恰當的 identity，也就是「名」與「實」之間

不是一個恰當的對應關係。在這種狀態底下，就混淆了那個「實」；混淆了那個「實」，就使得「存有紊亂」；存有的紊亂就會使得存有沒有辦法如其本源地彰顯其自己。所以我們要說治療的時候，應該要回到這個問題上來說。

問：還是就千里尋親這件事情來講，因為這件事的起因很簡單，就是一個小孩子說謊而已。我們如果就這小孩子來講的話，他只是說謊；如果我們就這個小孩子來談治療的話，那就只是治他為什麼說謊這件事。可是如果我們把說謊這個情形普遍化，或是說為什麼一個小孩說謊會造成這麼大的事情，這跟媒體報導或有人去炒作有什關係？我想了解的是，老師是談治療個體？還是治療個體行為背後所涉及的普遍化現象？

答：那要看具體的狀況。如果這個孩子是我認識的，那當然先要去了解他為何會有這個動機？為何展開這個行動？而後展開治療。然而，這孩子現在遠在美國，我又不認識他，他現在又通過大眾媒體造成一個嚴重的傷害。其實目前來講，我們最應該展開的治療活動是在新聞情報或資訊的治療，要給千里尋親這件事有一個恰當的論定，肯定千里尋親這件事情若為真實，則本為可貴，這樣子論定才能使它回到存有的本源。

回到存有的本源再反照過來，這件事之為虛假，這本身之為「惡」，而回過頭去讓我們釐清「名」、「實」之別，因名回到那個實。回到那個實之後，進一步才能夠有真實之名，再以真實之名要求任何存在的事物該如何符合此名。也就是先求實再求名，正其名以求其實，這個過程是必要的。

譬如說，當我們看到一個朋友，他講的話非常堂皇，但實際所

做的卻剛好完全相反；他批判起人來正氣凜然，而做起事來齷齪不
堪的時候，應該怎麼辦？並不是說他所批評的是錯的，而是他做的
不如其本然。也就是當我們看到一個假道學的時候，並不是說道學
是假的，而是假道學之為假，假道學之假為假的，是假之為假，道
學仍還其為道學，假還其為假。這看起來似乎很簡單，但是我想跟
同學講，目前很多人誤認為道學就是假，而回過頭來以為假是真
的。你說人們會如此顛倒嗎？就是如此。這背後有一個非常有趣而
詭譎的結構，當我們說假道學這個詞的時候，其實是在道學上加一
個「假」字而說其為「假道學」。但因為我們看了太多口說假道學
的人，說道學前面不加假字，而是借用著道學而假之、說之。假
者，借也，借道學之名，但沒有「名以求實」，於是在這過程裡壞
亂了道學之名，於是這個已被壞亂了的道學之名其實就等同於假道
學這三個字，因而不必再加一個假字了，並且還強調是真的，所以
在這裡就真假難辨。不要忘了，真假之難辨不只是這個人真假難
辨，連去理解這事情，人也真假難辨。為什麼？這叫做業力之迷
惑。因為形成一個虛假的習慣，以後因習而成性，人們因此就不了
解何者為假，何者為真，這就是為什麼孔老夫子講「惡紫之奪朱，
惡利口之亂邦家者」的原因。為什麼孔老夫子說「巧言令色鮮矣
仁」？說「剛毅木訥近仁」？這背後都隱含著治療學的涵義。

（本文乃一九九九年春夏間為中央大學哲學研究所所授「當代儒家
哲學專題」一課之講詞之一，經由吳瓊君、陳人孝兩位同學整理，
再經何孟芩潤筆，並經講者迻經修訂而成）

　　　　　　　　　　　——辛巳 2001 年 10 月 1 日於深坑元亨居

第四章　良知、良知學及其所衍生之道德自虐問題之哲學省察

【本章提要】

　　本章旨在通過對於中國傳統良知學的反省，探討良知在歷史業力形成過程中所造成的種種異化與扭曲，並進一步思考可能的復歸之道。

　　首先，作者就良知與良知學進行分疏與釐清。良知本是當下明白的內在根源之體，但當人們通過語言文字符號系統所理解的良知學，便造成了異化的可能。良知之所以會演變成道德自虐，也正是在帝皇專制的高壓底下，將專制的意識型態與道德良知結合在一塊，而這也是今日在檢討良知學時必須去正視的問題。作者指出，必須從宗法封建與帝皇專制之中，將人的個體性提昇出來，正視人的個體性、回到人的主體性，再進而回到根源性的總體。由此獨立的個體，才能形成一個契約性的社會連結，構成一個理想的公民社會；而正視社會公義，在社會公義之下談道德修養，才會使得良知學得以有更為暢達的發展。

　　此外，作者經由中國傳統小說中所蘊涵的顛覆性思維，探討在帝皇威權、父權中心、男性中心之思維底下所造成之「王法天理」與「江湖道義」等種種詭譎奇特之現象，認為惟有擺脫「宰制性的政治連結」，釐清「血緣性自然連結」之分際，並開啓嶄新的「契約性的社會連結」，才能夠成就一個理想的公民社會之下的人之生存狀態。

　　最後，作者指出：慈悲才能化解業力，批判的目的，是為了治療，而不是為了搶奪權力。期望能藉由「智慧」與「慈悲」，化解文明、文蔽及其背後所涵之種種問題。

關鍵字詞：道德威權、氣的感通、禮教吃人、人學、社會公義、交融倫理、責任倫理

一、「良知之在其自己」及經由語言符號系統而彰顯的「良知學」

1.「良知」與「良知學」的區分

　　當我們把「良知」與「道德自虐」這兩個詞放在一塊時，似乎已隱含說良知跟道德自虐在實際上有一種關聯。是的，我認定良知與道德自虐在實際上有一種關聯。所謂在實際上有一種關聯，未必是在理論上徹底地關聯在一塊。這意思也就是說，就一個理想的層次而言，良知是沒什麼問題的，良知也是不可質疑的，因為良知是自明的，是自己呈現其自己的，更是當下怵惕惻隱所顯現的，但問題就在於人作為一個人是在語言符號系統下生活的一個人。

　　換言之，人所理解的良知，應該不是不可說的那個良知，而是就其所彰顯的一大套語言符號系統下所呈現的那個良知。這時候的良知就不是「良知之在其自己」，而是良知彰顯出來面對一個存在事物時的狀態。這麼去看的話，我們就應該把「良知」與「良知學」切開來：良知指的是超越的形而上之體，就是內在的根源之體，或理想之體；但良知學卻是將理想之體、內在根源之體開啟出來，彰顯成為一個實踐的指向所構成的種種系統。

2.先秦至秦漢以後的良知學

　　因此，談良知學必須放到整個華人的歷史文化傳統中去看待。這樣來講的話，我們就不得不去觀看從先秦到秦漢以後，儒學談良知有些什麼不同。先秦的儒學其實非常強調「社會實踐」，而秦漢以後的儒學在社會實踐義上卻慢慢地被縮減，必須放到忠君愛國裡，說「君臣之義，無所逃於天地之間」。這就是以我所謂的「宰

制性的政治連結」為核心，以「血緣性的自然連結」作背景，再以「人格性的道德連結」作工具，所形成的「血緣性的縱貫軸」，這便是在這樣一個帝皇專制的氛圍底下的思考背景。

在這種氛圍下來思考，則良知既是一個「道德實踐之體」，但卻又常常與那「帝皇專制的專制之體」若合符節地伴隨而生，甚至關聯一處，形成一個不可分的狀況。在這樣的情況下來面對所謂的「道德實踐」時，其實是與在先秦宗法封建、一統而多元的世代之下的道德實踐，意義是不太一樣的。

先秦的宗法封建是一個多元的國度，那樣的一個道德實踐，基本上是以「人倫」為主導的。但是秦漢之後的儒學，雖然也極為重視人倫，但是那樣的人倫卻是被上面一個帝皇專制所籠蓋住的人倫。所以原來的社會實踐義與秦漢之後的社會實踐義，是有所不同的。原來儒學的社會實踐義，是從內在的本性本心而發，通過家庭推展出去，所謂「親親而仁民，仁民而愛物」，所謂「書云：『孝乎！惟孝，友于兄弟，施於有政。』是亦為政，奚其為為政？」從孝悌人倫推而擴充之，孔老夫子就是這麼思考的。

但這並不意味著在先秦整個儒學就能達到這境地，而是說就孔老夫子所思考的，或者就孟子所思考的，基本上是往這個向度上走。但秦漢之後帝皇專制已經完全形成的時候，帝皇專制的權力根源是不能夠被問，也不容許被挑戰的，在這種狀況底下，所謂的社會實踐義，就只能夠在帝皇專制底下，單元地，或者是一元地來談社會實踐。那樣的社會實踐仍然能夠談人倫、談修身，但是基本上，有一些思維空間已經被窄化了。

到了宋明理學的時候，整個中央集權經過唐末五代，帝皇專制

的狀況是更為嚴重了，那時候的儒學，基本上是以「心性修養」為主導的。也就是說儒學在這發展過程裡，從以社會實踐為主導，到以道德的實踐或以道德修為，最後落到以心性修養為主導的這樣一個方式。以心性修養為主導，來替代道德實踐與社會實踐，基本上就把整個儒學窄化了。就整個中國文化傳統的發展來講，這就是從「五經」過渡到「四書」的階段。因此，當我們談到「良知」與「道德自虐」這兩個詞的時候，就必須放在這個脈絡上來看。也就是當良知放在整個中國的帝皇專制、帝皇高壓的傳統上，尤其經過宋元明清嚴重的中央集權、帝皇高壓之後，所形成的問題是很值得被探討的。

3.帝皇專制與良知結合所產生的道德自虐是良知學所面臨的問題

　　在帝皇高壓下，統治者把那個絕對的帝皇專制徹底地內化成你生命的一個信仰，或者意識型態，並且跟所謂的道德良知結合在一塊，形成了一個自虐的狀態，這也就是孟子所說的「自反而縮，雖千萬人吾往矣」的那個「自反而縮」，原先「縮」指的應是「直」，後來竟成了閉縮的縮了。這樣講雖然非常荒謬，但確實是一個真實的狀態，這一點大概可以從所謂的「餓死事小，失節事大」這樣的語詞見到一斑，也可以從魯迅《阿 Q 正傳》裡所說的阿 Q 中看到。那阿 Q 所隱含的道德自虐的狀態，是用一種「自我精神的勝利法」來調和那道德自虐的狀態，這也是我們現在討論「良知學」時所應面臨的問題。

二、關於「良知」與「道德自虐」之爲「法病」
與「人病」的問題

問：如果照您剛剛那個脈絡來看的話，那其實就是宋明理學家常常討論的問題。就是說這其實並不是所謂的「法病」，而是所謂的「人病」，也就是說其實原來的那個良知，是沒有任何問題的。所以想請問老師，如果您能接受道德自虐的問題是人病的話，那麼您會如何看待宋明理學家的說法？這是第一個問題。第二個問題是說，如果老師您不能接受的話，那您今天這樣的一個題目——良知與道德自虐，又如何成為可能？

1.道德自虐的問題難以用人病、法病區分，它是「人」與「法」的總體問題

答：宋明理學家常常談到這問題的時候，用法病、人病去區別，這區別看起來好像很清楚，但其實是很含糊的。因為任何一個「法」都必然涉及到「人」，任何一個「人」牽涉到所謂的「道德實踐」，也必定會涉及到「法」。用現在的話來講，所謂的「法病」就是學術理論上有問題，理論結構本身有問題；就「人病」說，就是人在使用這法時有問題。譬如說有一種藥，就藥本身來講的話，是沒問題的啊！作為一個藥，放在那裡，它是靜態的，沒有問題；但是人們去使用藥，像砒霜這個藥可以致人於死，也可以救人，那就要看你怎麼去用。所以並不能夠那麼清楚地區別什麼叫人病，什麼叫法病。

如果就「法病」與「人病」來講的話，其實我關心的是「人病」，但是我認為人病，並不是與法無關。也就是說，當我們談一

個學問的時候，必然要放在人的生活世界裡頭，放在這個歷史發展的脈絡裡面，一放進去以後就不同。就好像吃藥，可能張三吃了有用，李四吃了卻沒有用，王五吃了可能有副作用，趙六吃了可能會致他於死。所以我現在討論「良知」與「道德自虐」的時候，其實是把它總地去看，總地去看的時候，發現到有一些什麼樣大的病徵，譬如說良知學它本來很可能是想突破些什麼，但是後來它又導致些什麼。

2.良知之轉為道德自虐是一介於人病與法病之問題

良知學其實在整個的儒學過程來講，代表著一種道德主體的自我挺立，自覺人是這個世界的理解者、詮釋者、締造者，重視人如何參贊天地之化育，而每一個人本身都作為他自己的目的，所以每一個人都是一個主體。在這樣的一個意義底下，任何一個人都不能把別人當成工具，自己也不能把自己當成工具。

在這種狀況下，良知學應該是非常好的，但是放在整個中國帝皇專制裡，我們看到那些道德的訓條，那些道德的律令，那些道德的規定，這裡頭實隱含著道德自虐的向度。那麼道德自虐的向度是如何造成的呢？道德自虐就是我們把道德外在化，外化成一個絕對的威權律令，那絕對的威權律令要求你必須符合於它，所以當你不符合於它，你就要通過一個自我摧殘的活動來使自己能夠符合於它。譬如說，中國知識份子覺得國君是一定不能夠動的，天子一定是不能動的，要鞏固領導中心。在這樣的思考下，當領導中心有問題的時候，就會覺得並不是領導中心的問題，而是領導中心旁邊的人有問題。中國以前有一個話叫做「清君側」，就是認為問題是出在國君旁邊的人，在這樣久而久之的思考之下，人們就不敢直接面

對國君了。

　　但進一步要的問題是，在一個結構裡頭，當權威者出現問題的時候，我們究竟有沒有辦法真正去面對良知自虐的問題呢？或者只有「清君側」的想法而已？而當我們「行有不得，反求諸己」時，是否都是不敢去面對出問題的威權呢？按理所謂的「反求諸己」是非常恰當的態度，但是由於帝皇專制、高壓統治的結果，使得那個「反求諸己」作過了頭，本來不是你的問題，但硬是要把它想成是你的問題，到最後讓自己陷入到一個非常嚴重的道德緊張、道德恐懼裡面，讓自己的生命不敢面對自己的生命，連自己生命裡頭很真實的東西都不敢面對，這時候就非常恐懼。這種狀況當然不是良知學的本義，但卻是良知學在整個中國文化傳統發展過程裡一個病態的表現。

　　因此，當我們面對這樣一個病態的表現時，就要去把它清理出來，看看這到底是怎麼一回事。而那樣子的一個提法，到底是法病，還是人病呢？我覺得這其實是界於法病與人病之間的東西。也就是說，世界上沒有一個病祇是法病，也沒有一個病祇是人病，而是在人用法、人用學的過程裡面，才導致了弊病，也就是在人用學的過程裡面，才會去說出一套系統，那一套系統是要用的，而病也是從這裡說的。舉個例子，就好像醫師、藥與病人的關係，問題出在那個醫師，問題不出在藥，也不在服藥之人，問題出在那個醫師，決定你要用什麼藥，他這個決定、這個判定本身有沒有問題。又譬如說，宋明理學的討論基本上也是面對著「人」，認為要用什麼藥，於是他們就提出了一套辦法，這裡當然有許多東西是值得檢討的，要不然的話，朱熹跟陸象山就不必有「鵝湖之會」的討論

了，陽明也就不必再跟朱子學產生那麼大的嚴重對話，甚至要改變朱子學的整個樣態，而寫〈朱子晚年定論〉了。

3. 道德自虐問題的解決之道

　　從這幾個向度去思考的時候，我們就可以發現到，良知學在整個中國帝皇專制傳統裡，是個重要的死結。而這個結怎麼解開？我認為就要去正視那個道德良知本身可能隱含的專制特質，必須去面對帝皇專制所隱含的道德良知的特質。也就是說，道德良知與帝皇專制混淆了，良知與權力也嚴重地混淆了。這混淆的狀態，怎麼樣來把它解開？是非常非常重要的問題。其實我會想到這個問題，是因為當我考慮到這個「良知」一旦變成一個「道德威權」，而良知的另外一面就是「道德自虐」，這也就是有一些人以那個威權變成良知，而另外一些人就以良知變成自虐，這個問題是很嚴重的。特別放在我們的父權中心、男性沙文主義、帝皇專制的傳統裡，會有這樣的一個可能性，而這是我們必須要去正視的問題。

三、「道德實踐」與「政治實踐」的糾葛
　　──邁向社會公義的可能

　　問：老師剛剛講到先秦儒學強調社會實踐，可是孔子說：「不在其位，不謀其政。」他是不是反對大眾來參與？像儒家這種以道德來為宗族、鄰里效力的，基本上是一種宗族制，或是一種家長制，可能根本忽略了人之所以為人的權利。像這樣子的話，把道德實踐跟政治實踐放在一起，是不是值得檢討呢？

1.「不在其位，不謀其政」之義涵及其意識型態的下墮

　　答：這是一個可以檢討的問題，而且很重要。但是要先了解一

下：「不在其位，不謀其政」這個話基本上是針對當時那些所謂違背禮的大夫、諸侯們所說的。所以孔子說：「天下有道，則禮樂征伐自天子出；天下無道，則禮樂征伐自諸侯出。」到最後「陪臣執國命」，則一塌糊塗了。基本上，孔子講「不在其位，不謀其政」，是對於當時僭禮的這些大夫們的批評與貶斥，但是「不在其位，不謀其政」這個詞後來也形成了另外一個推托之詞，形成另外一個專制者的話語，拿著「不在其位，不謀其政」來說，因為你是庶人所以不能夠干預這個問題，或你是社會人士所以不要干預這個問題。譬如說，在學界中我們常碰到這樣的情形：你是研究物理學的，幹嘛談起我們的音樂？你有沒有音樂學的博士啊？沒有音樂學的博士，那你就不要談音樂。現在學界裡面常常這個樣子！又譬如說，現在常常問：你教什麼書？開什麼課？等等，這樣講起來好像很有道理，認為這就是專業，但是其實另外隱含著一個威權。所以「不在其位，不謀其政」的正面意義本來就是要排除那個不合理，但衍伸開來，卻有著非常複雜的問題。

2.從宗法封建及帝皇專制中將人的個體性提升出來

當然我們可以去問，孔老夫子的思考是一個宗法封建主義的思考嗎？孔老夫子是這麼想的：在宗法封建底下，才有人倫道德，宗法封建跟人倫道德是一體之兩面。但我們現在談人倫道德的時候，就不能在宗法封建底下談，因為時代已經不同了。現在應當要思考的問題是：怎麼樣從宗法封建裡走出來，成為一個獨立的個人，再由獨立的個人，形成一個契約性的連結，構成一個理想的社會。這是我這些年來所做的一個理論上的工作之一，如果這個部分做起來的話，儒學也會因此彰顯一些新的生命力。

這新的生命力，就是儒學可以擺脫原來帝皇專制、宗法封建的傳統。因為宗法封建的傳統是把人放在家裡，放在族群裡，由家到族，然後再到整個天下，它沒有辦法正視一個徹徹底底獨立的個人。帝皇專制也不能正視一個獨立的個人，而是把人放在那個帝皇專制威權底下來思考。從一個小的威權團體的家，到更大一點的鄉鄰、族群，一步一步地上來，那樣的話，政治與社會當然也是分不開的。然而就目前的整個發展上來講，社會跟政治是可以分開的，當然有重疊的部分，但卻是社會優先於政治，社會的力量也大於政治。

就這樣的發展來看，中國的良知學得要徹底地有一個新的脫胎，就是要免除原來在帝皇專制底下的那些不適當的道德律令。什麼樣是不適當的道德律令呢？就是說凡是有違反人的理性發展的，就應該把它剔除掉，應該正視人的「個體性」。所謂正視人的個體性就是要回到人的「主體性」，而回到人的主體性，就是要從人的主體性回到那「根源性」，再從那根源性回到「總體」。用這種方式來講的話，就可以締造一個新的、可能比較好的社會。

這也就是說，我們應該要從一個家庭來思考個人的角度裡躍昇出來，不能夠僅限於這個角度，而是要正視每一個個人。因為具有個體性的個人是作為參與這公民社會的一個基礎，而這樣的一個個人，是具有良知的，我們要從這個地方來說良知學。這樣的良知學，才是坦然明白的，而不再是用原先那樣一個在帝皇專制底下，事事都先想自己本身是否有什麼問題，才去想那個總體概括的良知學。因為在這過程裡面，就可能進入一個道德自虐的層次，那就很糟糕了。

3.儒學擺脫宗法封建及帝皇專制後的新面貌：公民社會與社會公義

我認為這時代的儒學是有一個新發展的可能，因為放在公民社會裡，跟放在宗法封建社會或帝皇專制社會裡是不一樣的。宗法封建社會是以家庭倫理為主導，帝皇專制是以忠君報國為主導，而現在的公民社會則是以社會正義或者是社會公義為主導的。以社會正義為主導，當然跟家庭倫理不違背，但卻跟帝皇專制相互違背。

因此，關鍵是我們要去把伴隨著帝皇專制而生的心性修養的那些教條，徹底地檢查出來，並加以處理，因為這樣才有助於社會正義的發展。如果我們仍然在「帝皇專制」的陰影底下去思考「心性修養」，而把心性修養放到這樣的一個情況底下再往前去說「道德實踐」，這樣的道德實踐其實都是具有陰暗面的，都有一些是不能灑脫的，這樣就沒有辦法真正達到恰當的「社會正義」，這是很值得我們留意的一件事情。其實在我們目前的社會裡面，這種狀況所在多有，我們常常也都可以感受得到。

四、道德威權、道德自虐是對立面的兩端所成的一個總體

問：作為一個人，起碼有三個層次，一是自然層次，然後是社會層次，再來是道德層次。良知學顯然是前面兩個層次都不強調，而只強調道德層次。剛剛老師講的比較可以說是社會層次的東西，但就自然層次來講，儒學顯然並沒恰當地注重這客觀的法則性，反而提出「存天理，去人欲」這樣的話。我的意思是說，事實上在人性中，有一些被認為是惡的東西，或者說是欲望，其實這些都不能

說是惡的。如果連這個都不能肯定，一想到欲望，或是什麼，都是用壓抑的，或者是用遺忘的方式，這根本上就可能造成一種道德的自虐，我是從內在的理路上來看。

1.道德自虐乃是道德威權的完全內化

答：這基本上就是道德的威權。威權跟道德連在一塊的時候，會形成一個非常龐大的力量，然候通過整個教學系統，通過整個文化傳播系統，內化到你覺得就是如此。所以中國知識分子不敢叛亂，明明可以叛亂，明明可以革命，就是不敢革命，因為革命就是叛亂，沒成功就是叛亂，這還得了！這背後還有一個很嚴重的誅九族嘛！對不對？所以在這種狀況底下，所有的知識分子面對這種不合理的時候，就出現像中國以前諫議大夫屍諫、抬棺的現象，這是我們文化非常重要的部分，也是非常嚴重的道德自虐，而這道德自虐其實是無效的。我覺得如果我們這個年代還出現這個東西，那就很嚴重了。道德自虐它其實是一個威權所控制的那個對立面，而它另外一個嚴重面就是那種威權的控制，有威權控制才有道德自虐。道德自虐就是那威權的控制已經完全內化到整個人的生命裡，所以也變得心甘情願了。

2.取消了「道德」的「威權」更具暴虐性

這裡頭很容易形成一個嚴重的假相，這是所有的宗教威權者、政治威權者最不願意聽到的學問，因為它最容易喚起每個人來自內心的疑問：「是，我為什麼要那樣做？」其實很多人不願意喚起這東西啊！當老師的也不願意喚起，因為希望老師跟學生的關係是一種父子關係，而不是師友的關係。其實老師跟學生的關係應是朋友關係，後來卻變成是父子關係，又將父子關係轉成君臣關係。君臣

關係就是臣絕對不能懷疑君怎麼樣，一對國君懷疑，那就臣罪當誅。這很奇怪，所以我覺得最應該改革的對象就是帝皇專制。

以近代中國來講，我認為很多知識分子是柿子挑軟的吃，專革儒家的命，但是沒有真正地面對那個帝皇專制，他們以為把那個道德取消了以後，威權就取消了。但道德威權是把道德跟威權連在一塊後才形成的，如果取消了道德，那麼威權將變得更加暴虐，那赤裸裸的威權暴虐性，比原先的道德威權還可怕。這種赤裸裸的威權暴虐所造成對人的那種高壓異化的後果，在中國大陸最明顯，就是文化大革命造成的那種狀態。可以說，文化大革命是威權暴虐對人的高壓異化所產生的嚴重反彈。雖然從前是在一個道德威權底下，但那道德還對於威權帶有一點點調節性的作用，還要帶著一點道德的、假的、偽飾的外衣，因而產生了一點調節力，但拿掉了道德之後的權威卻變得更加地嚴重。

五、「氣的感通」下的傳統乃是一非關他律與自律的「交融的倫理」

問：老師，擺脫宗法封建及帝皇專制後的儒學，如何跟社會公義結合呢？也就是說，一個人如何既自律又他律，自律跟他律要如何結合？

1.自律、他律二詞不足以標幟中國儒學

答：首先，先說明自律、他律這對詞。對於中國儒學來講，這其實並不太構成一個對反的詞；或者說，用自律、他律這對詞來判定儒家的倫理學到底是自律還是他律，我覺得這是不需要的。為什麼不需要呢？因為我覺得用自律或者他律來講倫理學，是一個區

別、區隔的方式，如果不用這樣的區隔方式的話，那麼很可能是另外一種區別型態。就好像你問：「這個人是黑人呢？還是白人呢？」但白人與黑人不一定可以窮盡所有人類；或者說，我們問是 A 呢？或 B 呢？結果不是，它出現的也不是 C，而是甲、乙、丙、丁，也就是說它是甲、乙、丙、丁這脈絡的，而不是 A、B、C、D 這個脈絡的。

2. 儒學乃一交融式的倫理，非關自律與他律

我認為中國的「天命之謂性，率性之謂道」，再加上所謂的盡心、知性、知天，這樣總地來講，用牟先生的話就是同一個圓圈的兩個迴環。一個是由天命下貫為性，一個是由人性的自覺而上承於天道，這基本上就構成了一個整體。這樣的一個整體，我認為不適合用「自律」或者「他律」來說，而是一種在氣的感通的傳統下而說的交融的倫理。

這是個脈絡的、情境的、主體際的，也就是互為主體的一個狀態，其重點在於一種來自於生命最真實的情義。不管是抒情的傳統、詩言志的傳統，用《孟子》的話來講，就是來自於最深沉的那個「怵惕惻隱」、那個存在的道德真實感。這存在的道德真實感不是個命令、法則或規定，所以我認為它與康德所謂的「無上命令」不能等同為一。因為就康德意義下所說的無上命令，是那個道德的法則作用在人的心靈之上，是一個不可自己的必然如此的律令，基本上是一個道德法則論者、道德主智論者，重點是在這裡。

3. 與「恥」相關的是「咎」，與「責任」相關的是「罪」

但是儒學基本上所走的不是一個主智的傳統，不是一個道德的法則論，儒學的重點其實是來自於生命最真實的情感的觸發。那個

最真實的情感的觸發，是自動的呢？還是他動的呢？其實不能在自動與他動之間切開而說自動與他動，而是在交融互動的過程裡面而顯現的。當我們這個族群的傳統談到倫理的時候，會牽涉到「恥」這個字，而不是「責任」這個詞；或者說是「咎」這個字，而不是「罪」這個字。「罪」跟「咎」不一樣，「罪」是一種強加在上頭，揮之不得，是一種沒有辦法的、無可避免的、無法去除掉的一種狀態；但是「咎」不是，那是內咎，覺得這不適當，覺得羞恥，是在這個脈絡總體中內在的一種不安頓的羞赧或虧欠之感。所以從自律跟他律來說中國的儒學，並不是非常恰當。

這就好像我們對於本體與現象，是即用顯體、承體達用、完全通而為一的，根本不分現象與本體，現象與本體是一個全面地說。而這時候，硬是要說這是屬於現象呢？還是屬於本體呢？那就非常麻煩。其實是融而通之，通而貫之的。雖然自律、他律在整個西方倫理學上是很重要的一對詞，但在西方來講，現在大家也開始質疑，一定要用這對詞去說嗎？所以講儒學是否為自律？是否為他律？我覺得基本上並不一定要限定在這裡面。

六、瓦解「無形的專制」才能使得儒學進到社會 公義的層次來思考

1.儒學的道德傳統：志於道、據於德

就儒學本身來講，非常強調一個「道德」的傳統。從道家的「道生之，德蓄之」的「道德」來理解，是從上到下；而儒學是「志於道，據於德」，是人對於那個存在的本源有一個定向的嚮往，經過這樣的嚮往與自覺，使得那個「道」開顯，「道」開顯而

落實於存在的事物跟人身上，就成為「德」，此即是「道德」。所以就整個道德來講的話，注重的是任何一個存在事物跟其它存在事物之間內在彼此的關係，並且相信這內在彼此的關係，可以構成一個總體，這總體是一個根源性的總體，那就是道。人必然參與到那根源性的總體，人是要參贊於「道」裡面的，所以說「人能弘道，非道弘人」。

　　人參與那個「道」，而且培養那個「道」。天地有道，人間才有德，這也是我常說的。所以當我們可以發現到，當那個「道」不足的時候，這個「德」也會有所不足；當那個「道」有所缺憾的時候，「德」也會有所缺憾。先秦儒學的重點在社會實踐，所以先秦的諸子談問題的時候，心性的修養沒那麼複雜，也沒有那麼細緻，所強調的重點就是去做。《論語》中說：「仁者，先難而後獲」、「仁者，其言也訒」或「剛、毅、木、訥，近仁」，就是說要去實踐、要去做，對於心性理論的內在辨析，並不那麼複雜。

2.公民社會中的道德教養──社會正義

　　我的意思就是說，當我們去面對一個新的公民社會時所談論的修養工夫論，就應該要以社會正義為主，其它的為輔。這件事情如果不符合社會正義，應該發言，就該發言。不是要拿捏分寸，考慮人際關係該怎麼拿捏，才能恰到好處，哪有那麼複雜？是在帝皇專制的傳統裡頭才變得那麼複雜，那麼痛苦嘛！所以我們也要開始教養啊！特別我們這一代的人要被教養啊！因為我們以前所承受的教育就是這樣嘛！所以我們現在接觸到年輕的一輩，當碰到一些問題的時候，就要教養他，包括一些很具體的事情。譬如說，當孩子正在看報紙的時候，如果這時你也很想看，你是要直接就把它拿過去

看，跟他爭吵，或用更大的聲音把他壓過去，叫他接受呢？還是要尊重他呢？這很重要。從這裡開始，我們就是在學習怎樣從帝皇專制的思維裡頭走出來。

3.帝皇專制瓦解後，現今無形的專制所造成的道德威權

我覺得就目前的臺灣來講，雖然帝皇專制已經瓦解很久了，但是那無形的帝皇專制仍然滲透到我們每個人的內心裡面。譬如說，在開會的時候問大家「有沒有意見」，卻往往都是沒有意見，昨天國民黨不是開中評會嗎？也是如此，這是一個問題。現在社會雖然還有這個層次，但是比較可愛的地方就是：我可以不太理你嘛！我可以不理你呀！但是現在要說不理你，說不定還沒有以前天高皇帝遠那個時候的不理你，來得輕鬆呢！因為現在通過傳播媒體，通過什麼的，讓你無形中都已經接受這樣一個威權的東西。

其實更嚴重的威權東西就是現在的大眾傳播媒體，它的威權是無孔不入地深入到你的心靈裡面，讓你根本就是接受了。所以文化的威權也是一種威權，價值的威權也是威權，這裡頭另外形成了一個問題。譬如說，女人常想，作為一個女人應該要怎麼樣才叫漂亮？於是我去瘦身，還是怎麼樣？每天都要做。請問這不叫自虐嗎？對！那她為什麼接受這個自虐？因為她的良知告訴她，那樣做是對的。傳播媒體所形成的信息系統，就是告訴她，那樣做是對的，並且用一種非常漂亮的語詞，告訴她以前的一些想法是不對的，要改變，而這是合理的、是好的。這語詞的目的就是要促進消費，換取金錢。這樣一步一步改變以後，便會形成一個非常龐大的壓力，告訴你就是要這麼做才可以。

從這裡我們也可以去想另外一個問題，好好的一個人當了學

者，進了學術圈，那個學術圈如果很有競爭性到某個地步的時候，那個人的性情往往就會慢慢地喪失掉，成為寫論文的工具。這問題何在？這也是一種道德的自虐。比方說，你非努力讀書不可，我們每天讀書讀到非讀不可的時候，這其實也是另外一種自虐啊！就像吃鴉片一樣，這是知識分子的鴉片。我有一段時間就是這樣，只要那一天真得忙過頭，沒讀到書，然後就會覺得完了，非常自咎而不安，也睡不著覺，一定要起來讀點書，才躺得下去、睡得著。

七、破除專制義下的心性修養而進入社會正義下的道德實踐

人其實是很簡單的，道德學不必那麼高，去做就是了；人文學也不必那麼複雜，也是去做就是了。其實我們現在應該用那「損之又損」的精神去看待人文學，為什麼會有那麼複雜的倫理學呢？因為已經是一塌糊塗了，就是這個樣子。就好像我們現在的防盜技術非常高明，這是為什麼呢？因為小偷太多了，所以這造成了防盜技術的發展。我想紐西蘭的防盜技術大概不是很發達，因為人少，小偷也少。因此，為什麼會變成現在這個樣子，應該要一步一步地來想。

問：老師所謂的社會公義是指社會的一些規範，還是大家共同制定的法律條文？

1.社會公義釋名

答：不止是這樣。社會公共的正義就是我們這樣形成一個公共的團體，這公共的團體有我們大家共同約定、共同認定的法則，在這樣的團體中，每一個人的生命、財產、自由、安全以及大家的理

想都能獲得一個恰當的安頓，基本上簡單地說是這樣子。這樣一個客觀的法則性，必須被重視。客觀法則性的重視是要維繫到整個地球的人，再推而擴充之，用佛教的話來講，就是整個宇宙蒼生都包括在裡面。但是就社會正義來講，基本上是以社會裡頭的任何一個人為主導，正視每一個人都是一個目的，參與到社會裡頭，使這個社會裡的每一個人更良善地生活下去，而更良善地生活下去的目的，是使每一個人都能夠以暢其情、達其欲、合其理、通乎道的方式好好地活著，生命、財產、自由、安全也都獲得保障地活著。

2.心性修養的假相

有的人心性修養很不錯，但其實道德是很差的，這是為什麼呢？因為當他面對一個公共事物、社會正義的時候，完全不是那麼一回事，那樣的一個修養，其實是假的、偽裝的。譬如說，當我們在討論事情的時候，他假裝得非常和藹，表示他非常的 gentle，不管我們討論什麼問題，他都很尊重，但是他心裡清楚得很，這討論是無效的，反正我做決定，怎麼決定就決定了，而且我做這決定的時候，就把你砍掉。但是外面的人不知道，他可以偽裝得很好，這是很厲害的。現在這種不重視社會公義，只談心性修養的情況，也會使得人變成一種把自己隔起來，或者戴著面具的那樣一種存在；甚至於也可以不必跟你滿嘴仁義道德，就只輕輕淡淡地，就跟你這樣子。所以我們之所以強調社會正義那麼重要，一部分的原因也就是很害怕那些有威權的人會拿著道德的教條來教訓你，說你就應該怎麼樣。

3.多談一點社會正義，少談一點宗教修行

其實社會正義有一個很重要的地方，就是每一個個人，他自身

的生命是作為目的而不可跨越的，你必須要尊重他。這個思想其實是儒家的思想之一，而這個思想其實也是跟整個現代西方的社會契約論連在一塊，完全不相違背的。如果我們把它做得徹底，其實很多中國以前在帝皇專制底下那些偉大的倫理教條，通通可以掃掉。譬如說，《菜根譚》裡面的東西有很多是好的，但也有很多是壞的。所以我說，多談一點社會正義，少談一點宗教修行。不是說宗教修行不要，而是說要在社會正義底下來談宗教修行，這樣的宗教修行才比較不會有問題。在沒有社會正義的狀態底下，猛談宗教修行，那可能可以使你安身，但卻不能夠使得社會立命、使得社會更加良善，這一點是我非常重視的。

舉個例子，當我們去做一件事或當主管的時候，如果只求方便，於是施予小惠，使那個團體之間整個能夠動起來，剛開始雖然很有效，但是做了一任、兩任以後，接下去第三任以後，你就沒辦法做了，為什麼？因為你把人的胃口養大了，現在政治上常常就是這麼搞的。那怎麼辦？那就來一次洗滌前規、殺戮、換掉，但是這樣子的話，其實人就開始墮落，開始往下掉。那為什麼要這樣？這裡頭就牽涉到我們並沒有正視社會正義，只求方便。

4.正視社會正義，修行會更容易

如果你正視社會正義的話，那每一個個人都應受到更大的尊重。在這種狀況底下，社會會更好，修行也會更簡單。所以我認為在有社會正義的社會底下，談宗教修行很簡單，直來直往，話更直接嘛！現在我們臺灣談的宗教修行，依我看來，不要說全部，而是一半虛假的，一半是連著中國傳統的道德自虐來的。這個道德自虐在臺灣現今的社會，或者在宗教傳統底下，會得到一個更為恰當的

一個調節，會做得更自然，而不會有問題，但其實它的正當性是有問題的，這就是我所關心、留意的。在社會正義下談修行，良知學其實可以在目前這社會裡暢達的發展，而沒有那麼複雜。

5.由「外王」到「內聖」的嶄新可能

所以陽明後學的泰州學派談現成良知，其實隱含了一些根苗，這些根苗是可以放到當時以手工業勞動階層為主所構成的族群來理解。在這個族群中，手工業勞動的階層慢慢地增加，而且他們的能力慢慢地增強，但是很可惜的，因為社會變動，清朝又重新高壓，這些東西就消滅掉了，這是一個很嚴重的問題。所以我們誤認為儒學好像跟社會正義是相互違背，這其實是錯誤的，良知本身跟社會正義是可以徹底地連結在一塊。這樣子來看，也就是我常說的外王內聖可以有一個調整；並不是在帝皇專制底下，以帝皇專制的道德意識型態的理論而說內聖，並由那樣的內聖而推擴出所謂的外王，這是不可能的。因此，由「舊內聖」轉出「新外王」是不可能的，由「超越的內聖」轉出「新的外王」，這在理論上是通的，是可能的，這是牟先生的系統。實際上良知跟社會正義連結，就是一個徹底的外王過程，而所謂徹底的外王過程，就是把人放在一個公民社會裡，沒有一個人可以免除外王的事業，而在這個外王過程裡，其實就成就了你自己的內聖。因此，我們可以有別於以前「由內聖通向外王」的思考，轉而為「由外王到內聖」。

八、章回小說中的顛覆性思維及其相關之「禮教吃人」的問題

問：老師，那關於人的自然的層次應該怎麼辦？我們剛剛談的

好像都是社會層次。關於這個部分，是否可以請老師為我們說明。

1.先秦儒學中，人是一包含「自然存在」與「道德存在」的「人倫存在」

答：剛剛我們談到的幾個層次，人是作為一個道德的存在、社會的存在以及自然的存在。在原先的儒學裡頭，其實非常強調人作為一個自然的存在與一個社會的存在，認為自然的存在與道德的存在是不相違背的，那就要是把人轉成一個人倫的存在。人倫的存在既是道德的存在，也是一個自然的存在，我們大概可以這樣去理解。

2.有形無形的專制使人轉為單一的「道德存在」

但是後來這人倫的存在，卻變成是只強調道德的存在，而慢慢忽略那個自然的存在。為什麼人會越來越不自然？這原因就出在於那個道德越來越不道德，道德變成了一個專制化的道德。這專制有多重的意思，除了有形的政治專制以外，其他無形的到處都有，包括用語言文字符號構成一套意識型態系統來控制。譬如說，中國男人控制女人，形成非常多套的系統，讓女人服服貼貼的，但其實這是非常沒道理的。這過程甚至擴及到筆記小說，從經典到小說通通都有，都是以男性為中心。最有趣的就是在那個筆記小說的小傳統中，往往隱含了另外一個「顛覆性的思維」，我最喜歡舉的例子就是《薛丁山征西》這個章回小說。

3.《薛丁山征西》中男性對女性的控制及其隱含的顛覆性思維

《薛丁山征西》這個章回小說裡頭很明顯地隱含了一套忠孝節義、男性威權、父權中心的思想，但是卻也隱含了另外一個顛覆，就是顛覆掉父權、顛覆掉男性。你看這書裡面的男性都不行啊！真

正行的是女性，但女性是為男性服務的，男性不能不靠女性，最典型的人物就是樊梨花。樊梨花這個女將，對於薛家來講，是忠孝節義，是了不起的；但對於她們樊家來講，她父親和哥哥的死卻也和她脫不了關係。她背棄自己的國家，投到大唐來，願嫁漢家郎。這地方不只是男性中心、父權中心，也是以漢族為中心，像是漢族沙文主義一樣；但卻也隱含了一個很強烈的弔詭，這薛丁山征西是靠的是什麼？靠他的三個老婆。薛丁山號稱二路元帥，好像也很威風，一出長安門外第一件事情就是被竇仙童抓去。竇仙童把薛丁山抓去了，然後告訴薛丁山說：「看你好像不錯，這樣子，我嫁給你要不要？」薛丁山說：「不要。」竇仙童想：「不要？那我就一直等到你要才行。」這很有意思，顛覆性很強啊！再來第二個，我們看那個陳金定。薛丁山差點被老虎吃掉，陳金定打死老虎，救了薛丁山，但是薛丁山卻覺得陳金定太醜，最後想到了一個辦法，程咬金有辦法用什麼法術讓她變得比較漂亮一點，但這是假的，陳金定就嫁給了他。第三個是樊梨花，樊梨花與薛丁山那更複雜了。在這非常繁複的過程裡面，看到非常精緻的男性對女性的控制過程，也隱含著道德的自虐過程，但是卻又隱含了另外一個顛覆的過程，非常精彩。這個戲很細緻，可以做這種分析，所以如果你們願意，你們可以研究「良知與道德自虐──以薛丁山、樊梨花為中心」這個題目，做一個非常好的探討，這比起拿一堆聖賢的教言來討論更為有趣些，這真的很有意思！

4.**把男性與女性轉成內在心念裡頭的「善、惡」與「正、邪」，這隱含極權專制的特質**

　　在這地方，其實男性運用了一大套語言文字符號系統去柔化控

制女性，但是在這個過程裡頭，男性卻轉而成了「文弱」的書生。他其實不是文弱，而是「文強而武弱」，文弱的意思是文強而武弱。文很強但武很弱，注重心、注重理、注重道，而不注重身、不注重氣、不注重欲，理欲形成兩橛。像宋明理學家們就強調「存天理，去人欲」，忽略了「理」與「欲」的統合，也忽略了原來中國古代《禮記》所謂的「禮」，其實就是「天理」與「人欲」結合在一塊才構成的「禮」。

再者，他們對於「公、私」也沒有恰當的理解，把「公、私」問題直接轉成「理、欲」問題，再把「理、欲」問題轉成「男、女」問題，最後把男性與女性轉成內在心念裡頭的「善、惡」與「正、邪」，愈轉愈不清楚，愈轉愈不分明，愈轉愈細緻，愈轉愈隱含了弔詭性的可能與被那個極權專制運用的可能，不能坦然明白地去面對，所以這是非常非常麻煩的。在這樣的過程裡頭，就使得人離自然愈來愈遠，人沒有辦法正視自己的軀體，這問題是很嚴重的。這就是為什麼從唐末五代，到了宋朝以後，人愈來愈不自然。宋朝是怎麼樣對待女人的？基本上從三寸金蓮就可以得知。從三寸金蓮裹小腳，到後來整個對女人身體上的束縛，這束縛不只是身體的束縛，而且是欲望的束縛，一切的束縛，而男性就是用這個束縛來控制女性。在這種過程裡面，男性也就被這樣的方式回過頭來反控自己。所以男性沒有辦法正視人性負面的部分，沒有辦法正視人性材質的部分、body 的部分，沒有辦法注重自然的部分，這部分被壓抑久了，就開始成為負面的。不注重這個部分，當它形成負面，又擯斥它，於是這個負面的東西就形成了龐大的反彈力量，這問題就更嚴重了。

5.禮教並非原來就吃人，而是被異化疏離反控才變成吃人

　　這問題也就是我在考察中國思想史的時候，說到了戴震那個年代其實已經很強烈地提出自然人性論的呼聲，他就是要人正視人之做為一個自然存在。當然如果再往前追溯的話，其實像王廷相、羅念庵他們所強調的氣學傳統，都可以說是相關的。注重「氣」這個字，注重人作為一個自然的存在這部分，其實在整個清朝仍然是被高壓的，一直到民國，大家才反省到這個問題。而那時候是一個什麼樣的年代呢？也就是大家重新去反省什麼是禮教，而禮教為何會吃人？但是多半沒有好好地去反省為何禮教會吃人？只擯斥說禮教吃人，所以要排除禮教。其實禮教並不是原來就吃人，而是禮教在長遠的發展過程裡異化了、疏離了、反控了，才變成吃人的。這禮教原來是美的，名教是好的，名教可樂，名教是使得人能夠安頓的，是生命真實的互動與交往；但名教、禮教竟然會變成一種壓迫，這本身就是一個很值得研究的問題。

　　所以現在我們怎樣去面對一個自然的存在呢？我覺得這是很簡單的，就是不要有那麼多禁忌嘛！把禁忌撤開。但你說不要有禁忌會不會引起很多的紊亂呢？我說不要擔心，在紊亂中，只要不毀滅，人們如果還有真實的情感在，就會摸索出一條路來，這就是從疑難到典範的整個轉移過程，就是從一個典範崩散、瓦解，到重建新典範的過程。所以，我覺得要去檢討「以心控身」的這個傳統本身的問題，而要恢復到「身心一如」的那個傳統。身其實是好的，有什麼不能看的？有什麼嚴重的呢？其實現在臺灣在這方面已經比以前進步很多了，只是在這個引導裡頭，我們還有很多沒做好。譬如說，我覺得應該讓青少年的生命能夠暢達其氣，暢達其情，並且

適度地讓他們的欲望能夠很恰當地抒解，能夠合乎那個禮，並且能通向那個道。他們有沒有適當的遊戲的場所呢？有，但是不夠；青少年男女之間的互動來往有沒有恰當的管道呢？有，但是不夠。那這些部分應該怎麼辦呢？我覺得就是應該去開放更多的可能、更多的空間，從生活的空間、言談的空間到思維的空間，這整個都應該打開，這點是我的想法。

九、儒學「人學」的新開啟：建立契約性社會連結、締造委託性政治連結、實現人格性道德連結

1. 「公民社會」中的公民：人是一自然的存在、社會的存在及道德的存在

　　我認為在一個所謂的契約性的現代社會裡，人除了做為一個契約性的社會下的社會公民，這個社會意義下的存在，人也應該作為一個道德的存在，而人本來也就是一個自然的存在，這三層的存在是密切關連的。道德的存在是作為一個理想的嚮往，作為人生命的標竿；社會的存在是作為一個在社會之間的正義、責任、權利，以及其它種種的一個最基礎的論點；自然的存在就是這些東西通通可以撤掉，回到根本。人作為一個自然人，這自然人就有自然的理性，我們秉持著原來洛克的傳統，而自然的理性其實也是道德理性的一個最根本原初的理性狀態。那樣的理性狀態，就是一個和平的、合理的，而要求自己的，以及與其它同族群類的人都能夠和平共處的那樣一個心性狀態。我覺得在這個地方，儒學要真正去面對整個西方近代社會契約論的傳統，這樣儒學才會有新的發展。

2.擺脫「宰制性的政治連結」，釐清「血緣性自然連結」的分際，開啓嶄新的「契約性的社會連結」

　　這新的發展就是擺脫了帝皇專制的傳統，擺脫了「宰制性的政治連結」，而很清楚地釐清了「血緣性自然連結」的分際，並且又跨出來進入到社會，因之有一個新的社會構造出現，這是一個「契約性的社會連結」的構造。原先儒家所強調的「仁」，這「人格性的道德連結」就在「契約性的社會連結」底下，經由一「委託性的政治連結」，委託一群人構成一個團體，構成一個組織，來維繫人們的生命、財產、自由、安全，這就是一個好的公民社會。這時候，「宰制性的政治連結」瓦解掉了，取而代之的是「委託性的政治連結」；「血緣性的自然連結」很清楚地必須限制在家庭裡頭，而「契約性的社會連結」便誕生了。這時候「人格性的道德連結」，也會有更適當的發展空間，不必委屈在宰制性的政治連結之下，可以關連著每一個具有個體性的個人來開啟它的整個視野，來開展它的行動，我認為這就是一個理想公民社會下的人的狀態。

　　這麼說的話，我們可以發現到從原來的儒學進到一個理想的公民社會，其實不需要廢除原來所謂仁義道德的那個部分，也不需要徹底地廢掉所謂宗法封建背後的那個家庭人倫；而是應該以家庭人倫為基礎的背景，以每一個人作為一個道德人格、作為一個最根本的基礎點，而往前進到那整個契約性的社會裡面。所以我認為，作為一個契約性社會下的社會公民，那樣的一個生存狀態將會是更為坦然明白的。

3.「道的錯置」及「道德思想意圖的謬誤」之構成及其治療

　　我認為原來的宋明理學，以及宋明理學所引發出來的那些道德

訓令、道德教諭與教條，那些背後關連著帝皇專制的東西通通可以撤掉。其實你們可以作一個很有趣的治療工作，譬如說，你把《二十四孝》的故事拿出來，展開一個哲學性的反省與治療。二十四孝之所以有問題，並不是直接地去說它而已，它背後是有一些問題的啊！你可以把它點出來，作一個哲學性的研究。我一直以為好好去面對文化的現象，做出哲學的反省是一步極為重要的工作。這工作值得做的還有很多，我以前也做過一部分。譬如說，把《科學與學庸》那部書作詮釋分析，它背後有什麼樣的政治意識型態，這裡頭隱含了我所謂的「道的錯置」（Misplaced Tao），如何去除掉這「道的錯置」的狀態，是必須要做的工作。

就像現在提出所謂「心靈改革」的口號，你也可以把它拿出來檢討，檢討到底是些什麼東西。這其實關連到林毓生先生所說的「道德思想意圖的謬誤」，這意思是什麼？我常說道德思想的意圖不一定是謬誤，但是當它放在某一些脈絡裡頭，就可能形成另外一個動源與動力，所以不能夠全部把它斥責為道德思想意圖的謬誤。有時候道德思想的意圖還會產生非常良善的作用，不一定是謬誤。慢慢地把這些東西清理了以後，我覺得儒學才能夠用一個比較簡樸、明白而且坦然的方式去面對這個世界。

十、帝皇威權、父權男性中心主義下「王法天理」與「江湖道義」的矛盾辯證

問：剛剛老師講到儒學最新的發展方向，提到要擺脫「宰制性的政治連結」，主要是以臺灣的政治環境來討論，但是我在海外覺得整個中國人的心態經過長期毛澤東思想的宰制之後，據我所了解

的，可以說只有在少部分領導的這個心態上還保持著中國傳統的想
法，至於年輕的一代，他們每天所想的東西，可以說跟我們差距相
當大。我不知道是否老師接觸到這種知識份子的層面跟我接觸到的
差別很大，因為我接觸到的是比較下層的社會，不用說下層社會，
即使是一般學者的層面，他們經過毛澤東思想長期地教導，他們的
觀念，他們的影響力，就是剛才老師所說的，表面上已經脫離那種
社會，可是想法還是毛澤東那一套，就是競爭、鬥爭。譬如說，他
們碰到我們臺灣人，就很不甘心，總是覺得你們的生活為什麼可以
過得這麼好？雖然有話題，但是最後還是那種心態，就是非要把你
鬥一鬥不可的這種心態。

　　剛剛老師說，擺脫了「宰制性的政治連結」，我想在這種情況
之下，老師這種理想，也僅是理想。我覺得應該要給毛澤東這種思
想一種批判，讓中國人覺醒，因為十二億人在這種教育底下直到今
天。在大陸上我蠻佩服的一個人，就是李澤厚，但我覺得他還是沒
辦法擺脫毛澤東的那一套唯物史觀來看整個中國文化，尤其是儒家
思想，我看他對於孔子的評價，就有這種傾向。像他這種聰明絕頂
的人尚且如此，就可以想見你所盼望的這種儒家的發展，擺脫了專
制政治的連結，是有一點不容易的，這是我的第一個問題。

　　我的第二個問題就是關於老師一直提到的公民社會這個理念，
我非常感興趣。但我不知道老師這個意義是什麼，剛才聽了你很多
解釋，我覺得這個放在你的思想脈絡裡，似乎是從西方哲學來的。
這種公民社會，羅爾斯（John Rawls）曾寫了一本《正義論》，他所
講的東西，我覺得跟你講的很多是類似的，而你這種理念跟現在西
方很多思想家所提倡的公民社會思想也是很相似的。我以前看了徐

復觀,他也講了很多關於中國傳統儒家裡面含有民主的思想,這就使我想到,是不是我們很容易產生一種錯覺就是說:中國因為要講圖強,但又想保持傳統,所以不得不設法從中國傳統中挖出一些東西來,肯定就跟西方的東西是相同的,而我也覺得是不是可以把吸收西方思想的大門關閉了,而直接就說我們中國傳統裡就有?

答:我想這個不成問題啦!你提的幾個問題,從最後的說回去,就是會不會犯了所謂的一種症候叫做「古已有之症候群」。民國初年的確有一派傳統主義者,譬如「國粹學派」就是這樣。談什麼「相對論」?我們《易經》老早就有了;你這個火箭,是從我們的沖天炮來的;這個什麼,那還不是我們的什麼。我想我的心態跟這個「古已有之症候群」距離很遠,因為我是治療「古已有之」,而不是「古已有之」。基本上我是反對「古已有之」的,我只是說我們去清理儒學,其實是對於儒學原先是在怎樣的脈絡下而說的。

1.父、君、聖三者統合為一體,構成父權男性中心主義、帝皇專制威權主義

儒學的主要構成,在我的處理,強調的是一個「人格性的道德連結」這個向度,這個向度所不違背的就是「血緣性的自然連結」,而不違背,後來又不得不接受,而且已經接受的,就是一個「宰制性的政治連結」,這在我的書裡面都分析過了。這個地方就是「父」、「君」、「聖」三者統合為一體,這裡有一父權男性中心主義、帝皇專制的威權主義在,由於帝皇專制的獨大以後就會產生這樣的問題。但是不要忘了,之所以會有父權男性中心,其實就是與帝皇威權連在一塊,才會有那麼大的力量。我剛剛只是說,以臺灣來講,現在整個儒學大概還是有這個問題,很麻煩。雖然有形

的已經瓦解了，但無形的還是存在。

2. 以前是「宰制性的政治連結」下的帝皇專制、宗法社會，現在則應該是一「委託性的政治連結」下的契約性的公民社會

所以我認為，第一個我們應該擺脫的就是這個東西。那怎麼取代呢？這個背後，我基本上還是接受西方「社會契約論」的思想，就是委託性的政治連結。這要如何造成呢？基本上要有一個社會才能夠造成，那麼這個社會，我名之曰「公民社會」，它是是一個契約性的社會連結底下所構成、形成的氛圍。人作為一個恰當的「社會存在」（social being），或者作為一個社會裡頭的公民（citizen），在這樣的狀況下，才可能有一個比較好的狀態；而在這樣的狀況底下，這個血緣性的自然連結，這個「父權」就可以回復成「父親」了，男性中心也不再是男性中心，而是「陰陽和合」、「乾坤並建」了。回到那裡，把這個擺脫掉了，道德威權也就自然而然地擺脫掉；威權沒有了，也就可以回復道德的本然狀態。

這樣的社會是一個很好的社會，以前孔老夫子就是是由這裡講的，所謂「人人親其親，長其長，而天下平」。「親其親，長其長」是從「血緣性的自然連結」做起，就是孝悌人倫，但這裡頭也隱含著「人格性的道德連結」，所以說：「書云：『孝乎！惟孝，友于兄弟』，施於有政，是亦為政，奚其為為政？」、「天子有三樂，而王天下不與存焉。父母俱存，兄弟無故，一樂也；仰不愧於天，俯不怍於人，二樂也；得天下英才而教育之，三樂也。」基本上文化教養以及一般所謂的社會傳統，其實都可以容納在這裡面，因為以前是一個家族宗法社會，不是一個契約性的公民社會。現在整個工商的發達，整個現代社會的邁進，基本上是朝向一個所謂的

契約性的公民社會，所以在這種過程裡面，就要去「治」，就要去「療」。

3.中國古代的江湖道義與王法天理的矛盾辯證

上次跟大家提到過，像閩南語的「挺」這個字，譬如「我挺你啦！」、「你這次口試，一定會通過，沒問題，我挺你！」，這「挺」是什麼意思呢？它不是真正血緣的，而是一種擬似的，像兄弟般的感情。擬似的血緣性就是把人放在江湖之中，把所有應該對等的契約性的關係通通拿掉，變成江湖兄弟的關係，又從這江湖兄弟關係轉成像君臣般的兄弟關係、父子般的兄弟關係。在這過程裡面，背後生出另外一個「義」，就是「江湖道義」，但不是「社會公義」。

「江湖道義」其實就是「江湖情義」，以「情」為主。譬如說，上一次我選舉的時候，你挺我十億，這回換我挺你十一億，就是用這種方式。然後怎麼辦呢？當你現在從銀行裡面虧了十億，好，沒關係啊！上次你幫我，這次我也幫你嘛！這過程十足地違反了「社會正義」，但這種違反「社會正義」的人，還是受到歌頌。為什麼？我們似乎時常歌頌「江湖道義」，而不歌頌「社會正義」。因為以前中國的古代社會根本無所謂社會正義可言，只有「王法」與「江湖」。「王法」是要通「天」的，就是「天理」，天理就是王法；而另一邊是江湖，江湖就是道義。當王法與江湖形成嚴重對決的時候，以什麼為尊呢？往往是以道義為尊，王法為副。為什麼？因為王法已經毀了。

所以你看那《水滸傳》，不是很好笑嗎？掛了一面旗，叫「替天行道」。凡是要上梁山泊一起替天行道的，先割兩個人頭上來才

算數。請問那兩個人不是人嗎？你割那兩個人頭的時候，是在替天行道嗎？你是違反了道義呢？違反了王法呢？還是違反了正義呢？這裡有的只是墨家者流的俠義之氣。其實當一個人任俠使氣，卻碰到重要關鍵的時候，往往多不得體啊！而且一定不能夠奉公守法，除非有高度的自覺度，但是也很難。所以我現在就非常提倡，少講這些東西，但是現在臺灣的社會現象還是很講江湖，因為王法已經差了、公義已經沒了嘛！

4.就生活事例及小說文本展開良知學的探討

其實，那江湖道義還是很重視良知的。良知就是這樣，我們叫一叫，喊一喊，還是很多人重視，你不要以為沒有，現在就是真正的「禮失求諸野」，在民間深層裡面還是有。所以這個地方，我們現在要重新去想，重新去正視，並且好好地去展開研究。我很希望有人去做這種研究，因為這種研究是很實際的，例如「包公案背後的倫理學之探討」，那很有意思啊！這個哲學系也可以做啊！包公案何以這樣吸引人？因為正義得以伸張啊！你可以發現到那包公案，很典型地符合於我們的江湖道義，通過江湖道義把王法實現出來、把天理實現出來，雖然它裡面有很多過程是違背程序正義的。社會正義本來就不明，客觀的法則性本來就不明，在這裡頭都可以好好加以分析。最好的道德教育就是把那些片子放兩、三個鐘頭，然後好好地討論。從高中好好討論，大學也好好討論，討論個五、六次就清楚了。

因此，你可以發現到中國的小說隱含了許多的研究資源，一定要重視中國的小說傳統。中國的小說研究到目前為止，我覺得都沒有深入地去做哲學研究。中國的小說裡面充滿了顛覆性的東西，像

稗官野史這一類的東西，基本上作了正史之外的記錄。雖然它的政治型態仍然是正史底下的意識型態，但是它不是在正史的意識型態所徹底控制的範圍之內，它是在外頭的，因為它在外頭，所以它有一個反抗與顛覆的可能，這非常有趣。譬如說，你看那個宋元話本，在那個最講究「存天理，去人欲」的年代裡面，宋元話本就記載著另外一套男盜女娼的東西，然後甚至要通過一種方式告訴你，那個被認為是男盜女娼的，可能還有一點天理存在。相對來說，那些高談仁義道德的，反而全部都沒有。因此它非常有顛覆性，非常有張力。我就想，做宋明理學的人，一定要多讀一讀宋元話本，不然不行，不然你就不能了解，它有多麼強的張力。回去找一本來讀一讀，會很有趣，因為它展現的就是整個人性的那個張力。所以中國是非常多元的，有些部分是放在這裡，有些是放在那裡，有時候我們不知道，誤認為就是這樣，其實不是。這個部分我大概就表達到這裡，至於剛剛所提到的問題，我想中國大陸的問題會慢慢地變好，因為是一代一代地轉變的，而歷史總是要等待的。

5. 中國大陸人民的鬥爭意識所涉及之問題

　　現代大陸年輕一輩的鬥爭性已經減弱很多了，在生存很艱困的情況下，成就動機就會變得很強；當成就動機很強，背後卻沒有道德的東西作調整的時候，鬥爭性就會非常非常強，因為只要我成就就好了。這部分其實不只是中國大陸的社會，西方的社會一樣會有的。但是目前來講，這個問題大概慢慢地會變好。不過中國大陸並不是因此就沒有問題，它會形成另外一個新的問題，也就是會跟西方式的鬥爭問題慢慢接近。中國大陸現在已經不是以前那個毛澤東主義底下的那樣一個教養狀態，但是那整個心靈的機制仍有許多困

難的問題，而這也絕對不是只有中國大陸才如此，臺灣的問題也是一樣很嚴重的，只是臺灣比較有掩飾一點啦！文明社會就是掩飾得比較厲害一點，在中國大陸那時候因為比較落後，所以出去得比較直接，氣比較衝，這是因為它掩飾得不清楚，所以一看就可以看出。文明社會就是擅長掩飾，看起來好像溫文儒雅，但其實骨子裡恐怕都是一樣的。

十一、文明、文蔽及其背後所涵之種種問題經由慈悲才能化解

1. 翻案文章的製作技巧及背後的修辭顯示著存在的異化狀態

再者，我想指出現代文明社會基本上是在資本主義化、消費化底下，變成一個異化的他在，這問題是很嚴重的。在這樣的狀況底下，什麼叫道理呢？道理就是把問題擺平。那怎麼擺平呢？就是要通過一套很繁瑣的認知過程擺平就是了。什麼叫做好文章呢？爭議非常多的文章就叫做好文章嗎？那理路講得好像很圓足，其實只是凌波微步，故做姿態而已啊！

如果你們要學這一套也可以，我可以教你們，很簡單啊！而且那個文章一定會受到欣賞。譬如說，現在人家一篇文章叫 A，這篇文章寫得很好，講了 a、b、c、d、e 五個要素，非常簡單，我就針對這篇文章加以批評，覺得你這篇文章不好，覺得你這篇文章的核心在這裡，於是就打擊這核心，說它是錯的，說這個 b 是你搞錯了，應該是非 b，c 應該是非 c，所以我現在再作另外一篇文章，內容是 a、非 b、非 c、d、e，或者覺得這個 e 太多了，少一個算了，所以又變成 a、非 b、非 c、d，馬上就多了一篇新文章啦！一

點困難都沒有。那這個部分呢？這個部分就用了修辭術對不對？什麼是修辭呢？修辭就是將一個話轉成這樣，再轉成那樣，轉來轉去就是修辭嘛！這種情況到處可見，不是很難的。有的人他可能自己都不自覺，因為他已經陷到這裡面去了，他自己都不知道，所以翻案文章是作不完的。你們以後可以去檢查，把這種文章檢查出來。

　　所以你如果要翻案，那很簡單，馬上可以針對某篇文章翻案。因為可以胡說八道嘛！反正很多東西大家也搞不清楚啊！然後你講的時候，客氣一點，委婉一點，精緻一點，把所有原來的應然語句，變成實然語句，再把原來的實然語句變成條件語句，怎麼會錯？當然不會錯啊！這很有趣，明明是錯的，但是你會覺得很有道理，但只要定神一想，就會瞭解果真全部是錯。所以這個部分真的很麻煩，你們在作文章、讀文章的時候要瞭解。

　　你說文章可以寫得完嗎？當然寫不完嘛！經營文章永遠都經營那些，只要愈經營愈精細，不必愈經營愈宏偉，現在所謂的研究不是都強調範圍要集中、要有連續性嗎？我有一個朋友，他一輩子都搞這種東西啊！一輩子吃老本行。我們那天開玩笑說，有人一輩子研究亞當斯密，一輩子研究老子，從博士之後，到現在每一篇還是研究老子，一年寫一篇，然後每年都得國科會獎賞，一年只寫一篇，這一篇跟那一篇，每篇多一點點，這不是不可能啊！但這對於整個學問的發展，不見得很好。

2.逞才使氣、差遣文字如役鬼吏，使得「語言異化」、「心靈迷失」

　　這裡頭牽涉到學術本身很精緻、很巧妙的那個部分，我提到那個部分，其實不是要你們學那個部分，而是要你們看到那個部分。

因為這很危險，一不小心你就捲進去了。每個話，用幾個修飾語，就可以重講一遍，這重講一遍都有一些道理的。這就是為什麼蘇格拉底要去面對所謂的辯者學派（Sophistry school），因為辯者學派真的抓到這個東西，就是語言。

通過語言，死者可以使生，這就是我所說的逞才使氣，差遣文字如役鬼吏，這真的很厲害。差遣文字如役鬼吏，我們朋友輩真的有到這種地步的，讓你打從心底迷惑得不得了！結果完全是假的，欺人自欺啊！但他自己可能完全都不知道，就好像差遣鬼吏，差遣久了，整個人都成了鬼了嘛！當我們差遣語言文字，熟練到某一個地步，整個人也會跟著文字化、語言化了。一進去的時候樂此不疲，但完全是假的，等於完全被語言文字淘空了，就好像差遣鬼吏的時候，被鬼淘空了。那真的很厲害，不能不注意。

3.宋代以後「文強武弱」、「重理輕欲」之病態傾向，卻讓女人與小孩有從被奴役的狀態反轉過來變成主體的可能

這也牽涉到整個中國從宋代以後，對語言文字的依賴就變得非常非常強，所以我說這是「文強武弱」、「理強身弱」。其實，這個「理」是假的強，文強武弱的結果，到時候連那個「文」也是沒有用的，這很荒謬。男人用控制跟柔化女人的方式來宰制女人，結果卻讓女人替他打天下，這不像是現在吃軟飯的嗎？這不是很可笑嗎？就是這個樣子啊！為什麼會變成這個樣子呢？這是很弔詭的。你看中國的傳奇小說，後來出現一個非常強烈的弔詭性與顛覆性，就是章回小說裡頭的「女將」與「小將」。女將厲害得不得了，小孩子也很厲害，但男人不行，成年人不行，反而是女人行，小孩行，是老弱婦孺行。這代表什麼呢？代表這個王朝完蛋了嘛！這其

實是一種非常強烈的顛覆性。

　　從這顛覆性所看到更好笑的就是，它其實都是被自然之氣之上的那種宿命的、符咒式的東西所決定。在整個自然之氣的背後隱含了一套宿命的，或者一個超越於這世界之上的那個符咒式的東西，這種東西變成了決定性的影響。所以這些女將或小將都是仙家門徒，對不對？什麼梨山老母、什麼南極仙翁、什麼太上李老君，或者是哪個精怪，然後打來打去的，最後天下就好了，這當中隱含了非常深刻的顛覆性。我沒有讀過很多小說，但真想請教那些唸小說、唸文學的人，是否可以從這角度去深入思考。或許我是唸了哲學的關係，所以才會有這樣的考察向度。我其實很強調一定要唸哲學，哲學是研究學問的一個很基本的東西，也不是說它多偉大，就是一些基礎的訓練。就像這個非常有趣，女人跟小孩變成主體，本來被奴役了，奴役到後來，就反控變成主體。這裡頭就有著非常有趣的思維要去思考，從這個地方你可以看到那個良知本身為什麼會變成那種道德威權，而那個專制是牢而不可破的，當那個牢而不可破的背後再加上學術、權力的時候，那就更加牢不可破。這樣了解以後，在現實上碰到的很多問題，也就能夠豁然而解了。

4.慈悲才能化解業力：批判的目的，是為了治療，並不是為了搶奪權力

　　這也沒什麼難以了解，就是你犯了這個業，在整個歷史文化發展的業力來講，你的念頭沾染了這個業力。你犯了業力，所以你形成障礙，造成整個學術社群發展的障礙。因此，要瞭解這個病是什麼病？那個病是什麼病？然後思考應該怎麼醫？應該怎麼調養？就會很清楚了。不要直接罵人家壞，其實一點都不壞，只是還在生病

中。其實我現在面對一些事情時，是用看待病痛的心情來看待的，這樣就會好受一點。要不然就會覺得，人真的會這麼壞嗎？其實只是在病痛中，連自己也不知道啊！

　　所以，慈悲才能化解業力，批判的目的是為了治療，並不是為了搶奪權力。其實臺灣最好笑的就是很多批判者其實是為了搶奪權力，當他講得振振有辭的時候，其實是為了搶奪權力。我真的有一些實存的感受，有一次，在臺北的一條街上，我想停車，那是一個商店前面，店主就拿了一些現在社會所說的路霸放在商店前面。於是我就跟他講，請他移開，當時他就不很高興的樣子。我想，移開也就算了，於是就說：「我半個鐘頭就會回來。」你有沒有想到，他放東西是不合理的，但現在我打擊了不合理，我就有既得利益啊！對不對？所以當打擊不合理，我又有既得利益的時候，是既神聖，又有利益，這時候的生命最好；但是當人家去檢討你那個既得利益可能有問題的時候，你就會發現這樣不行。所以所有那些改革者、批判者，剛開始在改革人家、批判人家的時候，都正義凜然，為什麼？因為他既得到正義，又得到利益，什麼都得到了。但是當他們有問題被質疑的時候，馬上變成一個最徹底的保守者，所以批判者常常有另外一種專制的特質。有一句很有趣的話你們知道嗎？「民主是很重要，那個不信奉民主的，通通把他殺掉」，這句話不是很好笑嗎？因為民主的意思，應該就是多元的。後來也有人講一個笑話：「什麼叫民主？民主就是你們的事，我通通要管；什麼叫自由？自由就是我的事，你們通通不能管。」劣質化的民主，劣質化的自由，就是這樣子。我們今天檢討這個問題的時候，好像有一點溢出去，但最後我所要強調的是：文明、文蔽及其背後所涵之種

種問題，還是得經由「智慧」與「慈悲」才得以化解。

（本文乃筆者於一九九九年春夏間於中央大學哲學研究所「當代儒學專題研究」講詞之一，經由哲學所同學整理而成，再經由何孟芩潤筆，最後經講者校閱完成）

第五章　良知、專制、咒術與瓦解：對於中國文化一個「核心-邊緣」性的理解與詮釋

【本章提要】

　　本章首先就「核心性」與「邊緣性」的詮釋加以對比理解，認為所謂的核心與邊緣，其實是同一對立面的兩端；並反省了傳統儒學實踐論的缺失，提出對於中國文化的研究，應以一種「核心-邊緣」性的理解與詮釋方式。希望通過這樣的研究態度，破除本質論式的思考，真正去正視傳統思想背後的廣大生活世界與歷史世界。

　　其次，作者就中國傳統的良知學加以檢討。認為良知學以一種「核心性」的詮釋方式，並不能真正給予整個歷史社會總體與生活世界一個結構性的解釋，因而造成了「無世界論」與「獨我論」的傾向；而這樣的良知學，基本上是在整個中國帝皇專制的高壓底下所生長出來的東西。此外，傳統儒學中所強調的道統、根源性的慎獨倫理，以及根源性的血源倫理，皆與絕對專制性的倫理有著密切的關聯性。因此，作者指出，惟有對生活世界的重新發現、對於歷史社會總體的結構性理解，以及恰當地去建立一個由社會共識所形

成的公民社會，才能真正解開其中的困結。

　　最後，在問題與討論中，作者再次地強調：中國並不是一個言說論定的傳統，而是一個「氣」的感通傳統。除了要正視良知與整體文化結構之間的互動關係之外，還要從這樣一個「氣」的感通傳統轉向言說的論定，並建立起一個客觀的、公共的空間和生活世界。如此，良知、專制與咒術之間的糾葛關係，才能夠有真正瓦解的可能。

關鍵字詞：良知、專制、咒術、核心、邊緣、氣的感通、言說論
　　　　　　定、朱熹、陽明、慎獨、獨我論

一、本文的緣起及問題的點出

　　這裡提出所謂「核心-邊緣」性的理解與詮釋，基本的想法是緣於自己從事中國哲學研究多年來的感想。從事中國哲學研究的人大概常常會對中國哲學做一個「核心性的解釋」，所謂「核心性的解釋」多是針對古聖先賢留下來的教言以及古代的典籍做一番詮釋，而那樣的詮釋往往忽略了與這個詮釋相關的許多邊緣性的東西。我一直認為在中國哲學界談到這些問題的時候，經常忽略了許多相關的論述，譬如說傳奇故事、小說、戲曲、民間流傳的話本或格言（如《菜根譚》），甚至是其它一些民間的善書等等；而只針對孔子、孟子、老子、莊子，乃至宋明理學家所談到的一些所謂核心性的概念，如心、性、理、道、天等而展開詮釋，這樣的詮釋常常關連到所謂的心性修養，或道德實踐而展開。

　　再者，大多數從事中國哲學研究的學者在談這些問題的時候，往往也忽略了廣大的生活世界以及歷史社會的總體。起先，我在做研究的過程當中，也覺得蠻能夠安分於此，所以在閱讀這些文獻的時候，也一樣能獲得所謂的安身立命。但是，當我對於這個世界有了更多更充分的理解之後，尤其當我受過較多的歷史哲學、社會哲學的訓練後，漸漸感到不能自安，這個不安開始讓我反省起研究中國哲學是不是應該有追求一個新的方法的可能。或者，與其說是一個新的方法，毋寧說是一個研究新的方法學的態度；或者是說，應該要研究這些隱含在整個中國人心靈之中面對存有、知識與實踐的新態度是如何——因為面對存有、知識與價值的態度不同，其背後便會隱含一個方法上的不同。

二、另一種詮釋的方式：「核心–邊緣」義的提出

於是我開始探索類似的問題——我們是否能改變態度來理解這些？在這個過程裡，我發現到有些人談中國文化也可以從戲曲、從小說、從筆記、從種種民間的教言來理解，甚至深入到民間的宗教生活方式去理解。當他們在談這些問題的時候，對於中國傳統的古典，基本上是有意地認為這些不能夠代表中國人，因為廣大的中國人不一定讀過中國的經典。顯然地，這就造成另一種新的詮釋方式，也就是中國文化邊緣性的一種詮釋方式，這個「邊緣」是相對於原來的「核心」而說的。但是，我也慢慢地發現到這種兩概對立的方式是不好的。用黑格爾的話來說，這是同一個對立面的兩端，就是從一體的兩個對立面而言，它構成一個整體。而這樣的一個詮釋，就是敵對的兩端的詮釋。其實，對中國文化的真相如何可能有一恰當的理解，我開始覺得有些懷疑。那麼當我們閱讀更多中國的傳奇小說，乃至於其它的民間善書，或是藉由我所實際參與的民間活動，包括宗教的種種活動，試著深入理解、詮釋甚至參與的時候，便可以慢慢發現到其實原來我們所以為的那些核心觀念，跟一般大眾所從事的整個生命的活動還是有密切的關係。那麼在這種情形之下，應該怎麼恰當地去理解？這就是我後來所關懷的問題。

三、中國儒學實踐論的缺失及其相關問題

這些年來我一直在想：中國人極為強調「良知」，但是中國人也曾經是那麼地「殘忍而無情」；中國人強調「自由」，但是其實也是非常地「專制」；在種種的情況裡，你可以找到極端無關的東

西，但是其實也是同時存在的。又譬如說，中國儒家那麼強調從原來比較低的、一般的宗教層次解放出來，而進到一個比較高的、道德的、人文的理想；但是我們也可以發現到：其實這些現象是同時並存，而形成一個整體的。因此，如果你很能接受儒家核心性概念，你就會覺得像民間宗教或像一些邊緣性的東西是卑之無甚高論；但是，如果你對於儒家的核心性概念懷著一個排斥的觀念（當然之所以排斥，是有理由的），而且給出一個非常強烈的觀念時，大概會把儒家道統，等同於專制、等同於國民黨、等同於男性中心、等同於父權中心思想。這是臺灣一般所謂較具有批判性的，走在前端的知識份子常思考的一個方式。這樣的思考方式有時候會讓他們整個轉向，轉成對邊緣性的關心。然而這樣的關心，根據我個人的瞭解，其實是費了很大的力氣，但是成果不僅不是非常地大，甚至還有些扭曲。

1.「良知」意義的轉變與扭曲

所以在這種情形之下，我想就可以抓住一些重要的問題來思考。譬如「良知」這個觀念，它是中國人活在這世界上非常重要的一個判準，而且是一個實踐的動力、一個根源性的動力；而專制（Domination）卻也是不爭的事實，這個事實大概從春秋戰國之後，從秦、漢以來，一直到清朝末年，甚至一直到民國，一直到現在為止，幾乎一直都是存在的。良知跟專制其實有某種內在緊張性的關係，但是那麼嚴重的內在緊張性關係竟然能夠陳列在一塊兒，構成一個整體，這裡頭就有話說了。我的意思是說：其中的複雜性，必須要通過更多的研究、細緻的哲學思考，把它解開來；而不是很簡單地把良知放到宰制底下來說。若有人說：「所謂中國人的『良

知』，其實就是一種宰制。」我想這句話是完全不通的；但是如果說：「中國的良知學完全跟中國的帝皇專制、跟中國人的宰制性格不相干。」這句話也是不通的。因此，「良知」與「專制」究竟是怎樣的一個關係，應該要用更多的話去討論。我個人認為，到目前為止，從事於中國文化研究，並以哲學的角度來反省這個問題的，還是太少了。但我覺得這是值得去做，而且是應該去做的，我想我這麼做也是一個嶄新的嘗試。

2.中國傳統下的「咒術」意義

另外談談「咒術」。我想「咒術」的現象，在已經邁入二十世紀末葉、號稱是走向現代化的臺灣，仍是一個到處充斥著的現象，這個現象其實跟良知是一體並存的。譬如說，前一陣子我們可以從報上看到一個特殊的現象，就是大企業家要買車牌號碼的時候，寧可以四十萬選一個「8888」的車牌。這裡就顯示了，人們相信一個外在特殊的語言符號，本身即具有一個符咒的性格。所謂「符咒的性格」就是說，這個語言和日常的語言不一樣，它是個特殊的語言，通過這樣一個言說符號，如果穿透到整個存在的核心點，穿透到整個行為上的實體的一個根源性的動源點的話，你就能夠從那個根源性的動源點裡獲得一個撥動。就好像當你撥了一個神秘的符號之後，也好像同時撥動了什麼東西，可以造成整個根源性的整體改變，而這個改變將可以落到一個個別的、具體的人身上。基本上，我想我現在描述的不只是個別的現象，而且是個普遍的現象。這也就是說，到目前為止，生活在這塊土地上的人，大部分仍然相信：當我通過了什麼樣的儀式，或者一個什麼樣的符咒，我就能夠觸及到這個冥冥之中的「咒」、能夠觸及那個整體的根源性的動源。當

我一旦觸及到整體的根源性的動源，只要從那個地方輕輕一撥，一切問題就可解決。

　　由此可知，我們還是會相信，只要有一個貴人出現的話，我們就可以變得不一樣，而我們腦子裡還是會期望著真命天子的出現。因此，在一個具體的市民社會中，我們很難通過一個 rational process、一個合理的過程去想問題。我們第一個想到的問題可能就是，這個問題必須根源性地解決，這是中國人最常用的話。所以認為只要根源解決了，一切就沒問題了；而所謂根源的解決，其實都隱含著一個專制性地、徹頭徹尾地解決。譬如說，當我們在面臨問題的時候，我們可能會說：「唉呀！這個問題只有某某人才能解決。」當我們說「只有誰才能解決」的時候，可以發現到這並不是在 rational process、並不是在一個合理的過程裡頭思考誰具有關鍵性的地位，而是就這裡頭去尋找一個真正的源頭。我們相信有這個真正的源頭，但是這個源頭其實不是結構性的一個源頭，它常常是一個表意、一個人們通過種種可能的一種象徵手法，然後人們總以為通過這種象徵的手法就能夠穿透這個地方。

3.「良知」、「宰制」與「咒術」的關係

　　整個來講，據我個人初步地考察，這種咒術型的思考方式其實跟中國的良知、宰制是有非常密切的關連性的。所以如何將這個問題做一番解析，我認為這是非常必要的。至於我所提到的結構與瓦解，基本上可能有幾個意思：一個是說，那個具有宰制型良知的瓦解；另一個是說，那個具有咒術性良知的瓦解；或是合著說，那個具有宰制型的、咒術型的良知知識是如何瓦解而開啟一個可能。但是，我要強調這樣一個新的可能是來自於良知本身，但當我這麼說

的時候，請大家不要將這個「良知」從一個 metaphysical reality 去理解。也就是說，所謂的良知並不是一個超越的形而上的實體，也不是一個孤離於這世界之外、道德之外的主體。良知是在這個生活世界裡頭，以及歷史社會總體之間。「人」（human being）做為一個存在，切切實實地走進一個 life-world（生活世界）裡頭，以一種真存實感來生活，而這種真存實感是非常經驗的，不是形而上的，因此我認為這裡頭隱含了一個新的可能。

四、以「核心-邊緣」性替代傳統「核心性」的理解方式：解咒的可能

　　這樣一路下來，我其實是在嘗試著將原來對中國文化的「核心性」理解方式，代之以一種「核心-邊緣」性的理解與詮釋方式。這種「核心-邊緣」性的理解與詮釋方式與傳統中國文化最大的不同，並不是在於吾人取材的問題，而是吾人的態度問題，以及由此態度所導引出來的方法上的問題。也就是說，雖然我的取材大部分仍屬中國經典裡的核心性概念，但是由我所說的「核心-邊緣」性的理解與詮釋態度，所引發出來的「核心-邊緣」性的理解與詮釋方法，將會產生非常大的不同。譬如說，宋明理學家在做實踐的工夫時，其實背後有非常複雜的 background 以及 horizon，因此，我們必須去正視那些問題，把它放到整個實踐工夫的歷程中去瞭解和把握。如果我們忽略了那些東西，很可能製造出一個很認真，但很愚蠢的讀書人，也就是一般所講的「很酸的」讀書人。

　　我們常常討論宋明理學家做了什麼工夫，達到什麼境界，而忽略了他們之所以做這個工夫，是因為在一個什麼樣的歷史社會總體

之下，在什麼樣的生活世界之下，甚至更直接地說，是在什麼樣的專制狀況之下，為了抗衡這樣一個專制，而做出的東西。如果現在不管這些，直接要他們（指後人）通過一個什麼樣的實證工夫，他們又能夠做出些什麼呢？因此，我個人認為：第一、現在這個時代不是以前的時代；第二、這樣的一個方式基本上並沒有把握到原來良知學的真正內涵。所以，我想將一些動機和方法做個交待，這個交待是為了強調「核心-邊緣」性的理解與詮釋方式。

在整個中國哲學的研究裡頭，這個方式應該占有非常重要的地位，並且賦予新的可能性。如果能夠在這種情況之下來理解核心的話，核心就不離邊緣了。核心是向邊緣輻射的，而且核心就是由諸多邊緣向核心輻湊而歸結成的一個整體。換言之，核心這個觀念不是永久不變的 entity。核心之為核心，不是就 ontological level 而講的核心，不是存有論意義下的核心，而是 methodological 意義下的核心，是方法論意義下的核心。也就是說，當你去理解一個東西的時候，應該思考通過一個什麼樣的方式去把握它，而不是說，整個中國文化有一個什麼樣的本質，就有一個什麼樣的核心。基本上，我非常反對這種方法論上的本質論（methodological essentialism），以為我們可以通過一個本質而去把握一個東西，或是通過一個修為的工夫進到一個本質而對那個東西採取本質性的改變，甚而造成整個的改變，這是我非常反對的。

五、傳統中國哲學的貧困與其再生的可能

但是，環顧當代的哲學界的確有這樣的傾向，也就是談到中國哲學的未來，乃至整個中國文化的未來，常常會用這種方式來把握

——認為我只要通過什麼樣的方式，就可以去把握到本質、根源性的東西。然而，此時他腦子裡所想的本質的、根源性的東西，只是ontological，只是存有論，而不是方法論；所以，他認為只要通過一個實證修為的工夫，就能透視到根源，而一旦透視到根源，就可以做一個根本性的處理。這種思維方式，其實和我們所提到的咒術是有密切的關係，皆相信人們可以通過特殊的言說符號、特殊的儀式、特殊的過程，穿透各種表象，而進到那個實體，並做一個徹底的改變。這種思維方式，我認為應該廢除。因此，通過這種「核心-邊緣」性的理解與詮釋態度之後，我想「核心」這個觀念會不再是原來的核心觀念，而「邊緣」這個觀念，也不再是原來的邊緣觀念。因為核心如果外於邊緣，它就會構成一種閉鎖的狀態。環顧近幾十年來臺灣的中國哲學界，對於中國哲學所謂特質的理解，常常是這種外於邊緣而成的一種閉鎖狀態的理解。對於這樣一個「核心-邊緣」性的理解與詮釋的方法論，我覺得是值得留意的。

　　如果你不懂方法論，則其中所隱含的強烈專制性，就會使得經典的意義沒有辦法恰當地開啟。我所謂「經典意義的恰當開啟」，必須關連到人之做為一個人，他是一個 existence，他是活在這個life-world 裡面，他是活在這個歷史社會總體裡頭。如果沒有關連到這個，而只強調在經典裡能夠怎麼樣，基本上這裡就隱含了專制性的性格。如此，經典裡頭的意義不但沒有得到恰當的開顯，還更加顯示專制式的限制。在這種情形之下，當然也就產生了另一種類型——我所謂的「邊緣性的對抗核心」，即「邊緣對抗核心而背於核心」。這也就是作為核心的宰制論的一個對立面，而這樣的一個核心的宰制的對立面，其實常常沒有辦法去除掉原來核心的專制

性，這是值得留意的。因為它其實只是作為同一個對立面的另一端，並沒有獨立出來思考我可以採取一個怎麼樣深入而恰當的理解。以目前的臺灣來說，比較 logical 的思考問題實際上是拿來作為瓦解核心本質論的思考方式，這樣的一個專制形式是整個專制體制的一個環節而已，所以這個環節本身仍然帶有極端強烈的專制性。因此，我們怎麼去面對這個問題是很重要的。在這種情形下，我提出「核心-邊緣」性的理解與詮釋方式，其實就是為了面對目前研究中國哲學所遭遇的困境而產生的。因此，將中國哲學引領至一個新的可能，是我們必須的工作。這可姑且名之曰一種「哲學的人學研究」，或者說是「人學的哲學研究」，將人還原成一個 natural being，還原成一個 social being。「人」做為一個人，他是一個 existence，而不是把人命名為 moral being，認為「人」做為道德的一個存有，是因為人具有什麼，就應該做什麼，過去談到儒家的時候，大概就是這麼論問題的。

　　關於核心與邊緣的關係，我也想在此借用「體」與「用」的關係來說（雖然目前以這類引詞來講中國的知識論還是相當陌生的，陌生的理由是因為這些概念範疇不常為我們所使用，不過在這裡我還是借用一下）。體與用的關係，是一個「即體而言用在體，即用而言體在用」。這個意思是說，當我們把核心視為一個「體」的時候，這個「體」是就所有邊緣之用所顯現的；換言之，這個「體」不是一個超越之體，也不是一個 transcendental substance 的東西。「體」是一個 totality，而不是一個超越之體；所謂的「用」，就是承著這個整體之體而有的，因此我們說它是承體，而不是封閉之用。

六、如何檢驗「核心-邊緣」性的理解詮釋是恰當的

在這裡要強調的是，我們如何去檢驗這個問題？即當吾人置立了「核心-邊緣」性的理解與詮釋態度，以及它所衍生出來的方法時，我們是可以通過這一個方式來檢討它可能造成的 disposition（意向）或者語言。譬如就「良知」的概念來檢討，如果從中國傳統的文獻經過恰當理解的時候，可能是什麼樣子？而所謂恰當的理解，即就那個言說的脈絡，思考如何去瞭解它。譬如說，陽明講良知是心之本體，那麼「良知是心之本體」是什麼意思？我們必須恰當瞭解，這是其一；另一問題是，當良知落實下來，作用在整個生活世界時，會發現到如《老殘遊記》裡所提到的「清官殺人」的故事、「以理殺人」的事情等等，這說明太多社會上的人士是拿著道德、良知的概念，而展開一個違反良知原初本然狀態形貌的活動。良知與道德原來在整個中國哲學的教言脈絡裡面，基本上所要顯現的是一個生長性的概念，即「道德」是個生長性的概念；但是，在整個中國哲學的廣大言說脈絡中，道德往往變成一種控制，從規範而變成控制，而政治也隱含了嚴重的暴虐性的觀念。所以我們如何將這些關連在一塊兒的問題，給予一個恰當的、合理的解決？這就必須就一個原來是道德的生長性概念，卻轉成一個道德的自殘或專制、暴虐性的觀念裡，所產生各種問題，給予解答。在這種情形之下，我覺得這將會產生一個很大的改變，這個改變就是說，我們不再視良知為一個萬靈丹，不再說吾人如何通過一個什麼樣的過程，就能夠像符咒般地把握到宇宙的根源，並且從此這個宇宙就維持重

平了。這個問題，就目前的臺灣而言，是一個重要的問題，也是我關於方法論上的一個解釋。

七、從「歷史社會總體」下的實踐來補足傳統式的核心意義之缺失

　　接下來我想提的是，以良知學來講良知的方法和態度，是以「核心性」的觀念來解釋的，這是以前常常用的方法。如此的說法或方式頂多是扣緊人類的心性修養和道德實踐來說，這些講法都如同我先前所說的，忽略了整個歷史社會總體、整個生活世界，甚至有「無世界論」和「獨我論」之傾向，這從中國良知學裡的一些聖賢教言中可以看到。我之所以說「忽略掉了」，是因為這樣的說法並沒有真正地給予一個結構性的理解，多半是順著腦子裡所想的一切，思考如何推出去，推得出去一切就不成問題。如果是落在中國原來血緣性的自然連結中所構成的一個社會集體，就是從孝悌人文推展出去。但問題是，這裡頭有許多的盲點存在，而大部分的中國儒學研究者或儒者都忽略了這個問題。由於他們對於生活世界的忽視、對歷史社會總體的忽視，甚至導致了一個無世界論的傾向。我想在這裡仔細地強調這個傾向，當我們說一個思想有什麼樣的傾向時，其實並不是就他們言說的脈絡中清楚地把握且認定非如此不可；而是關連於這個言說脈絡以及它的本身或環繞它的那個時代，回過頭來確定它的意義是什麼。

　　因為我們要確立一個言說的意義，所以必須在一個言說的脈絡中，尤其要從這個言說的脈絡進到整個生活世界的脈絡中來確立其意義。換言之，我們必須在一個大脈絡底下才能確定那個言說的意

思是什麼；因為我們沒有辦法就那個言說給予一個永恆不變的definition，說它是什麼意思。由於的確不能那樣，所以它頂多是一個意義之為意義；它是一個家族環繞在一塊兒構成一個伴侶，而不是說有一個本質論式的圖形跟它呼應起來。因此，我基本上反對的ontological 的本質論述方式。相反的，我比較強調一個新的論述方式，這個新的論述方式是著重整個言說脈絡的東西。

八、從「歷史社會總體」看宋明理學中的良知、咒術與宰制關係

因此，我們從宋明理學中可以發現的確有這個可能性，而這個可能性是如何造成的，很值得檢討。前面提到，從「無世界論」的傾向到「獨我論」的傾向。所謂「獨我論的傾向」，是認為這個世界其實只有我，在我之外的任何東西基本上都是不存在的。最簡單而通俗性地理解就是說，這世界如何擺置、如何 control，基本上是都由於一個「我」而造成的。我們可以從象山或陽明的話裡面發現這些傾向，當然象山與陽明原來的意思不一定是這樣，但是我們卻可以由此提出疑問：他們有這個傾向代表了什麼意涵呢？因為我們可以從宋明儒學與陽明學的末流中，發現這樣的情況。譬如說，從象山的學生再往前講，你也會發現到他們具有這個傾向。會有這個傾向的理由，是因為良知學本身是具有本質性的。這個問題關係到整個儒學發展到宋朝的時候，基本上儒學所要遵從的東西，跟它所提倡的整個心性理論的建構，是有密切的關係的。此外，為了加強領導的中心，構成一個民族的總體，而這個總體的代表者是國君，其背後所應遵從的意識型態則是偏離且落實下來的良知。換言

之,尊君對於心體良知、天理等基本上的重視,有一種結構上的類似性。也就是說,良知學是在整個中國帝皇專制高壓政府下所生長出來的東西;而它生長出來的時候,基本上所隱含的一個性格是:不認為自己只是在帝皇專制高壓底下被帝皇專制所控制下的一個工具而已,我想這是很重要的關鍵點。其實知識份子常常藉著這樣的一個傳統,與當時的帝皇專制,形成一個對比而抗立的關係。

　　一般來說,知識份子通過整個先聖先賢的言說脈絡,通過自己理想的召喚,形成了一個統具,並凝結成一個道統。我們可以說執政一方所站立之位是「政統」,是宰制性的政治連結;知識分子一方所站立之位是「道統」,是人格性的道德連結;蒼生百姓一方所站立之位是「鄉土血統」,是血緣性的自然連結。道統的整個結構的方式,與當時專制的政治傳統是一樣的。但是道統與政統的關係並不是政統控制了道統,或是道統控制了政統,而是形成一個對比,或是相互依倚且相互抗持的關係。這種相互抗持的關係,根據我初步的考察,它是必然的,因為必然性與其內在結構一樣重要,否則它是不可能的。在這種情形之下,我們可以發現道德的超越性、超越的形式性原理和絕對的宰制性原理的關係。也就是說,當朱熹提出了「性即理」的說法後,我們內在的道德本性就是一個超越的道德形式原理。就中國人而言,這些道、理、性、心、情、才、欲等詞必須通過比較現代的哲學來表達。譬如說,「理」就是超越的形式性原理;「性」就是指道德本性,道德本性是就人而說。那麼在此種情形下我們該如何瞭解「性即理」呢?此義應該落實了,因為從「天命之謂性」這個傳統來說,由於朱熹相信一個根源性的整體名之謂天,又此根源性的整體之動源的流行而落實於

人，使人具有一個根源的道德本性，而這根源的道德本性又具有一個形式性的規範作用。但是這裡所強調的「理」，在朱熹系統中是「天理」。天理之為天理，其不同於一般所說的「事理」、「物理」或「人理」。因為其特別強調「超越的形式性原理」，因此，在朱熹的整個理論體系中，「性即理」的學說不同於「心即理」的學說。「心即理」的學說是強調以內在的道德動力、道德動源為主；「性即理」所強調的是我們平常所說的一個道德的規範性作用，它跟道德的動源是為一體的。一般說來，儒學在這個地方可以區分兩個面向：一是強調道德的動源，一是強調道德的規範。

所以在儒學的傳統中，我們大致可以看到下面兩種情況：如果強調道德的動源的這一面，多半具有革命性的色彩；如果強調道德的規範性，則多具保守性。很明顯地，在朱熹整個哲學中強調的是「性即理」，因為他強調一個超越的形式性原理做為吾人道德的根據，並且肯定人們的內在道德本性跟那個超越的形式性原理有著內在的同一性，而這種內在的同一性必須經由一種道德的工夫才能顯現，這種道德的修為日用就是所謂的「涵養本性」，亦即所謂的格物致知、窮理致知。這樣的說法代表著，人們必須在一個既有的社會規範下，經由不斷的學習過程與本身的活動，才能體會那個超越的形式性原理跟自己內在道德本性的合一。

從這裡我們可以看到，朱熹的哲學中隱含了封閉性，而這個封閉性本身是以那個超越的形式性原理為優先的；因為在他的整個哲學系統中，這個道德的超越形式性原理具有優先的地位，剛好與帝王專制中所強調的一個超越於我們日常生活之上、廣土眾民之上的天子是符應的。這種符應關係在朱熹來說，原是一個相互抗衡的關

係；但朱熹哲學到了清朝成了御用之學之後，就不再具有一個相抗衡的作用，而是一個支持滿清皇朝施行專制的根據。這個地方是一個非常重要而有趣的現象，我們應該要把這個有趣的現象指出來——此義並非只是認為「反正朱熹這一套東西就是專制的，反正儒學裡頭就是專制的，所以我們應該揚棄儒學」；相反地，我們應該指出這個過程是為如何，除了要指出歷史發生的過程，也應該要進一步指出其中具有的一種內在邏輯關連。但就那種內在的理論邏輯關聯而言，這是很不容易寫出來的，那我們應該如何來說它呢？在這裡我提出了一個方式：道德的超越形式原理跟絕對宰制性原理的一個關係，其中的關鍵點即儒者與君主之間的關係。

宋代的理學家之所以了不起的原因，就是因為他們開發了自己生命的本源，並通過了整個言說的論述傳統，樹立起自己的style，而這個風格正好跟君主專制形成了相互的抗衡。從朱熹寫給宋孝宗的幾封奏摺中，可以看到他之所以具有這麼強的一個動力而不畏君主，基本上就是因為他背後有一個更強而有力的支撐點，即是整個道統、整個超越的形式原理。由於超越的形式原理落在歷史上而言就是道統，所以朱熹極端強調以一個理論上的上下關係，拉成一個歷史的古今關係。用以古為上、以今為下的方式來處理，這就是他之所薄漢唐、尊三代的原因，在在顯示了他身為一個儒者，當下與君主、與時代的一個強烈張力。由於這個強烈的張力，使得他具有非常強烈的實踐動力，在這裡我願意說其背後是一個專制性。換言之，在朱熹那個時代，他有這個專制的可能性。正如臺灣，在一個本然的威權體制下，在互解的過程中會有另一個新威權的產生。就朱熹哲學來說，到了元朝，成為官方的意識型態，成為

官方考試所必要用的東西，這個時候就很明顯地開始以一種柔化的方式納入了專制的體系。然而，從程明道起到王陽明的出現，其實是針對整個帝皇專制結構，形成另一個對立面，而這另一個對立面又與朱熹形成了一個對立面。這二層對立面的關係使得當時陽明的良知學有了新的可能性，這可能性配合整個中國歷史的發展，到了明代中葉以後就產生了一朵奇葩──真正發現了人之所以為人是在於將人放入一個具體的生活世界中。但是，中國哲學並沒有真正走到這裡頭。從陽明的《傳習錄》中可以發現，他其實已經發現到這個可能性，也注意到這個問題，這可以從他的〈大學問〉中所談到的「一體之仁」等觀念知道陽明有這個理念，只是沒有充分地闡釋出來。這是由於其對於整個歷史、對於整個社會總體結構性的理解有所出入。由於整個明朝徹底的帝王專制，使得陽明的良知學只作為民間的另一個對立面，只能夠開啟民間講學的另一個對立面。

而在滿清入關之後，則是徹底斬殺了陽明的這個新的可能性，因為重新提倡道德的超越形式性原理，強調道統和政統的合一，而道統、政統的合一就像堯舜之君。中國歷史上的模範皇帝──康熙，在位六十一年，比他精明能幹的人大概很少，比他讀書讀得多的恐怕也很少，比他還關心整個國家人民生存安危的也很少。而他底下又有一群識理不透的讀書人，最有名的是李光地。李氏是清初御用朱子學的代表人物，當然，所謂「識理不透」其實是專制其理，因為他知道這個方式的成果可以獲得更多的利益。李氏曾經有過一則有趣的笑話，雖是笑話卻是事實。李氏曾經在給康熙皇帝的奏摺中寫道：「臣數十年為學實在是無進境，實在是很慚愧。自從讀了皇上的詔書以後，學問大為進步；皇上您實在是自古以來所未

曾出現過的聖君啊！」我當時讀到這段，第一個想到的是臺灣的讀書人，到目前為止還沒有發現有人讀了總統的嘉言錄後而學問大進的；可是，這個問題對當時大部分的讀書人而言是真理，也是事實。換言之，李氏講了這樣的話，或許他並不是全在拍馬屁，因為他打從心裡就是這麼認為，以為康熙皇帝是堯舜之君復現。這是因為「政統」與「道統」的合一，所以在清代會被視為已經實現這樣的理想。

　　然而在宋代的儒者中，對於這個議題基本上是肯定的。將這個合一成為意識型態的結合，將意識型態整合成一，最明顯的就是朱子。因此，朱子學在清代成為非常重要的一個專制利器。所以在當時甚至有人說：「皇上，您很了不起，依照中國孟子所說的五百年必有王者興，那麼從孔子後的五百年是三國時代，再五百年是朱子，那麼再來之後，就是您了。」由於當時運用各種可能去強調這種道統和政統的關係，在這種情形下，就把道德的超越形式性原理和絕對的專制性原理，關連在一塊兒，而形成強而有力的統治，並且對於民間形成了非常重要的規範性根據。這就是清朝初年除了戰亂很少以外，還使得清朝初年的人口增加到一億，不但如此，從康熙到乾隆，還增加到四億，整個人口的發展那麼快速，老百姓的生活被視為比明朝末年來得好。基本上，這與具有專制性的道德超越形式性原理的徹底實行有非常大的關係，這點是值得重視和注意的。再者，道德的超越形式性原理是具有專制性的，而它又是在怎樣的一種情形下被牽引進去，這點也是值得我們留意的。

九、從「根源性的慎獨倫理」到「絕對專制性的倫理」──破解「道」的迷思

　　接著，我想提的是，從「根源性的慎獨倫理」到「絕對專制性的倫理」。其實這些論點不一定有什麼不同，只是在整個儒學裡強調這些問題的時候，往往都忽略了背後的倫理；我們現在則是需要重新將背後的那些東西找回來，放在一起理解。因此，當我們看到提倡慎獨的劉蕺山對崇禎皇帝講那些話時，就不會感到意外了。當崇禎皇帝處在國家危急的時候，曾經找人來問，現下應該怎辦呢？劉蕺山就說了一句話：「陛下，您心安，天下就安定了。」這句話我們聽起來非常荒謬，但這一方面說明了這句話在儒學的發展中是可以被認同、被肯定的，至少我們必須從這句話中發現儒學本身所隱含的咒術性的性格以及宰制性，而這個咒術性的性格和宰制的性格，並不只是做為一個工具，同時還可以作為目的。換言之，儒者在講這些話的時候，並不是因為作為整個帝制皇朝的工具而說這些話，而是他心底就認為是這個樣子。因為，他們所想像的世界構成方式，不是我們現在所能把握到的世界構成方式；他們所想像到的世界是怎麼樣的一個實踐過程，跟我們所理解的是不一樣的。當我如此說的時候，這裡頭具有一種道德良知之謎，有一種迷惑。這就好像你看這個世界是怎樣的一個方式，但他們看這個世界並不一定能以一個恰當合理的方式來看，他們可以看到你所看不到的地方，並且認為他們所看到的就是能把握到的那個圖碼，而那個圖碼對他們而言是有千真萬確的意義的。同樣地，當一個學問──如儒家竟然會變成這樣，是值得檢討的。由於中國長久以來的那種符咒現象

必然會產生這種後果，因此，應該要如何去瓦解這種後果，是非常重要的。

十、「根源性的慎獨倫理」之意義

是故，將前面所說的關連到這裡，我們就可以瞭解為什麼會從「根源性的慎獨倫理」變成一個「絕對宰制性的倫理」。其中，所謂的「慎獨」觀念是怎樣的一個觀念，並不是一個很容易理解的觀念。「慎獨」這個觀念在中國的《大學》、《中庸》中都有提到，宋明理學家對於這個觀念有充分的發揮。我現在就我的理解籠統地說：所謂「慎獨」，「獨」指的是「獨體」、獨立無匹的，也就是說非相對的，而是絕對的；但它並不是不可思議的，就其根源義指的是一個根源性的東西，通過一個道德修養的戒慎恐懼，而進入到那個根源性的整體；因為這樣，所以傳統宋明儒者相信通過一個戒慎恐懼的工夫，就能夠進到那個根源性的整體，而產生一個整體的根源性動力。然而，這種整體的根源性動力，是可以獨立無匹的，不是在相對的狀況下，它是不可思議的、非言說的。由於它具有這樣的力量，繼而能夠展開實踐，這是無可懷疑的。所以，這個觀念曾經成為眾多的中國儒者能夠不顧當下的環境，而真正殺身成仁、捨生取義。這樣一個思惟的動源、實踐的根源，是由於太強調有一個根源性的動源之後，你就能如何如何。換言之，宋明儒者所想到的是，你只要怎麼樣，就能怎麼樣，這是他們一般所深信不疑的。

十一、從傳統「根源性的血緣倫理」之思維演變成「絕對的宰制」

　　這樣一個思維結構，其實是認為整個宇宙是由一個動源點的觸動，才使得整個宇宙結構有所改變，也就是所謂「根源性的血緣倫理」。這是建立在人對於一個冥冥中絕對「冥契」的關係，或者是建立在對於一個整體根源性的冥契關係之上，而不是建立在人與我之間的互動關係上。這問題實在是很嚴重，為什麼會這樣呢？因為人與我的互動有疏隔，並且不是先建立人對於世界的理解，而是以一個超越於我們對世界的理解（就是以一個超系統的、超越的），來決定我們一切理論系統所涉及的東西。這是依據根源性的血緣倫理而產生的，並且這種根源性的血緣倫理隱含了絕對宰制性的性格。此時，如果出現了一位英明的國君，當他也用這種方式從事道德實踐修養，也進入了那個根源性的血緣倫理時，他就能夠把握到所謂的大頭腦，同時在這種情形之下，一切都是依循著這個大頭腦而展開，於是就變成了所謂的宰制性血緣倫理，而這種情況就使得原來是慎獨無匹的、當下的一個整體，就變成是一個絕對的、隸屬於一個絕對性的宰制。

十二、重新理解並革除「獨我論」之弊病

　　這種情形在整個中國的歷史上是很常見的，甚至在我們內在的心靈裡也是常見的。那麼，在這裡我們就可以發現到一個有趣的事實，其實陽明學原來不是這樣的，但陽明學也非常強調良知、慎獨。因此，就陽明學本身來講，具有這兩個面向：一是「走向世

界」，一是「回到自己」。本來儒學就隱含這兩個面向，認為「走向世界」與「回到自己」是要合而為一的；也就是說，回到自己的目的就是要走向世界。但是這會演變出一個現象，當一個專制強烈地使得這個世界走向不可能的境地，他可以回到自己，並以之替代走向世界；同時他所構造的那個部分的理論，會以一個獨我論的「我」替代原來一個根源性的「我」，而這種情形會使得儒學處在一個嚴重扭曲的想像之下。譬如說，蔣介石是良知學的提倡者，他個人也從事道德實踐的修養工夫；但是他卻不自覺地陷入到我所說的從根源性的血緣倫理走向絕對性、宰制性的社會倫理，並且也構成了一個很重要的意識型態，就是我們的青年守則第七條——「以服從為負責之本」。從這裡我們可以發現，就良知學來講，服從其實不是負責之本，所以在這種情形下，實在不需要那麼的苦心經營一些什麼。因此，現在當你要去解開這個問題的時候，不應該只是說這些東西的確是怎麼樣、怎麼樣的一個問題，而是應該瞭解這背後有一個很複雜的關係。

十三、如何解開根源性的血緣倫理和宰制性的社會倫理

那麼，應該要如何解開「根源性血緣倫理」和「宰制性社會倫理」的困境呢？我不太相信思想的改變，儘管是思想家的思想改變；我還是比較相信是人活在這個世界上，是這個世界在改變，而改變了思想家，同時，思想家的改變，也改變了這個世界，這其中有一個互動。所以，就臺灣的現狀而言，解開「根源性血緣倫理」和「宰制性社會倫理」的困境是有可能的；但是就中國大陸的現狀

而言，其實是不可能的，而且言之過早，或是當你去說的時候，並不知道該如何說，該如何在那個歷史的脈動中去說、去做，所以中國大陸和臺灣的因應方法應該是不一樣的。就目前而言，一個最重要的問題應該是：生活世界的重新發現，以及歷史社會總體結構性的理解；而目前的當務之急，則是要重新去定位我們應該活在 civil society 底下，而不是活在中國傳統的社會家族底下，並且恰當地去瞭解一個 civil society 是由一個 social contract 所構成的，然後再進一步放在這樣的結構裡頭去理解原來中國傳統儒家的那些教言，譬如孝、悌、慈、忠、仁、義、禮、智、信種種，思考它們的意義是什麼。

在這裡我們必須注意一件事，當我們放到這樣的結構裡去理解的時候，並不是單獨將這個詞（如椅子）從那裡把它放上去的理解，而是要說出你之前對它的瞭解是在怎樣的一個情境下，以及現在對它的瞭解又是在如何的情境下。所以在這個意義上，應該如何做一個恰當的理解和詮釋，以及對於新的理解和詮釋之可能性的把握等等，是很重要的。在這種情形下，我想提供一個很簡單的說法，如果我們將儒學回到原先儒學的脈絡中去瞭解的時候，假設我們實在找不到所謂「仁」這個字眼，其實它是可以置放於生活世界的；又假設我們無法找到「仁」這個字眼，則這樣實踐道德的動力是如何在康德的道德哲學中實踐道德法則，又那個道德法則是我們的意志、自由的意志、自我訂定的道德法則，我們相信若將之用於我們的心靈之上，則會產生道德情感、道德動力。但我們會發現，沒有辦法開展，所以我們的確不需要通過康德的方式，而是應該通過我們活在現代的一個方式來瞭解儒學之為何物。我想可以從言說

的脈絡中來瞭解所謂的「仁」，用一個很簡單的話來說，「仁」其實是一個活生生的、人人之間當下存在的真誠實感。所以當我們回到「仁」的本義——相人偶，就可以找到其本來的意義是什麼。在這種情況下，我們就可以免除一些原來理解和詮釋的迷誤，而開始找到一個新的可能。這個新的可能，就是要回到「仁」的本身，並且面對當代（原來的原點），我想這是很重要的。

十四、從「原始儒家」、「新儒家」繼而「後新儒家」❶

　　這並非意味著前輩先生們，譬如牟宗三先生等，所做的康德式的理解有誤，而是說在整個中國當代哲學發展史上，他們所完成的一個使命的確是確立實踐的主體性，並且意圖從確立實踐性的主體去開啟生活世界，這是他們所處的一個時代性的、階段性的實在任務。可是，當前中國哲學的一個很重要的任務是，徹底發現生活世界的互動過程中所呈現的一個交替的倫理。這是一個時代的進展，並非此時有意背離師門的問題，因為牟宗三先生是我的老師，而如今談這個問題，是為了釐清整個中國歷史上、當代史上所完成的一個任務和使命，並思考現在開始的又是什麼，關於這一點也是我常和李明輝爭論的議題。我說：你康德搞得那多，很多都是很難能的，但不一定可貴。我的意思是說，時代的脈絡是往前走的，應該

---

❶　請參見林安梧《儒學革命論》（臺北：臺灣學生書局，1998 年），頁 62：
　　「老儒家的實踐立足點是血緣的、宗法的社會，是專制的、咒術的社會；新儒家的實踐立足點是市民的、契約的社會，是現代的、開放的社會；後新儒家的實踐立足點是自由的、人類的社會，是後現代的、社會的人類。」

要關注現在問題的疑點在什麼地方，這是我和他最大的不同處。又這個問題會導致很多的不一樣，那麼，我們該如何面對這些東西呢？

我認為目前有一個新的可能，在我從事哲學研究的活動中，著重許多學說之間的互動關係，然而在眾多學說之間的互動關係中，是否可能做一個哲學思考的 background，譬如說，整個中國的專制性格是怎樣的一個專制性格？我今天沒有明確的交代，只是點出這些問題點。又如討論中國的專制和西方的專制有什麼不同，當我們必須經由哲學觀點來看的時候，也必須思考如何通過一個的宏觀方式，而給予恰當的解說。因為哲學與其他 science 有一點比較不同的是，其他 science 的研究比較不是 universal，而較以 particular 的層次來說的。哲學所要處理的問題是宏觀地拉在一塊兒，然後細緻地就那裡頭的論點展開一個結構的分析。就我目前對這個問題初步的理解是，這裡面關係到一個嚴重的 misplaced Tao 的問題、「道的錯置」❷的問題。原來中國所強調的「道」之意義，在真實的過程中，造成了另一個面向，形成宰制的核心。這裡，我要強調這一點的形成原因和中國的專制制度結構有關，很明顯地，它並非是超

---

❷ 請參見林安梧《儒學與中國傳統社會之哲學省察》（臺北：幼獅書局，1996年），頁 11：「原先，儒家所強調『血緣性的自然連結』與『人格性的道德連結』合而為一乃是『血緣性縱貫軸』之調適而上遂的發展。這裡原隱含一道德理想的實踐，它是超乎政治之上，而且足以抗衡現實政治的。然而，秦漢之後，『宰制性的政治連結』成為一切的管控核心，這使得『人格性的道德連結』及『血緣性的自然連結』異化為一切宰制之合理化及合法化的基礎。如此一來，君成為『聖君』，君成為『君父』，『君』成了一切管控的核心，『道的錯置』於焉構成。」

離於這個世界之上而對這個世界負責。中國堅持這個觀念，看起來好像是這個樣子，其實，它是混於整個天地人物一體之間而展開的「一體化結構」的控制。然這種控制方式，是不同於原來西方的君權神授的。所以這裡頭是值得展開分析的，而當這些問題和原來中國儒學所強調的那些有密切的關連時，都應該重新去理解。

　　因此，在這裡我想把這些問題點出來，然後與大家一起討論。基本上，我今天作這樣的一個報告，就我個人來講，良知、專制、咒術，這幾個詞的內涵在整個中國歷史的發展上，是密切地相關在一塊兒，形成千絲萬縷而難以解開的關係。但是，良知本身也具有一個瓦解的能力，就目前而言，那個瓦解的能力將會順著時代的發展，而形成一個新的可能。

　　接著這個新的可能，我記得在二月的時候已經做過一個簡單的報告，對於「咒術型的實踐因果邏輯」和「解咒型的實踐因果邏輯」，有著詳細的論述。另外關於這個部分，我在另一篇文章中也提到了「以理殺人」與「道德教化」的一個問題，可能會在五月份發表。我想，今天因為時間的關係，我先做這樣一個簡短的報告。之後，我們大家再一起來討論這個問題。謝謝大家！

十五、問題與討論

1.「實踐因果邏輯」之釋義

　　問：題綱中提到「實踐因果邏輯」，我不瞭解這是什麼意思？又「實踐因果邏輯」在自然科學內是講因果關係；在人文科學內是講理由的，例如，行為為什麼那麼做，是講理由的，是順著邏輯的。可是就我的理解，林教授您所說的邏輯，對人文科學而言，它

的理由一定有不符合邏輯的地方，那該如何解釋？

答：其實「邏輯」這個詞在這裡用得很單純，一般來說，我所強調的「實踐因果邏輯」，和一般「科學的因果邏輯」不一樣。所謂的「因果關係」，它常指的是一種科學的因果關係，這個「實踐的因果關係」與此不同，它是從道德跟自由意志的自我立法，作用在吾人的「心」上而產生的道德情感，並形成一個道德實踐的動力，而作用在這個事件之上，進而產生一個什麼樣的後果（因果關係）。換言之，這個「實踐的因果關係」強調的是因果的邏輯，這與知性為自然立法而展開對世界的理解的因果邏輯是不一樣的。

在這裡強調的「實踐的因果邏輯」、咒術型的宰制性的天命良知，做為一個發動的動力、一個根源性的動源，而展開在一個實際的世界裡面。這樣一個實踐因果邏輯開展成解除的咒術，變成一個溝通性的天理良知，所強調的是「應該從這兒跨到那兒」，至於如何跨越，我現在正在做。

2.陽明學與佛教思想的關係

關於陽明學它之所以被視為異端，這是當時的學派之爭，基本上牽涉到自己的利益和爭奪意識型態的地盤。在當時來講，陽明學當然被視為異端，凡是高壓統治的時代一定會把陽明學視為異端。但是你會說，在民國二十幾年到蔣總統時代也是高壓統治的年代，可是仍提倡陽明學啊？那麼我想告訴大家，蔣介石的陽明學其實是朱子式的陽明學。也就是說，他骨子裡頭的陽明學是朱子式的，或者說他已經是一個轉型的陽明學，又譬如說，這其實是日本的武士道式的陽明學。這樣的良知學，基本上認為天理良知並不是侷限在每一個人的內在的主體中，也不是每一個人都有，而是就這個社會

的總體來說有一個良知所在，所以在這種情形下是意志集中、力量集中、國家至上、民族至上。在這樣的陽明學背後其實有一個非常重要的精神重點，在當時可說是一種集體主義，這個精神重點就是「結合」——具有一個力量可以結合整個中華民族。當時他就是有這個想法，以此來對抗日本，而蔣介石所提倡的良知學基本上就是在在那樣一個情況下孕育而生的，後來更成為一個很重要的意識型態並不斷地延伸發展。但截至目前為止，已慢慢褪去。

　　至於說陽明是不是佛教禪宗，很明顯地不是。那麼儒家和佛教怎麼區分？我想這是一個根本的問題。佛學有個根源性觀念就是「緣起性空」，而儒家的根本性觀念則是「孝悌人倫」，孝悌人倫是不可以和緣起性空相等的。因為佛學談的是·「剎那生滅」，而儒家談的是「生生不息」。也就是說，當你面對一個人、面對存有的時候，佛學認為這個存有是 non-being 的，而這裡所說的 non-being 也不是你所想的空無，只是借用來表義而已。我想一個基本的理念，不是說不懂的就不用說，所以儒家談到死的問題時，強調人做為一個人，進到這個生活世界裡頭，以人來參與這個生活世界。可是，佛家強調人在這個生活世界之中，要通過一種緣起法，真正去瞭解存有是什麼。存有是空無的，所以吾人應瞭解 mind、body 一樣是空無的，這就是「我法二空」之意。因此，當我們打開陽明的《傳習錄》，可以發現其中沒有一句話是可以歸到這裡的意思。因此，把陽明講的學問歸為佛學這是錯的，當然有些人誤認是這樣。這不是見仁見智的問題，雖在學術上有些問題是見仁見智的問題，但很多卻不是屬於這類的問題。仁者見之謂之仁，智者見之謂之智，但是錯者見之謂之錯。

　　當然你說陽明學是否受了佛教及道家的影響？當然是有影響的，尤其是在修養方法論上受了很大的影響。可是修養方法論的影響，雖在原則上不影響存有，但有時候或許也會在理解上造成根本上的影響。關於程度是如何轉過來的，這個問題也很難。

3.中國不是一個言說的論定傳統，而是一個「氣」的感通傳統

　　問：在什麼樣的條件下或關連下，良知會找到它的作用？

　　答：我在闡述生活世界、歷史社會總體諸概念的時候，曾經擺進這個問題中來探討，我個人認為自己是一直擺進去的。所謂「一直擺進去」是在這個「理」上去說，並就此「理」來分析，這是一個方法；另一個方式就是當我在這裡理解到「良知」，是因為我把這個東西擺進去，所以我理解到的良知概念多半和牟先生所理解的良知概念不一樣，與勞先生所理解的良知概念也是南轅北轍。甚至我會說，勞先生所理解的良知可能是他自己理解的，根本不是中國良知學的本貌。為什麼這麼說呢？因為他談良知時，並沒有將良知學放到中國傳統的生活世界中，從歷史社會總體的層面去理解，這是因為勞先生比牟先生的康德還康德。由於牟先生談康德的時候，是援引了康德的某些架構和方法來理解儒學，但他的立足點仍是儒學；可是，勞先生基本上的立足點仍是康德的角度，所以他所理解的孟子、陽明，看起來似乎非常精彩，但是，你可以發現那樣的孟子或陽明都很像，因為都是從康德的道德哲學所衍生出來。

　　然而，就中國來說其實沒有像康德式那樣的道德哲學，因為在中國傳統的社會結構中，不可能有這樣的東西。所以在這裡你或許可以說，勞先生苦心地要把那個東西詮釋成這樣，但是我覺得這樣說是一種謬誤，因為如果這樣說的話，實在是很難理解像陽明所講

的「良知是造化的精靈」、是「生天生地」、「成鬼成帝」，一切從此而出的意思。這其中說明了勞先生非常有意地將儒學摒棄於中國原來的那種咒術型的方式之下，可是我覺得中國一直沒有辦法達到如 Weber 所說的責任倫理型態，因為它一直是處於咒術性之下的，或者說中國要從那個咒術之下所走出來的方式其實並不是 Weber 的方式，不是西方文化的方式，根本是另一個方式。因此，當吾人理解儒家的道德哲學時，不能把它理解成康德式的，因為康德哲學是在西方社會傳統下所誕生出來的；而中國的儒家倫理是在整個中國的家族親情、宗族封建，以及小國經濟的情況下產生的，所以這裡頭有些東西必須去正視。

　　這些年來，我非常不滿意勞先生的理解，因為他那種理解會造成一種誤解，以為中國對這些東西老早已經相當了不起，雖然這也算是一種新的層次，但基本上仍是誤解的。譬如說，中國原來預取的天人關係很明顯地是「天人合一」的關係，這是自古以來就可以看到的。在這些東西的背後所預取的一套文化哲學上的議題，就是「天人」、「物我」、「人己」等三個層面的問題。這些問題就一個文化類型上來講是很明顯的，因為中國的文化類型是「天人」、「物我」、「人己」合一不二；但是，在西方的傳統中卻是「天人分隔」、「物我分隔」、「人己分隔」一分為二的。但西方儘管是強調分隔，我認為這「分隔」也並不意味不能合一之意，而是強調必須通過一個 agent 來合在一起，所以「神、人」的結合後來成為教會的傳統。「物與我」是通過瞭解，然後使得人能夠瞭解外在的事物；至於「人跟己」則是通過溝通而連在一塊兒。這幾個正好是西方歷史文化的三大源流：一是希伯萊宗教，一是希臘的學問性傳

統，一是羅馬的法律傳統。在中國，則不是通過這種言說的論定，亦不是通過 agent 把兩個東西結合在一塊兒，因為本來是通而為一的。也就是說，中國不是一個「言說的論定」傳統，而是一個「氣的感通」傳統。

我們在談中國文化、中國哲學的時候，不能忽視將中國視為一個「氣」的傳統，否則無論講述得多麼精彩，都會有些不順當。在中國當代的學問中，避免將這個問題和「氣」扯上關係的，最明顯的就是勞先生。關於這點我覺得沒有辦法說是「見仁見智」，這可能是他將文化人類學的層次懸置，也可能是那個時代，在他內在中有一個要求，希望把儒學詮釋成那樣，形成一種實踐的動力，而這種實踐的動力又是純潔的。正如其所說的：「純潔就是已經解咒的。」可是，他沒有辦法解咒。

4.良知與咒術、專制具有複雜的一體並成關係

問：就傳統的中國文化中，難道先賢們都不曾想過解咒的工作嗎？又良知和咒術的關係是什麼？

答：我在這裡要說明一下，中國的良知學是在中國文化傳統底下產生的，而中國文化傳統就整個發展來說，並沒有真正的解咒；或者說它是在「解咒的過程」，但在整個中國文化原型中，並沒有解咒成功。其中的問題在於，中國文化中的良知、咒術與專制是一體並成的。這裡所說的「並成」，並不是說沒有關係，而是有非常複雜的關係。誠如我上述指出其中幾種可能的複雜關係，這些必須有更多的文獻去支持。良知與咒術當然是兩種東西，可是實際上常常合在一塊兒，良知也隱含了咒術的性質。

問：良知如何當下呈現，如何可能？

答：當你對自己負責時，你的背景將會使得自我負責的概念不一樣。良知不是吾人抓不抓得到的問題，儘管吾人抓到了，但是吾人對於這個體系理解後的安頓還是很複雜的。因此，吾人不能說我們對於良知的體會不複雜。如果說我們對良知的體會一點也不複雜，正如我說一個手錶是手錶，一點都不複雜。可是，當你能夠說出它是手錶時，其中的分解過程就猶如老子對於「說」的看法：當一個是「不可說」時，說其可說。也就是一個是「不可說」，一個是「可說」，再來是「說出了對象」。這個類比就是，當吾人只要運用我們的認識力，一般人都很清楚知道這叫「手錶」；但當我說你能夠使得這個手錶確定為手錶時，就是問你認識手錶的時候是在何時？（即你的認識論是什麼時候確立的）是的，它有很多不同的時候。正如吾人將牆上的水龍頭轉開時，會有水流出來；但是由於吾人的水源不一樣，管線就會不一樣，因此出來的水質也會不一樣。是故良知的呈現也就如同牆上水龍頭的比喻一般，水源不同，管線就不同，水質也會有所不同。

5.正視良知與整體文化結構之間的互動關係

問：良知和咒術好像是兩個矛盾的東西，為何會結合一起？又如果是兩種不同的東西，那良知究竟是什麼？而它對中國的影響又是什麼？

答：當你關心「民進黨之會如此，以及國民黨之會如彼」的時候，其背後就涉及一個整體性的根源，因為這是一種專制性的經營，所以我能夠怎麼樣呢？這種情形到目前為止仍是到處可見的，所以我們很難真正面對自己的有限且承認自己所說的限制性在哪。這問題就是在於我所說的，要從一個咒術型的、宰制型的天理良

知，經過「實踐因果邏輯」轉成一個「解咒型的溝通理性」的天理良知，我們要如何來喚起一個新的可能，這的確是蠻值得研討的。

良知這個概念在中國而言，是一個大家耳熟能詳的概念，並且基本上每個人都承認有這個東西，甚至有各種廣泛的解釋。面對這樣的觀念是很複雜的，因為這會牽涉到你如何詮釋它，並且它將成為什麼？而這個詮釋問題就會牽涉到它是不是成為吾人整個言說脈絡中的判斷法規，是否能成為吾人整個言說脈絡之所以成立的基礎。所以良知在這個層次來說是超越的，而「超越」是放在一個什麼樣的文化結構中來檢討，這又是一個層次。當吾人將良知放在文化結構中去檢討時，這兩個結構互動的關係應如何調整，是我所關心且正視的問題。因為在這個歷史文化整體之下、在生活世界中是很複雜的，當良知陷溺到一個怎樣的境地中，吾人就要從那個境地中重新走出來。至於良知雖是吾人判斷是非的標準，但並非意味著永遠都不會出問題，而我們又實在沒有辦法不預取良知做為我們判斷是非的籌碼。預取就代表吾人能通過知識概念、藉由分析過程來把握，因為在分析過程中必定得在吾人的生活世界內做這樣的工作，又生活世界必在歷史文化的影響之下，所以這其中有一層更為重要的問題需要處理。

6.中國的客觀傳統：從「氣」的感通到言說的論定

問：西方人談「天人」、「物我」、「人己」是藉由一些中介者呈現出來的，但您認為中國談這三個相同的範疇時不需要，因為一切都是「氣」。可是我的質疑是，假如天人、物我、人己都只是呈現一個「氣」的發生和運作，那其中如何展出一個客觀的世界呢？又假如良知在中國文化傳統中永遠都是我們必須預先設想的，

則如何能開出一個客觀的世界呢？假如西方談倫理學沒有良知這個
概念，那麼它所開展出的道德世界是否也不具道德意識？應該不是
這樣的，只能說這是兩種不同的倫理學。那麼這二者之間的關係如
何？並且各有什麼不同？

　　答：在中國「氣」的感通傳統中，要開展出一個客觀的世界，
其實是困難的。但是，我在論這個問題時，是將良知跟它關連在一
塊兒，雖有著複雜的關係，卻不意味著良知能通過康德現在這種分
解的方式來說明，因為這兩種分解方式是兩種不同的詮釋。這個詮
釋方式關連著整個文化、歷史、社會而展開，它偏向於一種文化哲
學式的詮釋。這不同於康德式之為一種超越的分解。我所重視的是
當我們從事一些活動時，背後會有一個客觀性的基礎作為背景；就
理論層次來說，也是一樣的。所以，現在著重的問題不在於吾人如
何將它分開來看，而是把它放到這裡頭去分析時會產生很大的不
同，因為背後是一個 social contract，而後才有 moral world。當吾
人把它擺進去之後，可以發現西方的傳統和中國的傳統有異同之
處。

　　事涉中國客觀傳統的建立，從「氣的感通」到「言說的論
定」，這個轉折牽涉到整個 civil society 的建立問題，我認為我們
的社會可以如此。因此，若無法將 civil society 建立，將不可能實
現從「氣的感通」轉到「言說的論定」，並建立起一個客觀的、公
共的空間和生活世界。關於這點我認為這不是思想家「轉」了就能
如何的問題，而應該從探討整個時代開始；也就是說，我不認為一
個思想家能夠說，我現在怎麼轉，然而通通能夠怎麼轉。我在這裡
所要強調的是「氣的感通傳統」跟「言說的論定傳統」，是兩種不

同典型的傳統。對於這兩種不同典型的傳統，如何在這個時代有一個恰當的釐清、疏理，然後再將它連在一塊兒發展，首先要有一個態度就是，我肯定這兩個典型上的不同是不可以忽視的。因為，現在有一些年輕人覺得已經到了這個時代，就不用去說有什麼不同了。但我覺得那是沒有辦法的，中國傳統「氣」的感通可以代表一個很大的傳統，這與言說論定的傳統恰好是兩個很大的不同，而這兩種不同的傳統現在正互相遭遇著一種「新的擘分」，這是很重要的。因為在言說論定的傳統中，已經發生過許多嚴重的問題，西方也期待要從這些問題中獲得解答，而我覺得有一些資源是可以取自東方的。當然，我這麼說的時候可能在表面上和各位平常所聽到的很類似，但我認為再深一層去思考，就不一定是這樣，因此，應該如何去釐清這個問題是非常重要的。

　　問：「未來的中國文化需要的是一個客觀的公共空間」，聽起來這個公共空間的概念是西方式的。我所好奇的是，從「氣」的感通如何能有這樣的公共空間？

　　答：我們並不是從「氣」的感通這個傳統走出言說論定，而是說「氣的感通傳統」在理論上可否涵蓋言說論定那個傳統，我認為這是可以的。當我們說「可以」時，這問題就牽涉到，我們將它帶去生活世界的時候，我們就可以把它視為一個安定的 reason，並理解它為一個對象化下的東西。但是，在這之前重要的是，human being 是活在這個世界上，是在它所展開的最先的關懷關係之下的，而這兩個關係其實也是可以並存的。然而，這個並存方式如何能夠合縱這一面呢？這是一個非常實際的問題，此實際問題在於如何安排實際的生活的問題。也就是說，我們在思想上如何由「氣的

感通」轉為「言說的論定」，並產生一個客觀的公共空間跟一個客觀的生活世界？這其實是可以同時進行的。這個同時進行也使得思想家獲得一個可能性，因為當我們去處理這個問題時，思想家們只是獲得了一個闡釋的可能，而不是決定了它的必然性，我理解到的是這個樣子。所以這個地方我沒有辦法得到一個非常強烈的結果，會讓我們覺得很失望。

問：在中國是講求一個氣的感通，另外則是不同的文化思想接受的論定，那麼，氣的感通是否能走向言說的論定呢？

答：如果那樣的話，又犯了我所強調在思考方法上的一種謬誤，就是認為有把握到什麼，從這裡走過什麼，這是只在基本上將思想定位。

問：我現在最好奇的是關於氣的感通，是如何具體落實到一個生活中？因為您一直強調所謂的 realize。

答：我想，這基本上就是要「解咒」，解除咒術，解除專制。但是你要恰當的解除咒術跟專制時，就要先恰當理解這個咒術跟專制、良知的複雜關係。我在闡述那個複雜的關係時，就是在瓦解的這個過程中。

感通之所以為感通，就是在於心有感通而構成了兩個感通的主體。也就是說，主體之所以為主體，是在作用中呈現互動的主體；並不是說主體做為一個獨立之體，而是由這個獨立之體與那個獨立之體的相互感通。

在思考這個問題時，要先想什麼是最優先的；即當兩個分解之後而合一，是我們認識這個世界優先？還是有其它東西是優先？假設是我們認識的這個世界優先，是這個東西先跟我們分隔為二，然

後我們去說它叫什麼？還是它本來就跟我們先成為一體之後，再通過名以定形，而叫它為什麼？我覺得這其實是語言一個很嚴重的誤解，例如今天我穿了這樣的西式服裝，並不意謂著我腦子裝的就是西方思想。

問：「氣」是什麼？

答：「氣」是一個不可言說的東西，當說它是不可言說的時候，它就作為言說可能的依據，因為這種言說只能用一種後設的語言去言說它。譬如你說「道」是什麼？「道可道，非常道」。那麼，此時的說法就是一種對象性的後設語言。所謂「後設的語言」是指對於你現在所說的東西做一個 meta-thinking；至於用一堆語言說它，即是「對象的語言」，也就是我通過這個語言，去向這樣一個對象說，這是這二者最大的不同。

（本文乃一九九二年五月間應清華大學文學研究所之邀，講於臺北月涵堂，後由南華哲學所釋大愚（楊瓊綺）整理，並下標題及註解完成，時間約在一九九九年末，二○○四再經何孟芩潤筆，二○○五年初由講者校閱定稿）

第六章　儒學革命的可能方向：
上海復旦大學的講詞

【本章提要】

　　本章主要經由對於當代新儒學的反省，提出「存有三態論」作為後新儒學的一個擬構。

　　首先，作者就牟宗三先生的「兩層存有論」進行探討，認為其兩層存有論與康德哲學最大的不同在於「人雖有限而可以無限」，這樣的分別與中西文化分處於一種「存有的連續觀」與「存有的斷裂觀」下的思考方式有著密切的關聯性。雖然牟宗三先生這種道德的形而上學的建立，是為了要克服中國當代思想史上之心靈意識的危機，但因為其對於心性主體的強調所採取的仍是一種本質主義式的方法論，因而仍未能跳出類似於反傳統主義者的本質論式的思考窠臼。

　　於此，作者通過熊十力先生的體用哲學而提出了「存有三態論」思想架構，從存有的本源、存有的開顯，到存有的執定，希望通過一種「方法論上的約定主義」，來重新觀照整個傳統文化與現代化之間的關係。作者指出，必須要回歸到存有的本源，才有可能展開批判與治療的活動。而這樣一個「存有三態論」與「兩層存有

論」最大的不同，即是在於得以免除一個純粹化、形式化的道德之體，回過頭來落實到整個生活世界與歷史社會總體之中。如此，「內聖」經由「外王」的發展而得到安頓，「外王學」也必因「內聖學」的安頓而獲致一個恰當的方向。這樣的儒學就不再只是以心性修養論為核心，而能夠開啓以「社會正義論」為核心的一個發展方向。

最後，作者指出，儒學作為一個參與對話的話語系統，應與生活世界密切結合，所謂的「儒學革命」是一個不是革命的革命，其重點在於開啓一個對話、交談與新的發展的可能性。

關鍵字詞：後新儒學、存有三態論、社會正義論、心性修養論、牟宗三、兩層存有論、內聖、外王、儒學革命、方法論

一、《鵝湖》社中對於儒學的觀點有其異質性

　　此次前來復旦大學的目的，主要是想拜訪一些老朋友和結交一些新朋友，並且希望認識更多在未來學界即將成為中國這塊土地上的哲學工作者和生產者的年青博士生們和碩士生們。今天，我想提的並不是一個報告，只是一個引言，希望能夠拋磚引玉。本來我是想談〈後新儒學的理論預構〉，後來林宏星教授把它轉了一下，叫〈儒學革命：一種可能的方向〉這樣的一個題目。我想緊接在這個題目之後，提出一些個人的淺見和心得，來作為接下去討論的一個可能。

　　國內這十年來新儒學的發展大概算是方興未艾，當然，也引發了一些爭議。在港臺，新儒學其實已發展了四十多年，如果說少一點，也至少有三十多年，而再怎麼少，也有廿五年，因為代表了新儒學在臺灣民間基地的《鵝湖》雜誌社到今年六月底就滿廿五年了。一般來講，人們把它當作新儒學的一個象徵。但是，正如李澤厚先生所認為的，與其把《鵝湖》雜誌社說成是一個統一的意識形態導向，不如更準確地說，它只是一個道義性的鬆散團體。這一思考和構成這一思考的陣營的內部是很複雜的，存在著多種不同的思考向度，不論是政治的向度，還是哲學的向度，從左到右，從中到西，通通都有。我之所以首先要作這樣一個簡要的說明，意在指出雖然在《鵝湖》雜誌社中關於新儒學的觀點存在很高的異質性，但它還是堅持了儒學「和而不同」的傳統，在異質之中仍有著極為相似的思考和進路。

二、從「兩層存有論」到「存有三態論」
——後新儒學的擬構

今天，我想提的一個問題其實是對於新儒學的一個反省。這個反省有多種可能闡發的層面，但在這裡主要是圍繞著牟宗三先生的《現象與物自身》這部書所建構起來的；此外，根據我個人的詮釋與開發，我認為還可以從熊十力先生的《新唯識論》這部書所可能開發出的哲學意蘊——「體用哲學」，轉成「存有三態論」的主要內涵。而我在〈後新儒學的擬構〉中的提法，就是從「兩層存有論」到「存有三態論」。這一點在我去年（一九九九年）提交給國際中國哲學年會上的一篇論文——〈從「兩層存有論」到「存有三態論」〉中有較多的闡述。〈後新儒學的擬構〉這麼一個提法，基本上是對牟宗三先生的整個哲學本身往前的進一步發展，雖然這帶有一定的修正意味，但就我個人的理解，正如在拙作《存有、意識與實踐——熊十力體用哲學之詮釋與建構》一書的後記中所提到的，當代新儒學的發展歷程，如果依據熊十力先生的學問來看的話，可以說是從宋明理學的程朱到陸王，跨過船山，到熊十力，再到牟宗三。這是一個往前的順勢發展過程，有著其時代因緣，即克服整個華夏族群的內在心理危機——用張灝的話來講，就是要克服「意義的危機」，或用林毓生的話來說，就是要克服「中國民族意識的危機」。這個克服的方式，在熊十力先生處有一套方式，在牟宗三先生處又有另一套方式。兩個方式間的轉換是發展的，而到牟宗三先生其實完成了一個我稱之為「理論上的形而上的保存工夫」的形成。這個「工夫」代表著這樣一個對「意義危機」或「意識危機」

的處理方式，即通過中國傳統的儒、道、佛的根本智慧和修養工夫論，同時，也開發出一種「心性修養論」，接通了本體論和宇宙論，並且通過康德哲學的建構，構造成了牟宗三先生所謂的「兩層存有論」——即「現象界的存有論」和「物自身界的存有論」；或者用牟宗三先生別的提法，即「現象界的存有論」和「睿智界的存有論」；或是「執的存有論」和「無執的存有論」。

三、牟宗三哲學與康德哲學的異同關鍵在於「人雖有限而可以無限」

牟宗三先生這樣的一個理論系統基本上是通過他所認為的中國傳統儒、道、佛（完全中國化的佛）之根本智慧——儒學的性智性理、道家的玄智玄理、佛家的空智空理，來融攝康德哲學所建構而成的。具體說來，這一建構方式包涵了牟宗三先生兩個方面的基本區分：一方面承認康德所作的「現象」與「物自身」的超越區分；另一方面，通過儒、道、佛的修養工夫論，以性智、玄智和空智改造康德認為人只是一個有限的存在，不具有「智的直覺」（Intellectual intuition），而上帝是一個無限的存在，只有祂才有「智的直覺」的觀點，把人的性智、玄智和空智說成是所謂的「智的直覺」。這意味著，在牟宗三先生那裡，人不僅是一個有限的存在，同時也具有無限的可能，這一點是他與康德的一個關鍵點的不同。牟宗三先生之所以作出這樣的判斷，其實與整個中國文化傳統有著密切的關聯，因為中國文化傳統與西方文化傳統之間存在著非常大的不同。在中國文化傳統中，天、人、物、我都是通貫而為一體的；而西方文化傳統，不管是古希臘的哲學傳統，還是羅馬的法律

傳統，或是希伯來以降的宗教傳統，在談神、人、物、我之際時，基本上都是斷裂的。

四、「存有的連續觀」與「存有的斷裂觀」之對比

因此，我們可以說，在存有論的境域中，中國文化傳統所採取的是如杜維明等所說的「存有的連續觀」，或者如張光直在他的《考古學專題六講》一書裡面所強調的「瑪雅──中國文化連續體」這樣的概念；而西方文化傳統基本上所採取的是「存有的斷裂觀」，必須要有一個非常重要的中介者才能連結起來。這個中介者形成了一個非常龐大的領域，即卡爾·波普爾（Karl Popper）所說的「世界Ⅲ」（World Three）。所以，像「人雖有限，而可以無限」這樣的一種提法在中國文化傳統中是可以很容易理解的，但在西方文化傳統中卻是極難成立。又比如說，我們的具體與抽象、無與有、沈默與話語、理性與非理性等概念是連續的，並且它們之間的連續譜非常複雜，而不像西方那樣是切分的。諸如此類的差別還有很多，這些地方均牽涉了整個中西哲學的巨大差異處。牟宗三先生恰恰抓住了這一點，通過修養工夫論，把中國傳統的修養心性論放入，強調人具有「智的直覺」的可能。這樣，牟宗三先生通過改造康德的「現象」與「物自身」的超越區分，便建構起他非常完整而龐大的「一心開二門」之說。「一心」講的就是「道德本心」，這個道德本心，在牟宗三先生看來，就是康德所謂的「智的直覺」，與這個「智的直覺」相對的便是一個「物自身界」。

然而，「現象界」又要如何安排呢？在牟宗三先生那裡，便是通過兩層存有論的構造來完成的。首先，「良知之體」與「道德本

心」，依照牟宗三先生的說法，是可以創造「物自身」的。因為「良知之體」與「道德本心」就如同「上帝」一樣，是「即光照、即創造」的。其次，對於現象界的安排，他造出了一個非常獨特而轉折、膾炙人口，但也引起了非常多爭議的一個詞——「良知的自我坎陷」（道德之體的自我坎陷、良知之體的自我坎陷、道德本心的自我坎陷，都是同義詞）。這其實很接近於德國觀念傳統、費希特的「我」、「非我」和「自我的否定」的概念。這樣的一個「自我坎陷」（self-negation），有著「知性的主體」。由這個知性主體之所對而涵攝了一個「現象界的存有論」，即整個現象界的存在。在牟宗三先生看來，只有在這個層次才能夠成就一套知識系統，也只有從這裡，才能開出民主和科學的發展。所以，牟宗三先生對於民主與科學的開出就是從這裡說的。

五、牟宗三先生建立了「道德的形而上學」以克服心靈意識的危機

這個說法基本上是把宋明理學的心性修養論提到一個「物自身界」與「智的直覺」的層面，從而將之純粹化、形式化了。同時，這樣的一個提法，也把人這樣的一個存在純粹化、形式化了，使之變成為一個道德的存在。這個道德的存在是優先的，而像人作為一個自然的存在、作為一個社會的存在，反而是其次的了。所以，必須從道德的存在，經由一個「自我坎陷」的過程，而成為一個自然的存在和社會的存在，這就是牟宗三先生的論法。這個論法，依前所述，因心性修養論而純粹化、形式化，通過一種理論的建構而使原來的道德本心得以形而上地保存和保證。所以，經過這樣的一個

過程，牟宗三先生就建構起了他所要建構的道德的形而上學。這樣的一套做法，在整個中國當代思想史上的意義，就是克服了心靈、意識與意義的危機。通過這種理論的建構方式而做出這樣的克服，是順理成章的，也是可以瞭解的。並且，由於牟宗三先生是以「自我的轉折」從本體界往下開出現象界，所以，這基本上就肯定了中國傳統文化的本質是「心性論」，並且是以陸王學為核心的心性論，這一心性論也可以上溯到孔孟的心性修養論。所以說，孔孟連著陸王，連著當代的新儒學，是一個「道統」的發展。至於荀子，那已經是有所不傳了；而至於程朱，其實也已經是歧出了。

六、「方法論的本質主義」之差別

依照牟宗三先生的說法，如果把程朱也放在這一儒學道統的發展過程中，那就叫作「別子為宗」。他認為，先秦是儒學第一期的發展，宋明是第二期，而當代新儒學則是第三期，杜維明先生所談的「當代新儒學的第三期發展前景」基本上也是順著這一系絡而提出的。然而，這樣的一個超越繼承的提法是有問題的，它在方法論上採取的是本質主義，即通過一個抽象的把握能力，認為能夠深入到所謂的「中國傳統儒學的本質」當中，並通過對這一本質的繼承而往前發展，這有別於反傳統主義。後者雖然在方法論本質上也採取本質主義的論法，但它認為我們這個族群及其文化傳統發展到目前為止，有一些要不得卻揮之不去的本質，這是我們（劣）國民性的根本所在，所以，必須要用非常大的力量與這一本質切分開來，這樣才有可能有一個新的發展。這一反傳統主義的立場與當代新儒學構成了同一個對立面的兩端，一者認為看出了儒學本質上的嚴重

弊病，所以認為必須予以揚棄；另外一者則認為，反傳統主義所理解的儒學本質並不是儒學真正的本質，真正的本質是以「心性」為核心的，而有著非常可貴的地方，所以，可以由此轉出，可以由此開出新境域。這些論點，在我看來，都是貫穿了整個中國當代思想的發展過程。其中，徹底的反傳統主義在方法論上採取了一個實在論式的本質主義的思考方法，開領了風氣之先，並造成了非常龐大的勢力，使得所有的人都不可避免地被捲了進去，當代新儒學也不例外。雖然當代新儒學在這樣的思考方法之下希望有所克服，而採取的是此方法的另外一端，但在根本上，並未能跳出反傳統主義的窠臼——本質主義式的思考方法。再者，我們也必須承認，從反傳統主義到當代新儒學這樣的一個發展，並不是沒有意義的，它畢竟代表了一個思想發展階段的完成。並且到目前為止，我們也可以發現，在這一完成的階段中又出現了一些新的、而且正在逐步成為現實的變動和轉換的可能，這從當代中國學人對傳統文化與現代化的研討中可以看出。

七、傳統文化與現代化有著調和的交互作用

其實，近七、八十年來，或更長的一百年來，中國的學者從未停止過這樣的一種探問：中國的傳統文化是否會妨害現代化？「現代化」幾乎成了一個獨一無二、各方面都應當遵照的標準，而所謂的現代化又總是被理解成「科學」，所謂的科學又總是科學主義意義下的科學，希望能對於一個事物的本質有種恆定性的把握，並且希望對這一個本質作出某種樣式的改造。這樣一連串的思考，其實支配了中國人將近一百年之久。常常什麼東西一掛上「科學」這兩

個字，好像就是好的，這個思考其實是很嚴重的。所幸到目前為止，我們可以發現它已經在歷史上完成了一個里程碑，並開展出一個未來新的向度。傳統與現代化的關係既非完全悖反，則我們在學習現代化的過程中就不必推翻傳統的一切，而照著西方的樣式重新來一遍；然傳統與現代化的關係也非全然一致，即在傳統文化的本質中未必能夠毫無困難地轉出現代化，而是二者在存異的基礎上，相互融合、共同合作。以臺灣近五十年的發展為例，其實就是一個一方面人們很努力地學習現代化，另一方面傳統文化的經典智慧釋放出它的意義，並參與到整個現代化的過程。換言之，在現代化的過程中，中國傳統文化也獲得了某種調解；同時，在中國傳統文化的根柢之下，傳統文化也對現代化發生了非常重要的調節與和諧的作用。傳統與現代化的這一互動在臺灣是非常清楚的，雖然臺灣的知識份子和學者在論及傳統文化與現代化的問題時，仍然未能全部脫開前面我們所說的那種本質主義式的思考方法，不過，未獲解決的問題在理論探討中是一回事，而在整個實際操作過程裡又是另外一回事。

八、韋伯論述的可能窠臼

現代化對於我們來講其實是一個學習的過程，它並不是傳統文化自身如何生發出現代化的問題，也不是完全照著西方的現代化歷程，重新來一遍的問題。這些見解到目前為止，其實已經越來越清楚，越來越明白了。為了使這一見解更加清楚，我覺得還應該區分一個「歷史的發生次序」和「解釋學上的理論邏輯次序」的問題。仍以傳統與現代化的關係為例，對現代化的發展歷程來說，首先是

一個「歷史的發生次序」，如在西方現代化有一個從文藝復興、宗教改革，到啟蒙運動、工業革命這樣一個連續著的發展過程，而馬克斯·韋伯在論述〈基督新教倫理與資本主義精神〉的過程中，其實只是指出了兩者之間有非常密切的關係，並不是說新教倫理就直接促成了資本主義與現代化的發展。然而，韋伯的這一論述在整個流行的過程中，仍幾乎被廣泛地誤解成後者的意義，這直接影響到了對中國是否有可能走上自發現代化道路問題的認識。因為依照韋伯的邏輯，中國因為有了不同於基督新教倫理的儒教和道教的傳統文化，所以雖然原來具有很多可以發展出資本主義的條件，但根本上的制約使之無法發展出現代化的因素來。然而後來「東亞四小龍」的興起使得西方的社會學家、乃至思想史家對這個問題進行了一番重新的思考，使他們開始回過頭來探尋和證明儒家倫理與工業東亞的密切關係，甚至論證儒家倫理是促生工業東亞最重要的新原動力。其實，這些論點仍然是落進了韋伯論述的窠臼裡。

九、「歷史的發生次序」、「理論的邏輯次序」 及「現實的學習次序」三者的關係

因此，擴大對韋伯思想的不恰當讀法，並把這一讀法移植到對東亞發展的解析當中，並不能得出對事實的正確解釋和結論，因為東亞工業的發展和現代化的進程基本上與西方的工業發展和現代化進程是兩回事。西方是先發、自發的，而我們是後發的、是由整個世界體系帶動的，這是最基本的不同。所以，一個自發的「歷史的發生次序」是一個層次；去反省這個歷史的發生次序，給予詮釋，這是另一個「解釋學上的理論邏輯次序」。譬如說，我們給出一個

理由，說基督新教倫理與資本主義有著密切的關係，但這並不意味著我們必須先發展出基督新教倫理，然後才能發展出現代化，因為，這是兩個不同的次序。然而在國內這兩個次序也一度被混淆誤過；甚至有人認為，中國人要走向現代化，就必須趕快推廣基督新教信仰，這是非常荒謬的。牟宗三先生的論述當然不會是這樣，但在整個新儒學的論述當中，卻有許多人仍然持著相反的一種觀點，認為可以通過由傳統文化開出所謂的現代化，強調以這樣的一個解釋學意義、理論的邏輯次序上的「開出說」來安排現實的現代化可能。而事實上，強調從中國傳統文化開出現代化，這只是一個理論上的、解釋學上的邏輯安排，並不是歷史發生的必然次序。我們之所以要學習現代化是因為在由世界核心國家所帶動的歷史大浪潮中，我們非得學習不可。這是一個「現實的學習次序」，而不是我們從解釋學、理論的邏輯次序就可以安排得了的。就這樣的一個區別來講，我認為因為先輩先生們作了很多的工作，到目前為止，我們才有機會把它看清楚。就這一點來說，我們一旦把這二個不同的層次看清楚了，我們就可以獲得一個不同的思考向度，這個不同的向度就是不同於反傳統主義和新傳統主義的一個新想法。

十、「方法論的約定主義」的可能與「存有三態論」的展開

這個新想法意味著，如果我們恰當地觀照整個中國傳統文化與現代化的關係，我們在方法論上大概就不會採取反傳統主義和新傳統主義的本質主義的解釋，而可能會採取一種「方法論上的約定主義」（methodological conventionalism）的論點。也就是說，所謂的傳統

是一個共名，由於我們通過我們自身的理解、詮釋、選擇與構造，設定一些質素而構成了我們的傳統，這一所謂的傳統是在歷史的發展過程中是不斷變動的。當我們以這樣的方法回過頭去看整個儒學的發展歷史時，基本上就不會只認為中國儒家的核心本質只是心性論，還應當包括像以「理」、「氣」為核心概念的其他思考。各個不同核心概念的思考只是各個不同的視野參與對話的一種可能，並不存在哪一個是主流、哪一個是偏流的區分。經過這樣的一個思路的變動以後，我們可以回過頭去思考，從牟宗三先生那樣一個「兩層存有論」的構造當中，是否可能有一個轉出的可能？這個轉出的可能，在我看來，更可以藉著熊十力先生的體用哲學中所隱含的「存有三態論」來實現，這應該比較符合於整個中國哲學的傳統和中國文化的心靈智慧。

　　「存有三態論」是從存有的本源、存有的開頭，到存有的執定。所謂「存有的本源」，就是古時曾用的「道」。「道」其實並不是指獨立於心靈、在這個世界上翹然絕待、超越於整個世界之上的那樣一個實體。所謂的「道」，就是天地、人我、萬物合而為一的那樣一個來源。「道」不離生活世界，不離歷史社會總體，就在整個生活之中，或者就用唯識學的話來說，它是「境識俱泯」、與心靈意識渾合為一而不可分的、寂然不動的那樣一個狀態，而這樣一個狀態是不可說的。但是，由於從「不可說」到「可說」是連續的，因此，不可說必然地隱含了可說，存有的根源必然要彰顯。所謂的彰顯，其實就是「境識俱顯」，存在的外境與人的心靈意識二者通而為一，成為還沒有分別的狀態。這個沒有分別的狀態，由於主體的物件化活動，「以識執境」、「以主攝客」，必然要走向分

別。二者由這個分別便達成了所謂的「存有論的執定」。這樣一種存有的三態論，符合中國哲學「道生之，德畜之，物形之，勢成之」這樣的一個傳統，也符合我們所說的從「境識俱泯」、「寂然不動」到「感而遂通天下之故」、「曲成萬物而不遺」這樣的一個發展。

十一、「存有三態論」較接近於西方現象學的傳統

這個發展，當我們說就是「道」的時候，其實並不意味著有一個好像西方哲學的超越於這個世界之上的獨立、形而上的實體（metaphysical reality）；「道」其實就在生活之中。以這樣的方式來理解宇宙論，宇宙論就不再是古希臘巴曼尼德以來的這樣一個傳統意義上的宇宙論；以這樣的方式來理解的本體論，也就不再是西方哲學傳統意義下的本體論，而是一個自己形成的、相對獨立的傳統。如果說與西方哲學有一定共同基礎的話，那它倒與當代西方現象學、海德格的哲學相接近。在這裡，有很多值得我們去反省的地方。在我看來，當我們從這樣的向度去理解時，更應該往前追溯，追溯到這一存有的本源、到存有的開顯、到存有的執定，去發現人們在整個生活世界和現象界的發展裡面，究竟產生了什麼後果。在這一過程裡，有一個問題應當特別引起我們的重視，即當我們從一個知識界去理解、詮釋和建構這個世界的時候，我們的知識（knowledge）與我們的興味（interest）、欲望（desire）和權力（power）之間的關係是非常混雜的。這時候，就必須展開更多的理解和詮釋，乃至批判和治療的活動。這樣一個治療的活動，在我看來，就必須回溯到那個存有的本源才有可能。「存有三態論」這樣一個提

法與「兩層存有論」最大的不同，就是免除了一個純粹化、形式化
的「道德之體」、「良知之體」，而回過頭來落實到整個生活世界
之中，回到那樣一個社會歷史總體之體。這樣回溯到社會歷史總體
之體及其根源的生活世界，並把人放入到整個天地之中，正合乎中
國傳統天、地、人的「三才」哲學。通過這樣的一個提法，就會使
得新儒學有一個新的發展。

十二、「內聖」與「外王」兩端而一致

　　這個新的發展首先就免除了道德本心論原有的那種主體主義的
傾向，從而使道德本心論有了一個非常大的變化，即我們必須去恰
當地證實我們整個實踐的脈絡。這一實踐的脈絡非常複雜，應該且
必須把這一本質放到整個歷史發展的脈絡裡，予以細緻的分析。不
能只抓住原先的精神，強調本質；應該要去發現我們的國民性為什
麼會從孔子的理想人格發展到魯迅筆下的「阿 Q 精神」，在這一
發展的過程裡，有一個非常複雜的精神病理脈絡，它與整個歷史社
會的總體、經濟生產方式和心靈意識的變遷有著密切的關係。也就
是說，在這一發展過程中，我們除了必須去面對我們高提了的本心
之外，還必須面對整個儒學的主體，並去瞭解它的整個變遷。通過
這一做法，我們就不會僅僅停留於以心性修養論為核心，不會單單
只從所謂的「內聖」、從心性修養論開出所謂「外王」的思考。其
實，「內聖」與「外王」是通透的，二者由內向外，同時也是由外
而內的。在這裡，我採取了王夫之「兩端而一致」的思考，也就是
二者「互藏以為它，交派以為發」。用王夫之的話來講，也就是
說，「內聖」必須經由「外王」的發展，而得到安頓，而「外王

學」也必得因「內聖學」的安頓才能獲致一個恰當的方向。所以
說，它們二者之間基本上也是一個互動的關係，特別是當我們進到
現代化的發展歷程中研討時，更應該正視現代化「外王」的這一
面，並回過頭去重新調適內在的心性修養。因為任何內在的心性修
養都必然關聯到我們整個存在的實況，而不可能獨立於存在的實況
之外。

十三、開啓以「社會正義論」爲核心的儒學

當我們開始以這樣的方式去思考之後，我們就會得到很多不同
但很有趣的結果。不只是從「內聖」開出「外王」，其實也應當由
「外王」到「內聖」。這樣的儒學就不再是只以心性修養論為核
心，而是以社會正義論為核心的思考。在整個儒學當中，其實很早
就已經含有了這樣的苗芽（但並不是說已達到了非常成熟的程度）。譬如
說，儒學除了「孝悌」的傳統，還強調了「忠信」的傳統，二者是
兩個不太一樣的傳統，但在儒學中有著同樣重要的地位；雖然後來
的儒學基本上是以「孝悌」的傳統為核心，並且希望由此擴及到其
它一系列的傳統。在《論語》這部書裡面，「孝悌」的傳統是孔子
最重要的一個弟子有子所提倡的，而「忠信」的傳統則由孔子另一
個最主要的弟子曾子所提倡。有子講：「其為人也孝弟，也好犯上
者，鮮矣；不好犯上，而好作亂者，未之有也。君子務本，本立而
道生。孝弟也者，其為仁之本興與！」在這裡，「孝弟」與「上下
尊卑」被連在一塊說，這其實已經可以看出，有子強調了「血緣性
縱貫軸」這樣一個思路；而曾子講：「吾日三省吾身：為人謀而不
忠乎？與朋友交而不信乎？傳不習乎？」從這裡則可以看出，「忠

信」的傳統也是很重要的。忠是忠於其事，不是忠君，因此「忠」
這個概念在《論語》裡，基本上是以責任倫理的涵義居多，是一個
責任倫理的概念。這個概念與韋伯意義下的「責任倫理」概念不太
一樣，但絕對不能如韋伯所說儒學中只有意圖倫理，而沒有責任倫
理。韋伯的這個說法正在漢學界擴大地論述，但其實是錯誤的。
「子張問曰：『令尹子文三仕為令尹，無喜色；三已之，無慍色。
舊令尹之政，必以告新令尹。何如？』子曰：『忠矣。』」孔子稱
讚令尹子文把以前當令尹所做的事情毫無保留地告訴新任的首相這
樣的一種做法，認為這是一種「忠」，忠於其事的「忠」，這就是
一種責任的概念。又如人與人之間交往的誠信概念為「忠信」，子
曰：「言忠信，行篤敬，雖蠻貊之邦，行矣。」所以，「忠信」這
個概念也是個非常重要的概念，而這其實也隱含了所謂的「社會正
義論」的可能，只是這個向度因為經過兩千多年的帝王專制中心、
父權中心，男性中心這樣「三綱」的傳統而被整個地扼制了，沒有
得到恰當地發展。當我們面對現代化時，在我們的傳統中既有這樣
的苗芽，我們就可以正式以「社會正義論」為核心來反省「心性修
養論」。

十四、結語：儒學作為一個參與的對話系統

　　所以，儒學就不再是如何從「內聖」開出「外王」的問題，而
是要如何從「外王」回到一個新「內聖」的可能。這意味著在我們
整個邁入二十一世紀，邁入現代化的歷程裡，儒學應該只是作為諸
多參與對話的話語系統中的一個；雖然非常重要，但並不是主流和
唯一的指導方向，這是我多年來對這樣一個問題的思索。這樣一個

思索所期待的其實是儒學的一個新發展，我認為在中國這塊土地上具有著重新生發出新的可能性。因為在中國這塊土地上有五十年來馬克思主義的哲學傳統和非常豐厚的中國文化傳統（雖然經過了十年浩劫），但這個生產不能夠只停留於學者群之間的宏觀知識研究中，而應該要回到大地的母土上，這一點我想是非常重要的。我常對年輕朋友說，做學問如搞園藝，有三種做法：一是插花，一是盆栽，一是種樹。插花最快，且多會受人青睞；做盆栽比較難，做出一盆好的盆栽就更難；而種樹則最難。所謂「十年樹木，百年樹人」，而樹木種出來，也不一定好看，至少一定沒有插花好看，但卻非常重要。中國哲學這顆參天大樹要在中國這塊土地上生長出更多的壯苗，未來必須要有更多的種樹人。因為在當代，知識資訊的流動太快，這使得我們習慣於只略加思索，甚至不假思索就選擇用這套話語系統或那套話語系統，來構造我們的知識，這是一個很大的危機。我們要怎樣來渡過這個危機呢？這是一個解決起來非常棘手的問題。在我們從新儒學的未來發展層面上談到這個問題的時候，其實是在強調儒學作為一個參與對話的話語系統，它與生活世界是密切結合在一起的。我們期待經由這樣的一個反省，來達到儒學一個更新發展的可能。如果這也叫「革命」的話，我認為，它是一個不是革命的革命；它是一個對話，是一個交談，是一種新的發展的可能。這就是我要作的一個引言。

（本文為西元二○○○年四月二十六日在上海復旦大學哲學系訪問之講演，由上海復旦大學哲學系碩士生孫強記錄整理，後再經何孟芩潤筆，最後經講者校正而成。）

第七章　後新儒學的基本規模：對比與差異──以「存有三態論」爲核心的思考

【本章提要】

本章旨在闡述作者近年來所構作的「存有三態論」之理論系統，以及「後新儒學」的基本規模。

首先，作者主張要回到「存在的覺知」，並指出牟宗三先生的哲學系統基本上還是一套以心性論為核心的「道德智識化的儒學」，而其「良知的自我坎陷」此一論點，也是一種理論上的邏輯次序安排，不等於實際的歷史發生程序，而這樣的提法，基本上也是其詮釋系統下的必然轉出。

作者由此進而指出，內聖之學應是在整個歷史社會總體與生活世界中所生長出來的學問，因此，面對整個外王情境的變化，內聖之學也必然應有所調整，而聖賢的教言，也必須置於整個歷史文化的總體情境下，才能夠有恰當的理解。

面對心性之學與專制主義結合而造成之專制性、暴虐性及以理殺人等種種之異化，作者則是認為必須將原來儒學的內聖工夫轉化

為一套客觀的制度結構，只有在這樣一個契約性的社會結構底下，人才能夠自然地進入到社會裡頭開展論述，而不再是以「存天理，去人欲」的方式作為時時警覺的核心。

作者最後指出，新儒學的完成並不代表儒學已經發展完成，而是代表新一波的儒學必須有新的發展。作者所提出的「後新儒學」，正是在新儒學之後，以廣大的生活世界與歷史社會總體為基底的一個新的發展。

關鍵字詞：內聖工夫、自由意志、良知、自我坎陷、公民社會、存在的覺知、後新儒學、存有三態論

○、引言

東華大學中文系主任吳冠宏教授：

　　各位同學大家好，今天非常榮幸請到臺灣師範大學林安梧教授來為大家演講：【後新儒學的建構之一：以社會正義論為核心的儒學詮釋】。我想在座有許多博士班二年級的同學一定會深刻地感受到，在去年一年之間林老師在上【現代人文學方法論】時，對大家在研究方法上和思維方式的提升上頗有幫助。顏崑陽教授當初規劃此課程的時候，希望能找到視野遼闊且方法學方面很強的老師來指導同學，尤其是博士班的同學，使其能開拓其研究方向及研究路數。林安梧老師在這方面提供給同學很大的幫助。今年，一方面林老師剛從任教十三年的清華大學，轉至臺灣師大任教，事務比以前繁多；另一方面，林教授考慮到經濟儉約的原則，決定這門博士課程隔年開設，博士班學生下學年亦可上到林教授的課，我相信對同學的幫助一定會很大。

　　林老師對東華大學非常關心，雖然無法來上課，但不辭辛勞，答應我們特地前來演講、與同學對話，我們非常珍惜這樣的因緣。林教授的學術表現，早為學界所熟知，他的著作很多。同學若看過他相關的資料，必能感受到林老師對儒學的深刻期許，尤其他對新儒學方面用心既深且切，令人感動。多年來，閱讀林教授的著作，由《王船山人性史哲學之研究》到《熊十力體用哲學之詮釋與重建》，他結合現代哲學的新方法去探討儒學的深層問題，並關注未來儒學的走向，這在在可看出林教授的一片苦心，他這方面的努力真是令人十分佩服，也值得大家來學習。現在，我們再以熱烈掌聲歡迎林教授的演講。

一、「存在的覺知」優先於「概念的思考」

謝謝吳冠宏主任的介紹。在座各位同學、各位朋友大家晚安。非常高興回到東華大學，回到東華大學的感覺非常真實。因為每一次一到花蓮，走出飛機場第一個感覺就是：眼睛會自動調整自己的視線，往下調整，之前看事物時都會捉緊一樣東西，而現在視野遼闊了，視線放鬆，如同鏡頭般可自動延伸。今天到花蓮雖已是傍晚，卻還是有相同的感受與體會。

這些年來，我一直覺得「存在的覺知」其實是優先於「概念的思考」，所以我一直勉勵年輕的朋友在從事中國哲學時不要迷於概念的思考，而是要培養敏銳的存在的覺知。須知，存在的覺知會啟動人的思考，雖然概念的思考也會有延展，但若將概念的思考化作言說的話語結構，捉住話語結構由此延伸，那就會愈走愈離愈遠，所以我一直強調要回到存在的覺知。

今天，我想談談我自己治儒學的一些心得，談談這些年來我所謂的「後新儒學」的基本規模，並趁這機會烘托出多年來我所構作的「存有三態論」的系統。這個理論若置放在整個儒學的系統來說，它是以「社會正義論」為核心的思考。我之所以會提出這個問題，其實是因為我對目前兩岸儒學的發展有一些感受。大陸儒學在這些年來其實已有長足的進步，但整體而言，仍未完全洗脫馬列主義教條之宰制。❶就臺灣目前儒學的發展而言，其實也有另一樣東

---

❶ 　請參見林安梧、歐陽康、鄧曉芒、郭齊勇於二〇〇〇年四月間在武漢所做的對談，見《武漢會談：中國哲學之未來──中國哲學、西方哲學與馬克思主

西，使我們對儒學的詮釋窄化，使儒學似乎只變成以心性論為核心的儒學。其實不應以此為核心來思考，儒學應該是要全方位地面對歷史社會總體、面對生活世界來思考，我今天談論這個問題正是有感於此。更具體地說，其實我們可以發現到，很多談良知學的學者在面對社會正義的時候卻採取逃避的態度，甚至接受了社會的不義；他們講求心性修養，但卻順勢而趨，依隨不正義。❷但我以為這並不意謂儒家的良知學不涉及社會正義論或儒家的良知學缺乏責任的概念，也並不意謂儒家的良知學只有彼此相互存在的感通或情感的感動而已。事實上，儒學具有「責任」、「正義」等概念，只是在傳統儒學中所含具的責任、正義概念與現在公民社會意義下的責任、正義概念不一樣。當然，儒學具有其社會哲學、政治哲學的向度，儒學在整個中國歷史社會的發展上，也配合著不同的學術流派，例如道家或是傳入中國形成很大流派的佛教，還有與其他中國諸門派的思想聯繫。儒學成為重要的主流之一，但並不是唯一的主

義哲學的交流互動》（一、二、三、四），《鵝湖》324、325、326、327期，2002 年 6、7、8、9 月，臺北。

❷　關於此，我曾有多篇論文論及，請參見如下：

一、林安梧，2000 年 6 月〈「心性修養」與「社會公義」：中華文化邁向二十一世紀的糾結之一〉文刊於陳明、朱漢民主編《原道》第六輯，頁 69-80，貴陽：貴州人民出版社。

二、林安梧，2001 年 12 月〈後新儒學的社會哲學：契約、責任與「一體之仁」──邁向以社會正義為核心的儒學思考〉，《思與言》第 39 卷第 4 期，頁 57-82。

三、林安梧，2000 年 12 月 26、27 日〈良知、良知學及其所衍生之道德自虐問題之哲學省察〉朱熹與宋明理學學術研討會發表論文，中央大學哲學哲學研究所、東方人文基金會、鵝湖月刊社主辦。

流，它只是其中一個很重要的主流。

二、形而上理由追溯之理論邏輯次序，不同於經 驗考察之歷史實際發生次序

　　儒學不只是心性修養之學，所以不應該只從這個角度來談儒學，也不應該只從這個角度去說華人如何作為道德的存在、良知的存在。我們應該進一步去思考這樣良知的存在，要如何走出心性修養的封閉圈子？如何進到生活世界？如何進入歷史社會總體？又如何開出民主科學？我想當代新儒學，尤其是牟宗三先生的哲學系統一直在強調如何從良知的自我坎陷以開出知性主體，以知性主體涵攝民主科學。此一開出的說法看起來是很大的進展，但我以為這恐怕只是陷溺在以心性論為核心的詮釋之下，才構作成此一系統。因為這是一個詮釋構作的系統，再由此詮釋構作的系統去強調如何開出。也就是說，在這樣理解之下的中國傳統圖像或是儒學傳統圖像，是一套形上化了的、以心性論為核心的「知識化的儒學」，也可以說是一套「道德智識化的儒學」。❸

　　由這樣的角度切入談論，如何開出民主和科學呢？我覺得這樣的提法蠻曲折的，因此，我不太贊成這樣的提法。我認為這個提法基本上是通過形而上的溯源方式所構造出的詮釋系統，最後肯定人與宇宙內在的同一性，強調「道體」和「心體」之等同合一，再由

---

❸　請參見林安梧〈解開「道的錯置」──兼及於「良知的自我坎陷」的一些思考〉，《孔子研究季刊》總第 53 期，1999 年第一季，1999 年 3 月，頁 14-26，中國孔子基金會主辦，山東濟南：齊魯書社。

這道體和心體等同起來的良知去談這個世界，諸如民主、科學如何安排的問題。這樣的安排基本上是一種解釋性的、體系的、理論的安排，其實和實際的歷史發生是兩回事。

這也就是說，在歷史的發生歷程中，所謂的民主和科學並不是非得由良知的自我坎陷，開出一個知性主體，再由此一知性主體之所對而開出民主和科學。當由良知的自我坎陷而成為認知的主體，這不同於原本的良知，因為良知是絕對的、是包天包地而無所不包的、是無分別的。這個坎陷落實下來有主客對立之呈現，才有所謂的民主與科學，才會出現客觀的結構性。然而這樣的提法，基本上是一種理論上的、邏輯次序的安排，不等於歷史的發生程序。❹若從歷史的發生程序而言，其實在各個不同的地方所發展出來的民主科學應會有其不同的歷史發生次序。當然西方所謂先進國家的民主科學有其發展過程，配合著經濟發展、宗教改革、整個政治社會總體的變遷而慢慢長出所謂的民主制度，亦在此過程中慢慢長出科學思潮，而成為現代化重要的兩個機制──就整個政治社會方面而言，是民主制度；在整個對世界的理解上來說，則是一套科學的思維。

我認為這牽涉到各個歷史發展的不同成因，如此說並不意味，若我們要發展民主科學，必須照著西方的方式重走一遍。因為任何歷史的發生過程都是具體實存的，因不同的歷史條件、不同的族群、不同的歷史文化傳統而有不同的發生歷程。但是顯然的，這不

---

❹　同上註。又牟先生關於此論，請見氏著《現象與物自身》與《中國哲學十九講》等書。

是可以經由一個詮釋的方式、一種形而上的追溯方式，追溯到源頭，奠立一個良知的主體，再由良知主體之奠立導生出民主和科學來。這是一種理論的、詮釋的次序，是經由形而上理由的追溯而產生的理論邏輯次序，它和實際發生的次序其實是兩回事，甚至是無關的。

三、「良知自我坎陷開出知性主體」的提出是爲了要克服中華民族的意義危機

剛剛提到，如果依照這歷史發生的次序，我們要發展民主和科學未必要照西方的方式重來一次。其實，民主科學對我們來講，並不是先發，而是後發的，我們是學習西方的，所以這應該是一種「學習的次序」，我們如何學得民主和科學和西方如何發展民主和科學是二層不同的次序。「實踐學習的次序」是一層次序，加上前面我們說的「理論邏輯的次序」與「歷史發生的次序」，便有三層不同的次序。也就是說，民主科學在理論的脈絡下如何安頓，這是理論的邏輯次序；在歷史的發生過程中，探討它是如何發生，則是歷史的發生次序；而我們作為後發的民主科學學習者，可以去思考哪些條件可以加速我們的學習，因而安排出實踐學習的次序。❺

我認為牟宗三先生所說的良知的自我坎陷以開出知性主體、涵攝民主科學，或是新儒學所說的，由良知開出民主、科學之「民主

---

❺ 關於理論的邏輯次序、歷史的發生次序以及實踐的學習次序三者之異同，我最早曾於一九九五年所寫《牟宗三先生之後：「護教的新儒學」與「批判的新儒學」》一文第十一節中論及，此文後來收入《儒學革命論：後新儒家哲學的問題向度》第二章，1998 年，臺北：學生書局。

開出論」與「科學開出論」，基本上是牟先生誤將那理論的、解釋的、經由詮釋的理論邏輯次序當作我們該當去學習的、實踐的學習次序，我覺得這裡有所混淆。當然，我們會問：「為什麼當代新儒學會提出此一方式？」這牽涉到當代新儒學所要克服的是中華民族當代的意義危機。因為從清朝末年一直到民國初年的這一百年間，華人基本上一直在克服生命存在的危機。此一存在的危機深沉地滲透到我們心靈的深處，與整個文化心靈最高象徵的幾乎瓦解而密切關連。張灝教授認為，這是整個族群文化的意義危機，林毓生教授則認為這是整個中華民族的意識危機。❻他們用這些語詞無非是在說明：整個華人於當代面對著嚴重的自我迷失狀態。如何克服這種自我迷失的深沉狀態？各家各派都有提出各個不同的看法。其中，徹底的反傳統主義者認為，就是因為傳統掛搭在我們整個族群身上的業力，使得我們處於嚴重的困境裡面，攪亂我們，並使我們陷入嚴重的危機之中，所以認為我們應該要徹底地反傳統，將傳統清洗掉，讓我們成為光溜溜、清清白白的存在，使我們有機會以清清白白的存在，有機會學習西方的東西。但是，這樣的思考基本上不止是不切實際，而且是完全不合道理的。因為作為人是不可能通過一個徹底的反傳統的方式來擺脫傳統，再回過頭來說明其自我同一性（自我認同，self-identity）可以是一種光溜溜、清清白白的方式，這是

---

❻ 關於此，請參見張灝 "New Confucianism and the Intellectual Crisis of Contemporary China" 一文，林鎮國中譯收入周陽山編《保守主義》一書，1980，臺北：時報出版公司印行。又林毓生有 The Crisis of Chinese Consciousness 一書，於此論之甚詳，該書曾於 1979 三月於臺北：臺灣全國出版社印行。

絕對不可能的。這樣的思考，只是造成整個族群的貧弱與匱乏，到最後失去整個族群自身的主體性、失去整個族群自身的自我認同，終而陷入嚴重的文化認同危機。

四、「良知的自我坎陷」亦是牟宗三先生詮釋系統下的必然轉出

原先存在的危機仍然還在，而文化認同的危機也繼續加深，此問題延續到今天還一直在作用著。歷史語言學派強調國學的追求到最後必須追溯到更遠古，通過語言和文字而對更遠古的歷史文獻有更真切的把握，他們認為通過整個歷史還原的方式可以更了解自己，因此用此一方式來定立其自我認同。但這種方式走到一個地步時，因為是通過訓詁到義理的方式，是通過外在話語系統之把握，回過頭來肯定自我的內在主體，這方式便會有所疏離、有所異化，到最後則是鑽進到新的故紙堆之中。

我們可以看到，早從清朝乾嘉之學開始，一直到如今，現在幾個故紙堆式的研究單位，這可以說是這殘餘的具體表現與發展。他們作學問十分強調客觀性，但無法尋得內在的文化主體性，來克服存在的危機。然而，當代新儒學則是接續宋明理學而發展，特別強調陸王學而找尋到生命內在實存的道德主體性，以實存的道德主體去找尋內在的本體，並以此內在的本體肯定這主體以克服存在危機。

在此過程中，經由馬一浮、梁漱溟、熊十力、唐君毅到牟宗三。牟先生的哲學創造能力特別強，他吸收了西方的哲學思想，特別以康德學來強化儒學、重構宏偉的嶄新系統。他以儒學為核心，

將道家、佛教吸納進來，通過判教理論去說：儒學以「性智」為主，道家是以「玄智」為主，佛教則以「空智」為主，而他們皆具有康德所謂的「智的直覺」（Intellectual Intuition）。康德認為人不具有「智的直覺」，只有上帝才具有；但牟宗三先生卻通過中國儒、道、佛的智慧去肯定人具有「智的直覺」。所謂「智的直覺」，其實就是良知，此是通過儒家而言。他以為「良知」（性智）就是道體、心體通而為一的，宇宙造化的本源是與我們的心性之源通而為一的，那個絕對的道體就是內在的主體，牟宗三先生基本上就是通過這個方式來肯定的。❼

顯然地，他是通過理論性的詮釋，是經由形而上理由的追溯來樹立起這個系統。他想通過此一方式擺脫整個歷史的、帝王專制的、宗法封建的，以及其它種種歷史業力的糾纏，樹立起儒、道、佛，甚至是整個中國哲學，包括人心靈意識的一種宏偉的、崇高的、帶有強烈道德信仰或宗教信仰式的良知學系統。

這樣一套良知學系統極為崇高，它不會停在一個地方，而必得落實開顯。但可別忘了，這是牟先生所構作的一套解釋系統，這樣的解釋系統不足以涵蓋所有的中國哲學，也不足以涵蓋整個儒學。但是此系統一旦安立了，接下來就是要安排現代化的發展，就必須去處理良知學與整個民主、科學的問題該當如何。我作此一詮釋其實是要說：為什麼牟先生會用「良知的自我坎陷以開出知性主體、以知性主體來涵攝民主科學」如此曲折的方式，來說民主科學在我

---

❼　以上所說，其詳請參見牟宗三《現象與物自身》一書，臺北：臺灣學生書局，1975 年。

們這一族群之中要如何開出？這是因為他安排了這樣一套解釋系統之後，必然要有的下一步的轉出。但是我認為這一步的轉出只是在這系統之中的一套安排方式，而這樣的安排方式其實只有解釋上的功能，說明民主和科學在我們這個族群的發展裡，其實是不違背心性學與良知學的系統。這套理論的詮釋功能所重在此，而其它的功能則不重要。

五、由「如何從內聖開出外王」轉而爲「在外王 發展的過程裡，儒學應如何調適」

如果可以開出民主和科學，我認為在理論上可以和良知學、良知的自我坎陷作一關聯，但與實際的發展相提而論，則很明顯地是兩回事。從臺灣這幾十年來民主與科學的發展來說，當代新儒學參與其中者並不多。當代新儒學並沒有對臺灣民主的發展給出多大貢獻，這是應該要承認的。但我們現在再來談這議題的時候，並不是要說：儒學怎樣開出民主和科學？而是要問：當我們在學習民主科學的發展過程中，儒學應如何重新調適？我們應該要在這個新的境域之中去思考儒學新發展的可能，我覺得這才是主要的思考方向。

這問題有兩個層次：在面對外王的發展過程中，儒學究竟有多少資源來參與？而原本的資源之中又是否有需要釐清之處？內聖學不是可以孤離而說的一種學問，內聖學是在具體的生活世界裡，是在歷史社會總體之下所生長出的學問，所以當整個外王學已經有了變遷，整個歷史社會總體與我們生活世界的實況也有了變遷的話，我們的內聖學其實也是應該調整的。我的意思也是說，內聖學的理論邏輯的層次與其實際發生的層次有密切關連，並不是透過形而上

的追溯，或是去訂立形而上的內聖學之「體」，再說明由內聖學之「體」如何開出「用」來；而應該是用「體用不二」的全體觀點，來思考內聖學系統應如何調整的問題。因此，我的提法就不再是「如何由內聖開出外王？」而是「在新的外王格局下重新思考內聖如何可能？」這樣的話，就會有很大的不同。因為外王並不是由內聖開出的，內聖、外王其實是本來就是一體之兩面，是內外通貫的。❽

我們應當知道，從前並不只有內聖學而無外王學。從前的內聖學是在帝王專制、家族宗法、小農經濟這樣狀況底下的內聖學。在帝王專制、小農經濟與家族宗法構作成的一套外王之下，所強調的內聖是孝悌人倫、上下長幼、尊卑有序，強調以禮讓、謙讓、忍讓為主導，以「知恥近乎勇」為主導的這種知恥的倫理，以禮讓倫理為優先。但是現在整個外王的情景變化，內聖修養的道德向度也必須作調整。

我這麼提也就是說，我們不能夠通過一種以內聖學為核心的思考方式，也不能夠只延著原來的聖賢教言，構作一套新的心性學理論，再由此心性學理論去導出外王學理論，我覺得這條路是不對的。應該要具體了解民主發展的程度、科學性思維發展的程度，或者廣的就整個西方所說的現代化或現代化之後我們現在所面臨的實況、我們原來傳統的哲學資源，來說儒家還能扮演何種角色？而在

---

❽ 關於此請參見林安梧〈從「外王」到「內聖」：後新儒學的新思考〉一文，《第二屆臺灣儒學國際學術研討會》，1999 年 12 月 18、19 日，成功大學中文系主辦。

內聖學方面，又要如何面臨調整？當然，以前的聖賢教言所構作出的體系仍是可貴的，但其必須接受考驗。如果真正落實下來，應該會有很大的不一樣，整個思考模式也會有很大的翻轉，這是我這幾年來一直在思考的重點。

六、康德的道德哲學與社會契約論密切相關，孟子性善論則與親情倫理密切相關

　　我之所以會如此思考，其實是在方法學上有很大的調整。因為我一直認為，任何一套道德哲學、形而上學的系統並非憑空而起的，它與整個歷史發展背景、整個經濟生產方式、整個政治變遷和整體文化傳統的發展有密切關係。正因如此，所以我根本上無法贊成康德學與孟子學有那麼地接近。雖然孟子所說的「性善」，在某一個向度上和康德（Immanuel Kant）所說的「無上命令」有某種程度的接近，但康德的道德哲學其實是建立在西方的市民社會底下的契約論傳統，在此契約論傳統底下才有康德的道德哲學，要是沒有洛克（John Locke）、盧梭（Jean Jacques Rousseau），就不會有康德的道德哲學，所以康德的道德哲學必須關連著這樣的歷史社會總體去理解。請問孟子的性善論如何找得到他底下的社會契約論呢？如何去找到所謂西方近代的市民社會來作為基礎呢？顯然不是。孟子的性善論是建立在宗法封建、小農經濟，建立在我們原來的家族宗法那樣的親情倫理之上，是由親情倫理往上溯而得出的性善論。❾

---

❾　以上所論，請參見 Jean Jacques Rousseau, "The Social Contract and Discourses", translated by G.D.H. Cole，臺北：雙葉書店影印，民國六十年。又請參見拙著

宋明理學則是進到帝王專制的宗法、親情倫理、小農經濟這樣的情況下而生成的，怎麼可能和康德的道德哲學等同呢？再怎麼相像也是「共款不共師傅」。當代新儒學之所以作此詮釋，以牟先生來說，也不是將其等同起來，而是強調可透過此一方式重建孟子學、重建宋明理學，他的重建方式其實就是接受整個西方啟蒙以來的一種唯理智的思考。從啟蒙運動以來，西方哲學的主流就是非常地強調理智中心的思考。

大體說來，牟宗三先生所建構的當代新儒學充滿著道德理智主義之色彩，這樣的道德理智主義之色彩其實與原來孟子學或是陽明學所強調的「一體之仁」有一段差距。就整個氣氛、味道而言，牟先生還是儘量保存著中國傳統文化與儒學傳統「一體之仁」、「怵惕惻隱」的氛圍。牟先生認為，當代新儒學有進於康德，而且進一步認為康德是有所不足的，所以要補康德之不足。牟先生在他那一本《康德的道德哲學》之譯著中，一方面翻譯，又加上詮釋批評，很清楚地表達出這樣的訊息；其它像《現象與物自身》、《圓善論》等著作，也都透露出這樣的訊息來。我個人以為，就此點來說，牟先生比勞思光先生強很多。

《契約、自由與歷史性思維》第二章〈論盧梭哲學中的「自由」概念──以「自然狀態」與「社會狀態」對比展開的基礎性理解〉，1996 年 1 月，臺北：幼獅。又請參見林安梧《儒學與中國傳統社會的哲學省察》第十章，頁173-178。

七、天人、物我、人己通而爲一的存有連續觀是中國文化基本模型

　　勞思光先生基本上還是透過康德學的整個架構方式來了解儒學，並且認定儒學是以心性論為核心；他甚至認定像孟子、象山、陽明基本上是不談天道論的，以為如果談到天道論，這樣的儒學就是往下墮落的儒學，就不是真正的儒學。勞先生這樣的思考其實是違反了中國文化傳統的基本模式，也違反了中國文化的精神脈絡，但卻成為對中國儒學詮釋的重要主流之一，尤其是在臺灣，這一點是我特別要指出來的。其實，天道論在整個中國儒學之中非常地重要，而天道論也並非是所謂宇宙論中心的思考。

　　在華人的文化裡，傳統所說的天道不離人道，天、地、人交與參贊所構成之整體叫「道」。所以當我們說天道的時候，講宇宙自然法則的時候，並不是離開價值判斷、離開道德意味而說的純客觀宇宙法則。因此，並沒有宇宙論中心這樣的哲學，即使有一點點這樣的傾向，亦不應以此角度來看。若將其判為宇宙論中心來看待，那中國哲學很多是不值一談的。這一點就是當我們在閱讀勞先生《中國哲學史》❿的時候，應該要了解之處，因為他違反了天人、物我、人己通而為一，違反了在存有連續觀之下中國文化最基本而深沉的文化模型之理解方式。牟先生基本上還觸及到這一點，但勞

---

❿　勞思光《中國哲學史》所提出的「基源問題研究法」對學界有一定的影響，而勞氏對於儒學的理性化解釋亦有其難得的苦心孤詣，但卻問題叢生，此非久於其中者所能知也。

先生則深受康德架構的影響。當然，牟先生還是侷限在現象與物自身的超越區分之下，並在這樣的格局下建立起他的兩層存有論。

　　我這樣的思考所要強調的是，我們面對儒學的發展其實不應該以本質主義式的思考方式，認為儒學有一核心性的本質，就是心性論，不應該這樣的；應該說，心性論只是整個儒學理論構作成的一個組成成分之一，而它具有非常重要的位置。心性論在儒學中具有非常重要的位置，正如同儒學也具有其它社會哲學、政治哲學的面向一樣，都有著非常重要的位置，而天道論在儒學之中也有它非常重要的位置。所謂的「天道」，基本上是交與參贊所成的一個總體，這一點是我所要強調的。如果以這樣的觀點來看的話，心性論只是環繞於其它各個不同的因素，而在不同時代會出現不同的向度，並不是有一個永世不遷的、唯一的、正統的心性論。

八、牟宗三哲學是當代中國哲學最大的別子爲宗

　　一般所謂「孔、孟、陸、王」，其實只是以牟先生所說的陸王為核心，再回過頭去將孔孟拉進去，而構作成所謂的正統。牟先生以此為正統，以良知學為核心，以本心理論為核心，認為朱子只是「別子為宗」。其實，如果進一步來看，牟先生透過康德的整個哲學建構，以一種道德理智主義的方式去建構起一個理論系統，並用這樣的系統來撐起整個中國哲學，這在整個中國哲學的發展上來說，算是很獨特的。但這獨特絕不下於朱子，我認為牟先生判朱子為「別子為宗」，雖然也有道理，但卻未必恰當，要是朱子可以被視為別子為宗、非正統的話，那我覺得牟宗三先生比起朱子更為獨特。正因如此，所以我說牟宗三先生是當代中國哲學最大的別子為

宗。**⑪**

　　這句話其實是有條件的，我並不太願意這麼說，因為我認為去判別誰是正統、誰是別子為宗沒有意義。我這麼說是因為，如果牟先生批評朱子這樣叫別子為宗的話，那麼牟先生現在所建構成之系統一樣是個新的系統，此一新系統並不足以涵蓋整個中國哲學，並不足以做為中國哲學的正統。如果你的正統意識那麼強的話，我才會講這話。這是因為我在一九九五年的一個會議上提出這個問題而引發很多的攻擊，我原本是想講講就算了，但後來被攻擊了就變成是我的主張，所以後來就把它主張到底了。主張到底的時候，我就把這理由說了，這樣的說法是有但書的。也就是說，朱子若是別子為宗的話，那牟先生也是別子為宗。牟先生說他非常尊敬朱子，我相信牟先生真的是非常尊敬朱子，他對朱子有非常深入的研究，所以當牟宗三判朱子是「別子為宗」的時候，我聽牟先生親口說這並不是一種貶抑。因此，我一樣也願意用這樣的話說，如果順著牟先生這樣的分判方式，我覺得不得不說牟先生是當代中國哲學裡頭最大的「別子為宗」，然這基本上絕不是對牟先生的貶抑，因為如果用牟先生的分判來說的話，其他人連是否能夠為宗、連是否能夠作為別子，都不一定，更不足以談「別子為宗」了。

　　其實，勞思光先生也可以算是另一個大的別子，但他是否足以為宗，那還有待考驗。但這就牽涉到很多嚴重的問題，這就是對於

---

⑪　此論原發於一九九五年冬，後陸續提到，讀者可參見訪問稿〈後新儒家哲學的思維向度〉一文，刊於《鵝湖》283 期，第廿四卷第七期，第六節，1999年 1 月，頁 6-15。

中國哲學的理解上，我們必須有什麼樣的裝備？我常常跟很多年輕
朋友、尤其是我們中文系的年輕朋友強調，我們對於中國哲學的理
解，一定不能離開文學的脈絡。哲學如果沒有文學，哲學是空洞
的；文學如果沒有哲學，文學容易是盲目的。這是借用康德「沒有
感知的概念是空洞的，沒有概念的感知是盲目的」這兩句話來說
的。所以，治中國哲學必須對整個中國文化情境有一種深入的理解
才可以。

九、聖賢教言必須置於整個歷史文化的總體情境下來理解

　　什麼是對整個中國文化情境的理解呢？對整個中國文化情境的
理解，就是要對它整個歷史、文化的總體，對於原來傳統所散發出
來的生活實境與樣態有更深的契入與了解。這裡頭有人情、有道
義、有情感、有仁義道德、有理性、有專制、也有世故顢頇……，
什麼都有。怎樣對這些東西有某種契入的理解呢？我覺得在整個知
識系統方面，必須對於考古人類學、對於整個中國文化史的知識、
對於中國政治思想的發展乃至其他種種，都要有一定的了解。要不
然的話，治中國哲學如果只隨順著古代聖賢的教言，再通過當代的
幾位大師所構作成的系統往下走，那只會愈歧愈遠、愈走愈窄、愈
走愈偏而已。當然愈走愈偏並不代表你不能念博士，並不代表你就
不能夠到大學教書，也並不代表你就不能到研究院當研究員，但是
這對於我們的學術、對儒學的發展其實沒有益處，反而是害處，因
為你所構作的是個虛假的系統，你所參與的也是一個愈離愈遠的虛
假系統。

　　怎麼樣對這些語境有一定的了解呢？千萬不要簡單地誤認為中
國幾千年來都太無聊了，只會搞心性之學而已，好像中國都不需要
去考慮人們生存的實際狀況，對整個政治社會的構造也從未思考
過，其實不是這樣的。如果你不是專業研究者的話，那一大套東西
現在不一定可用，也不一定要對那一大套東西作更深入的理解，但
是對不起，你一定要將這些東西化入你的思考範圍裡面。當你把它
化入思考範圍裡面的時候，你的想法整個會產生變化，這時候你就
會去想：「良知學在不同的時代之中，會怎麼樣出現？」

　　所以今天當我們談以社會正義論為核心的時候，就要去思考：
這個社會正義是什麼樣的社會正義？當然以臺灣目前的發展來講，
這個社會已經不再是個傳統的威權社會，不再是以血緣親情為主導
的社會，不再是個神聖威權體制所主導的社會，也不再是個黨意跟
公義連在一塊的社會，它其實是一個正在締造之新的公民社會。從
社區意識的生長，到公民社會的建立，此一發展過程，是相當不容
易、也是相當辛苦的。而這時候我們必須再去思考：儒學有些什麼
樣的資源會和這些相關？儒學原來的哪些部分我們又必須作些什麼
樣的釐清？

十、「意圖倫理」與「責任倫理」的對比釐清：
　　歷史因素的考量

　　我覺得像儒學所強調的「責任」概念就很重要。儒學所強調的
「責任」概念，其實也就是「忠」的概念。「忠」這個概念在整個
儒學傳統裡被混淆了，從「宗法封建」到「帝王專制」，也從原來
「忠於其事」的責任概念變成了忠於其君這種「主奴式」的忠君概

念，而這已經是違背原本「忠於其事」的概念了。❷

　　「忠於其事」是個什麼樣的概念呢？就《論語》裡頭說的，曾子曰：「吾日三省吾身，為人謀而不忠乎？與朋友交而不信乎？傳不習乎？」（《論語・學而第一》）這裡所說「為人謀而不忠乎」的「忠」字，就有責任倫理的意義；再者，子張問曰：「令尹子文三仕為令尹，無喜色；三已之，無慍色。舊令尹之政，必以告新令尹。何如？」子曰：「忠矣。」（《論語・公冶長第五》）楚國的令尹子文三次當上令尹，令尹就是宰相，三次被罷黜，「舊令尹之政必以告知新令尹」，這就是「忠於其事」；又孔子說：「言忠信，行篤敬，雖蠻貊之邦行矣。」（《論語・衛靈公第十五》）這所說「忠」字，也是責任的概念。在《論語》裡頭，所謂「君禮臣忠」，這是個責任的概念；但是到了後世，卻說「君要臣死，臣不得不死，不死謂之不忠」，這時候這個「忠」已經是離開了原來忠於其事、忠於良知的概念，而變為主奴式的忠君概念，這種主奴式的忠君概念其實已經不是原先儒學的責任概念。所以你可以發現，原來儒學的責任概念到了秦漢大帝國的建立之後，慢慢不見了，忠的概念慢慢不見了。責任的忠轉化為主奴式的愚忠，這是很嚴重的。❸

　　我為什麼要談這個問題？因為韋伯（Max Weber），也就是寫《中國的宗教》（*Religion of China*）的那位作者，在〈政治作為一種

---

❷　請參見林安梧〈《論語》中的道德哲學之兩個向度：以「曾子」與「有子」為對比的展開〉，士林哲學與當代哲學學術研討會，2000 年 1 月 14 日，輔仁大學哲學系主辦。

❸　請參見林安梧《儒學與中國傳統社會之哲學省察》第十章〈順服的倫理、根源的倫理與公民的倫理〉，頁 177-197，1996 年，臺北：幼獅。

志業〉的講演詞中提到兩種倫理：一種叫「意圖倫理」，一種叫「責任倫理」。⓮以他的說法再衍伸下去，中國似乎就變成沒有責任倫理只有意圖倫理。這個分判很有意思，但這分判是有問題的，因為這個分判只看到整個秦漢大帝國建立之後中國文化的表象，但是如果回到中國先秦的典籍裡，顯然不是這樣的。就以《論語》這個典籍來說，很顯然地具有責任倫理的概念，並不是沒有。所以我們要問：《論語》之中的責任倫理概念為什麼後來不見了？這跟整個帝王專制的建立、高壓極權有著密切的關係，因而使得整個儒學原來非常強調社會實踐的向度、非常強調責任倫理的向度，慢慢萎縮不見了。⓯

如此一來，久而久之，儒學開始強調心性修養優先於社會實踐，因而人們把道德實踐直接定位在心性修養之上，強調心性修養是道德實踐的基礎，也是社會實踐最重要的基礎，這到宋明理學時大體上是如此。但我願意說，這跟整個帝王專制，特別是到了宋代，更是與中央集權有密切的關係。從唐末五代、石敬瑭割讓了燕雲十六州以後，整個華人所領有的疆域變窄了，而北宋一直想克復原來的失土，卻沒有辦法，因為遼太強了。後來還有金，北宋不行了，整個中國陷入一個困境。這個困境有多重的內憂與外患，因此

⓮ 請參見韋伯著《學術與政治》，錢永祥編譯，新橋譯叢 10，頁 210，1985 年 6 月，臺北：允晨文化。

⓯ 請參見林安梧〈道德與思想意圖的背景理解：以「血緣性縱貫軸」為核心的展開〉，收入「本土心理學研究」第七集《中國人的思維方式》，頁 126-164，1997 年 6 月，臺北：臺灣大學心理學系本土心理學研究室、桂冠圖書公司印行。

整個社會政治總體必須要進行改革，但是改革從北宋開始就一直失敗。因為范仲淹、王安石的改革失敗，政治改革失敗、社會實踐的不可能，因而轉向內求，強調心性修養的優先性，宋明的心性之學就是由這樣的脈絡中產生出來的。**⓰**

十一、心性學與專制主義結合所造成的異化：專制性、暴虐性與以理殺人

儒學做這樣的生長，當然有它非常重要的功能，可以作為一個儒學生機的形而上的保存功能；但是它同時也伴隨帝王專制，走向一種良知的自虐方式，跟國君連在一塊而形成另外一種「暴虐性」。如此一來，它伴隨著整個社會的中央集權、父權中心、男性中心而更為嚴重化。從五代到宋以後，整個中國基本上是個封閉的世界觀，整個心靈是朝封閉之路走，由封閉而開啟了一個形而上的理境。原來外在的燦爛慢慢地伸展不出去，因而往回強調內在的精神。

在思想上是這樣，在文學上我們也看到相同的情形，有的人稱讚宋詩是「皮毛落盡，精神獨存」；而在繪畫方面，我們也可以看到，在色彩上慢慢地以黑白為主；從儒學發展史中我們更可以看到，心性修養與嚴肅主義愈來愈強，但社會的男盜女娼卻也愈來愈厲害，這是個非常有趣、也非常弔詭的現象。我把這個舉出來是要說，不能孤離地說一套非常偉大、非常崇高、非常莊嚴的道德哲

⓰ 請參見錢賓四《國史大綱》第六編，第三十二章〈士大夫的自覺與政治革新運動〉，民國廿九年六月初版，上海：上海商務印書館，頁 398、399。

學，並以一種本質論式的思考作為它的基礎，從那個地方應該要導出其他的面向。因此，我們應正視歷史的實況，從實際的發展過程之中去看。❶

　　我覺得這個問題其實一直到黃宗羲時候才開始有比較完整的思考，而到王夫之的時候則是打開了很大的格局。但是非常不幸地，清朝基本上就是運用了宋明理學的心性之學，並且是運用了保守的程朱學。清朝以程朱學為主導，把程朱學的整套道德意識形態與其專制主義連在一塊，而形成一套新的高壓統治。在這非常有效率的、非常有次序的、也非常精明的統治底下，康、雍、乾三朝的經濟生產方式有了變遷，引進了很多南美、南洋的作物，使得中國的人口在短短的一百三十幾年之間增加為四億人口，這與朱子學的整個系統是有很密切的關係的。到了乾隆晚年，很顯然地，這套專制主義伴隨著朱子學的整套天道論、人性論的這套系統，已經沒辦法維繫整個大帝國的秩序了，原先的客觀法則性轉而成為「以理殺人」這樣的後果，這正是戴震哲學的呼聲。因此，戴東原對這問題的批評應放在這脈絡下來理解。❶

---

❶　請參看黃進興〈清初政權意識形態之探討：政治化的道統觀〉一文，《中央研究院歷史語言研究所集刊》第五十八本，第一分，1987 年。又見孫明章〈清初朱子學及其歷史的反思〉，收入鄒永賢主編《朱子學研究》，1989 年五月，廈門：廈門大學出版社。

❶　請參見林安梧《中國近現代思想觀念史論》第四章〈「以理殺人」與「道德教化」：環繞戴東原對於朱子哲學的批評而展開對於道德教化的一些理解與檢討〉，頁 95-121，1995 年 9 月，臺北：臺灣學生書局。

十二、「君」、「父」、「聖」三者構成了「血緣性縱貫軸」的基本構造

　　我把這個事實順著這樣說下來是想指出，如果我們正視這些事實，就必須去深刻地審視現代儒學。顯然地，我們該去面對的問題，已經不是如何由內聖開出外王的問題；而是在新的外王情境裡，如何調理出內聖的問題、如何面對正義的問題。這個社會的正義該怎麼辦？以前是在一個宗法親情、帝王專制、小農經濟所構作成的一個我所謂「血緣性縱貫軸的社會」。血緣性縱貫軸是以三個頂點所建構起來：一個是國君的君，一個是父親的父，一個則是聖人的聖。君，是指君權、帝王專制；父，是指父權、家族宗法；聖，則是指聖人、文化道統。君，是一套我名之為「宰制性的政治連結」的控制方式，這是整個血緣性縱貫軸的核心；父，就是我所謂的「血緣性的自然連結」；聖，就是「人格性的道德連結」。

【古代】	【現代】
君：宰制性的政治連結	委託性的政治連結
父：血緣性的自然連結	契約性的社會連結
聖：人格性的政治連結	

　　關於這部分的理論，我在《儒學與中國傳統社會之哲學省察》一書中有比較完整的鋪陳。[19]以前的儒學是在這樣的狀況之下長成的，這樣長成的「人格性的道德連結」，它是以「血緣性的自然連

---

[19]　特別是第二、三、四這三章，頁 17-68。

結」為背景，以「宰制性的政治連結」為核心。它沒有辦法打破，因為沒有辦法打破那宰制性的政治連結。在這樣的狀態底下談內聖、談修養，談什麼？所以你可以發現，那個修養與世故顢頇很接近，這樣的修養問題就很嚴重。

但是以現代而言，其實已經有了很大的變化。現在的變化是什麼呢？那不再是「宰制性的政治連結」而是「委託性的政治連結」；不只是「血緣性的自然連結」，還有另一層「契約性的社會連結」，這是一個很大的變化。當我們談公民社會時，就不能從「血緣性的自然連結」直接推出來，原先從這個血緣親情所推出來的，現在就必須被分隔開來。在家庭談「孝悌人倫」，但是在社會必須以一個獨立的個體進入到這個社會，這是通過一個客觀法則性的原理所構成的一個「契約性的社會」。在這個契約性的社會底下，去實施、去作該作的事，這時候所談的社會正義就跟從親情倫理所長出來的道德是兩回事，儘管兩者有密切的關係，但還是兩回事。也就是說，一個孝順父母、友愛兄弟的人，他在社會上有可能不一定是個正義的人，所以不能那麼簡單就認為他在社會上一定是正義的。這兩者是偏執、是有所不同、是分開的。我們對社會必須要有一種正義的認識，這正義的認識當然可說與孝悌人倫有密切的關係，但是卻不是直接可以從孝悌人倫中推出來的。[20]

此一部分我覺得現在我們正在生長，這是華人自有歷史以來，第一次面對這樣嚴重的挑戰，而臺灣基本上正在這個挑戰的前頭。香港社會因為是被英國人所控管的社會，所以他們對這個問題並沒

---

[20]　關於此，請參見前揭書，第九章、第十章，頁 157-198。

有那麼直接地正視到，只到一定的程度，但問題也還不嚴重；新加坡基本上是個多種族的國家，因此也不能算是那麼典型，而且也不能算是一個充分實現的民主憲政國家，雖然表象上很像，但還是威權體制。中共當然是屬於威權體制，到目前為止都是，但是中共要變了，非變不可，隨經濟發展、社會變遷、加入 WTO……，整個非變不可。我預期中共十年內將會面臨到非常嚴重的挑戰，也就是公民社會如何建立的問題，這將會是一個非常、非常艱難的挑戰。

十三、在帝制下，良知學仍有其主體能動性，具瓦解的力量與根源性的重生動力

臺海兩岸的問題該怎麼辦？往後十年將會有新的局面，只要熬過十年。但這十年要用什麼方式熬？如何熬十年？中國大陸未來面臨的挑戰很大、很大，現在其實已經有人在憂心這些問題了。中國大陸不可能退回威權體制，實際上現在的威權也正在鬆懈中。所以現在中共要靠什麼來調解？靠馬列主義嗎？不行！得要靠中國文化才可以。現在中共極力地發揚中國文化，為什麼？因為中國文化作為整個帝王專制的調節性因子在中國歷史上曾經起了非常大的作用，它可以是共犯，也可以是共容，既是共犯也是共容。在這個問題上，他們希望這是共容而不是共犯，但是也有可能是共犯。所以談儒學的在跟中共在打交道的時候，比較知道狀況為何，中共喜愛儒學也是因為其有助於政權之穩定。儒學當然對其政權之穩定有所助益，特別是讀經運動，更是有所助益，所以我的朋友王財貴教授到中國大陸推廣讀經暢行無阻。但同樣是讀經運動，在臺灣起的效用跟在大陸起的效用一定是不同的。所以我願意在這裡提出一個說

法，我們在臺灣是一個新的格局，儒學發展有新的可能性，而這個新的可能性我認為應該要放在全華人的未來之上。臺灣人要有這樣的想法，才會有希望；如果臺灣人不思考這樣的問題，只想要把臺灣和中國徹底地切開，這是不可能的，因為徹底切開是無法處理的，其實大可以從另一個更高、更遠、更深的角度去思考。㉑

我這麼說的時候其實是想指出，現在儒學談內聖應置於社會正義論底下來思考，因為我們現在的社會是一個民主憲政下的公民社會，當然還沒有完全達到，但是我們的理想是一個民主憲政下的公民社會，是一個現代化的民主憲政的公民社會。而在這樣的體制底下，原先很多心性修養工夫的東西都必須被一大套客觀的制度結構所取代。

其實，我們必須通過一大套的制度結構來安頓身心，而不應是通過一種宗教式的、修身養性的方式，安頓了身心以後再來適應這個不合理的制度結構。我們以前是這樣，宋明理學以來的傳統就是通過一種宗教式的、修身養性的身心安頓方式，來適應一套不合理的制度結構。這樣的良知學是帶有自虐性的性格，所以一碰到問題就會開始反躬自省，而沒有機會反省制度、結構的問題，因為只要一反省便會遭遇到更嚴重的問題。

在帝皇專制高壓底下，有兩件事情是不能問的：一個是君，一個是父。君運用了父，所以是「君父」；而且「君」還運用了

㉑ 關於此，近十年來，我多有論及，這些文章大部分收入林安梧《臺灣文化治療》一書的卷六〈歷史、理勢與兩岸未來〉，頁 163-200，1999 年 2 月，臺北：黎明文化。

「聖」，所以是「聖君」。那最高的權力的、威權的管控者，運用了「聖」、也運用了「父」。在整個拉在一塊的狀況底下，根本不能問，能問的就只有自己而已，所以良知學在這種狀況底下，就會有一種自虐性的出現。因此，在帝王專制之中所談的天理良知便帶有暴虐性，而沒有辦法去反省這個問題。我覺得我們現在可以反省這個問題，我們也有機會去反省這問題。當然你會發現到，我們如果只從這個角度去理解良知的暴虐性和專制性那就太偏了。良知學仍有它非常強的主體能動性，有一種瓦解的力量，以及根源性的自覺動力。

　　像王陽明一樣，他能夠突破各種困難，這種良知學是帶有事功精神的良知學。但陽明那個年代是個怎麼樣的年代呢？陽明為什麼那麼強調良知學的重要呢？在陽明那個年代，有一個皇帝躲在後頭當了四十年的木匠，四十年都不上朝，這就是萬曆皇帝；還有一個宦官叫魏忠賢，他的生祠遍佈全中國，號稱九千歲，有很多一樣讀良知學的、讀孔孟的，當然也讀老莊、也讀佛教的知識份子拜他為乾爹。這是個什麼樣的年代？這個年代雖然整個社會在變遷、經濟也在發展，但是政治奇暗無比。在此狀況底下，最大的問題是什麼？是知識夠不夠的問題嗎？最大的問題應該就是良知有沒有呈現的問題。陽明是以其生命真正的實踐逼到了生死關頭而反繞回來開悟，所開悟到的就是「致良知」，致良知於事事物物上。如果多幾個讀書人能致良知於事事物物之上，少幾個讀書人叫魏忠賢為乾爹，少一些魏忠賢的生祠，這社會不就會變好很多嗎？所以良知學是在這樣的狀況下帶有強烈批判性地出現。在陽明的後學裡頭其實也有非常強的批判性的，但是有些卻往逃禪的方式上走、往形而上

的理境上走，強調心性修養的工夫，而忽略了社會實踐的理念。社會實踐走不出去，政治批判更不用說。明朝末年，陽明學後來和禪學合流，成為一種逃遁於世間的學問傾向。不過，像陽明的學生朱舜水把陽明之學傳入日本，卻成為明治維新非常重要的精神資源。所以學問並不是就那個學問本身就可以去立論的，而必須放在一個歷史的發展過程中去討論。

十四、公民社會下的「自由意志」與「普遍意志」必須有一種理想上的呼應

我們這樣重新來理解，這時候以「社會正義論為核心的儒學」思考便不再是在帝王專制底下那樣的修身養性的方式，也不再是那樣的良知的自虐方式。一說到這個問題，我們除了要回頭到內在的心性之源上說，還必須回到整個歷史社會總體之道，從道的源頭上去說。我們的心性必須參與到道的源頭，而這個道的源頭是歷史社會的總體之道。我們必須去正視，當自己作為一個具有主體性的個體時，是以何種身份進入社會，並且如何面對具體的制度結構問題？顯然地，這時候的修行方式便會有所不同。這個修行方式我覺得是會在一個具體的發展過程中慢慢去學習到，而不是去選一個懸空的、構作的理論。

大體說來，它的方向就必須要區隔出來，這不再是從原先的孝悌人倫直接推出去的社會正義，而必須要恰當地去理解。就這點來講的話，其實在儒學裡面並不是沒有其它的資源，因為儒學是務實的。儒學是「聖之時者也」，具有時代意識、歷史意識，並不是固守著原來的很基本的什麼東西，而是隨時代的變遷而轉化。正因如

此，我才會強調「契約」與「責任」。這個強調其實並不是說要怎樣去強調，而是說我們應該正視在公民社會下有一種契約理性所建立起來的社會，在這樣的契約理性所建立起來的社會，當你作為一個主體，而參與進去以後，是通過一個客觀的法則所連結成的所謂契約性的社會連結，這時候形成了一個普遍的意志（general will）。借用盧梭（Jean Jacques Rousseau）所說，你的「自由意志」與「普遍意志」必須有一種理想上的呼應，甚至是同一，在這種狀況之下才能夠談論在一個公民社會下的自由與自律的活動。[22]如此一來，這樣的儒學與康德的道德學便有另外嶄新的接近可能。當然並不意味接近就一定好，而是說這自然而然就會有某種程度的接近。

這樣的轉化、發展並不是內部的轉化，而是從外在的互動融通裡面所找尋到的。我們既然正式作為一個個體獨立的主體，這就是我們展開我們的立論、展開我們行動的一個不可化約之起點，因此我們就應該鼓動且相信在一個制度結構底下能夠讓我們暢其言、達其情、通其欲、上遂於道，能夠如此，儒學基本上就能在這樣的過程裡面被調適出來，我相信是這樣的。所以，修行在哪裡？修行不在那吞吞吐吐的壓抑底下，不在該說不該說之下拿捏分寸，也已經不是在宗法親情底下的那個「禮」，那個禮貌的「禮」；而是應該在一個社會正義底下的正義之「禮」。

如此一來，修養如何當然要被注意，但是這是第二階而非第一階。例如，有一個人說話難聽、脾氣不好，但是這個人說話難聽、

---

[22]　關於此，德哲卡西勒（E. Cassirer，1874-1915）論之甚詳，見氏著《盧梭、康德與歌德》，孟祥森中譯，民國六十七年，龍田出版社印行。

脾氣不好並不代表道德不好、不代表他沒有正義。正因為我們在一個制度、結構，在一個理想的規範底下，我們就能夠容得了他的脾氣、容得了他激烈的話語，而讓他激烈的話語、他的脾氣通通表現之後還能沉澱下來、還能跟人溝通而能達到更好的共識，這就是我們要應該要走的方向。因此，我們必須將原來內在用了很多氣力去修養的方式，轉化成更理想的制度跟結構，並締造一個更好的言說空間或是話語空間，讓我們能好好交談，經由交談而得到新的共識。這點我認為是儒學在談論所謂邁向一個社會正義可能時，所必須要做的。

十五、必須將儒學的內聖工夫轉化爲一套客觀的制度結構

儒學重點不只在涵養主敬，而必須想辦法將涵養主敬化成一套客觀的制度結構。當你進到那裡面，你的話就會變得很簡單而自然，這時候你作為一個 natural being、一個自然的存在，放在社會裡面則是個社會的存在，不需思考是不是原先儒家聖人般的道德存在，就很自然地可以把話說出來，而這話也會很自然地得到別人的互動、批評，當別人批評的時候你也自然而然有其雅量，別人再怎麼激烈也會有一種雅量，當談到任何問題的時候就會想到，這只是我的想法，因為我的主體是由我的個體出發的。至於那普遍的總體則是必須通過這樣的交談空間，一步步而上升到的，並不是我這個主體就跟道體連在一塊，並不是我說的話就是種全體、全知的觀念。你有沒有發覺到，當我們現在問「你有沒有什麼意見」的時候，很多人都不敢發言。為什麼？因為怕錯！為什麼怕錯？因為腦

袋裡面已經已經預期有一個標準答案。

　　為什麼會預期有一個標準答案？因為是以良知來說，而良知之所說一定要對不能錯。良知即是道體，道體就是全體，所以談話有全體意見。你可以發現在這樣的思考裡面，人通常會失去個性，會壓抑自己，而當壓抑自己到受不了時，所突出來的個性就是被壓抑而尋求解放的個性，並不是真正具有個體性又能尊重別人個體性的個性。其實我們現在常常處在這樣的困境裡面，所以當我們談論「以社會正義論為核心的儒學思考」的時候，應該反省，心性論不再是那樣的方式，實踐論也不應該是那樣的方式。唯一應該要保留的，就是誠懇，就是真正的關懷。誠懇即《中庸》中的「誠」，關懷即《論語》中的「仁」，其它的都可以從這裡延伸出去說。

　　這必須放在整個脈絡結構的大調整之下來說，不必再去強調主體的自覺該當如何，而應當強調，當我在一個開放的、自由的言說論述空間裡通過清明理性的思考，彼此交換意見之後，就能夠慢慢地得出新的共識；而我也預期了，當我好好地、慢慢地展開一個自由的交談之後，就會浮現共識。我們在一個契約的社會底下，慢慢尋求一個恰當的制度結構，在這個制度結構裡，我們可以依著自己的個性本身想說什麼就說什麼，在這想說什麼就說什麼過程中，就會慢慢地調適出恰當的方式。這時候我們便能夠正視自己是有七情六慾的存在，而不需要想到一個問題時馬上想到「存天理、去人欲」，因為我們不是以這樣的道德論式作為我們時時刻刻去警覺的核心，而是作為一個人就是這麼自然地進到社會裡頭來開始展開我們的論述。像這樣來說的倫理學會有什麼樣的變化？它不再是高階思考之倫理學，不是個要求九十分、一百分的倫理學，而是只要求

六十分的倫理學。這樣說的社會公民，就是一個以六十分為基礎點的社會公民，可以暢達其情，回溯到自然本身的存在而說的，而不是個宗教苦行式之倫理學，也不再是個宗教苦行式的偉大的聖人。❷我們再也不必把整個族群都視為聖人，然後說這樣的聖人無分別相，再由此去求如何地展開分別相、安排民主與科學，因為根本就沒有這樣的問題了。

　　我之所以會有這樣的感觸和提法，其實是這幾年來在思考這些問題的時候，總覺得似乎在方向上有點問題。我總以為當代新儒學已經完成了它某一些的使命，一九九五年牟先生的過世代表一個里程碑，而新儒學已經完成了。但是新儒學的完成並不代表儒學已經發展完成，而是代表新一波的儒學必須有新的發展。因此，我提出了「後新儒學」的向度，這就是在新儒學之後的一個發展。我認為這不再是以心性論、主體自覺為核心；而是要以廣大的生活世界為反省的對象、以廣大而豐富複雜的歷史社會總體為反省的對象，並把自己放在天、地、人交與參贊而構成的總體之中。從這總體之根源來說，即是從中國人的「道」上來說，這時候的「道」就不是我們生活世界之外的道，不是一個形而上的道，而是天、地、人交與參贊所構成的總體，這根源有它的開顯，並落到我所謂的存有實踐這一層。以我的另外一個提法就整個存有論的發展上來講，便是要以「存有三態論」取代原來《現象與物自身》的「兩層存有論」；

---

❷　關於此，傅偉勳先生於八〇年代即有深入之探討，請參見氏著〈儒家心性論的現代化課題（上、下）〉，收入氏著《從西方哲學到禪佛教：「哲學」與「宗教」一集》，頁225-277，1986年6月，臺北：東大圖書公司。

在道德哲學方面，則是要以社會正義論為核心的道德哲學思考、以責任倫理為核心的道德哲學思考，來取代以心性修養論為核心的哲學思考。這個部分大體上來說，是我這些年來所用心的方向。

我認為這樣的提法並不違背原來儒學所強調的「一體之仁」。「一體之仁」是王陽明在〈大學問〉之中所提到的，就是「仁者與天地萬物為一體也」，這其實在程明道的〈識仁篇〉中也有提到。這樣的「一體之仁」，如果放在現在我們所說的「從外王到內聖」的思考模型裡面，強調人際性的互動軸，以契約、責任作思考的基底，而以一體之仁為調節的向度，便能夠對多元、對差異有所尊重，且能化解一種單線性的對象定位，擺脫工具性理性的執著，以求一更寬廣的公共論述空間，讓天地間物各付物，乾道變化，各正性命，雖是殊途而不妨害其同歸，這樣百慮而可能一致。❷❹

當然問題的焦點並不是在於如何由道德形而上學式的一體之仁轉出自由民主，而是在現代性的社會裡面，以契約性的政治連結為構造、以責任倫理為準則，重新來審視要如何地「一體之仁」；不是如何地由舊內聖開出新外王，而是在新外王的格局下如何能夠調理出新的內聖哲學。所以當我們談社會哲學的時候，並不是說這就跟內聖學、跟道德哲學切開，而是一個新思維向度的提出。

我今天前面談的很多東西跟我這份講義其實可以連著看，但是它是有談到別的地方去。我常說談的時候，所謂話語的契機，就是

---

❷❹ 請參見林安梧〈後新儒學的社會哲學：契約、責任與「一體之仁」──邁向以社會正義為核心的儒學思考〉，《思與言》，2001 年 12 月，第 39 卷第 4 期，頁 57-82。

我們說：你今天怎麼講，你講一個東西你的起頭怎麼講，它就往哪個向度上去。我後來又把它拉回來了，拉得很辛苦，終於把它拉回來，但是時間已經不夠了，因此後面這部分反而談得比較少。還好這講義已經印出來了，就請在座各位朋友回頭再看看，那我們現在還有一些時間，就開始展開討論，先謝謝大家，謝謝。

十六、市民社會的理想公共空間必須經由言說論述慢慢交談、辯證而呈現出來

問題與討論：

東華大學中文系主任吳冠宏教授：

我想大家跟我一樣都覺得受益很多。我其實在十年前就聽林安梧老師作一系列的演講上課，這段時間雖未聽林老師上課，但有閱讀其著作，覺得林老師永遠都如此清楚、嚴密、條理分明而且充滿生命力。我今天到機場接他的時候，他看到我第一句話就是問我：「行政作得如何呢？」我最大的感覺就是看了林安梧老師的東西給我很大的生命力，就覺得人不能困於內聖，應作些外王之事，人在社會的角色中的扮演是非常重要的。我覺得林老師的文章就帶給我這樣的生命力，而且我覺得由林教授身上感受到叛逆性，這叛逆性是種創造性，我覺得它從新儒學的關懷裡面走出新的路來。我想這樣的反省、批判能力其實常常是我們中文系的同學比較欠缺的，所以我覺得林老師能帶給我們一些新的眼光讓我們走向一個新的探討方式，我想這對大家幫助很大。如同林老師剛所說到的，我們應有多元的對話，那同學也可以儘量地發言，即使你是個六十分的問題，說不定可激起一百分的對話。

博士班陳康芬同學：

真的是感觸良深。其實可以從老師的談話裡面，來想這個話題，社會正義這個問題牽扯到一個滿重要的思考，現代的知識份子如何面臨社會實踐的問題。我們來看西方的知識份子，他們從早期的文藝沙龍發展到後來哈伯馬斯所謂的：在公共領域可以讓知識份子在這樣的公共領域之中作出一個代表社會道德、良心的批判，這也是西方的現代知識份子在一個現代的民主社會之中發揮作用的一個重要傳統。像我們現在仍然可以看到，像我們可以看到如早期的葛藍西、阿圖塞這些左翼知識份子到現代薩依德，他們在這樣的公共空間裡面提出知識份子對整個時代、對整體政治社會之反省。

可是我們再看中國傳統知識份子的路徑，從最傳統知識份子的格物、致知、誠意、正心、修身、齊家、治國、平天下這樣的道德主體整個貫穿到政治社會，從未走出一個客體的所謂政治化的社會議題，而都是涵括在道德主體，也就是由內聖到外王，但是沒有注意到內聖與外王之間的分別。知識份子在一個出路上來講，那一個封建社會裡面，知識份子本身他的路徑就是學而優則仕，那你可能就是在一個體制內，就是所謂的忠君的範疇之中；那這樣在這範疇外的異議份子，像我們看黃宗羲、王夫之這樣的異議份子基本上還是沒有完全的走出這個道德主體，走到社會批判的行列。在這之中也沒有形成像西方知識份子他們所形成的這樣的一個公共空間領域。那我們再回到現代的處境，我們雖然走到民主社會的社會體制，我們看到現代的知識份子其實在現代的公共空間的發展，當然還是有啦！透過報紙上的最後一版常可以看到很多學者的議論，然後甚至也有透過媒體，以一個這樣子的方式，但是我們可以看到這

樣的知識份子，可能是學而優則仕，這樣不可能代表一個社會的良心建議啊！還是有在一個體制外的知識份子在發揮這樣的作用。但是隨著媒體，例如報紙到現在所謂的第四台的媒體，一個權力的轉移的時候，其實一個知識份子本身在開展的公共空間部份，其實坦白說好像並不是那樣的火力強大，或是說可以整個影響到政治主權或是說權力結構，似乎這個部份我們可以看到它的微弱。那其實我覺得在一個公共領域的開發，就像老師說的透過他人的言談所以我們建立是不是也是一個困境的問題。

林安梧教授：

「公共領域」必須在一個理上的想法之後，你再去試著實現，我們去想想在中國傳統中有沒有理上的公共空間？它是一定有的。事實上理上的公共空間就是「道」，那個道是放在血緣性的縱貫軸上說，說到最高的。這跟整個市民社會體系下的理想公共空間是不一樣的。所以市民社會下的理想公共空間它是必須通過一個言說論述而慢慢的交談、辯證而呈現出來。它必須有這個過程，而這個過程在臺灣現在其實在表象上看來非常蓬勃，但在我們看來議論者多，溝通者少。這是目前我們所面對的實況。

我認為一種深沉的理論性思考是重要的，也就是當我面對這些現象的時候，必須有一種理論性的思考來反省它。臺灣現在有一個錯誤的想法：認為我們是不可能締造理論的，所以我們只要援引別人的理論就好了。再來就是，理論性的思考好像有某種普遍性，所以它不一定是從我們自己的生活世界中找出來還是可以用，這其實是錯的。理論性，特別是人文社會科學理論，它普遍性比較弱，它是在一個共同主觀性底下所形成的普遍性，所以它必須與生活世界

密切結合。可是我們理論性的思考是培養的，什麼叫理論性的思考？也就是，當我們面對具體的事件的時候，你能把它提到一個相當的、抽象的、普遍層次去問它。我就舉一個最簡單的例子好了，舉物理的例子比較簡單，我常舉這個例子：坐在蘋果樹下而被蘋果打到頭的一定不只有牛頓，很多人一定都有被蘋果打到頭，被其他東西打到頭也可以。我就被番石榴打到頭過，而我那時候是六歲，我問了一個問題是：「為什麼番石榴不往天上飛去？而是掉下來打到我的頭好疼啊！」我阿嬤就告訴我說：「傻孩子，那是自然會如此的。」我到現在還肯定我阿嬤的回答是對的。但是我問的問題問的太淺了，問題未達到理論性層次。牛頓如果問的問題跟我一樣，就出現不了他的牛頓三大定律。牛頓問的問題是轉成了：「為何一切存在的事物皆會往地面運動？」是要這麼問。那我覺得，我們臺灣這塊土地上，現在有非常豐富的人文現象，但是我們類似我剛說的這樣問問題的方式比較少。就是把他提到一個普遍的抽象層次來問問題，理論性的問問題問的少，我們通過大眾媒體基本上都是非常膚淺，胡說八道一通，逞才使氣的。在整個社會上又有一種誤解，認為理論不重要，認為理論很耗弱，其實不對。理論其實是與生活世界有密切關係的。所以我們應該去問：「我們這樣的族群目前的某些現象，它背後所代表的意義是什麼？」譬如說，選舉的時候，不只是選舉，臺灣在目前政治社會上的發展最常使用的字眼「挺」，實際上是由閩南語轉化而成的，其實背後講的是江湖道義。江湖道義既不是儒家所說的道德仁義，也不是詩書禮義，更不是社會正義，江湖道義只是私情恩義。我覺得就必須要有人去作這個工作去釐清，就是說我們現在的話語，講出的什麼話，背後的心

靈狀態意識是什麼？去理清之後作什麼樣的調整？那我覺得這個工作我們作的太少了，這個工作是人文學者、社會學者某部份的人應該作的，慢慢作之後慢慢釐清，我覺得現在也有一些人在作，但是太少了。另外對媒體應有一些反省，反省還不夠，怎麼樣去慢慢深入，一套話語系統與政治權力跟其他的關係，背後理性怎麼加上去怎麼附麗在上頭，有一種程序理性成為幫兇，如何成為幫兇？這些東西怎麼去理清？這裡都必須要有理論性的工夫，我覺得，我每次講到這裡都感觸很深，就是我覺得人文學者、社會學者、政治學者，當他講理論的時候總是翻著別人，誰怎麼說，沒有好好面對我們這塊土地上之實況去寫它，它的理論是什麼？當然包括其他教育等其他面向。另外我還要再提到內聖跟外王，我認為以前不只有內聖或外王，不同外王不同內聖，不同內聖不同外王，內聖跟外王二者本是一體，所以當外王已經變天了，內聖應作調整，這個地方我認為是這樣的：內外是通貫的。當然我們要問：「為什麼會出現一種想法認為：把內聖定義了以後再從那裡推出外王。」我想我前面作了一些思想史的回顧，我想那道理是這樣來的。所以我們應走出封閉性思考：以為這樣後再怎樣，其實不是，它是在這調整過程裡面，我想我主要是說這個問題。

十七、由多元的互動與溝通慢慢形塑成一恰當的共識

須文蔚老師：

林老師您好，我是中文系的新老師，因為我學的背景是傳播，對社會學也非常有興趣，聽老師的演講其實非常非常的感動，因為

老師已經以社會實踐作為新儒學發展一個非常重要的核心。剛才康芬提到的關於公共空間的問題，那西方有一個滿主要的論述，對於這種委託性之政治連結方面，表面上是民主，實際上是公共領域的變遷，甚至是淪喪；不管是透過媒介，或商業或公關的影響都使得當今現在的社會裡頭其實並不存在真正的空間，所以哈伯馬斯才那麼努力去追溯西方的歷史，才去推崇過去的沙龍時代，其實是很深沉的悲哀。那我們現在重新思考這樣的問題之後，包括老師提到這兩個很重要的概念，期待西方社會學的反省尤其是在中國社會當中的適用問題，產生的某種程度的問題。所以像現在臺灣現在發展的社會學部份，特別是說所謂中國式的社會學，例如黃光國老師所發展的那一套系統來講人情面子，來去追溯那個；事實上不大從契約性的社會連結角度去看這個中國社會裡頭的這種，特別是基本社群的連結問題，就是個人到社會之間的社群連結問題。當然這裡頭有不好的發展就是，居然有很多的學者會把《厚黑學》這樣的東西拿來作為很重要的談述倫理學的範疇。那面對這樣的現象，不曉得老師面對這樣的走向，以儒學作一種實踐，我知道以黃光國老師那樣的研究管理學界當然很歡迎，他覺得很有實踐的適用性，他可以看到我們中國傳統的價值觀念那麼的合用，那當然是滿悲哀的，那不曉得老師怎麼去評價這個狀況，將來的研究發展在這樣的範圍或實踐層面怎樣去介入更深，譬如說傳播的也好，管理學也好，或法律的管制或政治結構的涉及方面，那應該是都可以作某種實踐層次方面思考的滲透。

林安梧教授：

謝謝須老師所提非常寶貴的意見。我覺得這問題是在發展中，

也就是說現在還是很難論定何者為好，何者為壞。所謂的問題必須是說：我們雖然還在現代化的過程，但西方已經在現代化之後，而我們現在目前臺灣社會是既是前現代又是現代化之後的一種奇特的綜結體。這樣的綜合體其實我們就必須要好好的重視這奇特的各種人文社會現象，通過一種現象學式的深層思考，去把握到它的問題的現象學意向本質，在這種狀況底下再去進一步作思考一種解決的可能。在這種狀況底下，我並不否定黃光國先生所提的想法，但是我覺得應該讓其他各種可能也出現，各種可能並不是說它毫無意義的想怎麼出現就怎麼出現；而是說帶有某種理論性意義，有理論性基礎的，它有本有源的，它具現實意義的。那我就認為應給出一個學術論述空間，大家真誠的有更多互動跟討論，慢慢的會摸索出一種可能。而這種可能我在想，它可能是種委託性的政治連結，這是肯定的，應該是這樣的，但怎麼樣達到這委託性的政治連結的構造，我覺得這是非常多元的變通性很大。契約性的社會連結我想也是，是以中國原來傳統的人情面子，它這個會參扯，就是作用我認為它也在變，至於原來的血緣性的自然連結，孝悌人倫、包括人格性的道德連結，我認為大概是這個方向、向度是可以保存的；當然那宰制性的政治連結部份是應該瓦解掉的，只不過在這個現代性裡面它可能用不同的姿態出現，而那個是很麻煩的，你如何去瓦解它？我想剛才康芬有提到就是現代化之後所面臨的嚴重困境，就是當我們以為是民主化之後，才發覺到我們是被另外一群更多數人專制的。以前是被一個人專制你還可以喊冤，被多數人專制以後你只能摸著鼻子說是：「你把我的頭砍掉，砍的很好。」這是很悲慘的。但是問題我想是應該這麼想，我們相信有更多精神資源放進來

的溝通的時候就有新的可能。這樣想的話會不會太樂觀？就這樣。

十八、我們應深入古典把他的意義解放出來參與到國際人文學的論述脈絡之中

碩士班一年級張雅評：

林教授你好，我是碩一的同學，我想請問林教授的就是：在臺、港、大陸有各種不同的新外王，那我們無法割離臺灣、香港、中國的關係，不過剛才林教授有提到臺灣跟兩岸的關係不是今天的主題，不過實際上我們從新外王，就是在民主科學上去思考內聖如何可能的同時，我們如何站在身為後新儒學的社會存有論與社會實踐論的立場，在臺灣、大陸不同的新外王上解決現代化危機，如何可能？謝謝。

林安梧教授：

這問題很大，如果我要很簡單逃避性的回答是說：「這些尚在發展中讓我們好好努力。」這樣回答真的是最適合的。但如果說硬是找出一個方向來，我願意這麼說：「我們是有一點責任的，特別是中文系的同學。」我們的責任就是我們應該好好的深入到古典裡面把它的意義解放出來，參與到我們整個國際的人文學、社會科學的論述結構，至於會產生什麼效果我們不要太預期，但是我們有這個責任。特別是已經進入到二十世紀所謂文明衝突，我想在文明的對話，我覺得在這文明對話的可能裡面，華人文化傳統是最為完整的，非常大的傳統。而這個非常大的傳統是跟西方主流的文化傳統大異其趣。

我的比喻就是「筷子傳統」跟「叉子傳統」。「叉子的傳統」

就是主體對象化活動的傳統，「筷子的傳統」就是互為主體性的傳統；使用叉子是主體通過中介者強力的侵入客體的傳統，而筷子比喻則是你的筷子經由中介者連接到客體而形成整體。我以此來作比喻，這裡有很大的不同處。這個不同的傳統目前來講我們自己通過什麼樣的教養機制讓它顯發出來？在我們學術教育教養體系裡面，只有中文系的保留最多，所以我們必須去作這個工作。我常鼓勵年青一輩的同學，你應該慶幸你第一個母語就是漢語，第二慶幸是你唸了中文系。接下去你必須帶有責任，你必須作這事，誰叫你是以漢語為母語又念了中文系。這個事中文系不作要叫誰作？沒有人作，所以我非常強調回到原典作這個事。至於現在兩岸三地以及各方面種種，我覺得應該好好面對目前臺灣本身的問題，臺灣最迫切的問題就是公民社會如何建立起？這是華人自有歷史以來的第一次。其他的華人社會還沒有這個問題，它將是整個華人在歷史的發展下一個很重要的里程碑。

我們如果作好，將不只是作為臺灣人的發展而已，他將是所有華人的問題，特別是中國人。所以我的提法就是臺灣人應把心胸放大。我們現在最重要的問題就是「問鼎中原」，「問鼎中原」是什麼？「問鼎中原」是告訴他們，我們要作好，天命就落在臺灣，真主就在臺灣。臺灣似乎被下了魔咒，長久以來，一般人就是認為臺灣出現不了真主，出現不了真命天子。其實是這樣的，清朝是對臺灣下了咒，有沒有聽老一輩的說嘉慶君過海來臺灣，敗壞臺灣的地理，因此，臺灣出現不了真命天子。這說法，其實像咒一樣，因為臺灣地處偏隅，難以管理。須知：臺灣這塊土地上來的漢人是全華人之中最具有冒險犯難精神，最沒有文化包袱的。它深具有拓荒性

格，施琅把鄭氏打下以後，臺灣收到清朝的版圖裡，它還是三年一小亂、五年一大亂如何治理？而且它反清復明的旗幟一直都有，最好的方式是下一道符咒把你咒住，日本人來繼續咒，臺灣人就是低一等，蔣介石來也一樣繼續，蔣介石政權當然不是外來政權，他是中華民族政權怎麼是外來政權？所以說它是外來政權是說蔣介石的政權充滿了外來性，所以你說他帶有外來性的政權那是肯定的。但他不是外來政權，所以要區別一下。

那這個問題就很麻煩，臺灣人它真正的主體該怎麼擺，他搞不清楚。他一直處在一種我所謂的主奴意識裡頭。我順便講一下，我在 1992 年曾出版一本小冊子，叫作《臺灣、中國：邁向世界史》，在唐山書局出版。我就提到那個雙重的主奴意識，我們一直不能擺脫。你沒有理由面對中國大陸時，自己先把自己放得謙虛、卑下？這沒有理由，真的沒有理由。是臺灣的媽祖比較興盛還是大陸的媽祖比較興盛？當然是臺灣的。文化大革命的時候，大陸的媽祖怎樣？斷手斷腳，偶像的屍首何在都不知道了，是臺灣的媽祖很興旺回去幫祂建的。臺灣的媽祖在神格上比大陸的媽祖高一格，大陸媽祖叫媽祖娘娘，我們叫作天后。為什麼呢？因為當年施琅帶兵打臺灣時跟媽祖許了個願：如果成功的話，那臺灣的媽祖就升一格。清朝皇帝就封祂升一格。這臺灣就是這個問題，在主奴意識底下一直長久處在奴位。所以他現在有機會也不敢，有機會就只想當長工頭，作長工頭就興奮莫名了，這臺灣人的悲哀在這裡。臺灣人現在其實要問鼎中原，你憑什麼問鼎中原？「憑著以這塊土地上好好建立一個良善的公民社會，作為一個華人社會未來歷史發展的重要楷模。」我們要去思考一個問題：「真主不是一個人嘛！」以前

講真命天子是一個人，帝皇專制時代；現在講真主、真命天子，它該是一套制度，一套思考方式，一套價值認定方式、一套生活方式。我覺得臺灣人應該有這樣的想法，我們應建立一套適合我們華人生活、居住的方式，一套制度、一套結構，作為整個華人歷史發展的標竿。過十年，讓我們用文化的融通，問鼎中原，不是武力的逐鹿中原，而是王道而和平的問鼎中原，臺灣應該如此想。我常鼓勵臺灣年青人應該想問題，要往這邊想，你不往這邊想你還是困在原來主奴意識裡面，然後想自己作長工頭就好了。有兩種長工頭：「一種就是我跟你無關啦！已經獨立了。」另外一種就是：「我讓你摸頭好了，我讓你任命我。」臺灣現在不是這兩派最大嗎？一派叫獨派，一派叫統派。這不是很可悲嗎？所以我覺得要怎樣突破，這點我們要想辦法，我認為那是可能的。我是從這個角度來思考這個問題的。

十九、內聖學的重建如同一個點滴工程，須從點點滴滴的研究累積來調整

碩士班一年級張雅評：

還有一個問題，就是老師剛剛說從新外王發展到內聖，那在我們這塊土地上，新外王、民主和科學不斷的發展，那科學過度發展，民主也過度發展，那在不斷的改變當中我們如何去安頓內聖？謝謝。

林安梧教授：

這個只能夠與時俱進，時時刻刻在調整。譬如說，舉一個最具體簡單的例子：以前在帝王專制以父權社會為主導的男性中心，這

樣的男權至上的狀況底下，很顯然的，男女兩性的關係和現在是不一樣的。現在男女兩性的交往、互動，這裡頭就是個大修行了，這裡頭就有它必須找尋到的，新的恰當的方式，這不簡單。這時候不是你儒學研究者就能夠去思考的，但是你作為儒學研究者必須思考。而你也必須去好好理解其他，譬如說，研究兩性、女性主義者、同性戀者乃至其他各方面的思考。那我知道以研究儒學在這方面作有很多思考的是曾昭旭先生。據我所知，如果有許多儒學研究領域的學者，並沒有人好好重視曾昭旭先生所作的一切，而且很多人認為他在講那些東西是風花雪月，就是講給年輕小女孩聽聽，這是非常大的誤解，非常不應該。那所謂這是一個新的內聖學，這個部份是。那內聖學就是我寧可如同一個點滴工程，點點滴滴的研究累積來作，來調整、慢慢調。你不能夠再拿以前言男女之大防，言夷夏之大防，不為聖賢、便為禽獸，這些說法可能都得受到新的考驗。其實人不會為禽獸，人只有禽獸不如。人是不可能為禽獸，因為禽獸有禽獸的天然、自然，依王船山哲學來說，禽獸是「天明」、自然之明，牠不會有染汙的，禽獸只兇猛不邪惡，人才會邪惡。禽獸也不會墮落，人才會墮落。人有靈性才會墮落，我們可以從一個角度來思考，人是理性的動物，人幾於禽獸者幾希啊！所以人應該是這麼定義，人是可以用墮落去稱呼的一種存在。人具有可墮落性，你不能說我家有一頭豬很墮落。這很詭譎，因為靈性本身有它的可墮落性。佛教講「一念無明法性心」。所以內聖學是不斷地在調，所以我覺得像曾昭旭先生所作的的工作其實是很重要的。所以我常說如果有人願意，當然就不一定是中文系的論文，有人如果願意去做【曾昭旭的愛情哲學】我很願意充當他的指導老師。因

為我覺得這很有意義，很多人不能了解他的意義，很多人站在傳統的觀點來貶視，就難免會覺得男女問題有什麼好談的？大丈夫何事於此！這樣的想法就很荒謬。

博士班簡齊儒：

很感謝老師去年一整年帶給我們班很多思考方向的啟發。我一直有一個問題想請問老師：老師提到一個公民社會的建立的話，可以以契約性的連結來出發。其實講到說我們要從個人的角度來出發然後重視一個形象空間，那這樣一個契約性的建立會不會落入到一個就是老師剛才提到民主霸權的危險，而形成了另外一種危機。

林安梧教授：

的確是可能，而且現在正在發生中，不止臺灣在發生，臺灣未成熟的民主社會已經在發生，西方很成熟的民主社會也在發生中。這也就是為什麼哈伯馬斯要提出批判理論來對這現象批判。我們在這個地方必須要，所以我們不能夠揚棄人事，而完全強調法制，其實是「人存政舉，人亡政息」，這話若恰當理解，是很有道理的，他不管是不是民主政治都是如此。人，無論如何都是最重要的。制度是人造的，我們一直很希望有更好的制度，但是「徒善不足以為政」、「徒法不足以自行」。這部份我只能說我們要不斷地去反省，我認為除了不斷地去反省，儒學裡頭有一些資源，那儒學的資源可貴的就是我們回過頭來，我們要看一下原來心性學裡面，就是在於一個帝王專制高壓底下，心性學除了我剛講的那些弊病以外，它有它非常可貴的地方。它是作一種獨善其身的、一種既是形而上的，善的保存；他獨善其身的保存了文化的生命力，這個部份我覺得這種人格典型是值得歌頌的。我覺得這時候是需要這樣的。其實

西方民主政治就是有一些人作為典型，美國的民主政治還是維持現在像大家所常歌頌的，我曾經看過一本書叫《美國的政治家們》，就談早期美國議會民主下的議員，國會議員是地方選出來的，他能站在國家利益下的觀點來思考，他覺得這個議案應該通過，但是地方反對這個議案；但他知道這議案通過之後一時之間對地方不利，但過一段時間就會對地方有利，他就說服地方。結果，地方上的人不聽他的，反對他。「民可使由之，不可使知之。」這不是中國古代才如此，全世界都是如此。所以下一回他選國會議員的時候就沒選上，他自己也知道下一回他選不上，但是他認為該當如此。我認為這背後是他的宗教精神使他這麼作。我們華人文化傳統背後則是儒學或者道教或佛教，或乃至他是別的宗教，例如基督教都可以，因為我們也是多元宗教，我認為要肯定這個部份，這個穩立了以後，典型建立之後他才會慢慢變好。人格的典型他永遠在一個制度的建立過程裡面是最為重要的，要不然是不可能。我認為施明德所說的話，其實是很真實也很令人傷感的，就是現在的總統、副總統他們已經當了總統、副總統，但是他想的他還是總統候選人跟副總統候選人，我想不只是總統、副總統，現在人都如此。也就是人都是想：「我要怎麼樣獲得下一回的權力？」這很慘。「我要如何勝選？」一個政黨如果一直思考著如何勝選，這是很可怕的。你知道嗎？臺灣所有的政黨都只思考如何勝選，臺灣現在最大的危機就是一直在思考我如何在競爭、鬥爭過程中獲得勝選，他整個公共的議政空間非常狹隘，知識份子能參與進去的公共議政空間也非常少。這很可怕這該怎麼辦？我們現在只能思考一個辦法，很多東西需要調整，如果你去搞一個媒體去希望它能變動，當然還有一些東西是

不變的，就是我們在腦袋裡面想它該怎麼如此。

二十、人作為一個真存實感的存在要重新去調整自己力求安身立命

博士班陳康芬：

　　剛才有提到《厚黑學》，我覺得看那本書還挺有趣的。你可以它作為一個儒家系統裡面的知識份子，然後對歷史人物的品評，你可以看到其中它對歷史的思考。現在許多人把它用在經濟上，他們在那邊搞的厚黑學，就是商業界把他弄得跟管理術一樣，我一直覺得它變成一種工具理性。這麼一來，就很像老子變成帝王之學一樣，我不知道該如何去看待這個問題，但是實際上工具理性在現代這個社會，其實是高於人文素養、人文精神，我不知老師如何看待這個問題，謝謝。

林安梧教授：

　　工具理性的高張是現代性的特徵，那這也是整個文化衰頹的表徵之一。這個問題其實在二十世紀初年很多有智慧的思想家或人文學工作者都已經思考了。史懷哲（Albert Schweitzer）在他的《文明的哲學》一開頭就說：「文明正在衰頹之中，而戰爭只是文明衰頹的一個表徵。」史賓格勒（Oswald Spengler）《西方的沒落》其實也在訴說這樣的訊息，現在已經進入二十一世紀，文明衰頹、文化衰頹、人的心靈衰頹，這其實是一個說法，他其實代表的是一個時代變遷，這變遷面臨到什麼呢？也就是說，人們可能必須好好正視，從笛卡兒以來的，啟蒙運動以來的，西方的科學思潮為主導的現代性，這樣的工具理性的高度發展，它已經幾乎走到了盡頭。這時候

人怎樣好好的重新面對存在，人作為一個存在，具有真存實感的存在。他怎樣重新去調整自己如何安身立命，這問題當然很難，有身體力行的要擺脫工具理性，臺灣我知道至少有一兩位人是這麼作的，我是說我認識的人，譬如說：孟東籬，他就跑到花蓮海邊，在和南寺那邊，鹽寮那邊，現在他好像又回臺北去了；只剩下區紀父還繼續著，我想這就是一種典型，他的意義就是促使你思考。西方來講的話，其實很早就有了，梭羅，後來在美國越戰之後的嬉皮，事實上都是如此，而現在我們說的這個體制有沒有錯，我們要好好的去面對、去思考。其實西方所謂的「新時代運動」的很多思想家，包括奧修、克里斯那穆提、達賴都提出了他們重要的看法。希望我們中文系的同學能夠不止把中文學好，也把英文學好，我們能把中文古代漢語裡頭所帶有的訊息更多傳佈出來，跟他起一種互動。至於說，《厚黑學》在臺灣如何的拿到管理上去應用、形成管理術，我覺得那是應時的，很快就會過去，不用太在意。那厚黑學其實它是某種反動下的產物，它代表另外一種思考，其實滿有意思的，我並沒有把《厚黑學》看的很重，就這樣子，謝謝。

主席結語：吳冠宏教授

　　林老師這樣子的一場演講帶給大家活絡的思維，我相信以林老師的學問一定可以有更多的對話。但時間已經晚了，我想作為一個主席我還是應該把時間在這裡作一個結束。如果同學有意願的話，林老師還可以的話，我們等一下可以有一些私人的談話。其實，同學們可以感受到林教授他這樣的主張是艱辛而可貴的，林老師在新儒學陣營裡面是非常獨來獨往的，我想他對新儒學、對心性論的深切反省，像他提出「契約、責任」這樣的思考，我想在某些人的感

覺裡面，說不定會群起攻之。雖然如此，我們可以感受到林教授有那種「雖千萬人吾往矣！」的開創精神，我想這就是他可以跟時代的脈動結合，他覺得學問不該關在一個象牙塔裡面，回到我們自己作學問裡面我們可以發現到：沒有一種學問是會腐朽的，只要大家以一個活的心，關懷時代的態度，用一種新的方法、新的態度、新的眼光，那他一定會帶給學問一個無窮的路。我相信今天的這場演講一定給大家很多幫助，我們再用熱烈的掌聲來結束今天的演講。謝謝大家。

（本文原係 2001 年 10 月 23 日於東華大學中文系之講詞，由東華大學中文研究所碩士生紀姿菁紀錄，再經由何孟芩潤筆，再經本人校正完成）

第八章 關於「儒家生死學」的一些省察：以《論語》爲核心的展開

【本章提要】

本章主要就《論語》一書，探討儒家對於生死的一些觀點。首先，作者指出，「生死學」乃起源於人的「不安不忍」之感以及各大宗教之終極關懷，不同的宗教與思想流派間對於生死的不同觀點，則是牽涉到對於整個世界的不同理解，而「敬」則是一切宗教之所以相遇的最根本處。

其次，作者認爲，儒家所說的「孝」是對於生命根源的一種追溯與崇敬，就整個過去、現在、未來的時間觀來說，儒家重視的是整個生命的連續，將過去收攝到現在，再由現在開啓未來。因此，儒家強調人間性的生生之德，認爲惟有對生命有一種恰當的體會，死亡才能夠眞正得到安頓。

對於儒家而言，從「喪禮」到「祭祀」，代表了一種生死的「斷裂」與「再連結」。喪禮主要用來安頓死者，代表對過去生命的告別；而祭禮則是要提昇生者，將原來的斷裂性轉化超越性、純

粹性，以開啓一個新的內在的人間性，使生命得到恰當的安頓。因此，儒家對於生死問題的理解，乃是重在如何面對生命的存在，使生命能夠通達過去、現在、未來與死生幽明之間。儒家這種「人文的宗教性」，實表現了一種道德的理性之下的通達生死觀。

關鍵字詞：生死學、儒家、論語、敬、喪、祭、孝、斷裂、連結、
　　　　　　終極關懷

一、學問關聯著生命、生活與生長

　　多年來我一直認為，學問是從「對談」之中得來的。古希臘時代的蘇格拉底不是先定了一個主題準備怎麼樣講話，再開啟他的思考；而是走在路上，應機而發，碰到了什麼人，再加入他們正在討論的問題之中。其實，哲學就是「交談」，而交談就是「生活」，在生活交談中，慢慢將真理豁顯。一樣地，在東方的孔子也是如此。孔老夫子也不是先定了一個談孝道的主題，才來來談孝道；而是在生活之中有人提起了一些問題，於是孔老夫子才就這些問題加以討論。因此，人類的學問是從生活中來的，是從生活的對答中來的，學問是關連著你的生命、生活與周遭的生長。

　　這一點非常重要，不只東方的孔子如此，印度的釋迦牟尼佛更是如此。你去看釋迦牟尼佛所說的每一部經典，只有釋迦牟尼佛一個人在那裡說的嗎？一定不是，在這些經典前面一定會告訴你，釋迦牟尼佛是在一個什麼樣的狀態下，跟弟子之間有了些什麼樣的活動，某位弟子因為某種機緣而問了一些問題之後，再怎麼擺定下來，這都是在對答中。所以你看翻譯佛經的一開頭一定是「如是我聞，一時佛在……」，然後再開始。這點出了是什麼？這裡有一個聽聞的過程。因為有了「聽聞」，然後才有「問題」；有聽聞，有問題，當下的就讓這個佛在那裡。佛是一個大覺醒的人，只要有大覺醒的人都是佛，不是你要皈依佛教才能成為佛，只要成為一個大覺醒者，你就是佛了。因為有聽聞，才有問題，才有對答。中國的智慧如此，印度的智慧如此，古希臘蘇格拉底的智慧也是如此。

二、「生死學」源於「不安不忍」與各大宗教之 終極關懷

　　「儒家的生死學」這題目很大，我們且先從「儒家」說起。儒家是什麼呢？你每天生活裡大概有一半以上和儒家是分不開的，譬如說你會對父母有一分孝敬，你會對你的兄弟有一分友愛，這就是儒家所謂的「孝悌」，也就是所謂的人倫之道。進一步說，這孝悌人倫的內涵是什麼？那就是所謂的「仁義」。什麼是「仁」呢？就是人與人之間的一種存在的道德真實感，有一種真實感通的關係，也就是孟子所謂的「怵惕惻隱」。用簡單的話來說，你看得過、你忍不過，那個「看得過」是一般世俗上的，「忍不過」就是真實生命的一種觸動。「不忍人之心」是謂「仁」，依循了這個「仁」落實在人間世裡頭有一些恰當的公斷是非那就叫做「義」，有一個恰當的途徑那就叫「禮」，根據這些而有一個真正的判斷那就叫做「智」，仁、義、禮、智是這麼說的。這孟子所說的四端之心，其實最根源的就是那個不安不忍的怵惕惻隱，而「儒家的生死觀」就是關連著這個來說的。

　　擴而大之地說，任何一個不同的思想流派，其「生死觀」都關連著人的不安、不忍。這麼說的時候，是不是佛教的生死觀也一樣呢？是不是道家的生死觀也和儒家的一樣呢？我以為如果關連著我剛剛所說的不安、不忍來講的話，就全人類來說、就作為人來說，的確是有可共量性的。

　　換言之，當我們談起生死觀的時候，必然涉及於普遍性的問題；之後，我們再看看普遍性的問題如何落實在不同思想流派，又

如何由普遍性轉為特殊性的問題，這是兩個不同的層次。就其普遍性的問題來講，生死的問題到最後還是牽涉到人的不安不忍；但是在不同的思想流派、不同的宗教、不同的意識型態，對人們的生死有著不同的理解方式，這其實牽涉到他們對整個世界的理解，也就是所謂「世界觀」的問題。

　　世界各個大教所理解的視點都不太一樣。譬如佛教理解世界，是說「緣起」，由「緣起法」來說一切存在的「空無」，又說一切存在的空無而彰顯一切的存在，這就是所謂的「緣起性空」、「色不異空，空不異色」。如果就道家來講，這個問題可能會落在所謂的「自然」來說。什麼叫「自然」呢？「自」就是回到自身，「然」就是那個樣子，「自然」的意思就是「本來就是那個樣子」，本來就是那個樣子的意思是肯定你所處的這整個生活周遭，這個世界形成一個自然的機制，這自然的機制有其調節力，這個調節力會使得你應該恰當地擺在哪裡，就擺在哪裡。人在這裡不應該用太多自己心靈的造作在上頭，所以一方面談「自然」，一方面談「無為」。「無為」的意思並不是通通不做事，而是不要有心作為，就是當你在做什麼事的時候，不必特別說我一定要達到什麼作為，因為一定要達到什麼樣子的話，很可能就會把那種想法變成一種工具了，一旦工具化以後，那麼人將會喪失了他自己，道家所強調的是在這邊。所以道家強調自然無為，強調人怎麼樣跟整個天地相處。所謂「人法地，地法天，天法道，道法自然」（《老子·第二十五章》）❶，「人法地」是人要學習地的博厚、潤澤、溫順與渾

---

❶　王弼《老子注》諸子集成（北京：中華書局，1988 年 7 月），頁 14。

厚；「地法天」，意謂生命不止要有地的渾厚度，更要有天的高明度，生命要有天地的剛健不息，天的高明配合著地的渾厚，這就是「天地精神」；「人法地，地法天，天法道」，天得歸返到整體根源性的動源，這根源性的動源就有一個常理常則在，就這個「常」來說就是所謂的自然，此即所謂的「道法自然」。所以道家強調「自然」，強調「無為」，強調「順成」，道家的整個想法就是這樣。

那麼儒家呢？儒家強調的是人以其不安不忍進到這個世界。當然你可能會問：「道家難道就不是不安不忍嗎？佛教難道就不是不安不忍嗎？」其實道家與佛教也是，只不過儒家在強調這個問題的時候，是就人們周遭生活最接近、最切身的家庭做為一個思考的起點。在一個家庭裡，人跟人的關係最根本的是父子跟兄弟的關係，從這裡來談所謂的「孝悌」；從父母跟子女的關係來說是「孝」，從兄弟姊妹之間的關係而言是「悌」。很明顯的，兄弟姊妹的關係是個「橫向軸」的關係，而父母子女的關係是「縱向軸」的關係；縱向軸的關係是探索生命根源的關係，而橫向軸的關係則是就這個生命的根源而展開的結構來說。

儒家所說的「孝」，原來就是對於生命根源的追溯與崇敬。儒家特別把這一點提出來講，而提到一個最高的地位。因此，「不孝有三，無後為大」（《孟子·離婁上》）❷這句話的意思，其實就是要人追溯自己生命的根源，並且承襲這個生命的根源再往前開啟。

---

❷　見（宋）朱熹集注：《四書集注》（臺北：世界書局，1995 年 12 月，初版 31 刷），頁 313。

或許我們會問：「不安不忍到底是什麼意思？是指什麼說？又怎樣來面對這不安不忍？」以《孟子》所舉的例子來說：「所以謂人皆有不忍人之心者，今人乍見孺子將入於井，皆有怵惕惻隱之心」（《孟子·公孫丑上》）❸，現在有一個人突然看到有一個小孩快要掉到井裡頭去，這時候內心裡頭一定會出現不安不忍的心情，我們當下可思量一下，設想那個情境，思想一下果真是必有怵惕惻隱之心。這個「必有」不是一個邏輯的論證，而是一個事實呈現，只要在那個情境底下必然會呈現，這是可以當下驗證的。因此，每一個人都有怵惕惻隱之心，這正如孟子所說「非所以內交孺子之父母也」（同上），並不是因為跟這個小孩子的父母有什麼樣的交情；「非所以要譽於鄉黨朋友也」（同上），並不是想得好人好事代表，才去救他；「非惡其聲而然也」（同上），也不是因為擔心人家說我見死不救，都不是。那是為了什麼？這是因為當下從內心裡頭所發出來、不安不忍的一個心意，這就叫「怵惕惻隱」，就是所謂的「仁」，這也就是我剛剛所謂的「存在的道德真實感」，存在就是從「當下」在這種狀況之下不安不忍而說的。

我們再回到儒家所謂的「孝悌」來看，儒家講的不安不忍是從哪裡開始的呢？就是從我們具體的生活周遭開始的。我們都是父母所生，我們的父母也是父母所生，人在天地之間就其血緣而說皆為父母所生。就父母來講，經過一個文化的象徵化的活動之後，不僅是將「父」跟「母」當成一個生命的、生理上的根源，也將其轉成文化的、象徵的、意義的根源。也就是說，我的生命，基本上是由

---

❸　同註❷，頁 250。

我父母對於自己生命根源的一個追溯，再由這個追溯而起一個崇敬
之感而生的。❹所以說「孝敬」，「孝」最重要的本質就是
「敬」，如果對於父母親的孝順，只是在於供養他們，則「不敬，
何以別乎？」（《論語·為政》）❺所以這個「敬」是很重要的。
「敬」是無論古今中外、任何人種，牽涉到人類最終極、最內在所
必然要有的一個德性，這一定會牽涉到宗教。依存在主義的神學家
保羅·田立克（Paul Tillich）所說，宗教是人類對於生命的一個「終
極關懷」❻，這個終極關懷落實當下，就是一個「敬意」的呈現。

　　儒家講敬，道家、佛教也講敬，基督宗教一樣講敬；雖然都是
講敬，但其著重點卻有不同。基督宗教所講的「敬」強調的是
「畏」字，「敬畏耶和華是智慧的開端」；而儒家所講的敬就著重
在這個「敬」字上，《曲禮》曰：「毋不敬」❼，或者連著這個
「敬」而講「誠」，所謂「誠者，天之道也；誠之者，人之道也」
（《中庸·第二十章》）❽；道家所講的敬是連著整個生命而歸返到自
己的原點，不是處在顛簸不已的動態中，而是回到生命的寧靜上

---

❹　「孝」是一種自覺活動。此自覺是人文的、符號的，是經由意義詮釋而開啟
　　的，這是逆返於自家生命根源的。參見林安梧著《儒學與中國傳統社會之哲
　　學省察》（1996 年 4 月，臺北：幼獅），頁 37-38。

❺　同註❷，頁 68。

❻　「終極關懷」（the ultimate concern）一詞由保羅·田立克（Paul Tillich）在
　　Love, power and justice 一書中所提出。見王秀谷譯《愛情、力量與正義》
　　（1973 年 10 月，臺北：三民書局），頁 111-126。

❼　見（清）孫希旦撰《禮記集解》（1990 年 8 月，文 1 版，臺北：文史哲出版
　　社），頁 3。

❽　同註❷，頁 42。

說，就這個「靜」字去說，將生命中不需要的東西取消掉，而言「致虛守靜」（《老子・第十六章》）❾；佛教講的敬則是關聯著染執的去除與生命的貞定而說，這個貞定從哪裡說呢？便從「戒」上說，所以「因戒生定，由定發慧」，戒定慧就是如此！什麼叫「戒」呢？就是收拾精神，將自己的整個心靈收拾回來，所謂「攝心為戒」。因此，這個「敬」字可以說是一切宗教之所以相遇的最根本處。

三、儒家「生死學」的核心──「孝」是對生命　根源的追溯與崇敬

這麼說來，儒家所說的「孝」是帶有宗教意味的，落在這整個生死學上來說的時候，就要「慎終追遠」，所謂「生，事之以禮；死，葬之以禮，祭之以禮。」（《論語・為政》）❿基本上我們說這個「孝」字的時候，所講的就是一個對生命根源的追溯與崇敬。當我們將一個孝親的心情，推而擴充之，在推而擴充之的過程之中，就不會被現實具體的存在情境所限制，而是可以從這個具體的存在情境擴及到另外一個具體的存在情境，並擴及到所有的具體存在情境。因此，儒家講「孝」的時候，其實不只是著重在對於自己的父母親而說孝而已，因為除了自己生命之血緣性的根源之外，還可以推而擴充之地去思考：人生活在天地之間有沒有一個更為根源的東西存在？那就是「天地」。父母親是作為我們血緣的生命根源，而

---

❾　《老子・第十六章》：「致虛極、守靜篤。」同註❶，頁9。

❿　同註❷，頁68。

天地就是自然的生命根源。

　　人是落實在一個通過語言、文字、符號而開啟的世界，並且也是不離其傳統的。文化傳統有沒有一個生命的根源？有的。當講對於生命根源的追溯的時候、講孝道的時候，其實也並不只是陷在家庭來說的，而是從家庭擴大到整個天地而言。這個天地分兩層，一個是「自然的天地」，一個是「人文化成的天地」。什麼是人文化成呢？人通過了語言、文字、符號、象徵而去理解詮釋這個世界，展開了教化活動，而成就人之為一個人，不能只是一個自然人，也必須是文化人，這是人跟其它萬物不同的地方。或者也可以說，人是一個會運用語言文字符號之象徵的存在（symbolic being），是一個通過語言文字符號去說它的一種存在，這是人的一個特質所在。像這樣的一個定義，當然是比較現代的定義。德國哲學家卡西勒（E. Cassirer）說：「人是會使用符號的動物。」⓫這樣的定義就比亞里斯多德所說的「人是理性的動物」這樣定義好得很多。

　　那麼，在中國孔老夫子所說的人是什麼呢？基本上，人是就一個在人間世裡面可以展開人的活動的一種存在，而這個人的活動就是人跟人之間一個存在的真實感，所以他說：「我欲仁，斯仁至矣！」（《論語‧述而》）⓬孟子則認為，人落在人間世來講，有些特質是唯獨人才有的，所以說：「人之所以異於禽獸者幾希！」

⓫　恩思特‧卡西勒（Ernst Cassirer）在 *An essay on man* 一書提出人類是符號的動物（animal symbolicum），見甘陽譯《人論》（1997 年 11 月，臺北：桂冠圖書公司），頁39。

⓬　同註❷，頁107。

（《孟子・離婁下》）⓭因此，人對生命根源的追溯，以儒家來講，是先由最低層次的「家庭」進一步進入到整個「自然天地」，再進一步進入到整個「文化天地」。所以當人們展開對生命根源追溯的時候，實際上也是涉及到這三個項目的。

　　人對生命的追溯是以怎麼樣的一個活動開始的呢？就是祭祀的活動。任何一個宗教幾乎都免不了祭祀的活動，只是名稱不同，有的叫禮拜活動，有的叫敬神的儀式，但總是就一個禮敬的儀式來說。而這個活動就是一種「人對生命根源的追溯」⓮，就是要人喚起其「終極關懷」。這樣的問題就牽涉到生死的問題！這極重要地關聯著「死怎麼安頓」、「生如何處理」這兩個問題。任何一個族群、任何一個文化、任何一個宗教凡是提到「死」的問題，必然會關連到「生」的問題，因為「生」與「死」是一個相對的兩個不同概念，而這兩個不同的概念，是構成一個對立面的兩個端點，它們是「兩端而一致」的。不可能說，一個宗教徒只處理「生」的問題，而不處理「死」的問題；也不可能說，一個宗教徒只處理「死」的問題，而不處理「生」的問題，一定是兩個關連著處理的。就好像人們不可能永遠「活」著、永遠不會「死」。人們既然有死去，也一定有出生，生跟死是一個完成，是個完整的統一。從這個觀念來看，我們就可以反駁有些人以為儒家沒有談論到死亡的

⓭　同註❷，頁 319。

⓮　「祭祀」是經由一儀式，讓你能與祖先神祇的生命精神根源相接，而在漢文化的理解中，每個人的生命是與其祖先關聯起來的，因此經由祭祀的儀式去與祖先神明相接，其實是等同於去疏通自家的生命根源。見林安梧著《儒學與中國傳統社會之哲學省察》，同註❹，頁 21。

問題而只注意到人的生命、活在這個現實的世界裡面的問題，儒家好像不會注意到過去，也不會注意到未來，只注意現世的問題。其實不然，儒家其實是將「生」與「死」關聯成一個整體，也將過去、現在、未來三者關聯成一個整體。

四、從「人倫孝悌」到「生生之德」的深化

生死學的問題是一個難度很高的問題，我們應該要立在怎樣的一個傳統來思考這些問題？而我們又要思考什麼樣的問題呢？我們所要思考的是生命的問題，要有「生」與「死」的問題，這是很基礎的。面臨這些東西，一個一個去檢查，一個一個去看。儒家當然有談論到死的問題，但談論的不是那麼多，因為其著重點不在這邊，儒家是透過「生」來談「死」。佛教談不談論死的問題？談論很多；談不談論生的問題？當然也談論，而且很多，就佛教來說，釋迦牟尼佛、佛陀說法，是因緣說法、因眾生之緣而說法，所以非常多元。孔老夫子也是因緣說法、因緣說道，說儒家的「人倫日用之道」。這個人倫日用之道有其根本處，就是「孝悌」，由「孝悌」而講「仁義」，由孝悌仁義而說一個人間的倫理，而講人倫之道。然而這孝悌人倫之道該如何安排過去、現在、未來？生命的現在逝去了，劃下了一道斷裂點，這樣的過去，我們就叫它「死亡」；由這個斷裂點相對來說，其它就叫做「活著」。這個活著的過去叫做已經過去了，但是再往前走的時候，就叫「未來」。「現在」與「未來」其實只是一剎那間，所以嚴格地說，人的生命存在沒有所謂的現在，因為當下的現在馬上成為過去，還沒有來的剎那，那是未來，所以現在是當下的剎那，既是當下的剎那，基本上

是不存在的。如果就當下的剎那去說，就佛教講剎那生滅而言，那當然是「空無」。當人們說過去、未來的時候，其實是有一種「連續觀」，這個連續是由於人們心靈的一個作用，把它連續在一起，人是通過心靈來操作語言、文字、符號的。人總是要留在過去並且瞻望未來，即使釋迦牟尼佛在說剎那生滅的時候，人也是一樣的留住過去，瞻望未來，因而佛陀因緣說法，此中總離不開那個業識流轉問題。

　　儒家的說法著重的是整個生命的連續，就這個連續上來說，將整個過去收攝到當下現在，並且由這個收攝到當下的現在而開啟所謂的整個未來，這可以說是整個儒家的時間觀。當下的現在收攝了以往所有的過去，所以當下的現在是非常充實飽滿的。當然你也可以說負擔很重，然而如果經過了心靈的澄清、一番淘汰之後而使其精純化，那麼當下就會是豐富的。但是如果沒有的話，或者人們的心靈喪失這種能力的時候，那就要背負著長久以來整個傳統的問題，這就是儒家為什麼一直有傳統主義傾向的原因。譬如說，就整個中國當代的新儒學來講，被視為是新傳統主義或新保守主義。依儒學而言，所謂的現在不是當下的剎那而已，因為當下的現在是整個過去的連續而貫注在現在的，並且要往前開啟。我們在這裡可以看到這樣的一種時間觀，可以發現其土根性深厚，其生命是紮在泥土裡頭的，著重整個生命，不是剎那生、剎那滅，而是在剎那生滅中一直都生生不息。其著重點在生生不息，著重在「生生之德」，「生」成為整個儒家裡面非常重要的一個字眼，就「生」這個字而強調人跟人之間有一種互動感通，有一種真實的存在感，這就是所謂的「仁」。「生生之德」看似存有論及宇宙論的提法，其實，這

是與人生論息息相關的，陽明學中所說的「一體之仁」即可以這樣來理解。**⓯**

五、從「生生之德」到「臨終關懷」的重視

除此之外，儒家又強調「生生之德」、「天地之大德曰生」。儒學可以說非常強調「生」，談到生死觀的時候，如何去面對鬼神的不可知？依照儒家的說法，應當就人的可知，而去面對鬼神的不可知，這時候去理解所有的鬼神，便是已經通過一個自然哲學化的方式去說鬼神了。鬼神是什麼呢？鬼不是精靈，神也不是精靈，鬼跟神一樣是人們精神的一種體現方式而已。精神這個字眼用古時中國哲學的老話來說，最後要終歸於「氣」，「鬼者歸也」、「神者申也」，就是在講精神的屈申。鬼是屈，神是申，二者都是一氣之屈申，屈而歸之於地，申而充之於天。這樣子，就將整個人的魂魄、整個宇宙之間的鬼神問題還到人的身上來說。也就是說，我們必須就人的可知來理解世界。人通過了語言、文字、符號去說世界，同時，也進一步去瞭解了那個不可知，這是儒家的一個基本觀點。

儒家在談這個世界的時候，基本上是最合乎一般我們所謂的「人間性」而說的，但這其實也不是以人為中心，而是強調必須正視人做為一個活生生的一個存在，正視人是一個活在這個世界裡頭的存在，經由這樣的一個「活」動，人開啟了對世界的理解。從這

⓯ 請參見林安梧《中國宗教與意義治療》（臺北：文海基金會，1996 年 4 月），第四章。

裡來思考問題，便是整個儒家的一個基本點，而儒家談生死也正是從這裡說。所以子路問事鬼神，孔老夫子便告訴他：「未能事人，焉能事鬼？」（《論語·先進》）⓰子路問死，孔老夫子又告訴他：「未知生，焉知死？」（同上）人們對於生命沒有一種恰當的體會、沒有真正進入到生命的當下，怎麼可以了解死亡是什麼？有人說這句話表示儒家對死亡問題的逃避，我認為不是，因為這代表儒家對死亡的一種正視方式。這種正視方式雖然有別於佛教的方式，但也是一種正視、正面地看待。因此，我們談儒家生死觀的時候，要從這裡來看。儒家所說的「生」是將過去整個活在現在，並且瞻望著未來而說的。

　　果真就人活在現在而言，人有沒有死亡的問題？有！「生年不滿百，常懷千歲憂」。⓱為什麼「生年不滿百」會「常懷千歲憂」呢？人的生命如果只有從出生那一刻那才叫起點，就生命嚥下一口氣的時候叫終點，當然是一個始終。但是這個始終果真就只是如此嗎？如果這樣的話，不只是很單調，而且還很單純。但轉個方式來想，「單調」的話是很乏味，「單純」的話則也會很寧靜。這個問題你們應該曾經想過，或者你們小時曾經想過，依稀恍惚地想過，後來把它忘了，或者是故意把它忘了、不小心忘了，當年紀慢慢長大以後，現實的很多事物通通把我們架住了，讓我們沒有機會再去想這個問題，其實現在是可以再去想這個問題的。曾經有一個九歲

⓰　同註❷，頁 131。

⓱　古詩十九首〈生年不滿百〉，見（梁）蕭統編《六臣注文選》（北京：中華書局，1987 年 8 月），卷 29，頁 542。

的小孩子問我，如果我們活著到最後一定要死的話，那這個活著本身有什麼意義？這真是一個弔詭的問題。為什麼活著面對死亡，那就沒有意義？他的意思是說，生命如果是斷滅的，那麼這生命值得活嗎？其實，生命當然不是斷滅的，生命有生命的根源。什麼叫生命的根源？你是父母所生的，你的父母是他們的父母所生的，父母的父母是他們的父母所生的，再往前追溯有其根源。因此，不要忘了，你不是從一個非生命的存在而成為生命存在，所以你必須正視生命本身的一個特質。生命本身的特質是，凡是存在的，好像一直邁向死亡，卻是一旦存在就永恆存在，生命的弔詭性就在這裡。如何在這個弔詭性裡面取得一種安頓，那就是生死的智慧了。這問題在這，也請大家正視面對這個問題。

當我們正視這個問題的時候，就可以去想，人活著當然是生年不滿百，常懷千歲憂，會常懷千歲憂是因為人會思來想去，會想著過去、想著現在、想著未來。人會通過心智的能力邁入過去、瞻望未來，所以死生幽明之際，通通不會對我們的心靈產生限制，當下一念比光速還快，可以穿透萬有一切，無所隔閡，一切都可以放進來，也可以往前開啟。但是落在人間有形的軀體生命裡面，畢竟有一個今世。最近前世今生的問題好像被談得很厲害，但是我對於很多談前世今生的問題總覺得並未透澈。生命是有過去、有現在、還有未來。由於我們有一個自然的生命軀體，所以就像拋物線一樣，有生、有老、有病、有死；由生而盛、而衰、而死亡。這樣一個自然軀體的生命會有死亡是免不了的，任何一個人都不能免；求長生不老是人們的一種嚮往，是個理想，但這個理想卻是個錯置的理想。

歷來的宗教幾乎都談人復活的問題，因為這是人的生命如何繼續存在的問題，但是幾乎都不能避免地要面臨人是會死亡的事實。所以現代的存在主義哲學家定義人的時候，做了一個非常獨特的定義——人就是一直邁向死亡的存在。這個定義聽起來非常的悲慘，所以你不要一直想著今天什麼時候可以趕快結束，也不要想著禮拜天的約會為什麼不趕快來，因為不只是約會要來而已，不只是今天要結束而已，死亡也將要到來，生命也將要結束。這很可悲嗎？不可悲！一個敢面臨死亡的人，他的生命才能夠真實地活著；當人們能夠真正正視死亡的時候，才是生命的起點。那麼儒家怎樣面臨死亡呢？儒家是倒過來說，當人們能夠真正正視活著是什麼的時候，才能夠恰當處理死亡的課題。

如果你活了九十歲，到最後是在加護病房中急救了三天，甚至三個月，甚至三年，在群醫束手無策的下搶救，而插滿了十幾根管子，才宣布你已經死亡，家人也不在你身邊，你覺得那種死是一種死嗎？我說那種「死」是死得果真不是死的死。這意思也就是說，那種死是死在你生命沒有辦法真正安頓歇息下的死，用中國老話來講就叫「死不瞑目」。為什麼叫死不瞑目呢？因為那種死沒有辦法讓自己有種安頓感，那就死不瞑目了。有安頓感之下的死一定是非常美的，當整個生命要回到其真正的原點的時候，就要結束整個軀體的生命，而開始純粹昇華出來。所以說「人之將死，其言也善」（《論語·泰伯第八》）⓲，是嗎？這個話我是察驗過的。鄉下裡婆媳不和，這是常見的事情，但婆婆要臨終時對媳婦講的話，一定有非⋯

⓲　同註❷，頁 110。

常多的好話，而且懺悔的話很多，生命裡頭原先有的那種執著性，那種染污性所造成的煩惱，這時候全部煙消雲散了。人在臨終之前會不由自主的面對自己，面對生命是什麼，為什麼？因為那軀殼要慢慢地要回到應該要回到的地方，回到所謂的天地。所以當人死了，中國老話叫「魂魄歸於天地」❶，魂升於天，魄降於地，這三魂七魄歸於天，歸於地，歸於整個自然之間，使整個生命有所安頓。這時候在整個社會上的倫常禮教，在家庭的倫理上，就說這個人「壽終正寢」。

　　這麼說是要指出，生命的安頓是很重要的，死亡其實是生命的另一種安頓。當人死了，不能夠把人的軀體去磨成肥料，因為人的軀體不只是軀體、不只是一個自然的存在而已，人的軀體也是一個文化的存在，是具有意義的。人的軀體仍然是一個意義的存在體，而不是自然界裡頭一個空無的、荒蕪的存在，所以人死了以後要埋葬，埋葬則要通過一個儀式。這個儀式代表什麼？我們都說叫告別式。告別式就是要讓人的軀體、這個生命意義的存在體，離開整個人間的世界，雖然這個人離開了，但也因而產生了一個新的連接方式，以後的人們對他懷念、對他追思，那就叫「祭祀」、叫「祭之以禮」。「葬」是代表「生命」與「死亡」斷裂的儀式，整個生命斷裂開來，跟死亡斷裂開來，使死亡有所安頓；而祭禮就代表著活著的人們跟這個已經離開人間世的死者之間，保有一個新的關係，這個新的關係再被純化為一個精神式的存在，所以活著的人們會向離開人間世的死者燒香、叩頭、祈願。我們說「在生為人，死後為

---

❶　《禮記·郊特牲》云：「魂氣歸于天，形魄歸于地。」，同註❼，頁714。

神」，但大部分的人可能連聽過這些話的經驗都沒有了，這可能代表著人間性慢慢喪失了。在殯儀館，這些東西都已經被形式化、僵化了。以前不是這樣的，是很直接、很人間性的。人要死以前總有一段臨終的過程，這一段臨終的過程，就是人們怎麼樣告別這個人間世。告別是一個總結，但也是一個起點。

六、從「死生幽明」到「性靈實存」的肯定

有形的存在是一種存在，無形的存在是不是一種存在？既是無形的，能不能說是一種存在？那就有各種不同的說法了，這要看你對這種無形的存在是什麼樣的詮釋方式。人們大概會不甘心說無形的存在算是不存在，這是人的麻煩，但這也是人的可貴。人最弔詭的地方，就在於凡是人最可貴的同時也就是人最麻煩的地方。人跟動物不同，動物沒有什麼麻煩的地方，動物還歸於整個大自然，或者是老天爺，或者是上帝，反正都已經幫牠決定了，所以沒有什麼麻煩的地方。動物好像都沒有關於情跟慾的問題，只有人才會有這個麻煩呀！雖然依照佛教來講，動物也算是有情眾生，但是牠們那種存在幾乎沒有辦法提到自覺的層面來處理。因此，動物這個問題是不明顯的，人在這裡反而很麻煩。

我們可以想一下，在《舊約聖經》「創世紀」的神話裡面，為什麼蛇會誘惑了人？難道蛇只誘惑人嗎？我想一定不是，而是因為人可以被誘惑。人的「可被誘惑性」、「可背叛性」與「自由性」，同時卻也是人的「墮落性」。因此，人的可墮落性與可救贖性是一體之兩面，這一是個複雜難理的問題。人一旦有自由，就得擔負起責任，就要擔負起為自由而付出的代價。這代價很大，因為

人從此不能夠在伊甸園裡過著無憂無慮的生活，而要開始憂慮自己的生存。但是那憂慮是人自找的，人要求自己要找，不是不小心被誘惑而已，根本是心存被誘惑，人的麻煩就在這裡。可見人被逐出伊甸園是命定的，上帝也知道，所以上帝只好可憐人，派遣了祂的獨生子來救人。

人是萬物之靈，用中國傳統的哲學話語來講，人是領受著天地自然之氣，所謂「得天地陰陽五行之秀氣而最靈者」[20]。人會思考，在人自己的生命裡頭有其亮光在，不管這個亮光是不是吃了智慧之果而有的亮光，人總是有亮光在。這個亮光，就是一個「自由的渴望」，然而同時也是「墮落的起點」，這弔詭就在這裡。用佛教的話來講，當下就是「法性」，又是「無明」，這「一念無明法性」就是如此，既是煩惱，又是菩提。就儒家來講，那一念當下裡就有天理在焉、有人欲在焉；「天理」跟「人欲」在儒家來講，是落在人間世裡頭，把它實現出來，將理跟欲合在一塊而實現出來，連成一個美的、善的世界，這個美善的世界就是一個人倫世界。所以儒家對人最根本生命中的欲求，是予以一個絕對的善待，所謂「飲食男女，人之大欲存焉。」（《禮記·禮運》）[21]只要能夠恰當地處理，可以變得非常地好。所以儒家把夫婦之道叫做「敦倫」，

---

[20] 《禮記·禮運》云：「故人者，其天地之德，陰陽之交，鬼神之會，五行之秀氣也。」又云：「故人者，天地之心也，五行之端也。」見（清）孫希旦撰《禮記集解》（同註[7]），頁 608、612。又〈太極圖說〉提到：「五行之生也，各一其性。……惟人也，得其秀而最靈。」參（宋）周敦頤撰《周子通書》（2000 年 12 月，上海：上海古籍出版社）之〈附錄〉，頁 48。

[21] 同註[7]，頁 607。

敦倫者，敦化人倫也。儒家基本上肯定男女之欲的美，但這個美須經由一個「禮」去處理它。人活在世界上得通過很多個階段，通過人間世的儀式化以及將人跟人之間的相處以一個恰當的途徑去處理，這就叫「禮」。從出生開始的一個月就叫彌月之喜，過了一年周歲叫度晬，到了二十歲的時候要離開家庭、進入社會了，要行冠禮，所以說「二十曰弱，冠」（《禮記·曲禮》）㉒，又《禮記·內則》記載男子「三十而有室」㉓，女子「二十而嫁」㉔，這些禮都代表著一個生命的再生，一步一步的再生。即使死亡的時候，葬禮一樣的也是一個另外生命的再生，整個儒家非常重視這些。因此，人們當然不止是重視那個有形的存在而已，而會在有形的時候，去思考一個無形的東西存在。那人們通過什麼思考呢？是通過符號、語言、文字去思考，而這正反映出人是萬物之靈的存在。

我們說人是有性靈、有靈性的存在，這是什麼意思呢？當下這一念可突破時空的任何限制，到無始以來的那個地方去，也可以往後延伸到一個未來遙遠的地方。人的這個特性非常非常獨特，這便是所謂的「靈性」，或所謂的「性靈」；如果人們喪失了它的話，人們操作的符號將永遠只是工具而已，這種人就只會在人間世裡出沒而已，就只會在人欲場中過日子而已，而不會追求什麼叫不朽。人可貴的是人會追求不朽，人雖是會朽的，但是人會追求不朽，這是人的弔詭，也是人的可貴處所在。既是如此，人們會不會認為無

㉒　同註❼，頁 12。
㉓　同註❼，頁 772。
㉔　同註❼，頁 773。

形的存在也是一種存在？當然也會認為它是一種存在。如果認為無形的存在或者死亡就是已經不存在了，人間世當下這個存在還有什麼好存在呢？都無所謂了是不是？那就要豁出去了是不是？這種人有沒有？這種人是有的。照理說當人要被槍決的時候，判了死刑應該會有一種悔悟、有一種痛苦，但這種人卻完全沒有了，這種人已經不再成為一種人的存在了，而是成為一種根本不是在人間世裡頭那種存在的存在；換言之，已經不是一種靈性的存在了。這種人在社會上很不少耶！這種人可以稱作是一種非常忍心的存在，是一種對自己很殘忍，對這個世界也很殘忍的存在。

七、從「喪葬」到「祭祀」——生死的「斷裂」與「再連結」

　　就儒家來說，「葬禮」基本上是用來「安頓死者」。「祭禮」跟「葬禮」是不同的，祭禮基本上是要「提昇生者」；葬禮則代表對於過去的告別，是站在死者的立場而想，表示一切已經成為過去了，在這裡要斷開來，這是一個斷裂的儀式。這個斷裂代表一種超越，由這個「斷裂性」而說「超越性」，再由這個「超越性」說其「純粹性」。經由這個斷裂性的儀式，而使得整個生命超越而純化了。一旦純化了，這時候便建立起一個新的符號或儀式關係來連接生者，這就是所謂新的連續性的開始。所以，祭禮不同於葬禮，祭禮是由斷裂性進而開啟超越性，並開啟純粹性，這是針對原來的斷裂而作的連續。其實，這個「再連續」也就是所謂的宗教了。

　　「宗教」這個詞在西方的字源裡，原來就是再連接的意思。「宗教」的英文是 religion，拉丁文做 religare，就是「再連結」的

意思。我們可以將之轉化擴大地說，再連結的意思就是對原來生死之際的斷裂重新再連結，由這個連結起來而有新的連續性。❷如此說來，這個死者的生命就不止是成為超越性的存在而已，而是內在化於你的生命中，由超越性轉成一種內在性，再由這內在性轉成人間世裡頭的「人間性」，即是在這世界裡頭的一種存在，所以祭禮跟葬禮跟喪禮是很不同的。

「喪禮」就以前的禮制來分是「凶禮」，但是「祭禮」則是「吉禮」。一般說來，祭禮是不哭的，而喪禮時則是要哭的；喪禮是依據了死者的身分來定禮的，祭禮則是依據祭祀者的身分來定禮。譬如說你的父親過世了，你的父親是公卿大夫，那麼葬禮就應該用公卿大夫之禮葬之；但你若是平民，就要用平民之禮去祭祀你的父親。這禮份有其恰當的意義，是不能夠胡來的。舉例來說，我們很強調每年的四月五號是「清明節」。「清明」這兩個字太有意義了，一是說自然、宇宙、天地運轉到那一刻的時候，是清明的時候；另外一個意義則是人通過一個祭祀自己祖先的活動、疏通自己生命根源的活動，使得自己的生命因為經由這個根源追溯的疏通禮敬活動，而讓自己生命清明，並使整個天地自然跟整個人文宇宙合在一塊了。因此，這是很重要的一個節日，這也是整個民族共同的節日，當然更是儒家最為強調的節日之一。

---

❷　西文之 religion 隱含著「斷裂」（discontinuity）之義，而漢文的「宗教」則隱含著「連續」（continuity）之義；「連續」與「斷裂」正是中西最大分野。參見林安梧著《中國宗教與意義治療》（1996 年 4 月，臺北：文海基金會），第一章〈「絕地天通」與「巴別塔」〉，頁 4。又此亦請參見曾仰如《宗教哲學》（臺北：臺灣商務印書館，1995 年 10 月），頁 73。

　　由此可知，喪禮、葬禮主要在安頓死者，而祭禮則是在提昇生者。祭禮是要在什麼時候去進行呢？以前的習慣是生了第一個男孩的時候，要去祭祀，因為以前是男性中心；再來是開科取士考上了，也要回去祭祖先一下，因為這代表了生命的一種躍進，躍進則要回到自己生命的根源，這在儒家的基礎上是非常強調的。「祭祀」其實就是對整個生命根源的追溯而在當下展開，這當下的展開當然要有一個臨在感，所以祭祀要「祭如在，祭神如神在」（《論語·八佾》）❷，當你祭祀神明的時候，那個神明就有一種當下的臨在感而跟你生命有一種相遇的關係。儒家並不是無神論者，所以「祭神如神在」，並不是說沒有神而假裝有神在，像這種解釋只是在糟蹋中國文化。去年三月我在香港中文大學開會時，曾經聽過大陸一個很有名的學者就講過這種話，他說：「『祭神如神在』，這可見儒家根本就是無神論者」。因為他是教條化的馬列主義信徒，所以當然要將儒家講成無神論。其實，儒家的神不是巫祝神祇的神，也不是基督宗教所的神；儒家所說的神應該是接近於精神的「神」、心靈的「神」啊！這個神可以幻現出來而以各種不同的象徵存在。所以禮敬神明所強調的是，對於你的天地要有一種禮敬的態度。因為人在天地中、在自然中，你的生命不只是你的生命而已，而是要由你的父母的父母一直往前追溯的祖先。你的生命是活在一個社群裡面，由社群形成了總體，這總體便有一個根源在，這根源有其社會意義與政治意義，也有其文化意義，這就是所謂的

---

❷　同註❷，頁 75-76。

「君師」。荀子所謂「禮有三本」❷，就是說整個生命的追溯，其根源有三，即「天地」、「先祖」與「君師」，這也代表了人對生命根源的三個不同面向：一是天地自然的生命，二是血緣親情的生命，三是文化道統社會政治共同體的生命。人不能夠外於這三個生命，所以必須疏通這三個生命的根源。

祭祀活動非常的重要，所以祭祀要有臨在感，如果你沒有參與那個祭祀，也不能夠派人代理，因為派人代理的話無效，這就好像你要去對一個神父懺悔，卻說我沒有空，而要張三替我去懺悔一樣。這通嗎？當然不通嘛！所以「吾不與祭，如不祭」（《論語・八佾》）❷，如果不親自參與那個祭祀，就好像自己沒有參與一樣，找人替代是不行的。

談到這裡，我們可以了解到整個儒家是用什麼樣的態度來面對生命的。死亡是軀體的過去，跟我們的整個生命好像有個斷裂，但是這個斷裂經過人們的儀式化處理，便由這個「斷裂性」轉為「超越性」，再由「超越性」轉成「純粹性」。再者，人們不止是如此而已，因為當「斷裂」的時候，人們馬上要求再連接，這就能夠讓那原來的斷裂再連在一塊。這個時候的連接就已經不是以前的「自然連接」，而成為一種「符號意義的連接」。這符號意義的連接，是由「斷裂性」轉成「超越性」，由「超越性」轉成「內在性」，

---

❷　《荀子・禮論》云：「禮有三本：天地者，生之本也；先祖者，類之本也；君師者，治之本也。……故禮，上事天，下事地，尊先祖，而隆君師。是禮之三本也。」見李滌生著《荀子集釋》（臺北：臺灣學生書局，1994 年 10月，初版 7 刷），頁 421-422。

❷　同註❷，頁 76。

由「超越性」轉成「純粹性」，再由「純粹性」轉成整個「人間性」，這就是所謂的祭禮與喪禮最大不同的地方。人在這裡安頓他的生命，安頓了生命之後就可以安身立命了。

八、從「生死學」到「道德學」：從「安身立命」到「仁宅義路」

「安身立命」的意思是當下在你活著的時空範圍裡面，使身能夠安、命能夠立。你自己生命的宅第是並不是你自己的，而在這個社會裡頭，在人與人之間的一種存在的真實感，這就是所謂的「仁」字。所以說「仁，人之安宅也」（《孟子·離婁上》）㉙，有這個「安宅」能夠「安身」，你才能夠從這個家走出來，跟別人的家有一種交往的關係，這也有一個恰當的途徑，就叫做「義，人之正路也」（同上）。

從「仁，人之安宅也」到所衍生出的「義，人之正路也」，說的都是一種安身。其實，只有安身是不行的，也是不夠的，因為人的生命有過去、有現在、有未來；人的生命必須疏通過去，必須瞻望未來，更必須面對當下的現代。人必須面對軀殼的逐漸老去與朽壞，但在這個朽壞裡頭，也要要求不朽，這種不朽是生命裡頭所轉化的一種意義的存在，慢慢凝聚成所謂的「德」字和「性」字。所謂「德性」，就是人們經由語言、文字、符號、意義的詮釋，對於自己的過去、現在、未來，做個通貫而根源地邁向未來的理解。

再來，說到這個「生」字，就是整個活活潑潑的生命的過程，

㉙　同註❷，頁307。

這要注意到整個過去最根本的總體有個根源。「道」字落實在人說就是「德」，「生」字落實在人說「性」，「德性」就是這麼說的。所謂的「志於道，據於德」（《論語·述而》）❸，所謂的「生之謂性」（《孟子·告子上》）❹，這是中國的老傳統。在這個過程裡面，用「道」字來講一個形象；在整個人之上的，就用「天」字去說它；就那個「天」裡頭有一個根源的力量要發散出來，落在人上就是「命」，這就是所謂的「天命之謂性」（《中庸·第一章》）❸。人處在這個天地之間，就有一個生生不已的過程，就是所謂的「天地之大德曰生」。因此，整個人的安身立命，基本上就是通貫了過去、現在、未來。以葬禮跟祭禮的方式連接，經由斷裂的儀式，再經由連接的儀式，由超越而內在、由純粹而人間地連在一塊，這種連在一塊的方式，就能夠讓你的生命當下無所遺憾。

　　這個當下無所遺憾的意思是什麼？因為你的生命是通達的，能夠通達過去、現在、未來，能夠通達死生幽冥，也能夠通達四周圍的人。孔老夫子的學生曾經問他說：「死在首陽山的伯夷、叔齊，怨不怨呢？」孔老夫子回答他：「求仁而得仁，又何怨！」（《論語·述而第七》）❸為什麼不怨？因為求仁得仁，當下生命的感通，讓其生命有個宅第可安居，並且走出一條可通到死生幽明，可通到過去、現在、未來的道路。孔老夫子說他自己「不怨天、不尤人，下學而上達」，也是從這裡說的，這是有非常通達的生死觀的一個

---

❸　同註❷，頁 102。

❹　同註❷，頁 362。

❸　同註❷，頁 25。

❸　同註❷，頁 104。

說法。這個說法落在人臨終的時候，那整個生命是安頓而詳和的，所以一定不會是語言、文字、符號象徵所牽涉到的人所存在的問題。整個語言、文字、符號所詮釋的生活世界裡頭的意義是什麼？請你去想一想，自己應該怎麼樣去參與它。你可能通過文學、通過藝術、通過音樂、通過哲學、通過技術，通過各個方面；但是任何參與都要參與到整個生命根源的整體，這就叫由「技」進於「道」。因此，不是只停留在作為一個工具性的存在，而是要真正正視人生命本身的目的。

回到這裡，我們再去看：就整個儒家的生死觀，喪禮跟祭禮是最清楚的。這樣的方式，是告別過去而有斷裂，但同時也連接著過去而開啟未來，因此有所連續。告別過去時，超越了、純粹了那個過去，但也連接著一個新的內在人間性的開啟。進一步來說，儒家談生命的不朽是談些什麼？談「立德、立功、立言」。「立德」是生命德性的不朽，那德性的不朽，是回到生命意義的根源而說的不朽；「立功」的不朽是要落在人間世裡頭，維護整個政治社會共同體以及人們的存在的社會共同體，使其好好繼續存在下去；「立言」則是屬於符號意義的、整個文化教養詮釋上的不朽，孔老夫子述而不作，以述為作、「刪詩書、訂禮樂、贊周易、修春秋」，都是立言的不朽，而這立言的不朽也隱含了個立德的不朽。

由此可見，生命的不朽是整個儒學的一個要求，也是其它各個不同的宗派的要求，當然彼此有著不同的理解。如前所說，雖然有一樣的要求，不過儒學談生死的問題，一定是連著「孝悌」、連著「葬禮」與「祭禮」、連著怎樣面對生命的存在來說的；而整個生命也是連著天地、連著人類文化、連著血緣親情在一塊兒的。儒學

以為人就是在當下的存在裡，綜攝了整個過去，而開啟了未來的這樣一個存在。

儒學這樣的存在方式所注重的就是「生」，正因如此，所以講「生生之謂易」（《周易·繫辭上》）❸❹，這個生生有一個不可抹滅的當下內涵於人的真實東西，就叫做「德」，所謂「生生之德」。就此而言，這個世界本身就是一個「整體」，就其形象而說此整體就是「天」，就其整全而言就是「道」，就落實處講就是「德」，就整個流行創造而說就是「命」，就落在人間裡頭生命的德性上來說就是「性」，落在人跟人之間的真實感通就是「仁」，就人跟人之間存在真實感所落實下來的途徑就是「義」，而落在整個人的一個最靈敏的感覺之體上說就是「心」。整個中國哲學，與儒學裡面所說的東西，都是環環相扣的；而總的來說，就是整個存在的生死問題。

儒家不同於基督宗教，是經由主體的對象化活動超越地去說一個「上帝」；也不像佛教，是面對人的生、老、病、死之苦，說一切執著、染污、煩惱如何去除，而講涅槃寂靜，以求生命中真正的寂靜；也不是道家從人的有為造作說起，而想從這裡把它去除掉。講「為道日損」（《老子·第四十八章》）❸❺、「損之又損，以至於無為，無為而無不為」（同上），強調要怎麼樣回到天地，回到自然。儒家所強調的不是回到天地自然，而是要以一個人的觀點，進到人間世，展開文化教養，化解人間的問題，並成就人間的志業，

---

❸❹　同註❸，頁 153。

❸❺　同註❶，頁 29。

這就叫「人倫教化」。儒家所強調的與道家、佛教雖有不同，但不同並不意味著那一家為高，那一家為低。哲學或者人們對世界的理解就好像使用語言的方式，不同的語言代表一套不同的理解方式，但是並不意味著那種語言比較高，那種語言一定比較低。

總而言之，儒家所說的「朝聞道，夕死可矣」（《論語・里仁》）❸，其實就是整個生命能夠傾聽「道」（存有）的開顯，能夠傾聽整個宇宙總體根源之開顯，這樣的開顯是使整個生命進入到一種永恆裡面，當下的軀體即使已經死亡，但死亡本身並沒有死亡，因為是歸屬於「道」的，所以講「朝聞道，夕死可矣」。當你傾聽存有的開顯、傾聽道的開顯、傾聽整個道的聲音的時候，整個生命看起來就好像是告別了現在，或者說即使告別了有形的人間世，那也無所謂，因為生命已經進到一個新的起點，這就是這個意思啊！

九、問題與討論：「不朽」、「人性善惡」與 「前世今生」

問：「不朽」是站在怎樣的立場來說的？

答：我們可以從另一個角度來看，人們之所以會有「朽」這一個字眼，就是因為人會思考「不朽」。豬就不會思考「不朽」的問題，對不對？因為豬牠是朽的，所以豬就沒有墮落的問題，人才有墮落的問題，所以人才可以看出不朽。佛教講的分別心就是在這裡顯的，因為佛土眾生都有佛性，但是佛法難聞，人身難得，就六道裡面的天、人、阿修羅、地獄、餓鬼、畜牲而言，人道的自覺性是

---

❸　同註❷，頁 82。

很高的。人跟動物不同，人跟豬不同，豬基本上的自覺力很弱，或者甚至沒有，但一般來講，我們不願意說牠沒有，因為眾生皆有佛性，佛性的意思就是一個大覺醒的意思，眾生皆有大覺醒的可能性。然而就人而言，可以說「放下屠刀，立地成佛」，卻不能說豬走出豬圈馬上就可以立地成佛，這就是人跟豬的不同。人有這個可能性，這個可能性就是人會操作語言、文字、符號，人不止會操作語言、文字、符號，人最難、最可貴的地方，就是在於能夠「由那個分別去除分別，回到無分別」。無分別不是通通不分別，根本都不管了，也不是說豬跟人一體了、豬跟人同體大悲、豬跟人不分、人跟豬一樣的。所謂「同體大悲」指的是：人有一個真實的菩薩心腸、一個慈悲的心情，希望豬本身的佛性能夠顯現，所以要思考怎麼樣幫忙牠，讓牠顯現。這樣講的同體大悲，是就其大悲而說其同體，而不是交相混雜，說其為同體，如果是交相混雜，而說其同體，那就叫同體不悲了，是不是？人的麻煩在這裡，人的苦痛在這裡，人的可貴也在這裡，因為人會想：「我這樣叫墮落嗎？」人的麻煩就是這樣一想的時候，就要開始抗拒所謂墮落的問題。現在有些人根本像動物一樣，根本不抗拒墮落，也不會去想什麼叫墮落。譬如某些政治人物，他們根本就不會去想什麼叫墮落的問題，因此也根本不必抗拒，他們所想的是：「就給他去，免驚！」那是一種揮霍，因為他們的生命基本上常常不去想過去、現在、未來，因此只是一種斷滅的存在，這是很可憐的。所以這個「朽」跟「不朽」，是對舉而說的。人們使用語言、文字、符號，有一個對偶性的原則，當你使用 A 的時候，就會有一個非 A 觀念存在，因此才有所謂分別心、分別相，但是任何的分別相都也隱含了一個消除的

活動，如果你能夠證實了那消除的活動，就能回到它的原點。所謂A，非A，即是A，這就是佛教基本上的論式。

問：講到「人之初，性本善」，但「人之初，性本惡」是否可說，又要怎麼說呢？

答：我想大概到目前為止我還沒有發現在儒家裡面有誰講「人之初，性本惡」，即使是荀子也沒有呀！荀子說：「人之性惡，其善者偽（人為）也」（《荀子·性惡篇》）❸，他的意思是什麼呢？當人落在人群間的時候，由於相互牽引，就會有一個惡的趨向，但人有一個化性的能力，化成這個自然性，而開啟一個人文的世界。在基督宗教的文獻裡面就沒有辦法找到「人之初，性本善」，因為基督宗教講的是原罪，由「原罪」而講「救贖」，其實不只是「救贖」，更重要的是「救恩」。當人們在還沒有吃了智慧之果的時候，那個存在是一個上帝恩寵的存在狀態，這時，人是一個善性的存在，只是人們擁有自由意識，這自由意識便促使人有了新的開展，而這本身便隱含了異化與疏離、扭曲以及墮落，人的麻煩正是在這裡。原罪並不是人在伊甸園就有罪，而是人吃了智慧之果後才有罪，所以「救贖」隱含了「救恩」，「原罪」背後就隱含了「恩寵」的概念。其實人原先的整個生命是自由自在的，這裡頭是很有趣的，我們平常只是想一面，沒有想到另外一面。如果就佛教來講，人有無明，無明即是法性，眾生皆有佛性，有大覺醒的可能，人雖然在輪迴、在痛苦中，但苦由哪裡來？由「集」來，依「苦、集、滅、道」四聖諦來說，這仍然沒有「人之初，性本惡」的想

---

❸ 同註❷，頁 538。

法。

問：最近大家對「前世今生」很熱門，儒家對輪迴的看法是什麼？

答：儒家基本上談的是生命的延續，從過去、現在而走向未來，其著重點是在「德」上說，從你的祖先、你的父母、你後來的子孫，還有落在歷史文化總體的流衍上說，基本上可以說是不談前世今生的。儒家的「人文化」比起一般所謂的「宗教性」還高，儒家的宗教性是一種「人文的宗教性」。這話看起來好像不太通，但實際是通的。如此的宗教性所強調的是一種道德的理性，理性有一個很重要的功能，就是把鬼神封住。就某個範圍裡頭，儒家可以說：「我可以不做佛、不做菩薩，但我要做一個真正合理的眾生；我不做神、不做鬼，但是我要做一個真正合理的眾生。」這個合理的眾生一旦覺醒，這覺醒的人就叫做「佛」，佛也是眾生、菩薩也是眾生。前世今生這些問題在臺灣會變得那麼熱門，就是因為人活在這個世界上、面對著存在的危機，感到很苦悶所致。

其實，前世今生的這個問題，任何古老的宗教都會有，但是在我們的學問裡面常常被斥之為荒誕玄談。現在談「前世今生」的，是一個美國的心理學家所帶起的，他具有嚴格的學術訓練，經過這樣一說，大家都會認為他是有學問性的，而且具有客觀性與普遍性，因而它是進步的，也應該是可以被接受的。但如果大家不明究裡，一窩蜂地去接受，其實也相當危險的，因為沒有恰當地證實今生而去接受所謂的前生，則強調那個前世便不一定能夠很恰當地接續，而不恰當地接續就會造成很多麻煩的問題。就儒家來說，「恰當地接續」就是「祭祀」。「祭如在，祭神如神在」，因為已經由

儀式化、理性化的轉化而成為一個道德意識的表示方式，則神就不是直接干預進來的。所以人們活在這個世界必須通過一個斷絕封限的方式，才有所謂的理性；假使人們動不動就要開啟那個門，人們的自由意識就要變低了，而為自己去負責任的能力也會變低了。

像《舊約全書·創世紀》所記載的，上帝將人們逐出了伊甸園，一定要派神在那裡把守著，不讓人進來；一樣的，在中國傳統神話裡面，舜派遣了重黎絕地天之通，把守了天門地門，也不讓天地的鬼神參與到人間世來，因為人屬一個人文的世界，人通過了語言、文字、符號而開啟了一個合理的世界。❸在《淮南子》裡也有記載，倉頡造字的時候「天雨粟，鬼夜哭」（《淮南子·本經訓》）❸，為什麼鬼要夜哭？因為從此以後已經沒有辦法對人加以干預了，當人們使用語言、文字、符號，就好像看那僵屍片一樣，經由那個「符」這樣一貼，鬼就不動，一點辦法也沒有了。「封住」了那門之後，人們又想盡各種方式去詮釋，覺得鬼神被壓抑會有些什麼痛苦，於是設計了每年七月開鬼門，讓祂們出來一下，這時我們跟鬼神間有一種和樂的相處，於是就叫祂們好兄弟。但是好兄弟總是要回去的，這鬼門還是要關的，這個「關」就代表著人世界的清理。

我認為做為一個人還是要以「今生」為主，假使什麼都想到前世、想到未來，而今生都是由於前世，在這種狀況之下，人還有所

---

❸　「絕地天之通」可以說是任何一個民族都有的古老神話，它代表的是人類由盲昧的洪荒走向文明的理性的第一步。見林安梧著：《中國宗教與意義治療》，第一章〈「絕地天通」與「巴別塔」〉，同註❷，頁4。

❸　見何寧撰《淮南子集釋》（1998年10月，北京：中華書局），頁571。

謂的責任嗎？人還有理性嗎？一切人間裡頭的法則、理性、判準與正義都可以被動搖。所以前世今生的談法，基本上以我個人站在人文主義的觀點來講，我並不贊成。將「前世今生」的理論作為一種治療的基礎，我覺得必須在小心翼翼的狀態下，在嚴格管制之下實行，要不然這裡頭一不恰當，很可能接通了不知道哪裡來的東西，那可叫邪靈附身。假如李四非常喜歡張三，而張三又是有夫之婦，經過催眠之後論定張三的前世跟李四有什麼關係？所以張三現在跟李四又是什麼關係？那不是很糟糕嗎？整個人間世不是會變得很紊亂，人間倫理又如何可以保全呢？這問題很重要！人生在世當以「人之生」為主要的思考向度，孔老夫子所謂的「未知生，焉知死」正是這個意思！

（本文原為甲戌年十月間於清華大學「生死學」課上所做之講演，後經熊怡雯小姐、鄭以馨小姐依錄音整理，又經廖崇斐、楊淑瓊兩位同學查明出處，最後經講者修改而成。戊寅之秋十月十二日於清華元亨居，辛巳初夏六月四日定稿於象山居。原刊於輔仁大學《宗教學研究》第三期，二○○一年六月，頁 133-163）

第九章 「後新儒家」的哲學擬構：武漢大學的講詞

【本章提要】

本章旨在說明「後新儒家」的哲學擬構，首先指出「存有三態論」的最初構想，開始於《存有、意識與實踐》一書，而這樣一個理論，基本上較為接近「氣學」的傳統。「氣」的概念所強調的是一種「實存的歷史性」或「存在的歷史性」，既是宇宙創生的本體，又是整個生活世界與歷史世界的總體。在宋明理學中，以船山學最為重視「氣」作為一種核心性的概念。因此，船山學不但是近代啟蒙的一個起點，也潛藏著各種發展的可能性。

其次，作者認為當代新儒學所面臨到的是「如何從傳統進到現代」的問題。牟宗三先生兩層存有論的理論建構，以及「良知的自我坎陷」說，基本上都是為了克服近代思想的存在意義危機。雖然牟先生的兩層存有論主要是消化了康德哲學的架構，但由於兩者背後分屬於「存有的連續觀」與「存有的斷裂觀」兩種不同的文化傳統，因而對於「人」的理解，亦有著不同的觀點。基本上，華人的文化傳統注重的仍是一種「我與你」之互動感通的生息互動，重視場域、脈絡之總體判斷，而牟先生對於「人雖有限而可以無限」的

觀點，正是在這樣的文化脈絡下所開展出來的思考。雖然牟先生「良知的自我坎陷」說處理了傳統文化與現代化之間的矛盾，但其缺點卻在於過度高揚了傳統文化中的心性論而忽略了其它不同的向度，而其所論之民主科學開出說，基本上也是混淆了「理論的邏輯次序」、「歷史的發生次序」以及「實踐的學習次序」三者之間的關係。因此，作者通過熊十力先生的體用哲學，提出了「存有三態論」的構想，希望以社會正義論為優先，再來安排心性修養論。

再者，作者通過《論語》中有子與曾子之兩大脈絡，分析先秦儒學原具有「孝悌倫理」與「忠信倫理」兩種傳統，然而在後來的帝皇專制之下，「忠信倫理」卻因而湮沒萎縮。因此，儒學並不是帝制化的產物，真正應該思考的是，如何才能解開被帝皇專制化的儒學。於此，作者強調，應該要重新建立一個新的「外王」、一個恰當的社會總體與客觀法則性，如此「內聖」之學才能得到恰當的調理與發展；而這樣的儒學，才不會是「以心控身」，而能「暢其欲，通其情，達其理」，調適而上遂地生長。

最後，作者指出，「存有三態論」其實是要回到一個天人、物我、人己通而為一的「道論」的傳統，而「後新儒學」的「後」，基本上也是繼承著當代新儒學的往前轉化與開展。

關鍵字詞：後新儒學、存有三態論、理、心、氣、船山學、牟宗三、康德、兩層存有論、良知的自我坎陷、孝悌、忠信、理欲合一

○、引言介紹

郭齊勇教授：

　　早在一九八八年的十二月份，在香港的《唐君毅學術思想國際會議》，臺灣學者們與我、蕭先生與敝校兩代師生就開始結緣了，而在一九九一年、一九九二年，林教授都曾經來到敝校訪問過。這次林教授是應人文學院歐陽康院長的邀請，來做這次的訪問。他風塵僕僕，剛在中山大學做了一個星期的演講，下一站還要到北京、上海、廈門，時間安排得非常緊湊。林教授的學術成果，我們武漢大學的圖書館和系上的資料室，都藏有一些他的著作。他主要研究的是哲學，包括中國當代哲學、通識教育與宗教哲學等；他開過儒家哲學、道家哲學、哲學概論、當代儒佛論爭和當代儒學專題等課程；他是臺灣師範大學國文系的學士、臺灣大學哲學研究所的碩士、臺灣大學哲學研究所的博士。據我所知，他還是臺灣大學出身的第一位哲學博士，他的博士生導師則是牟宗三先生與張永儁先生。他的著作論文總共有一百多篇，主要的著作如《王船山人性史哲學之研究》，這是他的成名作之一，在船山學的研究上，林教授頗著貢獻；還有《存有、意識與實踐：熊十力體用哲學之詮釋與重建》，則是他的博士論文及代表作；另外還有《中國近現代思想觀念史論》、《當代新儒家哲學史論》、《契約、自由與歷史性思惟》、《中國宗教與意義治療》、《臺灣、中國：邁向世界史》以及《儒學與中國傳統社會之哲學省察》，這在臺灣和上海兩地同時都有出版；而《儒學革命論：後新儒家哲學的問題向度》，則是一九九七年在臺灣學生書局出版的，非常轟動的一部巨著；還有《問

心：我讀孟子》、《論語：走向生活世界的儒學》、《臺灣文化治療：通識教育現象學引論》等等。此外，他還主編我們武大圖書館藏有的《現代儒佛之爭》、《海峽兩岸中國文化之未來展望》等等書籍。從這些成果中，可以看出林教授正年富力強，創造力極為旺盛，關於他的思想觀念如何，待會兒大家聽他的演講就會知道，現在我們就請林教授演講。

一、從《存有、意識與實踐》一書已見「存有三態論」的端倪

謝謝我的老朋友郭齊勇教授，為我做了這麼詳盡的介紹，而且講了很多可以說是積極性鼓勵的話，這些話如果聽成事實性的描述，就不太符合事實了；若把它聽成一個積極性、鼓勵性的講話，我很願意接受，並朝這樣一個方向來努力。

郭齊勇教授還有在座的很多朋友，包括徐水生教授、李維武教授，都是我多年的老友，也有一些是這一次才見面的，我想以後也會是多年的朋友，另外現場在座的年輕朋友，以後我們也會是這樣的朋友，一定會是這樣，這是可以預期的。

非常高興又來到武漢大學跟各位朋友見面，距離上次已經八年多了，時間真的過得很快。在一九九一、一九九二年的時候，我剛完成了博士論文《存有、意識與實踐：熊十力體用哲學之詮釋與重建》，到現在已經是公元二〇〇〇年了，大致來講，這八年來我大概循著一個思考向度往前走，只是到了目前，應該可以更明晰的來做學術報告，並就教於在座的各位先進、各位朋友。

二、「後新儒學」比較接近「氣學」的路子

今天列了一個題目叫做〈後新儒家的哲學擬構〉，關於這樣的一個擬構，其實在去年（一九九九年）的國際中國哲學會中，我寫過一篇論文，講的便是從「兩層存有論」到「存有三態論」。基本上，「兩層存有論」指的是牟宗三先生的哲學建構；而「存有三態論」則是我從事於熊十力「體用哲學」的研究，特別是以他的「新唯識論」為主的研究時建構而成的理論。這樣的路子，大體來講，主要是從牟宗三先生的《現象與物自身》這一本書，回到了熊十力的體用哲學《新唯識論》的系統。

在哲學史上，所謂「回到什麼」，基本上都是代表一個「轉進」，而不是果真回到那裡。譬如說，如果有人喊出回到黑格爾，意思並不是在歷史上果真回到黑格爾，而是在理論上回溯到黑格爾而重新做一個開啟。「回到馬克斯」、「回到古希臘」，這些讓人耳熟能詳的口號，都是一種轉進。我從牟先生，回到熊先生，其實進一步隱含著要回到王船山。

如果在座的朋友熟悉整個哲學史的發展，思考到從宋明新儒學以來的發展，可以發現我這個提法，大概是要慢慢地從當代新儒學的心學系統往前回溯。然而到底要回到哪裡？這幾年來當我在文章中提出了一些不同的向度的時候，就會有朋友問我：「您到底是回到『理學』呢？還是回到『氣學』呢？」有些朋友，包括郭教授也跟我提過：「我看你這個路子，比較接近『氣學』的路子。」我想，今天我正式承認，我是比較接近「氣學」的路子。

三、「理」、「心」、「氣」三概念的理解

　　「理」、「心」、「氣」三個概念，在中國哲學裡頭，代表三個非常重要的核心性概念。就宋明理學來講，北宋前期的時候，像周敦頤、張載，「氣」的概念是非常非常被重視的；後來的程、朱理學，則是「理」這個概念受到相當大的重視；而到了陸、王的「心學」，基本上是「心」（本心）這個核心性概念受到重視。大體來講，我是這麼理解的。

　　如果把「理」、「心」、「氣」這三個核心性概念轉譯成現代的哲學語言，「理」即是「道德的超越形式性原則」，或者簡單說是「超越的形式性原則」；而「心」強調的是「內在的主體性原則」或「道德內在的主體性原則」；至於「氣」這個概念就比較複雜一點，它可以是「宇宙創生的本體」，也可以是「整個生活世界的總體」、「整個歷史社會的總體」，而它所強調的，其實是一種「實存的歷史性」或「存在的歷史性」。我們大體可以用這些現代的哲學語言去理解這三個概念。

　　這三個概念，我們可以從宋、元、明、清的發展中看到：宋朝初年以「氣」為核心的概念，重點在強調「宇宙總體的本源」；程、朱的哲學則強調「道德的超越形式性原則」；到了陸、王的「心學」，強調的是一個「內在的主體性原則」；而到了明朝末年顧、黃、王，又有一番勝境。顧、黃、王之間其實也有很大的不同，就以王船山來說，我認為他特別強調「歷史社會的總體性」，非常注重歷史性，非常注重以「氣」為核心性的概念。王船山對於「氣」這個概念的理解，不只是自然氣化，也不只是宇宙總體之本

源，而是強調從宇宙總體之本源，在一個氣化流行的歷程中，注重到整個生活世界與整個歷史社會總體，進而開啟了一套非常完整的哲學。

四、船山學之傳承及清代「御用朱子學」所面臨的問題

我認為可以把王船山的學術思想視作整個宋明理學發展過程中的一個轉進的高峰，他承續了整個宋明儒學，在明、清之際做了一個大的轉折，成為近代啟蒙的起點，也潛藏著各種發展的可能性。在近二、三十年來，像蕭萐父教授、唐明邦教授、郭齊勇教授、李維武教授、田文軍教授等，都做出很重要的成績。以前船山學的研究重鎮，可以說是在武漢大學。我自己在寫《王船山人性史哲學之研究》的時候，也就是我在做碩士生論文的時候，即深受武漢大學的前輩們所做的船山學研究成果的啟發。

大家知道清代的學術，從康熙開始進到一個新的方向，這個方向其實是回到了朱子學的方向。例如李光地編纂的《性理大全》，成為康熙以來最重要的御用、科舉以及整個學術的導向。然而，這樣的朱子學與宋代的朱子學其實是不太一樣的，這樣的朱子學其實是轉成一個以「專制的形式性原理」替代原來的「超越形式性原理」，或者用另一句話說，就是把「道德的超越形式性原理」與「專制的形式性原理」結合在一起。因此，整個朱子學在清代就變成了「御用的朱子學」，這比起元代、明代朱子學御用的情況還要嚴重。

不過話說回來，這一套御用朱子學卻也是形成清朝初年康、雍、乾三朝國富民強背後一套很重要的意識型態。它伴隨著清代的

政治制度以及經濟生產的能力，特別當時引進了世界很多新的植物，例如南洋、南美洲的一些植物，使中國養活人口的實力增加很多，生產力也增加很多。中國人口在順治、康熙初年時還不到一億，但到乾隆的時候，已經達到了四萬萬，也就是四億。在清朝初期的一百三十幾年之間，中國人口增加得非常快速，但同時也面臨到一個嚴重的問題，就是當人口增加到四億、四萬萬的時候，這套御用朱子學卻也已經面臨很嚴重的挑戰，那整套原來御用的朱子學、帝王專制背後的意識型態，那作為調節性的功能，慢慢陷入了瓶頸。所以，戴震「自然人性論」的思考，其實正代表著這樣的呼聲，對於「以理殺人」的御用朱子學，提出了嚴重的批評。然而整個清朝來不及對這些問題好好地去回應，加上內憂外患，於是使得中國陷入了幾乎是萬劫不復的境地。

五、當代新儒學所面對的是「如何從傳統進到現代」的問題

從清代中葉以後，中國這塊土地可以說幾乎沒有一天是安寧的。一直到清朝末年，講革新、講變法都沒有成功，接著就是辛亥革命、一九四九年人民共和國建立，一直到目前為止，我想近十年，大概是中華大地，最為安定的十年，這一點是大家所同意的。

現在中華大地上的人口，已經有十三億，這也是我們現在所面臨到的重大問題。中國哲學傳統的儒學、道學，以及從印度傳到中國並和中國文化完全結成一體的佛教、佛學，在這整個發展過程裡，在面對十三億人口的時候，是否能夠提出更有積極性的貢獻來參與到我們的心靈意識結構裡面，這是我們應該要去反省的問題，

而這些問題，也是我在思考當代新儒學的發展過程中所面臨著什麼樣問題的背景。當代新儒學之所以興起，很重要的原因是：要回應整個當代中華民族所面臨的生存的、生活的、生命的更底層意義危機的問題，因為當代中華民族正處在一個存在的迷失、意義的迷失，或者更深層的說是一種形而上的迷失的狀態。張灝先生用「意義的危機」（crisis of meaning）去說它，而林毓生先生則用「意識的危機」（crisis of consciousness）來表示。因此，怎樣去面對這意義的危機或是意識的危機，便是當代新儒學最重要的課題。或者，我們也可以這麼說，當代新儒學在當代哲學史上最重要的意義便在於克服這個危機，而這樣一個克服的過程，是很複雜，也很辛苦的。

　　大體來講，梁漱溟、熊十力和馬一浮，一直到後來的唐君毅、徐復觀、牟宗三這幾位先生，特別是到了牟宗三先生的「現象與物自身」系統的建構，其最重要的目的，就是要克服這塊大地上華人所處的生命的、實存的意義危機問題。大體來講，「現象與物自身」在理論上，應該已經完成這樣一個使命，它克服了意義的危機，這在當代思想的發展上是很重要的。然而，若進一步講清楚的話，則要去面對幾個問題，即面對「如何從傳統進到現代」的問題。對當代新儒家來說，「如何從傳統進到現代」的問題又隱含著一個重要的問題，就是「如何克服徹底反傳統主義」的問題。這徹底反傳統主義是非常非常麻煩的問題，那麼連帶的從這個問題的核心所擴張出來的，又有一大套問題。譬如說：要如何由傳統轉向現代，並說明傳統文化發展並不妨礙現代化？這是當代新儒學所要回答的問題。而其結論是：傳統文化並不妨礙現代化，或者所謂中國文化傳統其實能夠開出現代化。新儒學一直在解決這些問題。

另外，當代新儒學也要面對科學主義的問題。當代新儒學重在說明科學有它的限制，科學主義也有它的弊病。中國文化在面對科學主義的挑戰底下，如何來看待中國文化，這是整個現代新儒學，特別是在牟先生的「現象與物自身」的體系建構裡面，所要完成的重要理論工作。

六、當代新儒學仍免不了「中體西用說」的格局

接下來就來介紹牟先生《現象與物自身》這「兩層存有論」的建構，是怎麼建構及解決這些問題的。在東西文化的互動交往過程中，張之洞那個年代提出了一個模型，講「中體西用」說，以中學為體，西學為用，這大概是傳統主義最重要的模型；之後，徹底的反傳統主義者則強調要「全盤西化」；後來，則是發展出當代的新儒學，而這整個向度，我認為是從張之洞的「中體西用」說所轉出的，基本上還是以「中體西用」說作為主導，這一點是可以肯定的。

在牟先生「兩層存有論」的基本構造裡面，其實一方面是消化了中國傳統的儒家、道家與佛教，一方面又消化了康德的哲學，包括了康德的第一批判以及第二批判。當時康德的第三批判，牟先生還不是那麼熟悉地整個把它消化進去。其實在牟先生的康德學系統裡面，第三批判並沒有扮演重要的角色。牟先生認為在三大批判裡頭，最重要的還是第二批判（也就是「實踐理性的批判」），這是因為他特別強調道德理性這個部分。我想在座很多朋友，如果對當代新儒學不陌生的話，大體上都能瞭解到這個「兩層存有論」主要見於《現象與物自身》這部書，它吸收了康德哲學中最重要的成分，而

強調「超越的區分」。

七、康德哲學強調由「知識的主體性」轉到「道德的主體性」

　　康德在他超越哲學裡做這樣的區分，認為人們知識所能及的只是現象的世界，我們不可能及於那個「物自身」（thing-in-itself），而「物自身」所成的世界是 Noumenon World，牟先生把它譯成「智思界」。這個「智思界」是怎麼構造的？就是「純智之所思」，也就是「智的直覺」（Intellectual intuition）所創造的世界。那「智的直覺」是一個創造性的活動，這創造性的活動，使得一個存在的事物如其為存在的事物，以其存在本身彰顯其自己，作為一個「物自身」這樣的存在。相對於「智思界」則是所謂的「現象界」，「現象界」就是康德所說的 Phenomenon World。這裡所說的現象其實指的是表象，康德認為 Phenomenon 就是 Appearance，「表象」就是我們感觸直覺之所對的對象，我們感觸直覺所能夠觸及到的對象，而這個對象跟「物自身」是同一個事物的兩個面象。

　　由於人只具有感觸的直覺，而沒有智的直覺，因而也就不能夠觸及到「物自身」，只能觸及到「現象」。「物自身」是我們不可知的，依照康德的系統來講，人沒有辦法經由所謂純智所思去及於物自身，人只能根據著他的感觸直覺接觸到現象界。那麼，知識的客觀性，就不是你那個存在的對象本身所能給予你的，因為那個存在的本身是「物自身」界，不是你所能知道的；所以整個知識的客觀性，是來自於你內在主體的構造能力。主體的構造能力能夠將感觸直覺所攝取的現象融鑄成一客觀性的知識，這在整個知識論史上

或哲學史上，就叫做「哥白尼式」的轉向。康德哲學「攝所歸能」、「攝客返主」，回到主體本身來說這知識的客觀性是由我們的主體所構造出來的，這一點是康德非常重要的近代精神表現，也就是所謂的「主體能動性」。康德強調從「知識的主體性」轉到「道德主體性」，就這一點來講，是非常重要的。

八、康德認為「人是有限的，而上帝才是無限的」

牟先生對於康德這樣一套系統，基本上是接受的。也就是說，在牟先生腦袋裡面所思考的一個哲學向度，其實是整個近代啟蒙運動以來的哲學思考，是一個啟蒙式的思考。啟蒙式的思考是認為，人的知性之光能夠照亮整個世界，能夠把握到這個世界的客觀法則性，並且能夠通過這個客觀法則性對這個世界有深入的理解、詮釋、操作與控制，而對於人也充滿著積極性的信心，這是整個近代哲學的反映，牟先生基本上是繼承這樣的一個路子。但其不同在哪裡呢？康德學依然是長在基督宗教的文化傳統氛圍裡，是長在西方的文化傳統大流裡。因此，康德斷定人是有限的，相對而言，上帝才是無限的。所以「純智所思」的那個世界，「物自身」是上帝之所造，而不是人之所造；上帝之所造，純智所思的光照，或即光照、即創造所構成的這樣一套「物自身」的世界，用康德的另外一個名詞去說，就是所謂「智的直覺」。

相對於人有「感觸的直覺」，上帝則具有「智的直覺」，也就是「純智所思的直覺」。這個「智的直覺」（Intellectual intuition），是相對於人的 sensible intuition，人所能及的是感觸的直覺之所對的現象界。上帝具有「智的直覺」，「智的直覺」之所對則是「物

自身」，「物自身」界也就是「純智所思的世界」、「智思界」，
這是牟先生清理了康德學而做了簡單的一個概括與區分。

從這樣一個概括再往前去思考，牟先生又提出一個很重要而且
不同的論點。他指出，在康德系統裡有兩個重要的命題，一是「現
象與物自身」的超越區分，一則是「人是有限的，而上帝是無限
的」。

九、儒、道、佛三家的「人觀」與康德的「人觀」
　　頗為不同

依據牟先生所瞭解的，中國的儒家、道家、佛教不同於西方基
督宗教的上帝傳統，東土沒有這上帝的傳統。那這個「物自身」界
該當如何來安排呢？在牟先生的想法裡面，儒家、道家、佛教這三
家對人的看法與康德對人的看法頗為不同。康德認為，人是絕對有
限，是一個被決定了的有限；而在牟先生的理解裡面，人是雖有限
而可以無限。如何可以無限？就要經過「修養工夫」，通過「道德
實踐」，來彰顯人雖有限而可以無限。

牟先生之所以做這樣的斷定，其實是因為他背後有一個來自於
中國文化傳統裡很深刻的不同，就是「存有的連續觀」。張光直先
生在《考古學專題六講》裡面提到，「存有的連續觀」有別於西方
基督宗教的文化傳統；西方基督宗教的文化傳統其實是相對於「存
有連的續觀」，而為「存有的斷裂觀」。這「斷裂觀」，強調
discontinuity，強調神和人是分離的，物和我是分離的，人和己、
人和人之間也是分離的；而在「存有的連續觀」裡強調的是天人、
物我、人己連續通貫為一體，這是兩個很大不同的文化類型。張光

直概括地做出這樣的分別，甚至他認為古時候的「馬雅文化」也是這個類型，因而提出了「馬雅-中國文化連續體」的觀點，強調「存有的連續觀」；相對於此，西方以基督宗教為主導的文化，則強調「存有的斷裂觀」。後來，杜維明先生也提到了「存有的連續觀」這樣一個中國哲學的思維方式，曾經在中國哲學的刊物上發表過。

十、「存有的連續觀」沒有此岸與彼岸對舉的觀念

如果我們從這個族群的深沉意識結構裡面來看，我們對於天人、物我、人己，採取連續而通貫的方式，便可以發現牟先生所說的「人雖有限而可以無限」是站在這「存有的連續觀」上、站在這個大的文化類型而說的，由此亦可以理解：為甚麼「馬雅-中國文化連續體」的幾個文化的大脈絡，沒有出現像西方文化傳統中超越的「一神論」，而是像中國所說的「萬物同體而歸於道」的「道論」？

雖然「上帝」這個詞早在《書經》就有了，《書經》上說：「小心翼翼，昭事上帝。」現代用「上帝」這個詞來翻譯「God」這個字，其實已經不是原來《書經》中「上帝」的意義了。中國其實並沒有出現像西方「一神論」（monotheism）底下，這樣一個上帝的概念。我們出現的是一個「總體的本源」、「萬物始生之源」這個上帝的概念，後來則轉成了「天」的概念、轉成了「道」的概念，這是一個長久以來非常重要的傳統。這個傳統使得我們沒有出現上帝，沒有出現 God，沒有出現超越的、唯一的人格神，也因此沒有出現「原罪」的概念，連帶地，也就沒有出現「救贖」和「超

越彼岸」的概念。

有人說，我們這個族群好像特別強調「此岸感」，我說不對，因為我們只是沒有出現一個很強調「超越彼岸」的概念。「此岸」和「彼岸」是對比而生的，如果說我們沒有彼岸的概念，只有此岸的概念，這樣只是站在西方人的立足點來思考而已。恰當地說，我們是「此岸與彼岸通貫為一」，不能說我們只有人沒有天，其實我們是天人不二、天人合一，這一點應該這樣恰當來了解。

十一、「使用筷子的文化」和「使用刀叉的文化」代表兩種不同思維方式的文化傳統

我們這個族群很獨特，特別是以「馬雅-中國文化連續體」這樣一個大的文化類型來講，以中國文化最為獨特。譬如中國的語言和文字，相對於西方拼音式的語言文字，我們使用的是圖像性的語言文字，而且蔚為大流，既能夠具體地去描述存在的事物，也能夠做非常高度的抽象思考。有人懷疑華人的文字沒有辦法表達抽象的理念，我很想說純屬胡言、純屬推論太過之言啊！這個問題是很值得檢討的。華人文字既能表達具象，也能表達抽象，更特別的地方就是在華人的思考裡面，從具象到抽象是個連續而不是個斷裂，這是很獨特的。華人有很多很獨特的地方，譬如我們的身心是一體的、心物是合一的、天人是不二的；又譬如我們去觀察這個世界的時候，是用一種「動」的視點而不是用「靜」的視點，在中國繪畫裡強調的是多點的透視，而不是定點的透視，而我們觀畫的時候，也特別強調要走入畫中，這不是很獨特嗎？此外，包括我們使用的餐飲器具也是很獨特的。我常說「使用筷子的文化」和「使用刀叉

的文化」是很大的不同，你可嘗試詮釋看看，使用刀叉這個活動，是個什麼樣的活動？我們可以說這是在主客對立下的一種主體的對象化活動，是主體通過工具，強力的侵入客體而握把握到客體，而這便構成了一個強調「客觀法則性」的文化傳統；相對於此，使用筷子則是通過了一個工具，讓主體和客體連結起來，並且達到某一總體的和諧狀態，才能舉起那個客體，這是很獨特的，而你有沒有思考過這個很有趣的問題呢？「使用筷子的文化」和「使用刀叉的文化」代表了兩種不同思維方式的文化傳統，這是很有趣的比喻性思考。華人思考問題基本上就是在「存有的連續觀」這樣的一個觀點下，作為總體的本源來思考的。所以我們這個族群強調的是超乎言說之上的「氣」的感通，而不強調以言說為主的主體的對象化活動。

十二、華人的文化傳統重在「我與你」互動感通的生息互動

我曾經做一個簡單的對比，談「氣的感通」與「言說的論定」。在我們這個族群的文化傳統裡，「覺」這個字眼特別重要。「覺」是一個怎麼樣的活動呢？其實就是主體和客體內在有一種生息互動感通，由此便有一種親切的熟悉感，由那個親切的熟悉感，便獲得了某種確定，我們這個族群很重要的活動就在這裡。

大家可以回想一下，當你去按門鈴的時候，你在下面按門鈴，而上面的人回應門鈴，兩人之間的對答方式大概是怎樣的？就我所知，像我父親那一輩的人按門鈴和回應門鈴的方式，大概是這樣子的：按門鈴的一按，上面問：「誰？」下邊的人回答說：

「我！」，上面的又回應說：「喔！你！」，然後門就打開了。這很有意思，因為並不是下面的人用一個語言、用一種對象化的方式說他是誰，而上面也不是因為那個人說出「他是誰」而來判斷他是誰。回應門鈴的人是經由聲音的熟悉，用生命互動感通的熟悉，來判斷按門鈴的人是誰。但是在西方世界按門鈴多半不是通過這樣的方式，通常是：下面一按，上面的人一定問：「Who is it?」（「他是誰呢？」），其實恰當翻成中文的話應該是說：「那個按門鈴的聲音到底是誰？」然後回答說：「It's John!」那個按門鈴的聲音，代表的是 John。這是個強調「It」的傳統，強調主體對象化為客觀的第三者，在西方文化裡頭，非常注重言說的或者話語構成的龐大系統，這便是他們所謂「代理者」的系統，或者如波柏爾（Karl Popper）所謂「世界三」（world Ⅲ），有別於「你」與「我」之外的世界三。這個代理者的脈絡，在西方文化傳統裡是很重要的。

　　在華人的文化傳統裡，重點在「我與你」之互動感通的生息互動裡面，在我們的生活世界中，其實還有很多例子是可以感受到的。我不知道中國大陸的狀況是怎麼樣，但我想應該還是一樣深切。我們同樣都深受中國文化傳統的影響，目前雖然已經走入現代化，但仍然影響深遠。

十三、我們的思考視點是來自於場域的、脈絡的總體判斷

　　還有一件很有趣的事情，想與大家分享。大約在七〇年代，我認識一位哈佛大學的博士候選人，他到臺灣來作研究，因為他的錢不很夠，所以他到處教英文，騎著摩托車到處走。他來臺灣沒多久

就認識我了，跟我了提一個非常有趣的問題，他說：「你們怎麼可能在那十字路口等紅綠燈的時候，當紅燈快要變成綠燈的前零點一秒，就知道要由紅燈變綠燈，開始發動摩托車往前走？」他提這問題，你可能會覺得很奇怪，怎麼會有這樣的問題呢？因為他在美國的習慣一定是看著那紅燈變成綠燈，由綠燈引發了一個指示，並展開一個往前走的活動。然而，在臺灣華人文化傳統裡的習慣不是這樣，人們的眼睛不是單定點地看著前面的紅燈綠燈，而是會去判斷側面的綠燈開始閃了，開始變黃燈，這時候雖然是紅燈還未變綠燈，但就開始發動車子了，這是很有趣的，這也就是我們的思考方式。視點，以及所作的判斷，其實是來自於場域的、脈絡的總體判斷，而不是以一個符號去象徵、去指示某一個對象，也不是去指引出某一個實踐的指向而展開行動。這一點在中西文化的比較裡面，其實還有很多是可以說的。

我舉出這些例子，其實要再次說明：牟先生強調人雖有限而可以無限，其實是站在「存有的連續觀」這樣一個文化底層、文化背景下來展開他的思考的。

十四、牟宗三先生「兩層存有論」的基本構造

牟先生的整個系統是以儒家、道家、佛教的修養工夫論，來說人通過道德實踐與心性修養的工夫，能夠讓人的心地澄明，並且回到一個澄清明亮的地步、回到一個天人、物我、人己通而為一的境界。在這個境界裡，牟先生認為儒家的一套性智、性理，道家一套的玄智、玄理，佛家一套的空智、空理，基本上是「純智所思」所造的世界，這便如同康德所說的「智的直覺」所造的世界。所以牟

先生認為，雖然康德說「人沒有智的直覺的可能」，但在中國哲學中人是可以有智的直覺的，只是這個智的直覺是個可能性，還必須通過道德實踐修養的工夫去證成它。這是牟先生最重要的一個論點，這論點也使得他的「兩層存有論」因此能夠建構起來。

所謂的「兩層存有論」，一層是「物自身」界的存有論，一層則是「現象界」的存有論。「現象界」的存有論也可以稱做「執的存有論」，而「物自身」界所構成的存有論又可以名之為「無執的存有論」。我們可以發現，牟先生的整個系統是歸到道德本心上來說的，道德本心做為整個「兩層存有論」的核心點，並且通過了《大乘起性論》的「一心開二門」來說明。所謂「一心」指的是「如來藏自性清淨心」，「二門」則指的是「心真如門」與「心生滅門」。

牟先生藉著《大乘起信論》一心開二門的模型，來說道德的本心可以上開道德理想的世界，可以上開「物自身」界；還可以下開一般世俗的器物世界，下開「現象界」。但要如何下開「現象界」呢？如果人純屬道德本心之朗現，那麼應該就是「智的直覺」之朗現，智的直覺之朗現應該是及於物自身界、智思界、純智所思的世界，而不及於生生滅滅的現象界，因此也就沒有辦法去面對這個經驗的世界。但在牟先生的提法裡，他用了一個很重要的說法去連接「現象界」與「物自身界」，這個說法膾炙人口，並且引發諸多爭議，就是道德本心的一個轉出，而道德本心就是良知。良知如何轉出？依牟先生之言，良知是經由自我的坎陷而轉出的。良知原來是純智之所思，所以即主即客，無所謂的主客對立，但經由一個坎陷的過程，才能進入到一個主客對立的過程中，而經由主客對立的過

程，才會有一個「對列格局」，因此才能構成所謂的知識系統。

十五、「良知的自我坎陷」是爲了安排民主與科學

有知識系統的建立，才能安排所謂的科學系統，也才能在現實的社會裡面，安排出一套恰當的民主憲政傳統。牟先生用良知的自我坎陷，去連結了「物自身界」和「現象界」，這個論點，其實是對中國近現代以來很多反傳統主義者所提出之思想向度的一個逆反，這逆反是要說明中國的文化傳統並不會妨礙現代化，因為中國文化傳統的核心點，其實並不是拖著長辮子、穿著三寸金蓮、裹小腳那樣的中國傳統，也不是帝王專制的文化傳統，而是以「心學」為主導的文化傳統。這個以「心學」主導的文化傳統，就是人人胸中有仲尼，更進一步說就是滿街都是聖人，也就是每個人都具有道德本心良知的存在。

因此，牟先生所開啟的純智所思的世界，是一個物自身界、是睿智界、智思界，也就是物自身所構成的一個潔淨精微的世界，現在不得已要面臨一個生生滅滅的世界，所以才需要坎陷、才需要自我的否定（self-negation），這很像費希特（J.G. Fichte）哲學所強調的由「我」到「非我」。由智思界轉折到現象界，因此才能處理我們經驗的知識，才能建構起現象界的存有論，如此才能安排科學知識，才能安排民主法治社會的體制。

十六、牟先生對於傳統的態度接近於「超越繼承法」

牟先生的系統是這樣構造的，如果把這樣的構造放在有關傳統

的態度上來審視，顯然比較接近「超越繼承法」。牟先生把中國傳統的優良質素往上提，特別指出了道統之所在，指出其本質在心學，但卻不免是一方法論上本質主義式的論斷。經由心學肯定了道德本心是不可置疑的，由心學往下看，接上了西方的民主與科學。這樣構成的一套系統，它的核心點顯然在本心論、在良知學。牟先生以此作為中學之體，而以民主科學為西學之用，這其實是一套新的「中體西用」說，也是一套以本心為主導的體系。

　　這樣一套系統的優點是解決了原來傳統文化和現代化之間的矛盾，並且處理了如何從傳統文化走入現代化的問題，但它的缺點卻是特別高揚了傳統文化中道德本心與良知學的這個向度，而忽略了其它不同的向度。我認為當代新儒學也知道不能只停留在傳統的心性修養論裡，而應該要進一步地去超越克服與轉出，這個轉出比較是一個方法論上本質主義式的轉出，其所面臨的是經由主體的轉化，來跟西方的文化傳統結合在一塊兒。我特別要強調的是，牟先生這樣一個理解，基本上是構成了這樣一套詮釋的系統。

十七、「理論的邏輯次序」、「歷史的發生次序」 與「實踐的學習次序」是不相同的

　　儘管牟先生所構成的話語系統是極為嚴密的，但這樣的話語系統所構成的邏輯結構其實是一個「理論的邏輯次序」，並不是一個「歷史的發生次序」，也不是一個現實上「實踐的學習次序」。然而，在民主和科學的學習裡，在中西文化的互動裡，在我們現代的進程裡面，其實是一個很真實的「實踐的學習次序」。實踐的學習次序與歷史的發生次序是不同的，與理論的邏輯次序也是不同的。

這三個次序在整個中國當代裡，不管是反傳統主義者或者傳統主義者常常都是紊亂而沒有區別清楚的。牟先生基本上是通過一個詮釋上的邏輯理論次序，安排實踐的學習次序，但理論的邏輯次序與實踐的學習次序其實是兩回事。

甚麼是理論的邏輯次序呢？譬如說，《大學》裡頭講「格物、致知、誠意、正心、修身」，其前後次序並不是一個發生的前後，而是理論的邏輯次序的前後，這跟「修身、齊家、治國、平天下」不同，「修身、齊家、治國、平天下」是一個發生的次序，也就是說修身之後才齊家，齊家之後才治國，治國之後才平天下。古人講前後的時候，有時候是混著說的，從格物、致知、誠意、正心、到修身，基本上是個理論的邏輯次序，這在《大學》裡其實是很清楚的。《大學》裡說「自天子以至於庶人，壹是皆以修身為本」，而不是說「壹是皆以格物為本」，如果格物、致知、誠意、正心、修身」也是一個實踐的發生次序的話，那麼就應該以格物為本，而不是以修身為本，可見《大學》很清楚的是以修身為本。修身的活動是一個怎樣的活動呢？就是要經由格物、致知、誠意、正心到修身這順序，這是個理論的安排。宋明理學對這些問題的分析各有所重，但基本上仍然清楚是以修身為本的。

之所以叫做理論的邏輯次序，可以用個例子來說明。譬如你現在要使用電視，電視其實是一套非常複雜的理論，才能夠由那一套理論的操作慢慢構成電視。在歷史發明的過程裡面，經過不斷的改善，才有目前的電視可看。但是現在如果某個地區還沒有電視，當它引進先進國家的電視之後，只要學習先進國家已經安排好的學習次序也就夠了，不需按照原先歷史發生的歷程再進行一遍。這很重

要，須知學習次序和理論次序也是不同的，並不是你先建構了一個形而上的理論系統，再經由詮釋所構成的理論上的形而上系統往下開出什麼。就這一點而言，我對於新儒學提出了一個不同向度的批評。

十八、躍出「兩層存有論」直溯存有的根源：正視熊十力的體用哲學

　　牟先生所構成的一套「兩層存有論」系統，是要由智思界、睿智界往下開，或者說要由道德的形而上界，下開形而下的經驗界與現象界，要由一心開二門，由智的直覺往下轉出、開出感觸的直覺，而開出現象界。然而這個說法只是在他理論的安排上很嚴整的一套次序，並不是華人學習現代化過程的次序。所以牟先生以良知的自我坎陷以開出知性主體，來涵攝民主和科學，其實是一套心學的解釋系統，只說明心學不妨礙現代化而已，並不是說心學可以經由這個方式開出現代化，因此，我對於所謂的民主與科學開出論是有批評的。經由前面的討論，其實可以發現到，牟先生太強調道德主體的優位性，把人直接視為徹底的一個道德主體的存在，而忽略了做為人的自然的存在。其實，人是先做為自然的存在，又做為社會的存在。一個人同時是社會的存在、自然的存在，也是一個道德的存在，這樣才是一個整體的人。我們不宜從唯一的道德存在說如何開出，這是不必的。對做為整體的人來說，人放在世界裡面是如何被看待的？人是性情相與為一體的，是心物相與為一體的，也是理欲相與為一體的，人是與整個宇宙、原來氣之總體的本源構成的一體。這樣來說這個世界的時候，跟回到人的本心來看這個世界是

有所不同的。在整個華人的文化傳統裡面，應該要以這樣一個「存有的連續觀」所構成的總體的本源與氣的概念，來明說如何開啟這世界、安排這個世界，才是比較妥當的。

在熊十力的「體用哲學」裡，其實正扮演著這樣的角色。他很清楚地闡釋了由「存有的本源的顯現」（我姑且將它名之為「存有的開顯」），再落實為「存有的執定」以及與此相關的曲成萬物而不遺。如果換做唯識學的詞彙來說，即是從「境識一體」（境識俱泯）、從外境與心靈意識完全泯合為一的寂然不動狀態，再由感而遂通（境識俱起），當下「一體明白」、沒有執著的狀態，最後再轉為「境識俱起而兩分」（以識執境），由心靈意識主體對外在對象的把握，此即是所謂「存有的執定」。

十九、對「生活世界」、「歷史社會總體」的重視是必要的

我是用「存有的三態論」來取代牟先生的「兩層存有論」的。兩層存有論最後是總攝到道德的本心，然這個道德的本心，是一個純智之所思的本心，而不是一個實存的本心。因此，牟先生雖然一再地強調那個道德本心是實存的，但是在整個體系的建構裡面卻是非常形而上的，形式意味也愈來愈強。牟先生一旦談到這個道德本心如何開啟知識心、如何安排知識世界、如何安排民主科學、如何安排「執的存有論」以及「無執的存有論」的相即不二時，便常常用到一個詞，叫「詭譎的相即」，來說明心的展現當下——既是指向一個客觀的知識對象，同時也渾合為一；既是心生滅門之所對的世界，同時也是心真如門之所對的世界。

　　我每次看到「詭譎的相即」這個詞，就覺得相當不安，雖然我一直在這裡作一些思考與反省，但到現在還沒有很徹底地反省清楚。我只是覺得在這樣的一個系統裡面所說的本心，被強調得太嚴重，而所要擔負的也太強了！在我所了解的中國哲學中，其實更重視存在的總體，更重視歷史社會的總體，也更重視宇宙人我合而為一的這個總體。這是一個場域，這是一個生活世界，是個「源泉滾滾」、「沛然莫之能禦」、「即此岸於彼岸」的世界。世界是人們主體參與所成的世界，但世界卻又是優先於人之為一主體的存在，這個世界是通過人內外通貫活動的一個世界。王船山說：「心者物之心也，物者心之物也。」當我們說一個對象是由我們主體所安立的對象，與當我們說主體是由客體的對象所反映的那個主體，是兩端而一致的，這個世界即是以這種辯證的、總體的、既開展又融合的方式而說的這樣的一個世界。

　　在這樣的一個思考裡，我們就不必再用良知的自我坎陷，以開出知性主體涵攝民主科學，來處理傳統文化跟現代化的問題。我們應該了解：現代化的學習，是實際的學習次序，跟理論的邏輯次序不同，跟歷史的發生次序也不同。我們在整個歷史發展的進程裡，這兩三百年來，顯然是落後了很多。我們所需要的是經由實際的學習次序往前追，而在往前的過程裡面，其實也就把我們的傳統文化滲進來，也把西方的文化也滲進來了。把西方的正面反面與中國正面反面，都滲進來，而有恰當的互動、溝通、交流、對談，並且在這過程裡面展開了不斷的辯證、不斷的釐清與不斷的發展，這一點是要肯定的。

二十、「內聖－外王」架構的另類思考：
　　以社會正義論爲中心

　　這麼說的時候，其實我們的思考就不再強調必須安排心性修養論，也不再強調穩立「內聖」才能開出所謂的「外王」。因爲傳統的舊內聖到舊外王，是順著原來家庭親情的倫理結構一直擴散出去，是一個「波紋形的結構」（費孝通語，意指一個波紋形的結構逐層地擴散出去）。在一個現代化的社會裡面，人作爲一個人、作爲一個獨立的公民，進到公民社會、進到一個組織結構裡面，是經由客觀的法則性來參與這個結構的，這個時候便不再是從本心逐層擴散出去。所以「社會正義論」雖然與「心性修養論」有密切的關係，但並不是就建立在心性修養論上。因此，社會正義論與心性修養論何者爲先、何者爲後，就必須要有一個重新的安排。我認爲應該安排社會正義論爲優先，而心性修養論在社會正義論之後；然而這並不是說不注重心性修養論，而是強調要以社會正義論爲優先來思考。

　　在華人的文化傳統裡，經由兩千多年的帝王專制傳統，我們太習慣以心性修養論爲核心來思考，而忽略了社會正義論，並且誤認爲儒學只有心性修養論，沒有社會正義論，甚至在一些漢學家的主導底下，誤認爲我們沒有責任的倫理，只有所謂意圖的倫理。像德國的社會學家韋伯（Max Weber）就這麼說，而我們也跟著這麼說。其實，我們應該繼續去思考如何開出所謂的責任倫理。我們這個族群幾千年來本來就有責任倫理的概念，只是責任倫理在帝王專制和威權主義的過程裡，慢慢地萎縮了，原先並不是沒有的。

廿一、《論語》中有子與曾子兩個脈絡之異同

「責任倫理」可以用哪兩個字作代表呢？「忠」與「信」。《論語》裡面有忠信的傳統，也有孝悌的傳統，而忠信的傳統其實是一個更重要的傳統，但是後來卻被收攝到孝悌的傳統裡面，忽略了忠信傳統的重要性。忠信的傳統是曾子學的傳統，而孝悌的傳統則是有子學的傳統。你們有沒有發現在《論語》裡面有個很重要的端倪？就是在整部《論語》中，除了孔子之外，只有兩個人以「子」來尊稱，一個是曾子，一個是有子，這就是孔子之後的兩大派、兩大弟子。

這兩大派後來就發生了接班人的問題，接班人的問題是任何一個族群都可能有的，孔子的學生也有接班人的問題。孔子原來敲定的第一個接班人是顏回，但顏回不幸早死，於是孔老夫子再選第二個接班人，那個人叫子貢。孔老夫子曾經問子貢說：「女以予為多聞而識之者與？」子貢說：「然。非與？」子曰：「非也，予一以貫之。」子貢就被三振出局了，因為他沒有真正了解到孔老夫子之道是「一以貫之」的。孔老子既已講出了「一以貫之」這個答案，再接下去這個問題就不能再問啦！只能就這個答案繼續問。有一次，孔老夫子對著一群學生說：「吾道一以貫之。」曾子曰：「唯。」孔子走了以後，門人就問曾子說剛剛孔老師講的是什麼意思呢？曾子便說：「夫子之道，忠恕而已矣。」當時孔老夫子其實已經知道可以傳他的道給曾子，但是因為曾子小孔子四十七歲，年紀太小，所以必須要長養聲望。當國家接班人不能夠太小，當學派的接班人也不能太小，當儒學的接班人當然更不能太小。孔老夫子

當時講這個話時很可能七十一歲或七十二歲，如果是七十二歲，那麼當時曾子才二十四、五歲，年紀太小了，所以孔老夫子過世以前沒有欽定接班人，後來便發生了接班人的問題。孔老夫子過世以後，弟子盧墓三年，之後，子貢又繼續在那裡待了三年。六年之後，弟子們兩派的力量增強起來，有子一派勢力不小，勉強曾子要將有若當成聖人，把有子當成孔子。曾子不願意接受，兩派弟子爭持不下，後來散去，這就是韓非子所說的：「孔子歿後，儒分為八。」孔子過世以後，儒家分成八大門派，這是一個很有趣的歷史事實，值得留意。

廿二、儒家的兩大分派：「孝悌」傳統與「忠信」傳統

《論語》只有兩個人稱「子」，一個是有子，一個是曾子。在《論語》中，第一個出場的是孔子，子曰：「學而時習之，不亦說乎？有朋自遠方來，不亦樂乎？人不知而不慍，不亦君子乎？」第二出場的就是有子，有子曰：「其為人也孝弟，而好犯上者，鮮矣。不好犯上而好作亂者，未之有也。君子務本，本立而道生。孝弟也者，其為仁之本與！」將「孝悌」與「不好犯上」連著講，將孝悌連著長幼尊卑說，將血緣親情的倫理與政治尊卑的倫理連在一塊說，這是有子之學，後來成為儒學很重要的向度，也是儒學被批評得最厲害向度之一。而第三個出場的是該是誰呢？依據我的揣摩猜想，兩派門人一定爭議良久，終於決議第三個還是要讓孔子出場，於是子曰：「巧言令色，鮮矣仁！」第四個出場的才是曾子，曾子曰：「吾日三省吾身，為人謀而不忠乎？與朋友交而不信乎？

傳不習乎？」。「為人謀而不忠乎？與朋友交而不信乎？」建立在彼此的信任與信賴；「傳不習乎？」則是強調人倫教化與文化教養。曾子所指出的重點不在「孝悌」，而在「忠信」。

孔子在《論語》其它篇章裡面也曾經說道：「言忠信，行篤敬，雖蠻陌之邦行矣！」這強調的不是「孝悌」，而是「忠信」。「忠」是忠於其事，「信」是信於其人，「忠」與「信」都是「責任」的概念，可以說是「責任倫理」。這不同於專制性的倫理教條，也不同於「忠君」的概念，所以非常非常重要。儒學從「忠於其事」到「忠君」，反映了整個中國從傳統的「宗法封建」進到「帝王專制」的一個發展過程。宗法封建跟帝王專制不一樣，從宗法封建到帝王專制，是從多元到專制、唯一的倫理教條。後來說曾子作《孝經》，或說孔子為曾子做《孝經》，這完全只是漢代人所造的一個說法。

廿三、要解開被帝王專制化的儒學，不能誣陷儒學是帝制化的產物

我指出這一點，其實是想說，像「忠信」的概念、「責任倫理」的概念，在整個儒學的傳統裡不能說沒有，只是在整個長遠的發展歷程裡面可能萎縮，或者被整個帝王專制化的過程扭曲了，才使得儒學走向帝王專制化的意識型態，並不是儒學本身具有帝王專制化的意識型態，才使得中國成為帝王專制化的狀態。有太多知識份把這點搞混亂了，所以算帳要算清楚，不要只是簡單地算到孔老夫子的頭上，真正困難的問題點還是兩千多年來的帝王專制傳統，而不是孔老夫子，也不是孟子的傳統。

　　《論語》裡有過這樣的記載，或謂孔子曰：「子奚不為政？」子曰：「《書》云：『孝乎！惟孝，友于兄弟，施於有政。』是亦為政，奚其為為政？」這裡，孔老夫子所說的重點是在孝悌教化的傳統。孟子也說：「君子有三樂，而王天不預存焉。」統治天下這事不包含在君子的三樂裡面，那麼君子有哪三樂呢？「父母俱存，兄弟無故」，這是孝悌人倫；「仰不愧於天，俯不怍於人」，這是天地良心與社會責任；「得天下英才而教之」，這是文化教養與薪火傳承。這是三個很重要的向度，一個是安排我們人的血緣倫理親情，一個是安排整個大自然所隱含的道德與社會之信用，一個則是安排整個文化教養，這些都是儒學所重視的，從這些地方我們也實在沒有辦法看出儒學具有奴隸性的心靈、奴隸人的教化、奴隸性的教條與權威主義的傾向。

廿四、由「外王」而「內聖」：正視「社會正義」優先於「心性修養」

　　現在回過頭來看，當我們去正視所謂社會正義論的時候，在社會現代化的過程裡面，倒未必一定要靠在原來大家認為的「由內聖開外王」這個格局來思考。我們其實可以倒過來思考：由一個新的「外王」，新的、恰當的、現代化的社會總體與客觀法則性的安排底下，再回過頭來說「內聖」，而不是在帝王專制底下說內聖。從帝皇專制底下來說內聖，便會使得內聖之學、心性修養之學變成帶有道德自虐的傾向。我以為長久以來的中國讀書人在帝王專制的傳統底下，心性之學常常帶有非常強烈的道德自虐傾向。現在將它轉成在一個恰當的、合理的、社會正義的要求時，我們就能夠更加坦

然明白地面對我們自己，這時候的心性修養也就不會那麼扭曲、那麼曲折、那麼麻煩、那麼困難。

　　因為儒學不同於一般的宗教的修養，我們不能夠以宗教的修養來作為我們日常生活規範的準則，特別不能以宗教的苦行來作為社會倫理的規範，那會有很多缺失的。儒學基本上並不是強調以心控身，而是強調身心一體、身心不二、身心一如，甚至強調要健身正心；儒學也不是強調用理去控制欲，而是要理欲合一。

廿五、船山學強調以「理欲合一」取代「存天理，去人欲」的格局

　　依船山學的說法，就不是原先宋明理學「存天理，去人欲」的格局。他強調的是理欲合一，甚至於他對於欲望給予高度的肯定，而他對世俗所說的縱欲，也提出了一些非常深刻而有趣的批評。依他說，世俗對於所謂的縱欲，根本理解錯了，那是遏止欲望，怎麼能叫做縱欲呢？譬如說有一個人太縱欲了，因為他喜歡喝酒。但王夫之說這怎麼能叫做縱欲呢？這根本就是遏止欲望。這個話怎麼說？王夫之說：「縱一欲而遏百欲。」縱其一欲於喝酒，而遏止其它欲望，請問這是遏止欲望？還是縱欲呢？很顯然的，是遏欲不是縱欲。王夫之這樣的批評非常有意思，他認為要「暢其欲，通其情，達其理」，要「調適而上遂於道」，理、情欲通統為一、調適而上遂，使其能夠和諧共存，這是王夫之非常重要的論點。

　　如果從這個論點來看，那請問什麼叫「修行」？修行是修得喜怒哀樂分明，修行不是修得當哀不能哀、當樂不能樂、當喜不能喜、當怒不能怒。在當前的社會裡，有很多所謂宗教大師教人修

行，就是要人忍受不合理，因而導致一些宗教的亂象，甚至假修行之名，要信徒接受不合理的擺布。我強調修行是要修得喜怒哀樂分明，在這樣子的狀況之下來談心性修養，將會有嶄新的不同。舉一個很簡單的例子來說明：當你住進一個客房裡面，如果這個客房的燈不亮了，你是如何處理的？如果你想反正我住三天就走了，我心性修養很好，我不動心，這不會影響我，請問這是心性修養嗎？這樣的思考頗該檢討。但是如果你去麻煩一下，請別人來把它修好，不只你可以用，以後的人也可以用，什麼叫做功德呢？這就是做功德，這個觀念是很有趣的。

廿六、修行不只是內在的心靈境界而是當下的喚醒與實踐

當你從事一個現實事務的活動時，你有沒有考慮過通過現實的組織制度結構與一個根源性、一個當下的提醒、一個善意的呼喚，而慢慢地促使它長出善意來？那才是真正的修行。須知，不是你的內在有一個很高超的心靈境界，不是你的容受力非常高，不是你可以面對很多的不合理，不是你覺得吃苦就是吃補，也不是一些宗教人喜歡講的這些話。面對不合理的吃苦，很容易養成一種道德自虐的傾向，那樣子的心性修養哪裡是心性修養呢？當你用這樣的一個角度，回過頭去重新檢視類似像《菜根譚》這樣的一部著作時，你會不會發現到在《菜根譚》這樣的著作裡，實在有很多問題值得檢討？當你再去看呂坤的《呻吟語》時，你是不是一樣也可以看出很多的問題？當我們從這個角度好好重新去思索宋明理學的末流，便可以發現它可能已經違反了原來宋明理學家那種強而有力的社會實

踐動力了。

　　其實，談內聖之學不應只是往上提，不應只是從道德形而上學的角度去說，而應該就現實生活世界的客觀合理性所構造的現代化社會裡，回過頭來說一個比較平坦明白的心性修養方式。如何面對你自然的氣性？自然氣性裡頭的喜怒哀樂其實是好的，所以我們不必花太多氣力，去面對你的自然心性該當如何的問題，而是要將自己放在一個社會正義論所構造的社會裡面，恰當地去思索我們如何面對社會正義、面對社會客觀的法則性，並且務實地去建構更良好的社會。什麼叫務實呢？其實就是一種善意的提醒、一種愛心的呼喚，當下的一點一滴可能就是。這一點在社會的發展過程裡面是很需要的，當然要往這邊走。所以，我認為不能夠只停留在主體自我境界的提昇，而應該落實在歷史社會總體的關懷裡面；我也不認為只是從「心性修養論」推出所謂的外王事業，而是要從「社會正義論」的構造裡面恰當地去理解外王事業。

廿七、男性父權中心的瓦解帶來新的視野與實踐　　　方式

　　回過頭來，恰當地擬定一個更坦然明白而簡單的心性修養的方式，就是從這樣的角度來看的。若落在《存有三態論》的基本結構裡，也就是在存有的執定的這一層、知識的這一層，要隨順著它的發展並且展開深沉的一個反省、批判及治療的活動。這並不意味著不要這一層而要直接入道德本心、進入良知的心性修養並回溯到它的本源。其實既回溯到那樣的一個本源，其實也就是要面對著一個如何安頓現實世界的問題，所以必須要有客觀的法則性，才能恰當

地去安頓它。就這點來講的話，其實是一直在變化的。

來中國大陸的這幾天，看電視的時候發現有幾個節目是很不錯的，其中有一個節目在強調「朋友之倫」的重要性。以前我們的儒家倫理從哪裡說起呢？就從孝悌說起，要有兄弟姊妹才有悌。現在，一個小小的核心家庭，一對夫妻生養了一個孩子，沒有兄弟，也沒有姊妹，那要怎麼樣展開這個學習活動呢？這就得從「朋友」做起。這樣自然而然的，從現實上的需要開始調整五倫──君臣、父子、夫婦、兄弟、朋友，其中，「朋友」這一倫就慢慢地被提到前頭來了，而在一個家庭的構成裡面，「夫婦」是不是也得重新被重視呢？夫婦不能夠是以夫為綱的，不能夠再以原先的三綱式──君為臣綱、父為子綱、夫為婦綱，來安排儒家的倫理。我常常跟很多年輕朋友說，我們這一代的人可能是最幸運的，因為我們原來出生的那個年代是處在一個父權非常強的時代，譬如說我出生在臺灣農村裡一個非常傳統的家庭，真的是以三綱為主的社會──君為臣綱、父為子綱、夫為婦綱。但隨著世代的變化，君為臣綱已經轉變了；當結了婚之後，才發覺到原來男性中心主義也瓦解了；生了兒子以後，又發覺父權中心主義也被瓦解了，但這個瓦解其實是個進步。

廿八、聖賢話語系統與歷史社會結構、經濟生產 方式有密切關係

如此說來，便可以發現到傳統專制的社會，原來和父權、和儒家的良知學、和我們原來的傳統文化，還有薩滿教的信仰傳統、巫祝傳統、神秘主義傳統是有密切關聯性的。我曾經寫過一篇文章叫

做〈咒術、專制、良知與解咒〉，就是要闡明良知學具有專制性、巫祝性與符咒性，但是又具有自我瓦解的可能性，因此能重新調整。我研究儒學與中國文化傳統、中國社會傳統的時候，其實就是站在這個角度來反省的。

　　我一直認為儒學作為一個實存的、活生生的學問，不能夠只就一些聖賢的話語系統去說它。這並不是說當我們對聖賢的話語系統展開哲學研究的時候沒有價值，研究聖賢的話語系統當然有非常高的價值，但是應該要容許有更多不同的向度一起來思考這個問題。當我們去論斷、詮釋聖賢話語系統的時候，應該要注意到整個非常龐大的歷史社會結構、經濟生產方式，以及整個人類文明的發展裡面許多非常複雜的因素。我以為研究中國哲學其實還是必須要有非常寬廣、非常寬厚的知識背景的。

　　在這個過程裡面來談所謂〈後新儒家的哲學擬構〉，其實只是想提出個人的一個淺見，來說原來牟先生兩層存有論的系統是對於整個中國哲學通過心學的詮釋方式，以康德哲學為主的一個建構，並且如他所說補了康德的不足。然而，這只是站在華人文化傳統，康德才有所謂的不足，如果是站在基督宗教的文化傳統，康德當然恰如其分。康德是對於基督教文化裡頭所面臨到所謂神學的道德學之限制，而展開了一個新的論述，談道德的神學如何可能，並且在啟蒙的發展裡面達到了最高峰。牟先生只是用他的方式去補足康德的不足，而建立了一套很完整的兩層存有論的系統。

廿九、依「存有三態論」恰當地調適以長出現代化的可能

我們談「存有三態論」，其實是要回到《易傳》、《中庸》的傳統，這樣的一個傳統是天人、物我、人己通而為一的傳統，一切回到道本身去說，所以是一個「道論」的傳統。今天大家手頭拿到的〈道與言──揭諦發刊詞〉這篇文章，基本上就是順著這個而說的。這原是一九九六年（丙子）南華成立哲學研究所的時候，在開校啟教典禮上所發表的一篇文章，之後，我再把它深論擴充完成。「道言論」原來只有八句：道顯為象，象以為形，言以定形，言業相隨，言本無言，業本非業，同歸於道，一本空明。

我這樣的寫法其實一種嘗試，因為我一直認為文言文應該還是活的，我們這一代人常常誤認為文言文已經死掉了，其實這是錯的。這樣的一篇文章比較有趣的是，我從一個很簡單、一個概括的論，再把那個論引申、構作成一個更龐大的、比較理論性的邏輯結構的東西。在這樣的一個過程裡面，我們以存有的三態論來安排、來涵攝、來面對整個現代化的發展過程，便可以發現到傳統文化跟現代化其實是不相違背的，也不需要去回答如何從中國文化傳統開出現代化的問題。我們其實就在整個全球現代化的發展過程裡，很務實地，套用鄧小平的話「摸著石子過河的方式」，一步一步往前走的。就在這個過程裡面，由於我們傳統文化的加入，使得我們有更寬廣的心靈空間、更寬廣的韌度與更豐厚的文化土壤，恰當地調適和長出現代化的可能。我們用這樣的方式來安排，才是真正正視了實踐的學習次序，這不同於原來歷史的次序，也不同於詮釋學上

的理論的邏輯次序；我們也才能真正正視了中國傳統儒學如《易傳》與《中庸》裡「存有的連續觀」這樣的傳統。這個傳統是不違悖心學傳統的，應該說心學傳統也是不違悖這樣的一個傳統，我們不能把《易傳》的傳統當成所謂宇宙中心論的傳統，也不能夠把《中庸》的傳統當成宇宙中心論的傳統，不能夠把他們這樣所導生的道德學，就認為是一個氣化中心論的道德學，以為他們已經離開了道德的主體性，不再是自律倫理學。其實，像自律和他律的這個觀念，在西方的倫理學上必須強調這樣的區分，但在中國哲學中，特別是在儒家倫理學裡，是否必須要用自律、他律這組概念去區別解釋，這是值得反省的。

三十、「後新儒學」的「後」是「接續其後」的繼承與發展

　　前輩先生們努力地建構一個完整、嚴密的理論結構，其實是回答了當時嚴重的問題，但是，那樣提出問題並不一定是個真正的問題，很可能是一個假問題。不過像牟宗三先生提出了這樣的一個理論建構，其實也隱涵了很多發展的可能，不能說那個時代的人提出了假問題，所以他提出的只是一個假答案。我想存有三態論這樣一個後新儒學的擬構，即代表了這樣的一個向度，繼續往前思考。所以有一些朋友問我說，你這個「後」字到底是一個前後繼承的意義？還是像後現代的後，以否定的意義居多呢？我要很慎重而真誠的宣示說：這其實是就一個前後繼承的意義去說，是就一個往前開展、到了轉化意義的一個向度去說的。

　　我很高興能夠來武漢大學跟很多朋友，特別是學界裡面的長

輩，還有學界裡的同輩朋友們見面。我想他們對這方面的問題都有很深入的理解，我就在這裡簡略地把我的想法提出來，就教於在座的各位朋友。這是一件很高興的事情，我的講話先在這裡告一個段落，謝謝大家，謝謝。

卅一、問題與討論

問：（錄音不明）（問者大體問了林教授為何不拋棄孔子、儒學等名目，直接就自己來講學。又問了黃仁宇、徐復觀的相關問題。問者是一年輕的博士生）

答：這問題很有震撼性，您的第一個問題如果把它轉化一下，大概會比較具有客觀的學術性。也就是說，「後新儒學」這樣的一個詞的提倡，在整個儒學的發展史上是否具有意義？或者它會不會流入成為只是一個時代的提法？而且它都會過去，更何況歷史上也有人認為儒學後來都已經歧出了，所以儒學究竟為何？我們實在沒有辦法去說它，所以對於後新儒學的提法不知是如何？我認為您是有誠意要問一個很有程度的問題，所以我嘗試將您剛剛講的話轉成一個嚴肅的問題。

您的意思是說，今天我給林安梧先生一個建議，就是林安梧先生你就講你的林安梧學好了，為什麼還要講個儒學？還講個新儒學？還講個後新儒學？你不要那麼看不起自己嘛！孔老夫子也沒有什麼了不起啊！孔老夫子三年五載、三五分鐘就可以把他打倒了，是不是？你的意思是這樣嗎？如果是這樣子的話，「人之所畏，吾亦畏之」，那我要說：「我勇於不敢。」《老子》裡頭有「勇於不敢」這句話，我總以為像孔老夫子這樣的聖人是不多的。

　　當我對《論語》熟悉了，對《孟子》熟悉了，對中國哲學的話語系統熟悉了，正如同我對蘇格拉底、對柏拉圖等有某種程度的熟悉，我便會更勇於不敢地說何者為是？何者為非？何者為強？何者為弱？而這時候你會發覺到，不簡單。所以即使你捧我為英雄，我也不敢當，也不願當；那如果你罵我為狗熊的話，那也沒關係啦！我勇於不敢嘛！這是目前我面對中國傳統文化的態度。

　　我從高一時，由於聽楊德英老師講《論語》，因而生出一股對於中國文化經典的敬意，才拋棄了我對數學物理的追求，我以前最好的科目就是數學和物理。其實，也不叫拋棄，而是轉到我後來所從事的中國經典的理解能力與研究的部分。這個過程裡面，我一直想說，我實在沒有辦法從《論語》裡面看出孔老夫子有威權化的話語系統，也看不出有專制性的語調，亦實在沒有辦法看出孔老夫子是那麼不值得尊敬的！在一個族群文化傳統裡，能夠出現一個類似孔老夫子這樣的一個象徵是很不簡單的。當我們輕易地打倒他，滿足了我們什麼呢？滿足了我們的某個部分嗎？這是我們應該要去省察的。

　　我在臺灣清華大學任教多年，也有朋友對著我說：「我的書房裡面沒有一本中文書，我就是沒有讀過《論語》、《孟子》、《大學》和《中庸》。」當他講這個話時是充滿著自豪的，而這樣的一個自豪所代表的是一個怎麼樣的文化現象呢？這是我所關心的問題。

　　我想我絕對不是一個傳統守舊的人，我對西方學問的追求，也一定有我的客觀性。在這個狀況底下，我願意說，孔老夫子所構成的這樣一個對話所形成的話語系統，是很豐富，也很複雜的。在帝

王專制化的過程裡，變得太麻煩了，這個麻煩是我們必須加以釐清的。但是，恐怕不適合那麼輕易地就說是孔老夫子的話語系統形成了華人文化傳統裡那麼麻煩的東西；相反的，正因為有孔老夫子的話語脈絡構成的系統，才能對於華人文化傳統起了一些良性的作用，這一點是我堅持的，這大概也就是我們還被稱為「新傳統主義者」的原因吧。

因為《論語》裡面有太多對於人間之理深入的理解、詮釋、批判，乃至於瓦解的地方，所以是很可貴的。就像蘇格拉底說：「我確知我是一無所知的。」孔老夫子也說：「知之為知之，不知為不知」、「有鄙夫問於我，空空如也，我叩其兩端而竭焉。」當然整個《論語》的脈絡，並不是像西方是以「話語」所主導的一種「話語的論定」的傳統；而對於「話語」的限制與「話語」的治療作用，儒學其實也有一些，但是還不夠精采，最精采的還是在《老子》與《莊子》裡面。這些東西在現代化之後，其實更值得反省。

另外，黃仁宇跟徐復觀兩位先生都已經作古了，他們心靈意識背後的動機如何？那也只能夠揣摩了，這是讀書人為人、處世、對談所不能缺的。當你讀黃仁宇的書，發覺到這麼有深度的歷史思考者，基本上我們應該直接去看待他講了些什麼；當你讀徐復觀的著作，發覺他對思想史的研究有那麼深入的理解，重點也在於他對於兩漢、對於中國的先秦人性論作了些什麼深入的工作？當我們對這些工作都還沒有深入、沒有進一步了解的時候，就只想到他是不是在軍隊裡面殺了太多人，所以來贖罪？這是不必要的。當茶餘飯後，當夢中偶有一得，那就另當別論。所以在這裡不應該根據你的問題而直接回答，而應該轉出去在旁邊回答，謝謝。

郭齊勇教授問：您提出要回溯到《易》、《庸》之學，我在去年夏天開會的時候也提出要回到《易》、《庸》之學。在文章中，您也提到要先回到熊先生，再回到王船山，可不可以請您再給我們精簡地提示一下這是怎麼回溯的？而在《易》學、《中庸》學，熊先生體用全開的向度，對儒學作一個新的定位和一個新的開出，那樣的一個思路，請您為我們再詳細談談，謝謝。

答：謝謝郭教授提這個問題，他其實是讓我有機會再把這個問題重新組構一下，然後再談談影響。提出以「氣」為核心或以氣學為導向的說法，是因為宋明理學包涵了三大概念——理、心、氣，「理」強調超越的形式性，「心」強調內在的主體性，「氣」則強調實存的生活情境或是實存的歷史性。我現在比較強調實存的歷史性或實存的生活性，所以就「氣」的概念來講。

熊先生「體用哲學」的建構並不是如牟先生所講的「兩層存有論」的建構，體用哲學的建構，全體大用、即用顯體，到最後其實就是一個「境識俱泯」，歸為總體本源之體的「體」。這「本源之體」的「體」充滿了生發的可能性，但它還沒有生發之前的狀態，是依其理論往前推而詮釋地說。就現實世界來說，它是一個生發的歷程，在這生發的歷程裡是體用一如的。再者，又由於人們經由語言文字符號的建構，而建構了一個客觀的對象化的世界，這客觀化、對象化的世界，構成了一套非常龐大的系統，依「存有三態論」來說，這就叫「存有的執定」，這是「承體達用」，轉為一個現實客觀制度結構知識之用，有別於原來的體用一如、即體即用，那個存有的顯現的層次。

「存有三態論」的三態是「存有的根源」、「存有的顯現」與

「存有的執定」。如何執定？當然是通過語言文字符號結構而把它論定，這是一種話語系統的一個論定，用王弼的話來說就是「名以定形」的一個決定，或者就是在我的〈道言論〉裡所說的「言以定形」這樣的一個活動，就是主體的對象化活動，使得那個對象成為一個決定了的定象。

這三個階層有一個非常重要的地方須得留意，那就是關於人的主體性作用。在這主體參與的場域中，如果人作為一個存有者，進入到這個生活世界裡頭，去開顯這個存有，或者使這個存有為之開顯，這就是「人能弘道，非道弘人」。人進到那個道體，經由主體的能動性而使得這個道體彰顯，就其彰顯而為「象」；就道體本身而言就是「存有的根源」，就其彰顯為象來講就是「存有的彰顯」。「道顯為象，象以為形，言以定形」（或說「名以定形」），通過語言文字符號的結構使得它成為一個客觀的結構、客觀的對象，成為一個決定了的定象，這樣子所構成的存有世界，就是「存有三態論」的這三層。

我認為用這「存有三態論」的三層，來取代原來牟先生的「兩層存有論」，就可以泯除了主體主義的傾向。基本上，我是想避免這個主體主義的傾向，而注意到整個場域，注意到整個生活世界，並注意到整個歷史社會總體的問題。

我之所以會特別強調王夫之的學問，因為王夫之「兩端而一致」這樣的論點，是很能夠體現出整個儒學原來理欲合一、理氣合一以及理勢合一這樣的一個論點，我覺得這個論點是內外通貫，而且非常非常地重要。我覺得在船山學裡面充滿了一些發展的可能性，這個部分應該要去正視他，所以我才有一個提法說要回到王夫

之。王夫之的哲學可以將他理解成以「氣」這個概念作為其核心的概念，這個以「氣」作為的核心概念，其實是非常複雜的，可能是強調宇宙總體之本源，也可能是強調歷史社會總體、強調一個實存的歷史性，或者其他種種。就這點來講，在我的思考裡面，希望能夠兼容並蓄地把它包容在一塊，但是還有很多東西，我現在還沒有完全釐清，還在思考之中。

回到我剛剛所說的《易傳》、《中庸》的傳統，我一直認為《易傳》與《中庸》是整個中國哲學（不管是儒學或道學）非常重要的資源，談儒學不能夠把這些東西拿掉。如果把這些東西拿掉，只談道德本心，那是沒有辦法談的，即使牟先生談道德本心也沒有把這些東西拿掉。勞思光先生在談儒學的時候，則是比較有意地要把這些東西拿掉，而注重那個道德主體，那個部分我覺得在很多古典的話語裡面會難以詮釋，勞先生有時候就把它避開。像在詮釋孟子、象山、陽明的時候，他就避開，可是這個避開其實是會引起更多爭議的。

在中國哲學傳統裡面，如果站在存有的連續觀來看的話，在理、心、氣這三個概念中，我認為「氣」是一個最為優先性的概念，這是我所強調的。所以我認為船山學是整個中國哲學的高峰，那是非常非常重要的。熊十力基本上是由氣學往心學之路走，而牟先生很清楚的是心學，跟熊十力同年代的馬一浮，基本上也注重氣，但他是往理學的路走，我認為他是比較是往朱子學的路去走。

當然還有很多必須去討論的地方，我認為以「氣」這個概念作為核心的解釋力會更強一點，在哲學史上來講的話，我昨天也跟郭教授提到，雖然我對郭店《老子》、竹簡《老子》的理解非常有

限，但我覺得這應該也是一個可以思考的向度，謝謝他讓我曾經有這個思考的機會。

鄧曉芒教授問：我想和你交換一下意見，我是搞西洋哲學的，但是對中國哲學或其他領域也有點興趣，所以這幾年來對於中西哲學的比較還是有一些關注，當然談不上公允，只是有一些感想。在九六年的時候，我曾經寫過一篇文章，是關於道家哲學的綱要，就是在考察過程中，跟林先生的考察儒家有些類似的地方。我考察道家的時候，試圖從道家哲學裡引伸出某種現代生活的規範原則和方向。我寫了這篇文章講到道家自然的概念，對道家整個哲學感到博大精深，我覺得如果要歸結起來的話，可以用「自然」兩個字來歸結。也許有的學者不是很認同，但是我是這麼體會。

道家對自然的概念解釋，我覺得以往都是把它解釋為「無」，像天人合一，我則從黑格爾哲學重新來理解道家的自然原則，試圖想把它解釋成類似黑格爾的那種能動性的哲學。也就是說，以往對於道家的理解太消極了，好像一談到道家就是出世、歸隱、無為、放棄自我，是不是可以把自然重新加以解釋呢？就是說真正的自然並不是放棄自己的希望，並不是無識、無意，如果把自然的原則貫通成一體的話，是不是可以理解為人性的東西來談自然論？您剛剛講的我非常贊同，講儒家的性是回復本性，該笑就笑，該怒就怒，該什麼就是什麼。魯迅也有這種講法，這才是真正的合乎天道、合乎天性。我在道家的研究中也發現有這現象，人自然就是要追求哲學的自由意識的實現，就要追求自然。如果把自然給忘記的話，那你就只能從消極的態度來理解道家哲學了。

我有一個觀點，我覺得中國的哲學、中國的文化，其實是以道

家哲學為根據的。怎樣抓住中國文化，然後再進行一種現代化的解釋，剛剛那同學講的，你能不能以理智，以你自己的身份說，這是我的哲學，不是什麼儒家哲學，也不是道家哲學，也不是傳統哲學，就是我利用傳統的東西，所建構起來的一個新的哲學。我想當然我對傳統哲學的修養不是很高，但是我想應該也是可以嘗試的，我的文章內容也是在做這樣的嘗試。當然對於古人，我們應該抱以尊敬，但今天我們所面臨的一些成果，要能夠呼喚一種新的東西才能出來，它不會憑空掉下來，而是從傳統中長出來的，從傳統中長出來，它就有種新東西。也就是說，當我們去講究當時老子是什麼意思，或者孔子是什麼意思時，這些東西當然也應該考究，但更重要的是如何從那解釋性的原則，從那裡頭另有新的視野，來進行一種新的把握、增加一些新的東西。

我覺得這是最重要的東西，它對哲學的發展，用一種推進，或使哲學成為史，成為歷史，而不是老是照著說，我們也可以用新的思想去充實它，而成為一種新的利用它的材料。但這樣講以後，班上就有些人說：「你講的老子，已經不是老子了，而是黑格爾派了。」我當時聽了之後，也沒有否認，確實是我從黑格爾那裡利用一些詞彙來加以理解。我想以方法論來看，這種做法是否有其可行性？我想應該還是有點可行性。其實老子也好，孔子也好，他們發表他們的言論以後，就沒有人真正了解他們的東西是在講哲學。雖然如此，哲學它有發展，如此才成為史，我想這是非常正常的，我對這樣的偏向也不會感到後悔，我覺得只是有待來者。

你對於老子的精神知道了以後，會發現一個哲學當它平反以後，它是以主體作者思想為主題的，它具有多種科學性。一個文本

擺在那裡，那麼它的確具有某種科學性，因為一個文本擺在當時的社會條件之下，它之所以得到後來那樣的解釋，是因為當時那個哲學思想是有所限制的。主旨是受當時的思想條件所決定的這樣一個心理傾向，是受到文化思潮這些東西影響，而提出了對老子的一些解釋，後來的不管是王弼或是王夫之，都不一定懂得老子原來的意思。但受時代的環境的限制，時代環境一變，就應該變，所以我覺得每一代對經典文本都會有創造，一方面要對本文熟悉，另一方面對各式各樣的可能性都要能夠有一種開闊的視野，才能有均衡的發展。

我剛剛聽了林先生講的一些問題，覺得倒也不失為一個新的意思，因為我們以往對於孔夫子的理解，是關於有子那樣的理解，是比較普遍的，儒家主要的尊卑孝悌有甚麼樣的效力，內化為一定的心性關係，然後建立起整個國家的人格。在《論語》書中，有子似乎還沒有「外王」的哲學思想，但後來的人把它設成一哲學系統，也是有它的必然性。因為最大的問題是帝皇專制，問題在唯一的君權統治者，也許後來孔子也曾去想這個問題。不過，不管怎麼說，從《論語》裡面我們可以挖掘出來像「忠恕」這樣的觀念，能夠為今人所用，我覺得這倒還是可以考慮的。不過從今天的眼光看起來，雖然以前的人，可以從今天的眼光去加以指揮當今必要的解釋，但是這種解釋，仍然要以他對文本整體的貫通把握做為前提。像剛才那個同學講的，林先生講的就是他自己今天的哲學體系，就不是從這個地方說要從孔子或儒家的體系、後儒家的體系裡頭肯定的。

所以我想提出一個問題，剛剛林先生講的曾子的一些觀點，有

子的一些觀點，傳統的來說是有，而從官方意識型態來說，則把有子的這一套當做立國之本，使它成為專制政治體制底下的一套傳統現象。我們或者可以說中國是中了他一套比較軟性的鼓勵，你當然要理解修身、誠意、正心這過程，但是怎樣能夠把它貫通起來，我至今還不是很清楚。他們之所以成為經典流傳下來，都不是亂說的，應該是孔子學說所應該包含的。那麼他的一個主體精神，或者說曾子、有子，後來的孟子、荀子等等這些派別，他們的生存空間，是不是能從其他的系統角度來看他們的思想結構，然後還是可以認為這是儒家的精神。因為我來得晚，所以有些東西可能沒聽到，多謝！

答：非常謝謝您的高見，您剛剛所提的在詮釋學裡，我認為是文本意義的解釋問題。極端地說，根本無所謂的文本，我想文本並沒有所謂本義，這個地方其實是可以承認的，也就是文本一旦被寫成以後，就充滿了各種被詮釋以及創造的可能性；而你後面提到，還是要正視那文本本身其他脈絡的總體，這兩點我都同意。所以當我們在做任何詮釋的時候，穿鑿附會其實是很容易被檢查出來的，只要拿原典文獻，跟其他相關脈絡來檢查一下，看它能不能一致就可以了。所以剛剛我提的是不是穿鑿附會，大概也可以被檢查出來。

我所說的是不是都是純屬於我自己創造的，我想，我不是孔子，但還是套用孔子講的「述而不作」，我也不完全如孔子所說的「述而不作」。我只是認為在整個歷史發展裡面，其實是很多元的互動，但是就儒學裡頭，的確如我剛剛所傳述的，有那樣一個向度。但是非常可惜的，我要說的這個向度，白紙黑字的寫在那裡，

雖是白紙寫黑字，但甚麼時候看不見？晚上停電就看不見了。整個當代中國人的心靈有點處於這樣的狀態，就是停電了，當他讀經典的時候，就停電了，於是就看不見，並不是故意看不見，因為整個變黑了，甚至在黑的狀態下更用力地看，就看出了些妖魔鬼怪，這是很麻煩的。

我再做個比喻，譬如帶了墨鏡，墨鏡一戴就全盤皆墨，這就是我剛剛所傳述的我在臺灣清華大學的同事，說到的書房沒有一本漢字寫的書，他講這話的時候充滿了傲慢。我覺得您提到這問題的時候，其實是很真誠的，而且也正視到儒家、道家，對文本也深入去理解，就這一點來講，我覺得是慶幸的。對西方哲學有研究的朋友們，願意花時間好好去讀中國的古典，這是一種慶幸。

在這過程中，當然要有一個很長久的過程，如同柏拉圖「洞窟的神話」，在「洞窟的神話」裡邊，我們都是被束縛坐在椅子上看著前面影像的人，如何掙脫出來，走出洞窟，看到光明亮麗的世界呢？中國古典的文化、古代的經典，為什麼會被封鎖，如同柏拉圖所說「洞窟的神話」的那種閱讀方式，這種現象是值得反省的。儒學明明告訴你，「君待臣以禮，臣事君以忠」，但是當我們在檢討君臣關係的時候，老是會想到「君要臣死，臣不得不死；父要子亡，子不得不亡；不死就是不忠，不亡就是不孝」。非常奇怪，明明白紙寫黑字，寫在那裡告訴你，但我們的頭腦就一直想到這裡，而且非得說是孔子說的不可，到目前為止，我真是百思不得其解。

在這個年代裡我覺得我是具有批判意識的，但是因為我掛上了中國文化的時候，就覺得我們的批判意識無形中變弱了，好像非得把我們自家拿出來痛罵一頓，這時候才有批判意識。我現在講的，

在整個中國的當代發展裡面是很獨特的。就剛剛您的發言，也可以發現到這裡面有一個轉進。他深入道家傳統中，發現這個問題，發現有什麼更大的詮釋可能性，而這詮釋的可能性，很可能在他展開詮釋的時候，碰到了些難題，這些難題在於當他展開詮釋可能性的時候，做中國哲學的朋友可能會說，這是你自己的想法，而這個地方，其實牽涉到方法論上各個不同詮釋的不同向度。也就是說，我們是否除了做中國哲學史的客觀性研究以外，還可以開展我們的哲學？我想剛剛鄭教授所談的比較是就我們如何在傳統的經典智慧裡去開展中國哲學，並就目前中國哲學既有的成績，再往前開展中國哲學，這部分我想是值得檢討的。

當然哲學工作是非常多元的，有多個向度、多個層次，而我認為剛剛您所說的層次需要有人做。我知道像葉秀山先生也做過一點道家的東西，覺得很有可觀；而像北京的王樹人教授，也做一些中國哲學的東西，也很有可觀。早年中國當代的哲學家們，他們中西哲比較是可以兼容並蓄的，現代很可能又是一個新的階段。

中國這五十年，可能由於分科太細的關係，也將所有的知識學門當成一個勞動的對象。我們現在最常聽到的是：「你是搞那一派的？」我自己最常聽到的則是：「你是搞那一塊的？」好像有個很大的荒野，你劃地在那裡，而我在這裡耕作。但到最後要談耕作方法的心得時，還是有一個視野的，那個部分還是要檢討。以前我們似乎很少檢討那一部分，但我認為現在是到了一個新的階段，這是我個人的理解。

剛剛提到道家，你的理解是道家做為中國哲學的根柢，我不知道這是不是跟陳鼓應教授的「道家主幹說」有關係。但是我也曾經

跟陳鼓應教授提過，如果道家的「家」字拿掉就可以，因為「道」主幹說，就是「道論」，這就對了，但是若說是「道家主幹說」就會引發無窮的爭議。我記得在一九九五年，還是一九九六年，在北京開道家道教國際學術會議的時候，陳教授很激動地說：「以前都是被你們儒家把這位置佔了，現在我要拉掉些位置，讓我們道家坐一坐！」他生氣地跟我這樣說，我後來就跟他說：「你這些表態方式也很有道理，但是這個方式不是道家的。」這很有趣，我很能了解他的心靈背景，因為整個中國二千多年來的帝皇專制，基本上是帝王專制的法家運用了儒家思想，這種情況非常多，這是帝制化的儒學。但可不要忘了，「帝制化的儒學」之外，跟它密切關連的還有「生活化的儒學」、「批判性的儒學」。有一些儒學非常可貴，像公羊學有顯性傳統，也有隱性傳統，而公羊儒學隱密性的傳統，就是個非常令人重視的傳統。這個部份以前常常穿鑿得太嚴重，但是我覺得這是可以再重新去正視的年代。所以儒學的多元向度、多元層次，以及其他各個不同的家派、各個不同的年代，是非常複雜的。在這個過程裡面，我想我做的工作只是其中的一點點向度，只是揭開了原來的墨鏡，也不是所有的墨鏡；我只是在徹底反傳統主義的墨鏡下，幫忙揭開了某一個角落，看清楚一些微光，而這微光是不是會很全面、很妥當，當然還需要進一步的努力，我個人的想法是這樣的。

劉清平教授問：一九九四年的時候我們好像在哈佛見過面，剛剛你在報告時提過儒家思想中有些特別令人爭議的地方，這樣的觀點，我也以為有這樣的可能性。的確我們可以回溯經典，儒學復原才有其可能性。在這過程中，您談到了《論語》、《孟子》的一些

話語是很重要的，但往往為研究者所忽略。在這裡我曾花一段時間，去關心探討這些問題，我考慮的是在這樣的情境下，儒學如何保平衡？

答：這個問題牽涉到具體情境的倫理態度問題，關於「父為子隱，子為父隱」，我常舉一個例子，我們當老師的，譬如中學老師，當班上註冊繳錢的時候，如果張三偷了李四的錢，偷了他的註冊費一千塊，被他的導師發現了，請問該如何處理這問題？這有幾個可能，第一個就是把張三送入少年法庭，第二個就是送到學校訓導處，第三個就是抓來訓誡一頓，並且要他寫悔過書，這三個方式你要採取那一個？到目前為止，我問過很多人，沒有一個認為要把小孩送到少年法庭治罪，多半都認為送到學校訓導處記過就可以了；也有人認為不必要，因為是第一次而已，所以訓誡了事就是了，我叫這作「師為生隱，生為師隱，直在其中矣」。

正直必須考慮現實的情境狀況，在《論語》裡，葉公說：「吾黨有直躬者，其父攘羊，而子證之。」孔老夫子說：「吾黨之直者異於是，父為子隱，子為父隱，直在其中矣！」要恰當理解這些文獻，則要深入到當時的歷史文化背景中。須知，葉縣在楚國，楚國當時是邁入軍國主義，施行連坐法最快的諸侯國之一。葉公這話是說，那父親偷了羊，兒子去舉發他。為什麼非舉發不可？因為連坐，如果不去舉發，則會連帶受罰，這樣的連坐法，當然不是孔老夫子所能接受的。孔老夫子說一個人面對正義、面對法律，真正要培養的是人內在的道德自主性，而道德的自主性，在面對現實的情境底下，是要考慮現實情境的。在現實情境中，人與人之間有一很重要的部分，這在西方的法學傳統中也考慮到了。比如說，你所窩

藏的要犯與你是父子關係，那比起一般的朋友關係，罪是比較輕的。法律仍然必須要考慮具體的情境，法律仍然是有人倫之情在於其中的，因為這是人性的真實，這是極為重要的。

當我讀《論語》這段話時，常常很難理解，為什麼有那麼多法律學者說孔老夫子完全沒有法治精神。其實從這段話我們讀不出孔子有沒有法治精神，而是孔老夫子極為注重人性的真實，相對來說，連坐法則是戕害人性的。我以為這樣的觀點是比較符合歷史社會意識的。就這個地方，我覺得很奇怪的是自己讀到的怎麼和別人讀的不一樣。傳統不一定一樣，它當然有詮釋上的爭議，詮釋上的爭議就要看它的可一致性、可融貫性，跟它的各個脈絡的相適應性如何，我想該是這樣的。

《孟子》那一段更是有趣，那一段故事，其實後來是有發展的，我在《論語——走向生活世界的儒學》這書中有些討論，在《呂氏春秋》有不同的記錄，在《淮南子》有不同的記錄，在《韓非子》也有不同的記錄，換言之，那故事是編的，它代表著不同的時代，有不同的理解向度。所以華人文化傳統的複雜度、豐富程度，恐怕是全世界的各個族群不一定能夠趕得上的，因為它實在是太複雜、太多元了，如果找到各個不同的文獻，甚至有本事深入方志的傳統學者，則其中有趣的事情更多。整個當代的知識份子，是非常大膽地去指責華人是單向度的思考，我認為這是因為他們處在整個心靈意識危機下，在徹底反傳統主義的思維下來思考問題，這徹底的反傳統主義本身就是一種本質主義式的思考方式，就是單向度的思考，這問題我大概在十幾年前就碰到了。

其實，只要我們回到經典中，深入中國文化傳統，便會發現它

具有更大的包容性。怎麼會說沒有包容性呢？奇怪！講這話的不是更沒有包容性嗎？為什麼會變成這樣子？這是個很值得研究的文化現象。剛剛講到《孟子》那一段，我想現在回到文本來理解。很有趣的是：孟子和孔老夫子各自開啟了兩個不同的話語傳統，孔老夫子是開啟了一個問答的形式，孟子所開啟的則是論辯。你看《論語》和《孟子》的風格就不同，孔子與弟子們的交往很平易，所面對的是日常的生活世界；孟子則是喜好辯論，他說：「予豈好辯哉？予不得已也。」為什麼要辯論？辯論就是自我立場堅定，並清楚表達給對方。真理不是越辯越明，真理是因交談而明白；真理是越辯越不明的，辯論和交談是不同的。

　　交談是「傾聽」，我提出我的問題、我的看法，都是想傾聽你的意見；而辯論是我以我的立場，去說服你。孟子要說服人，所以要辯論，因為他認為那是個世道衰微、邪說暴行有作、諸侯放恣、處士橫議的時代，處在這時候，所以要辯論。孟子與他的學生之間常常磨鍊辯論，我認為孟子一定放出風聲，只要辯論贏我孟老師的，期末考就不用考了。所以你看孟子是不是很有趣？孟子怎麼說，弟子就提出反問；孟子再怎麼說，弟子再提出更嚴重的反問；之後，孟子往往一氣呵成地說了長篇大論，再下去就嘎然而止。像我們前面提到的，大致上是這樣，那麼重要的辯論，孟子弟子們竟推了一個人叫桃應的來問，不是萬章，不是公孫丑，也不是告子，不是這些優秀的學生來問，而是推了個桃應來問。我講《孟子》書時，就跟同學講，顯然孟子的學生為了應對老師，先施行沙盤推演作戰，我們這次問老師什麼問題，老師大概會怎麼回答，接下來問什麼問題，老師就掉入圈套了，我們的辯論就有獲勝的可能。這一

段最明顯的是這樣，桃應問：「如果舜的父親瞽瞍殺人，老師您認為會如何？」舜做為天子，他的司法部長皋陶應該怎麼辦？孟子說：「應該抓起來關。」學生想開始老師已一步一步踏入圈套裡了，抓起來不是違反您孝悌的傳統嗎？您講孝悌很重要，怎麼就抓起來呢？孟子說：「因為皋陶有職司在，擔任公職有這個責任要這麼做，專任其職，專管其事。」學生再問：「舜該怎麼辦呢？」那孟子說：「舜當然要偷偷地背著父親逃走啊！把天子的印綬解下來，偷偷地背著父親逃走，逃到東海之濱。」這時弟子馬上講：「這下子老師造成一個悖論了，你一面說要抓，一面說要逃，這怎麼辦呢？」然而，這其實隱含了很多可以詮釋的空間。舜帶著父親逃到東海之濱，甚麼叫東海之濱？東海之濱是國境之外，自我放逐，逃於天涯，而皋陶要不要因為其職司所在，不只是全國通緝去抓，還要到全世界去通緝？當然要。因為舜已經放棄了天子之位，把父親帶走了，而皋陶繼續追，這便形成了可以無窮繼續思考的問題。當你看到舜背著父親逃走的時候，如果換做是你的父親，難道你會背著你的父親送到法院去嗎？我想不會，應該會先去了解一下，怎樣為我的父親減輕一點罪？但是這並不意味著我不尊重法律，這正是一種兩難。

這個地方就體現了法律的抽象性與道德的具體性兩者之間的緊張關係，應該怎麼辦？儒家在這裡就告訴你非常困難，因此對於具體的情境而言，那個「取捨」的過程，我們必須要尊重。但是非常奇怪，近代以來所謂為進步的知識份子讀到這個部分的時候，都只是認為儒家幾乎沒有法律的精神。當然，儒家裡法的精神並不多，這是可以肯定的；但是儒學也並不全然如他們所說，對這方面完全

沒有考慮到。我之所以舉這兩段文獻，是想說明單說儒學沒有法的精神是不恰當的，華人之所以變得那麼沒有法的精神，其實跟整個帝皇專制傳統是有密切的關係，這不是來自儒家的思想所導致的，而是來自帝皇專制的傳統。直到目前，華人社會仍然對客觀的法則未能注重，儒學是否應該有一些責任呢？我認為古往今來凡是華人都是要有一些責任的，但是如果我們從儒學經典中也看到有很多批評精神的時候，我寧可說恐怕責任是在我們。我是這樣看待問題的，而我們又怎麼忍心責備孔老夫子呢？怎麼忍心責備孟子呢？在整個歷史上，文明軸心年代的那些偉大聖哲本來就不容易有，而且也不多啊！除非我們又發掘了許多文獻，我們才能夠從另外一個角度來看孔老夫子和孟子，不然的話，即使我有再多不同的看法和批評，我都寧可尊孔。我總認為中國近代幾百年來的落後，不是這幾百年來的問題，也不是我們文化本質裡頭就有些甚麼缺陷。我最不恥聽到的就是中國的民族性是什麼，西方人是什麼；我一聽，整個人就會覺得不知道該怎麼說。「中國人就是不守這樣的規矩，美國人都守這樣的規矩」，你有到過紐約嗎？紐約有幾條街，你有沒有看過？他們把腳踏車騎到路中間來，你們有沒有看過？請問那算不算是美國人？美國人那樣守不守規矩？美國人很多地方守規矩，去到其它的地方就變成不守規矩了，譬如原先在美國守規矩，來到臺灣一段時間就變得不守規矩。這是情境的問題、是制度的問題、是結構的問題，而不是民族性的問題。我以為如同王夫之所講的「性日生日成，未成可成，已成可革」，沒有一種先天的民族性。從先天的民族性論斷我們這民族的優越，我覺得沒有意義；從先天的民族性來論斷我們這族群的低劣，我更沒有辦法接受。如果作為一個

知識份子輕易辱沒自家的文化傳統，厚誣古人，這樣還被稱做偉大，那只能夠說我們實在是太糊塗了。但是中國當代這樣「偉大的知識份子」太多了，這一點是很值得我們去反省的。

郭齊勇教授問：向安梧兄請教一個問題，有一次在孔子討論會上，一個德國外交官提到「父為子隱，子為父隱」的詮釋問題，他舉出了希臘時代有一位地主，他的奴隸犯了罪，於是就把奴隸捆在地下室裡面，然後去告官，但在這個過程中，奴隸死了，後來他的兒子便去告發他的父親。德國外交官的解釋只說詮釋仍有其個別性、具體性在。林教授剛剛所講的情境，或者其他奴隸的情況，無論東西方都有一個比法治更高的東西，這的確使人處於兩難。像上面說到皋陶要殺瞽瞍，舜該怎麼辦？只好背著父親逃到東海之濱去，這也就是說家庭倫理的價值更高，不是一個字面化的文字所能解讀的，所以東西方都有這樣的問題。這就使我們想到了「義」這個傳統，這與我們古代所說的「親親之殺，尊尊之等」相關。「禮」是親親之殺，「殺」是等級；尊尊之等，「等」也是等級。在等級序列中產生的禮，禮的標準是義，孟子從中國傳統中講義，從義的字緣上來講義這個活動，完全含有正義的味道，而且還有道德自主性的味道，不是只有和「利」相對應的「義」。另一方面，我們也可以看到孝悌的重要性，我不同意安梧兄前面有關有子與曾子的解讀。我以為孔子並沒有排接班人，不是毛先生，也不是蔣先生。因為實際上孔子的三千門徒、七十二賢人，他們是有開放性的。有子、曾子所以成為子，只是因為這文本是由這兩個弟子傳承的一個文本。我以為「孝悌」的價值和「忠信」價值其實是緊密相連的，沒有孝悌，就沒有忠信的呈現，不可能推開對父母的尊重，

來展開仁學體系的呈現。所以我和安梧兄微有不同的是，我覺得孝悌非常重要，因為孝悌是打通人、天之間非常重要的關鍵，因為中國的祖宗崇拜便是這樣。

答：對不起，我還是要講幾句。剛剛郭教授提的那些觀念，其實我並不是不贊同，我只是在做一個類型區分的時候，強調孝悌及上下長幼尊卑，特別是後來往君尊臣卑的路上走的時候，有子這邊的可能性會高一些，曾子那邊的可能性會低一些，而曾子講的和有子那邊整個是連貫起來的，並且是往君尊臣卑的帝皇專制路上走，這從《孝經》裡就可以看得很清楚，而《孝經》我認為是漢朝初年時偽造的，這幾乎是可以肯定的。所以我並不認為孝悌不重要，孝是對生命根源的崇敬，悌是順著一個生命同一個根源下來的橫面展開。所以「仁者，事親是也；義者，敬長是也」。儒家是從孝悌講仁義，從血緣性的親情的真實，往前開展成普遍性的倫理。仁義是一個普遍性的倫理，而孝悌是一個血緣親情。因為以前是個家族的社會，一切倫理的養成，都是從那個地方學習起的，但是我們發現帝皇專制的年代，或以前中國帝皇專制的過程裡面有太多的問題。我自己曾生活在很傳統的氛圍裡，二十歲以前，我生活在很傳統的狀況底下，我的家族傳統，父親的權威非常非常強，我深深感受到「血緣性縱貫軸」的迫壓性。我會去懷疑，並提出有子與曾子的對比，這可能跟個人經驗密切相關。也因此，我才會去寫《儒學與中國傳統社會之哲學省察》那本書，因為那書其實是自我的治療，因為自我的治療是要治療到整個歷史總體結構的問題，所以我才會一直覺得孝悌這字眼有問題。我很能體會譚嗣同對孝悌這兩個字眼的批判，譚嗣同一談到孝悌，簡單地來講，就是不敢領教，他認為這

根本一蹋糊塗，他把中國的三綱五倫幾乎都罵盡了，認為只剩下「朋友」一倫還可以，這當然有他自家的心理背景。我覺得在整個皇帝專制裡面，儒學被異化得很厲害，我以為要好好清理這個部分，才能夠彰顯孝悌做為生命根源追溯的途徑，做為順著那生命根源下來的橫面展開，進而到一普遍倫理的永恆追求。終極地歸趨來講，這一點我與郭齊勇教授應該是一致的，雖然前面的部分我們有一些在理解上、步驟上的不一樣。至於說孔老夫子有沒有安排接班人，其實這只是個文學比興式的說法，這個地方就做為公案，讓各位朋友繼續去思索吧！或者說茶餘飯後，什麼時候安排個茶會，我們就可以很大聲地談論孔老夫子怎樣安排接班人的問題，這是很有趣的問題。

　　主持人（郭齊勇教授）：今天的講座就到這裡告一段落，我們謝謝林安梧教授精彩的講演，也謝謝大家熱烈的參與討論，謝謝大家！

（二〇〇〇年四月間，筆者接受了廣州中山大學、武漢大學、北京大學、中國社科院暨研究生院、清華大學、北京師範大學、中國人民大學、上海復旦大學、華東師範大學、廈門大學等校之邀請，前往訪問講學，這裡刊出的是在武漢大學四月十四日的講詞，由師大研究生楊淑美、彭菊英記錄，再經何孟芩潤筆，最後經講者校閱而成。）

第十章 「後新儒學」的構想：華東師範大學的講詞

【本章提要】

　　本章旨在說明「後新儒學」之構想的提出，乃是對於當代新儒學的一個反省、繼承與發展。

　　首先，作者指出，當代新儒學主要是繼承了宋明理學以心性之學為主導的發展脈絡，通過一種方法論上的本質主義，探入到心性之學的核心，並通過這樣一個心性之學的理論建構，安排民主與科學的發展，其目的是為了克服近代中國思想上存在意義的危機。然而，宋明理學與當代新儒學所處的社會結構與所要面臨的問題是有所不同的，當代新儒學所面臨的是宰制型的政治連結瓦解與重建的問題。對於此，當代新儒學應重新思考其開展的可能，必須就整個政治社會共同體的建立，進入到社會契約的民主憲政格局裡面。

　　接著，作者討論了從先秦到宋明以後的儒學發展，認為先秦儒學重視「社會實踐」，強調的是「身心一如」；但宋明之後卻愈來愈走向心性修養的道路之上，表現出「以心控身」、「心主身奴」的傾向。當代新儒學雖也留意到這種內傾的可能性，但卻無法徹底走出此內傾的思維，基本上還是通過一個現代哲學的理論建構，來

克服這個時代意義實存的危機。

　　因此，作者提出「存有的三態論」作為後新儒學的理論建構，希望由原來對道德本心的過度重視，返回到面對整個生活世界與歷史社會總體。這樣一個理論的提出，基本上是繼承著牟宗三先生「兩層存有論」的體系而向前的一個開展，希望解開道德主體主義的傾向，而真正朝向一個天地人相與為一體的生活世界。

關鍵字詞：後新儒學、兩層存有論、存有三態論、良知的自我坎陷、宋明理學、心性學、身心一如、以心控身

一、當代新儒學的發展：繼承宋明理學的發展，以心性之學爲主導

　　諸位華東師範大學哲學系的教授先生與同學們，很高興在這裡和大家見面，今天要跟大家談的題目是「後新儒學的建構」。這個題目其實起自於一九九四年的春天，我當時正在美國威斯康新大學訪問；一天早上，我寫了一篇〈後新儒學論綱〉；之後，在同年的四月間，我在美國哈佛大學哈佛燕京社由杜維明先生所主持的「儒學討論會」中作了第一次這樣的報告；後來，我再把這篇文章改寫成一篇比較完整的論文，並在臺灣發表；同一年，我又有所增刪，在韓國的「國際中國哲學會」中發表。大體來講，這思路是有關於當代新儒學的一個轉折與發展。我想今天一方面報告自己學習的歷程，一方面就自己對這個問題目前理路上的發展加以闡明，並就教於各位學者先生們。

　　對於「後新儒學」這個問題，我的提法大概是從先秦孔孟以下，一直到新儒學，我認為這是一個一連串的發展。我不太認同杜維明先生所提的「儒學三期說」──將先秦儒學視為第一期，將宋明儒學視為第二期，將當代新儒學視為第三期，因為這樣的提法會有幾個問題。譬如說，兩漢的儒學你怎麼看待？魏晉南北朝、隋唐的儒學你怎麼看待？而清代的儒學你又怎麼看待呢？還是你認為這些時代沒有儒學？但顯然它是有的，所以對於「儒學三期說」，我是不贊成的。雖然杜先生是我非常熟悉的前輩同道，他在這十幾年來，常提「儒學第三期」的前景發展，但就目前的儒學來講，其實並不適合說「第三期」。最近李澤厚先生提到「第四期」的發展，

「第四期」的發展加了什麼呢？加了漢朝那一段，他強調了樂感文化，強調了情意主體各方面種種，但是我覺得這樣的提法也不是很妥當，至於其它期又該怎麼去分呢？我今天並不是要檢討第三期、第四期的區別，而是要說：為何當代新儒學會提出「儒學三期說」？這基本上牽涉到一個定性的問題，這也就是我常提出的論點——當代新儒學在方法論上所採取的仍然是「方法論上的本質主義」（methodological essentialism），認為中國傳統儒學有一個特質，把握了什麼樣的本質，就是正統；如果離開這個本質，那麼就是歧出，或者至少是一個比較曲折的發展。大體來講，當代新儒學經由一個定性的方式，認為整個儒學的核心點是心性之學，心性之學是以宋明理學上接先秦儒學，而當代新儒學則是承繼著宋明理學的發展。所謂的當代新儒學，定位點在哪裡呢？就宋明理學來講，就是定位在陸王心學；就先秦儒學而言，則是承繼了孔孟之學，當代新儒學認為這是一個正統。至於先秦儒學中的荀子呢？當代新儒學認為荀子已經有所偏；而以前常常被視為集大成的學者朱熹呢？牟先生用了一個詞，說他是「繼別為宗」，或者是「別子為宗」。「繼別為宗」跟「別子為宗」這是引用周代的宗法觀念來說的，周代是嫡長子繼承制，你非嫡長子，就要分出去，分出去以後，別子就可以獨立成一個宗，這就是「繼別為宗」。依牟先生的說法來講，心性之學是一個血脈相承的傳統，這血脈相承的傳統是由先秦的孔孟到宋明的陸王，而到當代新儒學。這種以心性之學為正統的說法，是一種以道德、良知為主導的一個思考。這樣一種對儒學、對傳統文化的繼承方式，學界上把它歸結為一種「抽象的繼承法」，就是認為：整個傳統文化有一個刻意的、恆定的、抽象的本質，只要把

握到這個本質或繼承了這個本質，並把它發展出來，便是傳承了這個文化。

二、當代新儒學是通過心性之學的理論建構，來安排民主與科學，以克服存在意義的危機

那麼，這樣的一個方式，其目的在哪裡？又避開了些什麼？顯然地，當代新儒學這樣的一個方式跟反傳統主義剛好形成一個對立面的兩端，就是反傳統主義（anti-traditionalism）跟新傳統主義（neo-traditionalism）；但當代新儒學也不同於舊傳統主義，像國粹派和孔教派。康有為的孔教派強調要把儒教作為一個現代性的宗教來構造它，並且在現實上實現，使之能夠在整個政治社會共同體上發生效用；國粹派則認為對於傳統文化，必須深入去理解它，而要深入理解它，就必須理解整個歷史文化的發展，要了解歷史文化的發展，首先則必須對它的語言文字有深入的理解，這大體是繼承了乾嘉以來「訓詁明而後義理明」的途徑，當代新儒學傳統主義的立場基本上是有別於此的。一九五八年張君勱先生、牟宗三先生、唐君毅先生和徐復觀先生一起具名發表了一篇〈中國文化與世界宣言〉，這篇文章所提到的就是要回到整個儒學的核心點。他們認為整個儒學的核心就是心性之學，並且要用充滿敬意的方式，通過一個心性修養論的歷程，進到整個族群文化之源的心性之學，並以此來接通西方的民主與科學。這篇文章是個劃時代的文獻，它代表的是當代新儒學整個哲學的一個輪廓。新儒學認為，真正足以代表我們傳統的不是裹小腳、不是抽鴉片、不是我們看到的這些表象，真正我們的文化傳統核心點是心性之學，是人內在自本自根的真存實感，是人

之所以為人的一種最深沉的關懷——怵惕惻隱之仁，或者是陽明所說的「一體之仁」，這樣的一套構造。現代有些學者用「經典之儒」跟「歷史之儒」作區分，認為當代新儒學的重點似乎是在「經典之儒」，而反傳統主義者所看到的儒家則是「歷史之儒」。其實，這樣區別並不窮盡，而且也不清楚。在這裡並不能花太多口舌去說它，我們現在目的主要是在於說：當代新儒學在理解與詮釋的時候，是通過一種方法論上的本質主義直入本源，把握到心性之學的核心，通過心性之學的核心的一個理論的建構，再用這樣理論的建構來安排整個未來中國傳統走向現代化過程的發展，並說明怎麼樣去融攝民主跟科學。

這樣的一套建構，其實在整個中國當代思想史上，是有意地通過了中國傳統中最重要的「修養工夫論」以及「道統說」。「修養工夫論」的核心點是回到道德本心和良知；而放在歷史的脈絡上，通過一個歷史的延續性，說明自我認同而建立的就是「道統說」，並由「道統說」來建立學術上的「正統說」。當代新儒學是通過「修養工夫論」讓內在自身的道德本心良知顯露出來，增強內在的一種新原動力，而以「道統說」做為副詞，用這樣的方式，去克服一種生命歷練的危機，或者說存在意義的危機。

三、當代新儒學與宋明理學所處的社會結構與所面臨的問題不同

整個中國族群在近一、二百年來，內憂外患接踵而至，列強的侵略割據幾乎沒有一天是安寧的，在這種狀況之下，整個生命也幾乎無所安頓，不足以安身立命。張灝在他的〈新儒家與意義的危

機〉這篇文章中，其實很清楚地說明了新儒家所面臨的整個中國族
群所處的意義的困境，而對於整個種族的困境，他提出了一套做
法。大體來講，這一套做法仍然延續著宋明理學以心性修養論、修
養工夫論做為核心的傳統，以道統說作為一個很重要的支持點，來
說明自我認同的正當性及合法性。所不同的是，宋明理學仍然是在
一個宗法封建、帝皇專制這樣一個傳統性的結構裡面，這樣一個傳
統性結構，我名之為「血緣性的縱貫軸」下的結構。這「血緣性的
縱貫軸」下的結構，是一個以三綱——君為臣綱、父為子綱、夫為
婦綱，這樣的核心所構成的結構，這樣的結構基本上是以一個「宰
制性的政治連結」作為核心點，以「血緣性的自然連結」作為背
景，而以「人格性的道德連結」作為工具的結構。宰制性的政治連
結是君的傳統，血緣性的自然連結是父的傳統，人格性的道德連結
則是聖的傳統，一切以君作為核心。大體來講，整個宋明理學是在
這樣的框架下思考的。這是一個政治倫理化、倫理政治化、政治與
倫理完全結合成一體的方式，而所謂的道德教化便是通過這樣一個
方式而開展的。

　　當代新儒學不同於宋明理學之處在於：當代新儒學必須面臨到
宰制性政治連結瓦解與重建的問題，因為現在已經不是帝皇專制的
年代，而進入到民主憲政的年代，因此，對於血緣性的自然連結跟
人格性的道德連結之間，就必須重新思考其開展的可能。這開展的
可能就是整個政治共同體的建立，並不是血緣性的自然連結隨順著
一個高高在上的皇帝、天子這個宰制性的政治連結做核心，並以人
格性的道德連結為一個方法或者工具施展出去，因而親親而仁民，
仁民而愛物，人人親其親、長其長，而天下平，修身、齊家、治

國、平天下都在這樣一個一圈圈擴散出去的波紋型結構、格局裡頭去開展它。然而當代新儒家面臨到不能夠再用波紋型的結構來思考問題，而必須要將波紋型的結構轉成捆柴型的結構；它不能再停留在原先的宗法封建社會，不能再停留在帝皇專制的政治體制底下，而必須進入到社會契約的民主憲政格局裡面，所以這必須作很大的轉變。如上所說，我們知道當代新儒學一個很重要的重點，就是所謂的民主如何可能？科學如何可能？民主、科學是民國初年以來，我們這個族群所認為現代化最重要的兩個因素，即所謂的德先生跟賽先生。民主代表著社會共同體的重新建構，而科學代表了對於自然的一個新的理解，以及對人的整個相關的理解方式。但非常不幸的是，民國以來，把「民主」跟「民主主義」混淆了，也將「科學」和「科學主義」混淆了。「科學」強調的是必須通過清晰的概念、非常明晰的邏輯結構以及論証的程序，將現實經驗的事實跟所陳述的東西作一個恰當的關聯，有一種嚴密性與可檢驗性；但科學主義的提法是不一樣的，科學主義是把前面的這種思考方式極端化，認為自然科學的方法是理解這世界的唯一方法，而且是有效的方法，其它的通通不算。所以「科學」是科學，而「科學主義」是反科學的，是不科學的。而民國以來，很麻煩的就是把「科學主義」當成「科學」，所以非常有趣，包括很多非科學的東西，都被冠上「科學」兩個字。譬如說，算命是非常不科學的，但一定要冠上科學，叫做「科學算命」；又如測字也是非常不科學的，但也一定要叫做「科學測字」，這怎麼可能呢？至於《大學》跟《中庸》的理解詮釋，那是一個人文學的詮釋，但硬是要套上「科學」兩個字，叫做「科學的學庸」，意即科學的《大學》與《中庸》，這都

可以看到「科學主義」的調子。

其實我們可以看到，整個當代新儒學的重點跟宋明新儒學是不太一樣的。宋明新儒學一樣是要克服那個時候的存在危機，是什麼樣的存在的危機呢？從唐末五代以來，整個中國北方受到強權侵入，如遼、金、元，使得中國外部一直受到這個強大的壓力，造成偏安的局面；至於內部的政治革新則進行得非常非常緩慢，因此，整個宋明理學的興起，基本上是關聯到整個變法時代。在變法時代，這些人發覺到變法要成功，有一個重要的地方，就是人的心靈建設，所以做了一個很大的轉折，但這轉法是否百分之百正確，還有待商榷。其實因為往外的政治實踐不可能，所以往內的心性修養要求便要提高，在這種狀況之下所形成的宋明理學，又接收了原來佛教，以及長久以來道家思考的影響，達到了另外一個儒、道、佛重新融合為一的局面。雖然宋明理學一再地闢佛、老，僅管儘量地堅持儒學「生生之德」的立場，但很顯然地在本體論、宇宙論和方法論、修養工夫論上，受到佛教以及道家很深的影響，這樣的一套思想跟原來先秦儒學的整個味道是不太一樣的。

四、先秦儒學重社會實踐，宋明理學重心性修養

先秦儒學強調道德的實踐是要走入社會的，譬如《論語》、《孟子》乃至於《荀子》，再怎麼看，都不會看出很多心性修養論的語彙，看不出很多心性修養論的系統。但是在宋明儒學，就會發現到心性修養論成了核心點，社會實踐論反而被忽略了。先秦儒學的重點是在社會實踐論，而不在心性修養論。雖然先秦儒學也有心性修養論，宋明儒學也有社會實踐論，但是重點不同，這重點的不

同是在於整個儒學強調向內的傾斜，回到自己內部心靈意識的活動上來處理，這其實是整個中國文化、中國精神思想發展上一個非常重要的轉折。

我很喜歡用一個比喻性的語辭去說這個轉折，就是文學史家常用來區隔唐詩與宋詩的不同。唐詩跟宋詩有何區別呢？所謂宋詩是「皮毛落盡，精神獨存」（吳孟舉《宋詩鈔》序），其實，這個話能夠形容整個中國唐末五代以後的大轉折。這轉折就是它外頭原來所顯發出來的鮮豔的光彩退卻了，而內在的精神本體契入了。好的來講是這樣，壞的來講，其實是那種外放的生命力減弱了，而變成強調內在的、心靈的、精神的、形而上的層面。所以讀唐詩跟讀宋詩最大的不同感受是：宋詩比較乾澀，語彙沒有那麼豐富。你看唐畫跟宋畫最大的不同是什麼？宋畫基本上比較多水墨畫，比較常用黑白兩色，而唐畫用的色彩比較鮮豔。譬如唐朝的仕女畫或敦煌壁畫中的天女散花，基本上整個生命是往外散發的，所謂「美」這個觀念也是往外散發的；到了宋朝的時候，宋畫中的仕女，不論身材、樣貌都跟唐朝仕女畫中的仕女不同。從這裡其實可以發現到，我們整個族群的生命到唐末、五代，進入宋以後，已經產生了很大的轉折，最大的轉折關鍵就是後晉石敬塘自稱兒皇帝割讓了燕雲十六州，這代表了整個華夏族群對北方的民族的臣服，而這也是一個很值得我們檢討的問題。

當我們在檢討整個族群精神發展的時候，應該要很實際地了解這些情形，所以整個宋代理學也必須放在這樣的精神脈絡來看。這其實就是整個族群往內傾，回到心性，愈來愈往一個心性修養的路子上走去，並且更進一步地朝向了境界型態的追求。到明代的時候，

雖然曾恢弘地開闊出去，但是很短暫，因為整個內傾的狀態還是很強，當然這裡也關係到經濟的因素。中央集權愈來愈嚴重，人們思考問題就會愈來愈單一化，為了要對抗那樣的專制集權，或者專制集權為了要好好地開展它的倫理、政治的教化活動，就要愈來愈強調心性之學教化的重要性。因此，對於專制皇權的抗爭者來講，認為開發心性之學是非常重要的；而對於一個專制皇權的控制者來說，也認為心性之學的開發很重要。這裡有兩個向度：一個是開發以後要讓大家能夠得到安撫；另外一個則是在道統說的護持之下跟政治傳統結合，即道統跟治統結合。所以宋明以來，心性之學跟帝皇專制之學形成了一種非常獨特的、相抗而相持的、共同一體的結構。

五、先秦儒學強調「身心一如」，宋明以後卻走向「心主身奴」之「以心控身」

我這麼說，其實是想慢慢地歸結到一個論點上來。當我們回到先秦去看待儒學的時候，其實會發現到儒學並不是那麼內傾的，也不是那麼形而上、那麼強調回到內在的本源。儒學不是那樣地認為內在的本源一旦處理了，一切問題就可以解決，而是要由內而外地貫通實現到整個生活世界的社會共同體裡面，要不然的話，就不算儒學。因此，就人的身來講是重要的，進一步說這個身、這個家是重要的，再進一步說，這個國、這個天下也是重要的。因此，並不是心的重要決定了身，身決定了家，家決定了國，國決定了天下，它其實是一種互動的關係，而最基本的互動就是一個「身心一如」的狀態。身心達到一個如如的和諧的狀態，就是所謂的「仁」。「仁」是一種生意盎然的樣子，「仁」是一種真存實感，「仁」也

是一種充滿生意的身心和諧狀態。

在郭店竹簡裡關於「仁」這個字最古的寫法，就是鄭玄所謂的「相人偶」。此外，這個「仁」字可以說是「身」、「心」連在一塊，而在其它的文獻裡頭也可以證明「仁」就是身、心兩字合在一起。這方面已有許多專家們作過研究，這點我想是肯定的。這次我在北京講學的時候，遇見了清華大學的廖名春教授，跟他討論過這個字，就我自己義理上的理解，跟他從古文獻上的理解，基本上是相應的，因此可以判定「仁」字就是身心連在一塊。所以對於儒學，基本上我強調的是一個「身心一如」的傳統；擴而大之，就是「道器合一」、「理氣合一」、「理欲合一」、「理勢合一」、「天人合一」。它是個「合一觀」，是把一個具體的、抽象的、個別的、總體的、心靈的、存在的，通通連續通貫而為一個整體，達到一個和諧的狀態，而不是以一種相互對治、以內控外的方式來展開它的論述。

但是中國歷史的整個發展，在唐末五代以後有非常大的變化，人們基本上開始不能正視自己的身。所採取的不是「身心一如」的方式，而是「以心控身」的方式；不是「心主身從」的方式，而是「心主身奴」的方式。「主從」跟「主奴」不一樣，「以心控身」如果是「主從」的關係，那麼「以心控身」基本上還是可以回到「身心一如」的境界；但是如果是心主而身奴的「以心控身」方式，這「身」根本不重要，擴而大之，整個存在界、有形的具體世界都會被視為不重要，而到最後會導致一個嚴重的「無世界論」的傾向，而在無世界論的另外一面就是獨我論的傾向。

其實，宋明理學的心性之學，如果就某一個末流極端地發展就

會有這個傾向。這是就末流極端的發展而說的，不是就你所能夠看到的文本、原典文獻裡面去說有這樣的狀態。因為任何一個思考在發展的過程裡面，有它的意識型態面，可以檢討到它極端的那一面。它是有這樣一個傾向，而這樣的傾向，基本上就會導致一個非常嚴重的後果，這嚴重的後果就是認為只要我當下面對本心，一切問題必然解決。譬如當崇禎皇帝對劉蕺山（劉宗周）說：「這個國家，事態紛擾，我非常憂慮，不知道該怎麼辦？」劉蕺山就對崇禎皇帝說：「陛下心安，則天下安矣。」這個話不完全錯，但這個話本身就代表了這樣的一個思維狀態。當然，我們講它的時候也有把它極端化的傾向，因為詮釋的一體必然是如此的。另外，它也將會導致一種良知的自我傲慢，對於現實的世界本身容易用一種玄學的詭謫方式把它連在一塊，而認為已經處理了問題了。這就是明末清初的時候，很多大儒像顧亭林、黃宗羲思考這問題時，深切批判說：「平時袖手談心性，臨難一死報君王」。當然，能夠「臨難一死報君王」也了不起，但是這個問題從另外一個角度去想的話，就是：它怎麼會導到這裡去？原來開闊的心性之源是希望能夠「充實而有光輝之為大，大而化之之謂聖，聖而不可知之之謂神」，能夠展開一個道德實踐，使之完善起來、完美起來，但走的卻是另外一個可能，這其實就是一種內傾的自我閉鎖的一種發展以後，所可能造成的一種後果。

六、當代新儒學「兩層存有論」理論建構：
牟宗三先生的《現象與物自身》

當代新儒學跟宋明理學不同的是，它也留意到這種內傾的可能

性，但是它並沒有徹底地走出這個內傾的思維，因為它所面臨的衝擊很多，而它的整個理論的構造方式也跟宋明新儒學有著很大的不同。所以像李澤厚先生把當代新儒學說成是現在的宋明理學，我覺得這個基本上並不恰當。當代新儒學跟宋明理學是有一些關聯，但基本上已經不是原來的宋明理學了，因為這兩者的問題意識不同，理論的構作方式也不同，只是在強調以心性修養論為核心的方面是一樣的；但同樣是強調以心性修養論為核心，宋代重點是在「心性修養」這四個字上，而當代新儒學則是在「心性修養論」的「論」字上。也就是說，當代新儒學強調通過一個現代哲學的理論建構，以「心性修養」為核心，去建構一套道德的形而上學，並通過這個道德的形而上學來克服這個時代實存的意義危機，而這基本上是通過一個抽象的、超越的中國傳統文化精神核心的繼承法，好的說則是「直入本源的繼承法」。問題是，這種方法論上的本質主義如何直入本源的繼承呢？是通過禪定的方式嗎？還是通過道德修養的方式？其實都不是，而是通過一種理論的闡述構造方式，而理論的闡述構造方式所藉助的是什麼？是聖賢的典籍思想。當代新儒學藉助於聖賢的典籍教養，經由理論的闡述而構作一套非常完整的有關於傳統文化的現代哲學理論；經由現代的哲學語言融入原來儒家、佛家、道家的哲學語言，而構造成一個非常龐大嚴密的理論系統，而這理論構作最為成功的就是牟宗三先生的《現象與物自身》。

在《現象與物自身》之前有《智的直覺與中國哲學》，再更往前一點則是《認識心的批判》。從《認識心的批判》過渡到《智的直覺與中國哲學》，中間有一個很大的轉折，就是《心體與性體》的寫作，這是一部關於宋明理學的著作。《認識心的批判》這部書

是對於康德哲學的第一批判給予消化並且改造、鎔鑄成一套以羅素的數理邏輯為基礎性思考而構作成一套認識論的結構，而這套認識論的結構不必涉及到存在論，純粹只是就認識心本身能夠建構成的一套邏輯結構。他的方法仍然採取康德哲學的超越哲學的方法，但是整個理路上是很有意地要避免康德哲學在第一批判所可能面臨的一些問題，而整個作一個轉折，但這個轉折後來他已經放棄，之所以放棄最主要是因為後來《心體與性體》的寫作。《心體與性體》現在重新在上海古籍出版社重新出版，以前在臺灣的書局也曾經出版三大冊，內容是在闡述宋明理學。在這部書中牟先生重新開發了宋明理學的心性之源，理清了心性之學的理論，從心性之學接通了存在論與宇宙論，之後牟先生又回過頭來，重新去理清康德第一批判所隱藏的問題，而對於康德哲學所提出的一個核心點——關於「智的直覺」的問題，也提出了深入的反省跟批評。

七、牟先生建構兩層存有論，主張由「良知之自我坎陷，以開出知性主體」

在康德的理論建構裡，有一個非常重要的區分——「現象」與「物自身」的超越區分。他認為，人的認知只能及於現象界，而不能及於物自身界。人的認識是經由人的「感觸直覺」，人所能把握到的只是現象，這是人們經由主體的建構，而去建構那個現象達到某一個客觀性，而形成客觀的知識，至於人們的認知是不能及於物自身的，因為人們只有所謂「感觸的直覺」，而沒有「智的直覺」。上帝是一個無限的圓滿者，而人則是有限的。對於康德「現象」與「物自身」的對比區分，牟先生是同意的；但是對於康德說

人沒有「智的直覺」，只有上帝具有「智的直覺」，這點他是不同
意的。因此，牟先生通過中國傳統哲學的聖賢教言、心性修養論，
回過頭說，像儒家的性智性理、道家的玄智玄理、佛教的空智空
理，其實就等同於康德所說的「智的直覺」。他在《智的直覺與中
國哲學》這部書中開始作了很大的調整，將心性修養論跟存在論、
知識論鎔鑄在一塊，構作了他的整套哲學系統，而這套哲學系統的
完成就是他的《現象與物自身》這部書。這部書非常清楚地表明了
他的整個哲學歷程，也非常清楚地、完善地通過一種理論的純化工
夫，藉助於聖賢的教言，通過康德的哲學理論，而建構了他的兩層
存有論——現象界與物自身界兩層存有論。

　　牟先生是把現象界與物自身界這樣的兩層存有論回到人的
「心」上來處理，說現象界是一個執著的心所建構的世界，而物自
身界則是一個無執的心所朗照的世界。關聯著這個心的兩個面向而
成就了兩套存在論——「現象界的存在論」，他名之曰「執的存有
論」；物自身界也就是所謂的睿智界，則名之曰「無執的存有
論」。「執的存有論」與「無執的存有論」都繫屬在這個「心」，
所以他藉助於〈大乘起信論〉「一心開二門」的方式來講這個結
構。物自身界是心真如門所開的世界，現象界則是心生滅門所開的
世界。他經過哲學的引擇、轉譯，將心生滅門說成是「執的存有
論」，而心真如門說成是「無執的存有論」。在這個轉譯裡，他藉
助一個非常重要的論點而作成，也就是在這個理論的純化過程裡
面，通過心性修養論、通過聖學的教言、康德哲學的建構，建構起
他的整個哲學系統。他的理論大致是這樣的：經由我們的良知之
體，經由道德本心，意即康德哲學中的「智的直覺」，所朗照的世

界是一個一塵不染的、理想的物自身界，這是一個非常高超的道德的理境，在這個道德理境裡一切獲得保障，不會有意義危機的問題，不會有生命苦楚的問題，不會有任何的問題。但是這樣仍然有問題，當你已經證得涅槃，已經成仙、成佛了，這時候該當如何呢？你必須重新下凡了。這就是很膾炙人口的「良知的自我坎陷以開出知性主體」，以知性主體來涵攝民主跟科學。

八、「良知之自我坎陷」是一個理論的邏輯次序，並不是一個實際的發生次序，它代表著那個年代克服意義危機的一種方式

這部分一方面膾炙人口，一方面爭議頗多。到目前為止，不知道有多少人對「良知的自我坎陷」一詞提出批評；但到目前為止，我看到對準的批評，大概十個裡頭沒有一個。因為清楚明瞭「良知的自我坎陷」這幾個字的意義而去探究者少，往往是聯想者多，海峽兩岸都是如此。這良知的自我坎陷以開出知性主體，而涵攝自由、民主，在牟先生的哲學體系中，是必然發展的一部分，他是用這樣的方式來安排所謂「現代化」的問題。這在他哲學理論的解釋上，是一個必然的發展，是一個實現的必然性。但是，這是在他理解、在他解釋下的理論邏輯，通過這套理論邏輯下所作的決定，其實只是一個理論的邏輯次序，並不是一個實際的發生次序。依照牟先生「良知的自我坎陷」的說法，意思就是說我們這個族群所有的人都是一個良知的存在，都是一個道德本心的存在，我們的精神是很了不起的，但是不能光講良知、道德本心。

有時候你會發覺到一味講良知、道德本心，會進入一種無言的

境界，進入一種沒有執著的境界裡面，所以對現象界往往不關心，
包括看到紅綠燈也不管，一直照闖過去，那是因為他進入到了物自
身界，無分別相。那現在應該怎麼辦？現象當然有分別相，所以不
能老停留在智的光照裡面，這時候就必須自我坎陷地跳到人間來，
看到紅燈就是紅燈，不要沒有分別地就跑過去。牟先生的這個提
法，我覺得就是把中國族群那種最偉大的人格理想，經過理論的純
化，拉到最高，然後再由那個最高的道德人格典型說如何面對人
間；意即先證得菩提，再正視煩惱。當代新儒學的作法是這樣的，
先證得智慧，再面對現象。但是現在真正的問題，應該是要去了
解：為何當代新儒學要用這樣的方式？因為牟先生所處的那個年代
正是一個自我保命的年代，這是一套形而上的自我保存的工夫。通
過理論的純化，通過聖賢的教言脈絡，通過康德哲學系統的重新反
省，用這樣的方式後返地「建本立體」。這個「建本立體」，現在
必須重新開啟生命的造化之源，必須落到生活世界來，這就必須要
有所轉折發展。

九、後新儒學的建構──「存有三態論」： 由道德本心回到生活世界

但是當現在重新去反省這套轉折發展的時候，不能只是通過一
個理論的安排說如何轉折的問題，而必須去面對活生生的生活世
界，具體地、點滴地、逐步地、逐項地、一個挨著一個地、現實地
去處理它。這時候你會發現到，原來構作的這套理論的解釋邏輯系
統，代表著一個族群在整個近、現代發展意義危機下克服的一種方
式。它已經完成這個里程碑，也代表著對傳統要有重新的發展。這

重新的發展就是要重新去正視原先儒學所強調的身心一如、理欲合一、理勢合一、道器合一、理氣合一；這時候就不是通過理論的純化方式，以心性修養的聖賢教言作核心，往上去建構一套道德的形而上學，而是要回到整個人間世，面對整體生活世界，面對整個歷史社會總體，重新來理解。這時候，就不能夠把它完全用一種內傾的方式回到本心上去處理。

不回到本心上去處理，那應該怎麼辦呢？應該就宋明以來的理、心、氣這三個重要的向度通盤考慮、融通再構。這也就是說，要把它回到一個道德本心，以一種道德的主體做為切入點，再回到廣大的世界去正視超越的形式性原則。既注重內在主體性原則，也注重存在的歷史性原則；正視人作為一個存在的歷史性這樣一個延續的存在，也正視人作為一個道德本心的存在、正視人能有一個道德的、超越的理想這樣存在的要求。做為一個人，人是先作為一個自然之體的存在、作為一個社會的存在；如果你強調人作為道德存在的優先性，這是一個邏輯的理論次序的優先性，並不是一個歷史發生的優先性。所以有這兩面：一面是注重理論的邏輯的優先性，一面則是注重歷史的發生的優先性，而人必定是在歷史的發生歷程裡。不是用唱高調的方式灌輸你該當怎麼辦？不是把一套高調的話語系統輸進去裡面說：你是作為一個道德的存在，再從這裡去開出一個良好的社會，再怎麼樣地恰當地面對自然世界。這是作一個大翻轉。

這樣一個大翻轉是理、心、氣通貫，這樣會比較符合於中國的整個哲學傳統，而不會停留在所謂儒家道德的三期說裡面，也不會是一個道德的內傾的主體主義，而是正視整個生活世界上來說的。

這樣的提法，就是要從牟宗三先生的兩層存有論轉化成一個新的層面，即我們所謂的「存有的三態論」或「存在的三態論」。

十、通過「存有三態論」展開一存有的治療學，並在傳統文化與現代化之間做一個妥當的調節與融通

「存有的三態論」是我由熊十力《新唯識論》整個體系所呈現的體用哲學進一步闡發出來的，我以為這樣的傳統是合乎我們中國傳統儒道同源的結構的。《中庸》、《易傳》、《論》、《孟》乃至《老》、《莊》本出同源，後來又加上了印度佛學的傳統，融攝在一起，構成一個嶄新的哲學建構；這個哲學的建構就是從「存有的本源」、「存有的開展」，到「存有的執定」的發展過程。這裡所說的「存有」與「存在」，其實跟西方柏拉圖（Plato）、亞理斯多德（Aristotle）所用的 Being 的觀念不太一樣。其重點是在於人作為一個人，活生生地參與天地之間所構成的一個總體，就這總體的本源而說這樣的一個存有，這也相當於中國古時候所說的「道」。「道」在天地之中、在人我之中，是一切融合為一的、不可分的那個狀態。道不在這世界之上，不在這世界之外，道就實存在這世界裡面。所以說「三才者，天地人」，人參贊天地，相與參贊而成的這個總體之本源就是「道」。我們藉用現代西方哲學的語詞從「存有」去說它，這樣的根源，藉用唯識學的語句來講，則是「境識俱泯」的，意即外在情境跟心靈意識渾合為一，沒有分別的狀態。

這種渾合為一、沒有分別的狀態是一個「無言」的狀態，是一個「默」的狀態。由這個「默」的狀態必然隱含著一個「開顯」的

狀態，它必然要開顯。道本為不可說，必然由這個「不可說」而隱含了「可說」，這便是「存有的開顯」那境識俱顯、境識俱起而未分的狀態。由此「可說」進而轉為「說」，便是「存有的執定」，「存有的執定」是經由「主體的對象化活動」，心靈意識的把握，以主攝客，境識俱起而兩分。如何兩分？境識俱起，是從「無言之默」到「可言」，「言定」而「說定」了，這便是王弼所說的「名以定形」，經由主體的對象化活動，使得一個對象成為決定了的定象的這個過程。這個過程所不同於兩層存有論之最重要的地方是：不把一切都繫屬在道德主體上，而是把它回到一個人參贊於天地之場所構成總體的本源上說。

就這部分說，我們發現到存有的執定、人的心靈意識的活動、主體的對象化活動所構成的知識，這個知識必然的跟你的利害、興趣、愛好、欲望及其它的種種需求連結在一塊，它的麻煩也從這裡展開。但我們面對這問題的時候，可以在這裡下工夫，一方面可以給出知識的釐清，一方面通過一個存有學的回顧方式，回溯到存有的開顯，回溯到存有的本源，而去理解回溯到人所構成的總體本源裡，應該如何恰當地處理問題，這樣即可以引發一套道德的治療活動或存有的治療活動。

這樣所導生的一套新的理論，也就是當我們面對整個人間世展開我們的人文活動的時候，我們該當怎麼辦？這時候我們的問題意識就不再是像當代新儒學一樣，一直問著如何從中國傳統文化開出現代化？或是如何讓中國傳統文化跟現代化連結在一塊？我們現在的問題是在於：在現代化的發展歷程裡，我們所面對的世界其實是在這個層次，我們一方面在現代化的學習之中，另一方面我們還有

很多現象仍然處在前現代的階段，還有一部分我們已經進入到現代化之後了。在這種前現代、現代跟後現代交錯重疊的那種狀態裡，我們如何去面對這種由存有的執定所相互關聯而帶引出來的染污、病痛的狀態，而恰當地去批評、治療？這活動必須展開，而且以另外一套的方式展開。這樣的一個方式其實意謂著我們的整個問題意識變了，我們的整個答案方向不同了，這代表一個新的階段的一個起點。我們現在所面臨的問題不是中國傳統文化到底會不會妨礙現代化的問題，我們的問題不在於新傳統主義者如何從中國傳統文化開出現代化的問題；我們的問題是在於：在前現代、現代跟後現代交錯重疊的複雜狀態裡，我們該當如何自處？我們面對自己的傳統文化，應該如何調節適應？傳統文化的經典智慧如何進到現在的話語系統中，應有一個融通、交談的可能，這也牽涉到另外一套的思考。

　　另外一套思考其實是點出了一個非常重要的重點，就是在關於現代化跟華人的關係上，並不是華人自己的傳統生產出了現代化，或者走出了現代化；現代化是西方化是在整個西方傳統發展到二十世紀後，由核心國家的帶動下走向全球。我們是在這樣的一個世界體系裡被帶動的現代化，因此對我們來講是後發的。所以我們就不必要說現代化如何從我們的本質裡生長出來，也不必認為我們的本質是壞的而要整個取消掉，要重新按照西方原來的方式走一遍。很多人很自然地誤認為西方的宗教傳統跟它的現代化有密切的關係，而我們也必須學習西方的宗教傳統，甚至改信洋教，才能開出現代化。這種思考是一偏之見，而且非常荒謬。這個部分我在別的地方有論述過了，現在不去說它。我只是要說，其實就整個現代化的發

展歷程來講，對於我們華人而言，是一個後發的學習，對於這個後發的學習，中國傳統文化所能夠起的作用其實不是一個推進的作用，也不是個締造的作用，而其實是一個調節性的作用。臺灣在整個現代化的發展過程裡，之所以能夠順利擠進東亞四小龍之中，其實並不是儒教傳統促進了工業文明，而是在世界核心體系國家的帶動之下，儒教傳統成立了一個儒教文化圈，並起了恰當的調節性作用，使得在邁向工業文明的過程裡面，少走了一些冤枉路，多了一些韌度的生長可能。

十一、後新儒學的發展在於繼承新儒學體系，是接著講不是照著講

其實所謂的「後新儒學」，是繼承了牟先生的體系，再往前轉折的一個發展。這個發展必須面對這個時代的問題意識，並檢討前輩先生的問題意識，以及其理論建構的可貴與限制。牟宗三先生最大的限制就是因為那個年代所必須面對的是一個很嚴重的族群意義危機，但他通過心性修養論、聖賢的教言以及康德哲學建構，通過這種理論的純化方式，去建構了這樣的一套體系，克服了意義的危機。他是往上升到一個純粹的、道德的理型，再從道德的理型，下開現象界的存有論、執的存有論，來涵攝民主科學，來開出所謂的現代化，這基本上是他的理論構作。然而我們認為他的理論構作，其實原先是建立在某一些特定的時空、特定的思考、特定的問題意識底下，所導生出來的一套理論系統，而這套理論系統仍然繼續著原來宋明理學家以心性之源為開發主導的理論系統。我們現在把那個道德主體主義的傾向解開了，我們必須面對著這個生活世界，回

到天地人相與為一體的那個總體的本源，而重啟這個造化之源，再開一個新的「存有三態論」，用這個方式來說一個新的發展。就這部分來說，簡短的一個鐘頭能夠說的東西是有限的，我只是講了其中的一部分。它所導生出來的討論也是很多的，只是我願意說，在這個時代我們必須面對這整個問題。

哲學的理解跟哲學史的研究有密切的關係，哲學史的研究跟哲學的理解、詮釋、建構也應該有所區別。學術性的追求是需要的，但是一些思想性的發展也是應該的，特別在整個中國大地母土上，傳統文化的發展，其實非常重要的。它不能夠只是客觀性的研究，而必須在這個土地上生長。即使生長的是雜草，或者灌木林，仍然是需要的。因為只要是土地上有長草、有長植物，它的水、它的土、它的養分就可能得到保存；如果把這草通通都去除掉了，那麼就會導致沙漠化，就會導致自然環境的沙塵暴問題。同樣地，我們的文化土壤如果清得一乾二淨，沒有傳統文化的苗芽在那裡生長，沒有任何的雜草在那裡生長，一切是空闊而潔淨的，這時候你努力地種植了並不一定適應於這土地上的植物，甚至根本不種植，而覆蓋了水泥，那麼就會使得這個土地失去生命力。非常幸運的是，中華大地雖然經過十年浩劫，但這母土仍然充滿了生機，整個廣大中國子民的生命，整個文化土壤，仍然沒有喪失生命的力量，它仍然在發芽滋長。只是做為一個學者應該要如何多關心這個事呢？我來大陸已經二十一次了，這回已經是第二十二遍，走過了廣州、武漢、北京還有上海，我明天還要去廈門。在這段期間我跟很多朋友聊起這問題，大家都肯定我們這個國家、整個族群還是很有希望的。對於邁向二十一世紀來講，我們有我們的使命所在，我們有我

們應該做的事情，但是我們怎麼讓自己的母土更富有生機地長出苗芽來，這非常重要。在整個經濟改革的大浪潮裡面，中國傳統文化要起一定的調節性的作用，而這個調節性的作用在臺灣仍然延續著，因為中國傳統文化幾百年來在臺灣，從來沒有斷過，但是在中國大陸斷了。不過還好種子苗芽還在，現在必須好好去長養它。當然，很難說問題就那麼簡單，那麼容易解決，但是要讓它保有一些可能。這個可能在我們學者來講，我願意說：做一個學者大概有三個不同的方式，意即做學問有三個不同的方式，一是插花的方式，一是種盆栽的方式，另一個是種樹的方式。插花又快又好，又賺錢，種盆栽就難多了，種樹大家會覺得看不起眼，種了十年還這樣。但是不要忘了，要叫更多人去種樹才是對的、才是好的，大地母土的生機才能夠重新活轉過來。我願在此跟眾多朋友、同輩學者，共勉之。我們少做插花的事，插花也需要，偶爾在慶典的時候當然須要插花，幾盆花放在那裡就很漂亮，但是不能老只做插花。插花素材從哪裡來？也要有人種。如果我們都不種，只是舶來品，然後把聖賢的東西插上去，結果成了乾燥花，那麼，就沒有辦法讓我們進入二十一世紀的時候，成為所謂的文化大國，這點是很重要的。這就是我關於這個問題的簡單闡述，就先說到這裡，之後我們再展開討論。

十二、問題與討論

問：如林先生所說，是否牟先生的理論架構已經過時了？還是有他的價值？

答：一個時代有一個時代的問題意識導向，有它的一個特點，

也有它的限制。牟先生是真正正視到了那個時代的問題，所以他提出一套理論架構。這套理論架構未必是一個限制，可以說是一個成就。所以當初他的問題是對應於那個時代的，跟現在的問題是不相應的。我的意思就是說，我們現在的問題意識已經不是牟先生那個年代的問題意識，如果我們拿牟先生的問題意識當成自己的問題意識，把他的話重講一遍，意義已經不大。因為你只在那系統裡面轉，頂多就是在那個哲學系統的理解跟解釋上，理解得更清楚而已。當然，那還是有功勞。但是如果所有的人都在做這個事，那就不夠了。應該還有別的事要做，這是我的看法。

我現在思考的問題意識，正如我剛剛講的，基本上就是我們現在所要面對的問題意識慢慢地在轉了，轉到一個新的問題意識上來。當我們在檢討前輩先生他們作了一些什麼工作的時候，要給予一些肯定，但是也要恰當地給予釐定，然後知道他的限制。這裡頭倒不必產生一種對抗的問題，其實是一個連續地轉折發展。

問：請問就儒家來說，民心與政權的關係如何？中國的儒學是怎樣變得闇闇無生氣的呢？為什麼會有阿 Q 式的人物出現呢？這是否與儒學傳統有關係？

答：民心是最重要的，不得民心，就不能得到政權；失掉民心，就失掉政權。國民黨這次選舉輸了，其實就是失掉了民心。你說它相關就相關，說它不相關，那就不相關。那麼當代新儒學的仁政思想是不是跟整個共產黨的統治、毛澤東的統治有密切相關？從這裡說也可以說是一種相關，但是這種相關是一種特性的相關，它是連在一塊的。（問：是一種外在的相關？）也不是，譬如說，我現在跟你有一種相關的關係，這是因為我們站在這兒，從這樣說是

相關的，但是沒有一種內在的特性的相關，意即它是一種廣泛的相關，這廣泛的相關很難說是相關。從這裡說我們會發現它有一種特性的不相關，但是它又有一種廣泛的相關。就一種特性的不相關來說，我們很難說它沒有關係；但就廣泛的相關來說，它又有一種特性的不相關，它是一種廣泛的相關，一種似乎沒有相關的特性的相關。但是廣泛的相關如何與一種似乎沒有相關的特性的相關連在一塊？這很複雜的，這就是我常說的一個很簡單的道理，我們姑且舉孔子跟阿 Q 為例。孔子所彰顯的一個道德理想人格，這跟魯迅筆下的阿 Q 的人格，請問他們相關不相關？魯迅比較關心的是華人的一種現實形態，但孔老夫子所呈現的是一個道德的理想人格。道德的理想人格跟現實阿 Q 精神勝利法的自我矇騙方式，是否是同一個人格？我實在很不願意承認這是同一個人格，但是我實在很難說，這不是在同一個傳統裡面的。這個問題很麻煩，這複雜之處就在於你要去說明這裡頭的關係。這就是我常說的一個很簡單的說法，就是這裡頭有一種內在精神病理的系譜脈絡存在。孔子所要求的道德理想人格強調的是社會的實踐，這社會實踐實踐不出去的時候，便開始變成心性的修養，之後心性修養開始變成境界的追求，境界的追求上不去的時候，就便成了精神勝利法，然後變成自我矇騙。是這樣轉來轉去，轉到最後而相關的。

　　為什麼歷史會這樣轉來轉去呢？這內在邏輯會這樣曲折地關聯在一塊，其實跟整個存在的情境有關係。單單只有五個人用這些資源，跟有五十個人用這些資源是不同的。我們剛剛提到，五代以後的中國人為什麼一直往內傾？為什麼境界的追求愈來愈多？因為這樣生命才能夠安頓。為什麼呢？因為分享到的資源愈來愈不豐富。

我們這族群能夠操作的資源太有限了，而至於為什麼資源會那麼不足？那就是整個國家統治的機制已經耗去了很多資源，這裡就該檢討。這非常麻煩，這是因為整個中國到了後來貪官污吏嚴重得一蹋糊塗，而人口又增加了，到最後沒有辦法，沒有辦法的時候，整個思想就開始轉了。某種思想決定這個世界，這是唯心論的思考方式。恰當的唯物論的辨證思考方式則是下層建築影響上層建築，從軟性地講是影響；強性地講，就是「決定了上層建築」，基本上是這樣子的。所以整個的狀況你要怎麼安排？這問題是很難的。至於對傳統的理解與詮釋，那是一個再解釋的問題，再解釋的時候，端視你有沒有詮釋的能力，當你失去了信心，很難有解釋能力。一個自我認同已經瓦解的人，從心理學上來講，他是沒有解釋自己的能力的，只處在一種失去自我的狀態，一個魯迅筆下的阿 Q 狀態。阿 Q 是一個自我迷失的人，他不知道是什麼地方的人？他沒有家，不知道他姓什麼？他沒有傳統？沒有自己的家，沒有了傳統，這樣的人是什麼樣的人呢？是一個非常窩囊、傳統的形象，是一個拖著長長辮子的形象。魯迅是很屬害的，他透過一個現象的描述，清淡而深刻的把那個年代的國民性徹底地描述了出來。

問：中國傳統文化如此複雜，依林先生您看來，我們又該如何加以解釋、釐清與治療呢？能不能就您剛剛所舉的例子，再為我們闡述一下。

答：這是一個很複雜的過程，我們研究傳統文化的學者，基本上就是要把這些豐富而複雜的現象加以解釋、釐清，而不是片面的努力。許多學者認為這個不好，把它去除，這個很好，讓它發芽，中國近一百年來就是做這個事。一派說孔孟老莊何等人格，阿 Q

不算；另一派卻說纏小腳、抽鴉片就是中國文化。這兩派各有所執，但現在要把這兩派連在一塊。孔孟老莊是這麼理想完善的人格，阿 Q 卻也是我們族群民族性的一面，而且是具體現實的人生，這地方就要解釋一下，該怎麼辦？如何調節？如何治療？這問題本身就非常複雜，而這裡面也有更複雜的歷史因素。譬如王莽跟周公，如果王莽早死一點的話，對於他的評價不是都變了嗎？「周公恐懼流言日，王莽謙恭未篡時」，流言說周公篡位，周公如果那時候就死了，周公的歷史地位就不是現在這樣子了，如果他沒有還政給成王就死的話，那我們心中的周公就是另外一個周公了；「王莽謙恭未篡時」，王莽如果來不及篡位就已經死了，那我們對王莽的看法也就改觀了。就像汪精衛如果早一點死的話，那我們對於他的評價也會不一樣。民國初年的時候，講到總統的三個候選人，章太炎認為，以能是宋教仁，以德是汪精衛。這汪精衛是同盟會的暗殺部部長，他去刺殺攝政王載灃，沒成功，被關起來，當時要處決的，還沒來得及處決，革命就成功了，所以他才活下來了。他在獄中的詩傳遍中外，「慷慨歌燕市，從容作楚囚。引刀成一快，不負少年頭。」如果那時候就死了，汪精衛就不是現在大家所評論的這樣。所以世間事很難說，對於歷史人物這個部分，我比較會帶有通融看法，包括海外的學者論起大陸一些學者的時候，有時候很嚴苛，例如對馮友蘭，但是我覺得應該要有一種實存的同情與體會，不能那麼嚴苛。我們可以試著把自己放置在那個時空下看看，是否會表現得比他們好，因為這很難的。

　　問：林先生您在《思與言》曾經有一篇文章檢討到嚴復的「群己權界論」與彌爾「自由論」（On Liberty）的原著，能否請你就這

問題多作闡析？又墨子刻（Thomas A Metzger）與黃克武等強調悲觀主義的認識論與懷疑論的看法，你又以為如何？

　　答：這文章寫了很久，已經超過十年了。有關於悲觀主義的懷疑論、認識論，嚴復這方面的認識當然是不如彌爾本身的，但是我也不太願意用這兩個詞去概括。用這些詞去概括叫做中間插進去的概括方式，它是不究竟的。我當時寫那文章的時候，只是在說明嚴復當時整個所想到的就是強國、強種，意即我們這國家要強起來，這族群要強起來。因為他想到的是這族群要自由，所以基本上他所想到的是要運用自由這概念，讓我們的國家強盛起來。彌爾（J.S. Mill）自由的重點則是在整個西方社會契約論（social contract）發展到相當階段後，而強調的個體性自由，他認為個體性自由才能夠保住群體的一種創造的可能，所以他的最有名的論述就是說：人的言論自由必須受到百分之百的保障。你同意我，我固然贊同你的說法；你不同意我，那我應該更尊重你的說法。因為你應該對自己所認定的東西有一種信心，對方的不同意跟你的論點剛好相反的時候，更能夠呈顯出你的論點，如果你的說法是對的話，應該是會更清楚。他這個論點很有趣的，具有一種開放的胸襟。像彌爾所講的「自由以不侵犯他人的自由為界限」，這個話在彌爾的意思就是說「只要我不侵犯他人，我這自由是受到百分之百的保障的」。但是嚴復讀起來，就成為另外一個傾向，意即你談自由的話，你不能侵犯到別人的自由，我們總體的自由比你個人的自由更重要。這個傾向是在那個時代必然的傾向，很自然地就往這邊傾向。蔡元培所寫的〈自由與放縱〉那篇文章，就很清楚地表示了那個時代的向度。至於說這是不是嚴復少了悲劇主義的認識論、懷疑論，這是 Thomas

Metzger 很喜歡用的，黃克武先生是他的學生，他們幾位我都很熟悉。黃克武是我以前在師大的大學同學，住我隔壁寢室，我們是很好的朋友。他對嚴復跟梁啟超的研究是海峽兩岸相當不錯的，但我的論點跟他的論點不太一樣，我強調的是這一個部分。

至於悲觀主義的認識論、懷疑論，對人性性善、性惡的理解那個部分，我是很審慎的。我不願意說中國就是因為有性善論的傳統，所以我們如何如何，海峽兩岸之所以不能邁向現代化，就是因為有性善論的傳統，這個說法是非常不好的。到目前為止，中國還有一大堆的所謂啟蒙型的知識份子跟學者還在大批中國性善論，以為性善論十惡不赦，因為有儒家的性善論，所以中國才搞得這麼糟；認為中國就是因為沒有正視人性本惡，所以才一蹋糊塗；西方就是因為有原罪，所以西方正視到人性本惡，才會開出民主憲政。這是非常糟的論點，因為這根本沒有了解事實，但它已形成一個非常龐大的虛假論述，我對於這樣的論點深不以為然。我舉一個反例：譬如洛克（John Locke）與霍布斯（Thomas Hobbes），霍布斯強調「人性如豺狼」，這是典型的性惡論；洛克的政府論強調人的自然狀態下具有自然的理性，會遵循自然的法則，這接近於性善論。請問洛克支持的，跟霍布斯支持的有什麼不同？霍布斯是徹底的性惡論，他支持的是君主專制；而洛克比較接近性善論傳統，反而支持民主憲政。當然你會講洛克跟中國所說的性善論傳統不一樣，當然不一樣啦，我也知道不一樣，但是你怎麼樣去區別？所以，你沒有辦法說由霍布斯所主張的「人性如豺狼」那樣的一個陳述作前提所導生出來的，竟然不是一個民主憲政。所以，可見民主不民主跟性善、性惡論沒有必然關係，但還有人誤認為我們要把原罪論引進

來，要有基督教的信仰，中國才有現代化的可能，這是膚淺之論。

　　我認為一個族群會往哪邊走，是由各種複雜的因素加進來，然後才走成那樣的，不是哪一個思想所決定的。除非它徹徹底底從頭到尾加以控制，那是從上面講。譬如說「陛下心安，則天下安矣」，什麼是什麼？然後要反什麼？現在整個中國大陸也是這樣地提問題。鄧小平在整個中國歷史上是一個非常重要的轉折，他這個轉折不是用另外一套話語系統跟以前的割裂，而是用一種非常親密的方式來轉折。意思就是說，我們以前講那一套理論也是很不錯的。整個國家建國就是以這一套為基礎，不過現在我們實事求是，摸石子過河走過去、走出去。這轉折太厲害了，中國這十幾年來改革開放的成果，跟這轉折是百分之百密切結合在一塊的。但是你會發現到有時候還是要停一下，這是發展過程，這是另外一種實事求是。我們看這問題的時候，要用一個歷史的縱深度看。整個中國大陸如果用彌爾自由論底下的徹底自由，強調個體性的自由的優先性，那你求中國之自強，門兒都沒有。因為你的法制沒有建立到一定程度，人們客觀法則性實踐的追求，沒有達到一定程度，你的個體性自由根本不可能獲得保障，個體性自由的追求，反而會造成另外一個更大的震盪。

　　今天我在穿越馬路過來校門的時候，感觸就很多，我想到十年前臺灣其實也是這個樣子。喔！真勇敢！我看到一些女士騎單車，明明還沒轉成綠燈，她騎著車子就過去了，視死如歸，我真的非常驚嚇。這其實反應了什麼？明明在這裡可能危及她的整個身家性命，明明有客觀法則告訴她應該怎麼辦？而她不顧，只求得現在的方便，便騎了過去，但是她仍然安全。中國改革開放的力道在這裡

看到，中國改革開放所面臨的限制，也在這裡看到。這地方必須怎麼長，的確不簡單。它不是那麼快的，光罵沒有用，這關卡是這樣轉的，得一步一步轉。這紅綠燈本身的恰當權威性能夠建立起來，就是很了不起的。

我覺得嚴復是很了不起的，梁啟超也很了不起。梁啟超是非常有歷史洞見的，當時《新民叢報》與《民報》對決的時候，梁啟超所預言可能會發生的問題，後來都發生了，他真的是很有歷史見識。像嚴復其實也是很有見識的，而嚴復的翻譯本跟中國古文化是有連續性的。但後來的整個白話翻譯是沒有連續性的，這是另一個問題，這也是整個中國話語系統的轉換過程裡面非常麻煩的問題。所以，現在我們講話的時候，不得不用現代西方語彙的漢文翻譯，回過頭來詮釋自己的古文化，這是沒辦法的，你一定要這麼做，這我名之曰「逆格義」。以前我們是通過自己的話語系統去接受佛教，叫「格義佛教」；現在我們則是通過西方的話語系統，把它翻成白話的漢文，並用這樣白話漢文的西方話語系統，回過頭去詮釋中國傳統，這是「逆格義」，而這已經成了一條非走不可的路。但是，我還是希望能夠維繫著對於中國傳統話語系統的理解跟穿透能力，所以我常跟很多年輕朋友說：你搞中國傳統文化有一個很重要的地方，就是要練習能夠讀懂古文。讀懂古文，就是要能夠寫至少三流的古文，才能夠讀懂；若連寫古文都不會，那麼連三流、四流也要學寫，學寫才會進入，這是很重要的。我知道現在很多年輕一輩的學生對於古文的理解跟詮釋都有待加強，大陸現在的狀況也跟臺灣差不多。我們現在改碩士生論文、博士生論文，有時候都痛苦萬般，因為他們對古文的詮釋，有時候根本詮釋錯，根本不會。所

以原典的閱讀訓練是很重要的，在這裡我要順便呼籲一下，謝謝！

（筆者於二〇〇〇年四月間應邀前往中國大陸十餘所大學訪問，並發表演講，以上所刊是四月下旬在上海華東師範大學哲學系所做講演與討論，由臺灣中央大學中文所碩士傅淑華根據錄音所做紀錄）

第十一章 「存有三態論」與廿一世紀文明之發展
——環繞「存有」、「場域」與「覺知」三概念的展開

【本章提要】

　　本文旨在經由「存有」、「場域」與「覺知」三概念，環繞「存有三態論」，省察現代性工具性合理性的異化，進一步尋求其歸復之道，並預示廿一世紀世界和平之哲學反思。

　　首先，作者指出廿一世紀不只有其「符號」意義，更有其「實存」意義。人之做為一活生生的實存而有，其實存的主體性是至為優先的。人常因「文」而「明」，卻也可能因「文」而「蔽」，我們當「解其蔽」，而使得真理開顯，回到實存的覺知場域之中。

　　再者，作者對比了東西文化之異同，並指出「神」的兩個不同向度：人的參與觸動及整體的生長、話語系統所形成的理智控制。進一步，作者做了人文精神的解構與展望，指出「存有」是「天、地、人」交與參贊而構成的總體本源。「場域」是「道生之，德畜

之」、「無名天地之始，有名萬物之母」；而「覺知」則是「寂然不動，感而遂通」這樣的「一體之仁」。

最後，作者指出「存有三態論」下的人文精神，在東土現象學審視下的可能發展，如何地解開存有的執定，回到存有的開顯，再上溯於存有的根源，並再迴向於存有的確定。如此，通古今之變，究天人之際，方得安身立命。

關鍵字詞： 存有三態論、一體之仁、道生之、德蓄之、神、話語、生發、論定、工具性合理性、現代性、理智中心主義、存在先於本質

○、師大校長的介紹與引言

主持人簡茂發校長：

今天是一系列教育展望演講的第二場。林教授是文學家、教育家，也是哲學家，今天的題目「二十一世紀人文精神之展望——『存有』、『場域』與『覺知』」由我們林教授來擔任算是最適當的。林教授是本校國文系六十八級畢業，是我們傑出的校友，也是資深的教授，在臺灣大學哲學研究所獲得哲學博士，哲學博士PHD 是一般學識的肯定，但真正在哲學領域的，林教授就是其中一位知名的學者，他曾經也是美國傅爾布萊德的訪問學者，過去曾經擔任清華大學教授及通識教育中心主任。他曾主編過文學和哲學方面知名的《鵝湖》期刊，另外，亦擔任過《思與言》人文社會學刊主編，任《思與言》常務編委時，與現任教育部長黃榮村先生有共事之誼。去年，我們從清華大學將林教授聘請回來，充實師大的陣容，校友回校奉獻可以更積極地投入，更有利校務及學術研究的發展。他現在是中華民國通識教育學會的理事，也擔任國際儒學聯合會理事，不論是在學校，或是校外的機關團體，林教授都是積極地參與、著作、研究與教學，皆有很高的造詣，並且桃李滿天下。我們接著就請林教授講演。

一、做爲「對話主體」，不能只「照著談、跟著談」，而要「接著談、對著談」，這樣對廿一世紀文明發展才眞有貢獻

林安梧教授：

　　去年二月一日，我回到母校——國立臺灣師範大學，成爲母校國文學系暨研究所的教授，我之選擇在 2001 年回來，或許巧合，或許是代表廿一世紀的一個嶄新起點。今天我們就要談「二十一世紀人文精神之展望」，又該從何處談起？我最後決定以自己這些年來思索的哲學議題，關聯到東西方哲學的比較來談。這幾年來，我一直認爲東方的古典話語系統，有非常豐富的智慧，至目前爲止，寶藏人類智慧最多的是漢語，包括佛經、其他各經典的翻譯及四書五經、二十五史等，而我也一直在做將中國傳統的話語系統解讀出來，與現在的生活世界相結合的工作，進而與西方的學術話語結合在一塊，締造新的話語可能，這就是我這些年來所嘗試做的工作。

　　當我在做這些工作，內在都會興起一分謝意，雖然我碩士及博士修的是哲學，我的題目是中國哲學，但在臺大卻唸了很多西方哲學的東西。歸根究底，我還是很感謝母校、母系對我的培養與訓練，其實有些訓練以前我們是不太喜歡的，像文字學、聲韻學、訓詁學等，現在有一些學校中文系已經把這些科目簡化，甚至刪除，我並不以爲然，我總覺得這些科目還是很必要的。另外，像我們國文系裡有關古文的訓練和詩詞的習作，讓我有機會深入到古典的話語系統裡，因爲你必須進到裡面去，才可能入乎其內，出乎其外。

　　我覺得廿一世紀的人文精神，如果從漢語系統來談展望，必須要有個對話主體的角色，不能夠只是放在西方的脈絡「跟著談」，或者是「照著談」。因為「照著談」本來就會愈談愈少，「跟著談」則會愈跟愈遠。在這裡，我有個想法，我希望能夠不只是照著談、跟著談，而是要「接著談」、「對著談」，要立定一個腳跟才能接著談。也就是說，你拋出了一個議題，而在我們的文化脈絡裡，依照這個議題跟你對話；當你拋出了某句話語，在我們的話語系統又有什麼跟你對話可能。我們把對話的可能穩住了，對文明的發展才有幫助。這些年我感受相當深的是，我們一直是「照著談、跟著談」，不太有能力「接著談、對著談」。在我們學術權力機制裡，不太允許「接著談、對著談」，然而這是不對的，早在一百多年前華人的學術社群裡，就已經跟西方或印度接著談、對著談了。

　　我做這樣的呼籲，其實是認為廿一世紀的人文精神之展望，應該是要有個醒覺的。這醒覺就是說，並不是放在西方的文化脈絡、現代與後現代的糾葛裡，或者順著後現代的思想家對現代所提出一個解構式的思維、批判再進而重建。我們並不是要跟著談，也不是照著談，而是希望能夠接著談、對著談。

二、「對著談」的「對」就是彼此有主體，「接著談」的「接」就是彼此有參與、有連續

　　事實上我是有意地運用了一些古典話語系統，將它交融到現在的學術話語裡，因為我要達到剛剛所說的「接著談、對著談」的效果。「對著談」的「對」就是彼此有主體，「接著談」的「接」就是我們對於這個話題是有參與、有連續。我們從這角度來看現代與

後現代，我們生活在現代化的歷程裡，而所謂的「現代化」，到底是指什麼？在西方來說，像在歐洲、美國，我想現代化已經達到極致了，很多現代化之後的思想家、文學家們，對現代給予非常多的批評，但是相對來說，我們怎麼樣來了解「現代」，什麼又是「後現代」？譬如以我們的處境來說，就是在求現代化，在現代化的過程裡，其實已經出現很多後現代的特徵，而在所謂現代化的過程裡，還有很多前現代的東西存在，所以我們的處境若放在一個時間的脈絡歷程裡來看，其實是前現代、現代與後現代混雜的叢林狀態。

我們又該如何對我們的處境做深入的理解？前些時候在臺灣師範大學文學院辦了一個很有趣的座談會，叫「樂透、佛指與色情光碟：一個社會現象的哲學深度反省」。當時我也提到，臺灣其實是人文研究者的天堂，因為全世界很少有在這麼小的地方，有那麼豐富的人文現象，複雜到令你難以理解。正如同臺灣的毒蛇一樣，雖然臺灣不大，但是毒蛇種類繁多並以此著名。相對來說，比較可惜的是，到目前為止並沒有誕生國際一流的本土人文學者，因為大家幾乎都是「照著談、跟著談」。

三、「現代性」的理智中心主義使得人離其自己，而處在「亡其宅」的異化狀態

我們在面對人文精神的發展時，對西方的現代性要有一定的理解。一般談到現代性（modernity），大家馬上聯想到的就是合理性（rationality）。什麼叫做 rationality？就是「工具性的合理」（instrumental rationality）。現代性、合理性、工具性的合理這些語

辭，常常被關聯在一起，這可以說是自古希臘柏拉圖以來人類理智中心主義（Logocentralism）極致的一個表現。人就是處在近現代科學主義、資本主義的發展，以及其它伴隨而生的種種處境底下，而離其自己。「離其自己」這個詞可以用來解釋西方社會學、哲學、心理學常用的話語「alienation」，即所謂的「異化」（alienation），簡單地說就是 not at home（用古漢語來說，就是「亡其宅」的意思）。現代化的發展到目前為止，所造成的效應，不得不引發我們做更多的思考。我們要問：「人真的能夠以理智為中心，以科學的發展作為人類追求卓越的工具嗎？」自有人類以來，至十九世紀所耗損的資源，都不如二十世紀這一個世紀來得多，我們在一個世紀之內把地球的資源耗損到無以復加的地步，這樣的現代化狀態，是否值得再繼續鼓勵？這不免讓人懷疑，但這強大的勢頭又叫我們難以招架。當然有人會說：我們去找尋新的星球吧！但是人類真可以用這樣的掠奪方式繼續生存下去嗎？當然，還有很多不同的聲音，包括環境保護、自然生態、人如何面對萬有一切、倫理態度、道德應該如何調整，而這樣的呼聲似乎也愈來愈大。

　　在二十世紀初期，人們對於人文精神所面臨的衰頹狀態，其實就已經有很多呼聲，伴隨著生命哲學（life philosophy）、存在主義（existentialism）的興起，對於人類理智中心主義，提出了非常深刻的批評，在整個方法論上，也做了很大的調整。伴隨著存在主義的運動，從現象學（Phenomenology）到解釋學（Hermeneutics）的發展，在人類的學問向度上做了很大的調整。至目前為止，這調整還在進行中。其實，像這樣的呼聲在東方來說，似乎有被注意了一下。也就是說，在弱肉強食的情況下，我們努力地要求富強，我們當然要求

民主、科學，因為只有民主才能從封建的樊籬中走出來，科學才能使得國族強盛。不過，有一點須得注意的是，這一百多年來，我們所講的科學，其實是科學主義（scientism）的科學，這與一般所說的科學須得區別開來。

四、把現代科學做為一種掠奪式的追求，並且把它當成是卓越，這是教育上的大忌

　　其實，科學主義有時並不科學，反而常常是反科學的。一般而言，科學主義強調自然科學是認識世界的唯一方式，並且認為應該透過這個方式來衡定人類一切的價值。像這樣絕對性權威的宰制，並不是恰當的科學態度，但是它卻主導了西方近代、現代的發展，一直到現在為止，雖然很多後現代的思想家、文化評論家提出許多批評，但仍難以免除這種狀況。在臺灣的這些年來，雖然許多思想史家曾做出深切的批評，像林毓生、張灝等都頗有著墨，但整個社會的風習與氣氛所隱含的思考方式卻仍然不能免除科學主義的樊籬。

　　西方在廿世紀初就出現了很多偉大的心靈學者，他們對此提出深切的批評。像史賓格勒（O. Spengle）的《西方的沒落》（The Decline of the West）所做的縱深度的考察，從中我們可以看出歐洲人文的深度到達一個什麼樣的程度。後來的史懷哲（A. Sweitzer），他是一位音樂家、神學家、哲學家及教育家，他到非洲行醫，是有名的「非洲醫生」，可以說是二十世紀的良心，而他在《文明的哲學》（The Philosophy of Civilization）裡非常強調「敬畏生命」。生命是需要敬畏的，像我們的老祖先就說「君子有三畏，畏天命、畏大人、畏

聖人之言」。我想史懷哲之所以偉大的地方就在於他是一個真實的「人」，他提出一個呼籲：「文明在衰頹之中，而戰爭只是文明衰頹的表徵之一。」戰爭並不是文明衰頹的原因，而是文明衰頹的表徵。我們面對原因、結果、表徵這幾個不同的層次，不能把它們錯亂了，一旦錯亂，我們就無法找到恰當的病因來治療。

有一個很重要的現象值得大家留意。人類自文藝復興以來至二十世紀文明的表現，看起來真的是發展到了極點，但是還有相當多數的人類竟然仍處於飢餓的邊緣！這種「朱門酒肉臭，路有凍死骨」的情形究竟是為什麼呢？我們該如何才叫幸福呢？人要怎樣才能回到人本身、正視人之做為一個人呢？歷觀這樣的過程，我們開始可以回過頭去反省，關於「現代」、「現代性」，我們也應該平坦地去看待它，若把它當成是一個流行時髦的東西，只是做為一種掠奪式的追求，而把這種掠奪式的追求當成是一種卓越，這其實是教育上的大忌。可惜，我們常常仍落在這種狀況底下。這幾個世紀以來，在資本主義、科學主義化、工具理性化、一切消費化的過程裡，人逐漸掏空了自己。所以當二十世紀要跨到廿一世紀時，開始有各個不同的呼聲。其實二十世紀與廿一世紀很可能只是前一秒與後一秒的差別，有人說這都只是符號的意義，不必太在乎！但話說回來，人們都是活在符號的世界，符號的意義其實正顯示著實存的意義。

五、廿一世紀不再以工具理性的主體性做主導，而應注重存在的覺知與生活世界的場域

如前所說，我們要正視廿一世紀在整個人類文化符號的運用

裡，其實有個非常深刻的實存意義。它不同於從一九九七年到一九九八年，也不同於從一九九八年到一九九九年，這些都不如從二〇〇〇年十二月三十一日到二〇〇一年一月一日這樣的符號意義來得有實存意義。這可以給我們一個啟發，真正深刻的符號意義，深到我們生命的實存狀態裡，與我們結合在一塊了，於是我們心中會有種悸動與期許。德國哲學家卡西勒（Ernst. Cassirer）說「人是會使用符號的動物」，巴斯卡（Blaise Pascal）也提到「人是會思索的蘆葦」。人是萬物之靈，人在發展的歷程裡，能通古今之變，進而要究天人之際，人有他的連續性（continuity），而且因為這個連續性而造就了他的同一性（identity）。我們又很願意通過符號來分隔，這分隔代表著「從前種種譬如昨日死，以後種種譬如今日生」，我喜歡用這句話來說明「斷裂性」（discontinuity），既有斷裂，又有連續，人就是處在這樣的一個矛盾狀態裡面。

我認為廿一世紀就是在這樣的一個狀態下，很莊嚴地來到人間。其實，從廿世紀初年，甚至是十九世紀末，就已經開始有了一種悸動與呼聲——「不是本質先於存在，而是存在先於本質」。存在主義者強調人們不能通過一種抽象的規定說人的本質叫理性，而說「人是理性的動物」；他們強調要去正視人之做為一個活生生的存在，人不必通過任何話語系統、通過任何理性的說辭去規定它。我想這種「存在先於本質」的呼聲經過百年之後，到了廿一世紀大家應該更能正視到這種狀態。進入到廿一世紀，很明顯地並不是以理性的主體性做為主導，而是注重存在的覺知與生活世界的場域。以理性為中心的思考幾乎已經慢慢被揚棄，被揚棄的理由是因為我們真的應該去正視人本身。

六、「天地人交與參贊」的「參贊」是「人迎向這個世界」，而「這個世界又迎向人」

　　我們常聽到「人本」這個詞，「人本」是一個什麼樣的「本」？就原初的字形字義來說，「人」就是一個站起來的人；進一步將兩手撐開，則成了「大」字；大到極點，則成了「天」。因此，「人」、「大」、「天」在古文字裡是同一個源頭的。現在，進到廿一世紀，我們對於「人」這個概念，就不應再是一個以工具理性做主體，以主客對立的格局作為人本的思考。廿一世紀談到「人」這個概念時，應該要回到從總體時空、天地宇宙裡來談才恰當，這樣來談「人」的觀點，其實是蠻東方、蠻古老的。若回到西方當代的思想家高達美（G. Gadamer）、海德格（M. Heidegger）、馬塞爾（G. Marcel）去看，我們可以發現到，其所說的「人」也接近於這樣的一個概念。其實，這正是臺灣所應該要正視的「人」的概念，不能老放在主客對立下來思考，帶著啟蒙的樂觀氣氛，以為人運用了理智就能掌握到整個世界的理序，就能宰控整個世界，就能追求卓越，不能老停留在十八、十九世紀的樂觀想法裡，因為歷史證明事情並不是這樣子的。

　　進到廿一世紀，我們已不能再是理智中心主義，也不能再強調工具理性下的主體性；相對來說，我們應該要強調的是「實存的主體性」。馬丁·布伯（Martin Buber）有一本書《我與你》（*I and Thou*），他強調人們理解詮釋這個世界有兩個不同的範式，一個是「我與你」（I and Thou），另個是「我與它」（I and It）；而這兩者又以「我與你」是更為基礎的。我認為「我與你」強調的是感通與

互動，是通而為一，這與漢語系統裡所談到的是相通的，如陽明先生所說的「一體之仁」，強調經由「人存在的道德真實感，感通之而為一體」，像這樣的主體性就是實存的主體性，而非理性的主體性。

這樣「人」的概念，即是《三字經》中所說的「三才者，天地人」。人是參贊於天地之間的一個真實的存在，如同海德格所說的「Da-sein」，人做為一個在世的存有，就這樣參贊於天地之間。「參贊」這兩個字構成的詞，很有意思。「參贊」的意思是「人迎向這個世界」，而「這個世界又迎向人」，在彼此相互迎向的過程裡構成一個整體。就這樣的天地人交與參贊而構成的整體本身來說，才有所謂實存的主體可言。主體並不是說我活著就要取得資源，所以我要有「我的」，我藉由「我的」，然後去說明那個「我」。這也就是說，「我」並非天生既與的一個「我」，我們不能將帶有「世俗性的我」當成教育的起點，要是這樣，那教育將會流於媚俗，這樣的「人」並沒有回到「本」。這問題很嚴重，我們不能不正視。

二十世紀以來，在西方世界對於這些東西便一直不斷地反省。如：胡塞爾檢討整個歐洲文明的危機、海德格檢討歐洲文明所帶來存有的遺忘的問題、懷海德在《科學及其現代世界》（*Science and Modern World*）一書中提出「具體性的誤置」（misplaced concreteness）的問題等。因此，我們其實沒有忽略這些東西，講的人還是很多，但是因為我們是照個講、跟著講，並沒有對著講、接著講，所以從事改革活動的人並沒有將這些東西融在一起，而有進一步的發展，卻常只停留在原先樂觀的啟蒙氣氛的向度裡，以為人們這樣就能把握

到自然的理序，就能達成改革的使命，而沒想到那夾纏其中的歷史業力，是極為麻煩難理的。

七、人因文而明，卻也可能因文而蔽，須得解蔽才能復其本源，才能顯現人文精神

釐清廿一世紀所顯露出來的跡象是需要的，因此，我們要進一步來闡述：「什麼是人文精神？」對於人文精神這四個字，我特別用括號先將它們斷開成「人」、「文」、「精」、「神」，再進一步說明「人文」與「精神」，最後再回到「人文精神」來說明。

「人文」指的是人通過一套語言、文字、符號、象徵去理解、詮釋這個世界，經由理解、詮釋這個世界，使得我們能確切清楚明白地把握它。換言之，「人文」是使得我們「因文而明」；但是當它一旦形成一套話語系統，放到人間來操作、控制、取得利益，並且來排序時，這時就會造成一種新的「遮蔽」。有「文明」，就有「文蔽」；「文明」是「因文而明」，「文蔽」則是「因文而蔽」。那麼應如何解其蔽呢？解其蔽是現代化之後的思想家一個很重要的課題，海德格談到 Aletheia「真理是遮蔽的解開」，其實很像佛教所說的「揭諦」。「揭諦」原是梵語譯音，像「波羅揭諦」指的是「來去彼岸」的意思，現在我們拿它的漢語表字來看，光是「揭諦」就可以說是「解蔽」的意思。

二十一世紀很重要的一個課題便是：真理並不是尋求主體對客體的確定性的把握，而是主客不二、交融成一個整體的自身彰顯。這裡有一個極大的轉變，這樣的一個「我」的概念，就不是啟蒙運動以來那個工具性的「我」的概念；這樣一個「人」的概念，也不

是理智中心主義下的「人」的概念；這樣的人文精神，就不應該只是放在啟蒙運動以來人文主義底下的人文（humanity）。不過，我們國內對這些語詞非常「紊亂」，這也就是我們在改革過程中，當理智與權力、利益，和一大套話語系統連在一起時，就毫無反省能力。因為自啟蒙運動以來這些東西就是連在一塊，之後雖然也有很多思想家在檢討，但是太多的學者只是照著講、跟著講，如果我們能夠對著講、接著講，這個問題就會有所變化。進一步看人文，我們要由「文」回到「人」，因為人的自知、人的明白、人的「自知者明」、「知常曰明」，當你返歸自身，讓你彰顯你自己，其實，就是宇宙自身彰顯其自己。你能體會得常理常道，這樣才能讓「文」有所確定，「文」也才不會有所「遮蔽」。

八、「神」的兩個不同向度：人的參與觸動與整體的生長、話語系統所形成的理智控制

我用《易傳》與《舊約全書》裡的兩句話來對比描述「神」：「神也者，妙萬物而為言也」、「神說有光，就有了光」。「神」這個字眼在華人漢語系統裡，其實以「神妙」的意思為多，祂不是個超越的、絕對的人格神，強調的是宇宙總體生發創造的奧秘可能。在這裡，「神」的意思是經由人的參與，構成一種整體生長性的力量，而不是一個絕對者通過話語系統與理智控制所形成的脈絡。

西方基督宗教的傳統，其實原先也並不會如我所說是一種跟話語系統結合而形成了現代性、工具性、合理性的專制，但是在人類文明的發展裡，它的確是走向這邊的。在 Max Weber《基督新教倫

理與資本主義精神》中，即對此中所含極為奇特而詭譎的關連，做出非常精彩的分析。我們深入了解後，就會了解尼采（F. Nietzsche）之所以會寫出「反基督」，其所反的其實不是基督之本身，而是他那時代所體會到的基督，所體會到的神學與工具性的理性、人的疏離與異化，以及其它種種連在一塊的狀態。

因此，我們應該回到原來一個人的狀態，回到原來一個神的狀態，回到原來一個物的狀態，用道家的老話來說就是「物各付物」或是「萬物並作，吾以觀復」。這個意思是物如其為物，它是什麼就是什麼，如其所如，各然其然，無有作意，無有作好；以我們的話語來說，講了什麼就是什麼，如其本然。這話聽起來有些繳繞，但卻是十分重要的，因為在「現代性」的處境之下，話語的介入，使得我們之所說連帶地將我們的業力、習氣、性好、欲求等等都帶進去了，這樣一來，話語就離其自己了。

話語離其自己，而與我們生命的業力習氣相雜在一起，構成了一種難以解開的纏執，這是極為荒謬的，但我們卻會在一種理性的梯序下，依順著這樣的理路來思考，並且做出人在江湖，身不由己的事情來。有一諺語說：「聰明不若往昔，道德日負初心。」這豈不是一令人扼腕而歎的事情！

到了二十一世紀，我們從天地人交與參贊而構成的總體去重新理解人，這與以前的人文主義是有很大不同的。接下來就要慢慢跨到我所用的副標題——存有、場域與覺知來討論。

九、人文精神的解構與展望：在「存有」、「場域」、「覺知」中所構成的總體才有人的主體

　　從「存有」、「場域」、「覺知」這三個概念裡，似乎沒有看到人的主體；然而，人的主體其實就在於「存有」、「場域」、「覺知」這樣所構成的總體之中。人的主體不應該是人和物之間一種主客交融的關係，也不只是人跟人之間的交融關係而已。人作為一個主體，其實是如同海德格所說的「此在」（Da-sein），如同孔子所說的「人能弘道，非道弘人」，也即是如孟子所說的「由仁義行，非行仁義也」。他是參與於天地之間而開啟了活動，並不是拿著一個話語來標榜，才展開活動。

　　像「存有」（Being）這個概念，並不是做為一切存在事物之所以可能的最高的、超越性的、普遍性的概念，而是「天、地、人交與參贊所構成的一個總體的根源」。這樣來解釋，其實是有意地與古漢語的「道」連在一塊。什麼是「道」？大家所分享的場域就是「道」，場域總體地說就是「道」。「存有」的概念並不是作為一個被認識的概念，「存有」是你生活的參與，以及存有參與到你的生活中而來。因此，「存有」是「活生生的實存而有」。我認為二十一世紀的人文精神就是往這個概念走，二十一世紀不是人在窺視這個世界，也不是人在凝視、認識這個世界，而是人必須回到人本身參與這個世界並重新去思考人的定位的問題。

　　「價值重估」這樣的呼聲早在二十世紀初年就由尼采提出來，現在我們重新來談時，就可以對他所講的話作一「調適而上遂」的恰當理解，溯其本原重新來看，做一存在的深層契入。其實，有關

話語介入而造成的種種麻煩，在東方哲學傳統裡的反省是很深刻的。

十、「道生之、德蓄之」：道德並不是壓迫，道德是活生生的實存而有，是具體覺知的生長

海德格曾與中國的哲學家蕭師毅一起翻譯討論《老子》，我認為這對他的哲學觀有一定的影響，而這個部分是非常值得我們重視的。《老子》說：「人法地，地法天，天法道，道法自然」、「域中有四大，而人居其一」。人居於天地之間，是具體的，是實存的（人法地），這生長是朝向一高明而普遍的理想（地法天），這高明而普遍的理想又得回溯到總體之本源（天法道），而這總體之本源有一自生、自長、自發、自在之調和性的生長自然機能（道法自然）。

如上所述，當我們在這樣的過程裡來看「存有」，「存有」就不是我要通過語言文字符號去控制的現象，而是我要參與進去，我要與之生活，是相互融通、無執無著、境識不二狀態下的「存有」，這便與西方傳統自亞理士多德以來的主流有很大的不同。當我們這樣去進一步理解「場域」這個概念時，就可以瞭解「存有」其實是連著「場域」、「處所」而來的。這些年來，一些學界的朋友，受到海德格、懷海德，以及中國哲學中的易學以及其它種種的影響，如唐力權先生提出了一個嶄新的哲學主題，就叫「場有哲學」，我想這都是可以放在同一個脈絡來理解。

回到剛剛所說的，我們從古代先秦典籍的資源裡，即可以看到它的可貴。譬如《老子》說：「道生之，德蓄之，物形之，勢成

之。」此中涵義便極為深刻。當我們溯其本源地回到那根源性的總體，這就叫「道」；「道」生生不息將之落實在人、事、物上，這樣生成的質素就叫「性」。「性」是就「德」說，天地有道，人間有德。「道」這個詞也相當於《中庸》所講的「天命」，而「道生之，德畜之」，就可以說是「天命之謂性」。值得注意的是，我們這裡所強調的是「生活的場域」。你迎向它，它迎向你，這樣的過程所形成的總體，它就不斷地在那地方生長，而這生長本身就構成你的性子。我總喜歡連著這裡所說的「道生之，德畜之」，而說「道德是生長」。道德並不是壓迫，道德是活生生的實存而有，是具體覺知的生長。

十一、古典話語要用現代的學術話語去甦活它，用現代生活世界中的日常話語去喚醒它

很多年青朋友常問：「是非」重要，還是「慈悲」重要？在公民社會裡，在一個必須透過客觀法則性去構造成的 community，的確「是非的客觀性」很重要；但落在具體實存的互動生長裡，則「慈悲」就比「是非」還重要。這兩者各有分際，如果把它錯位了，那可不行。然則，「是非」與「慈悲」，何者更為根本呢？應該是「慈悲」更為根本。但可不要忘了，「是非的客觀法則性」正是慈悲的一種表現方式。

這些年來，我一直強調像這些古典話語要用現代的學術話語去甦活它，要用現代的生活世界中的日常話語去喚醒它。

再舉個例來說，華夏文化傳統可以說是最強調通識教育的了，但現在很多朋友一談到通識，就只知道芝加哥大學與哈佛大學，這

是為什麼呢？因為在一般學術界的話語系統裡，華人話語勢孤力單，甚至退到邊緣，而無真切的交談可能。這也就是我在談二十一世紀人文精神之展望時，一再地強調要「接著說、對著說」，因為當我們要有所「對談」時，一定要有個定著點及立腳跟所在。譬如說，所謂的「六藝之教」──禮、樂、射、御、書、數，這就是通識教育。「禮」是分寸節度，「樂」是和合同一，「射」是對象的確定，「御」是內在的主宰，「書」是文化的涵養，「數」則是邏輯思考。當我將「禮、樂、射、御、書、數」用這樣的語詞來取代時，它的意義就會重新豁顯開來，大家便會明白原來這就是通識教育。

　　當我們回到這樣的角度裡頭一個一個去理解，那麼我們便可以回溯我們文化傳統的本源，正如同西方談文藝復興時要回溯古希臘的本源，因為要渡過中世紀的黑暗（當時講黑暗，其實未必黑暗），要渡過中世紀的專制狀態。其實，現代化之後的很多思想家，也強調要重新回到古希臘的本源，譬如海德格（Martin Heidegger）透過文字學的解字方式回到最源頭重新開始，重新理解、詮釋、闡發，別開生面。我們其實也應該如此，而這工作應該由誰來做呢？我覺得在全臺灣來講的話，最適合做這個工作，也最應擔負起這個責任的就是我們師範大學。因為師大培養了很多老師，師範大學是教育理念的落實之處，師範大學也是把人文精神引進到生活世界裡最重要的一個先鋒者。須知，研究一定要有實驗室，人文研究的實驗室就在課堂。我從來不認為一個人文研究者不從事文化教養工作，只躲起來研究是恰當的。要是我們有真正人文精神的關懷，有這樣徹底的想法，其實就會有一些可能。

十二、生命的存在覺知是先於邏輯的、先於理論構造的，是一切創造之源

　　這樣說下來，當我在談存有的時候，我把存有場域化了；當我在談場域的時候，也把人的覺知帶進去了。這也就是說，在二十一世紀的人文精神中的「人」的概念是不能離開天地的，是不能離開場域的，更不能離開活生生的實存體會與感受覺知（perception）。法國哲學家梅露龐蒂（M. Merleau-Ponty）有一本書叫《知覺現象學》（*Phenomenology of Perception*），強調人作為一個實存者，「覺知」是最真實的；我們對世界的理解，「覺知」（perception）比「概念」（conception）還重要。客觀理性的分析條理其實是作為我們知識之所產以後的一種規格化，我們之所以能夠如此產出，所產之前有個能產，那個 creativity 是非常重要的。那個東西不是一般所以為的 logic，是先於邏輯的一種邏輯，先於邏輯的一種覺知，這點是非常重要的。如果你的覺知是非常貧乏的而單面，就算你的邏輯及運算如何地準確，其實都於事無補。

　　進到二十一世紀，很多西方的後現代思想家，對於原來的傳統邏輯及後來發展的符號邏輯，都提出了很多批評，邏輯學家也提出多值邏輯等另外不同的思考，現在許多文化評論者更提出不再強調邏輯的思考方法，而強調修辭學，強調一種說服術，而不是一種論辯，因為人間許多的構造與產出很多都在變化中。從臺灣這幾個月或這一兩年來的現象，你不覺得我們整個知識的構造、知識的產出與知識的傳達，其實跟以前完全不同了？因為訊息量的增加，知識如何重新從訊息裡頭構造，而在構造的過程裡又能溯其本源，回溯

到智慧之源，令其彰顯而不是一種遮蔽，這成了二十一世紀非常重要的議題。在這無與倫比的速度傳輸底下，人的偶像可以在幾天之內同時被崇拜、消費、毀棄，人可以從被接近死亡的幾個小時內又復活，並且還可以遠赴國外，回來還可以精神奕奕，馬上又面臨種種問題。

因此，價值的定準何在？整個變了。原來你認為實在的，現在變成虛擬了；但是在電腦中虛擬的也可能成為實在，當然這實在也可能虛構。人就處在這虛實之間，佛教所說的「緣起性空」正合於目前這種狀態。然而，如何在緣起性空下，進入同體大悲？如何以一個新的慈悲去面對問題？又如何回溯到以最真誠的祈禱，與上帝獨體照面地召喚呢？這過程其實是人類進到二十一世紀極需要重新去面對的。

十三、內在深沉的信息投向冥冥的穹蒼，那裡有個奧秘之體，那裡有個存在根源，祂召喚你，祂跟你有一種親近，這是真實的

我這些年來花了一些時間從事於各大宗教的研究，像中國傳統的佛教、道教、儒教，與西方基督宗教都有一直在接觸中，我買過的《聖經》大概跟我買過的《四書》差不多。我覺得各大宗教裡偉大的智慧都是值得我們去崇敬的，人類可能在諸多虛實難分、陰陽相害、善惡難決的狀況底下，只能默然地面對自己；而所謂「默然地面對自己」，並不意味著與世界隔絕，而是用你內在深沉的一個信息投向那冥冥的穹蒼，那裡有個奧秘之體，那裡有一個存在根源，祂召喚你，祂跟你有一種親近，這是真實的。各個宗教在這

裡，會引發你的虔誠與敬意，這時候你就會發現到，人在這裡有其可安身立命處。從這裡來說「覺知」時，這個「覺」就不只停留在作為我們一般客觀知識的基礎，而是作為人整個的實存基礎。所以「覺」和「感」這兩個字都很重要，「感」和「覺」在漢文系統是很好的兩個字，人類的話語、存在與覺知是連在一起的。

我們剛剛這樣說下來，好像是在說，二十一世紀人文精神裡頭，非常強調天地、人我、萬物通而為一，但這樣會不會天地一籠統？而我們對於科學一種清楚的認知、知識與話語系統清楚地把握會不會因此整個毀了？我想不會的。這地方有個層次之別，這也就是我們在談「寂然不動，感而遂通」、談「一體之仁」、談「無名天地之始」的場域過程裡，一定要落到「有名萬物之母」來說。人間萬有一切的對象物，都是通過我們的名言概念，都是通過我們的話語所做的一個主體的對象化活動以後，才使得它成為一個被決定的定象，這過程我們必須要清楚的。所以，一方面我們要回溯到總體根源顯現的明白，但另一方面也應該要落實到一個具體事物上的清楚。

我喜歡把清楚與明白做兩個區分，「清楚」是指向對象物的確定性把握，「明白」是回到內在心靈的總體顯現。其實我這個用語是講求過的，在《莊子》書裡講「虛室生白」，我們內在的心靈也是如此呀！你能夠「致虛守靜」，一切便能朗然在目，而一切「乾坤朗朗，天清地寧」的狀態，便是「明白」。而「清楚」則是指向對象物的把握，包括在朱熹的哲學裡頭也這麼強調，當他談「格物致知」的時候，一方面談清楚，一方面也談明白，朱熹說：「眾物之表裡精粗無不到，而吾心之全體大用無不明。」這就是我對於天

地間各種事物、各種事件的表裡、精粗都徹徹底底地「清楚」把握了，而就在這過程，我涵養主敬了，並且使得吾心之全體大用無不明。

　　回到這裡來看時，其實是要清楚地說，我們對科學本身仍然需要肯定，但是不能是科學主義式的（scientism），也不能夠是工具性的理智中心主義（Logocentralism）。我們不能把工具性的理性當成是人類理智的主體，也不能把人類的理性主體當成是上帝所賜給我們的，並且用這種方式去揣摩上帝，認為上帝就是用這種方式控制這世界，人也可以取代上帝控制這世界，近代啟蒙以來的精神就是這樣。很多學科學的人非常傲慢，就是中了這種病，所以我們要理清科學霸權主義和科學之間的分別，真正學科學的人其實是很謙虛的。

十四、從存有的執定，把「執定」解開，回溯到存有的開顯，上溯到存有的根源，再反照回來，重新確認

　　這些年來，我強調後新儒學的建立，在牟宗三先生之後，從他所提的「兩層存有論」轉而進一步談「存有三態論」。這思想一部份是來自於海德格（Martin Heidegger）、高達美（Hans-Georg Gadamer），然而最重要的還是來自於《易經》及道家，還有王船山與熊十力，當然亦深受牟先生的啟發。所謂「存有三態」指的是：存有的根源、存有的開顯、存有的執定。存有的根源所指的就是「道」，也就是存有、場域，那個原初的狀態，它是一個總體的根源，這根源必得彰顯。當我們講根源的時候，意思就是我的心靈意

識與一切存在的事物，在這裡成為完全合一而沒有分別的狀態，這也就是老子所說的「天下萬物生於有，有生於無」。

「無」這個字眼，在華人文化傳統裡，所指的就是「沒有分別的總體」，並不是「空洞」、「沒有」。其實最古老的時候，「無」跟「舞」是同一個字，跟古時宗教的薩滿（Shamanism）相關，像臺灣民間仍可見巫祝傳統的蹤跡，童乩跳ㄌㄤˋ（即乩童起乩，神明附靈的狀態），就是進入到迷離恍惚、合而為一的境界。哲學很多東西都是從宗教轉過來的一個思考，這樣的思考裡，就是我們必須回溯到本源，而以一個無分別、新的方式重新去理清。這時候天地人我萬物合而為一，先不要用既成的東西去論定他，而必須先把既成論定的「論」打開，那個「定」就沒了，「論定」打開了以後就可以回到原先存有之根源，任其彰顯再尋求確定。所以，就這存有三態來說，從存有的執定，把「執」打開、把「定」解開，回溯到存有的開顯，上溯到存有的根源，再反照回來，重新確認，如此很多疑惑是可以解的。

我們必須回到如實的覺知，與場域、存有和合為一，覺知就是有所感、有所覺。臺灣有一些宗教強調要修得無分別，但須知：要無分別而明白，「明白」落在事上叫「清楚」，落在自己的情感上是「喜怒哀樂分明」，修行是修得喜怒哀樂分明，而不是修得面目模糊。我們對這東西清楚以後，回過頭來，便可以用《老子》和《易經》的話來闡釋，老子說：「尊道而貴德，沖氣以為合。」「尊道而貴德」就是任何一個存在的事物都必須回到它的本性，以它的本性為貴，也必須回到它的總體，以它總體的根源裡一種自發、自生、自長、自在的力量為尊。能如此，這樣的人文才不會是

一個偏枯的人文，也才不再是個理智中心主義的人文。

十五、當我們回溯到更原初的覺知、場域、存在，這樣的一體狀態，就會生發出一個確定性的力量

　　以上所談到的，也是西方許多後現代思想家所反省的，他們一直在重造新的可能，如德國哲學家哈貝瑪斯（J. Habermas）即提出了溝通理性來重造一個新的可能。《易經》裡說「保合太和乃利貞」，華人文化傳統最強調的是把兩個最極端的放在一塊，構成一個和諧性的整體。「和諧」（harmony）這個觀念是非常可貴的，和而不同、不同而和，「和」就是把不同的放在一塊，把最不同的放在一塊就叫「太和」，太和所謂「道」，一陰一陽之謂「道」。太極圖像陰陽魚，陽消陰長、陰消陽長、陰陽互為消長，構成一個整體。這就告訴我們，任何一個存在的事物不是相對立的兩端，我可以通過一個圓環式的思考把它變成一個不可分的整體。

　　這點在華人的思考裡即所謂的人文精神，是很值得正視的。所以人之為人本身就作為一個陰陽，可上可下、可左可右、可高可低，這本身就有一個轉折的可能，所謂「禍兮福之所倚，福兮禍之所伏」，長短、高下、前後種種相對的兩端都可構成不可分的整體。所以人跟人之間、人跟物之間、人跟天地之間不是一個定準，而是在我認識清楚的後頭有個更原初的覺知、場域、存在，在這樣的一體狀態裡頭會生發出一個確定性的力量，人的安身立命即從這裡說，這就是所謂的「三才者，天地人」。人生是於天地之間，地的博厚、天的高明，地的具體實存生長、天的普遍的理想，人就在

這樣一個象徵、隱喻、參與、實踐裡面，連在一塊。如果我們從這角度再去看哈貝瑪斯的溝通理性，或是其他一些西方思想家所做的一些反省的時候，我們可以發現到，我們自己的文化傳統裡其實就有一些新的可能。

在進到二十一世紀的現在，臺灣雖然仍糾雜在現代化、前現代以及後現代的奇特叢結困境裡，但是我們有的是很可貴的智慧源頭。不只是來自西方的，因為現在網路、書籍非常發達，留學、學者彼此的互訪、學生彼此的互訪，各方面學習都非常多。我覺得我們有責任，跟我們最真實的古典話語系統，接連在一塊，重新來思考二十一世紀人文精神如何可能。不是照著講、跟著講，而是希望能夠接著講、對著講；在接著講、對著講的過程裡，有一些新的展望。我想今天所說的二十一世紀人文精神的展望，主要是放在中西文化的宏觀對比中，來看其發展的可能，並且放到我們這實存的場域與天地。期待在這裡有更多朋友來關注這個問題，也能夠進到我們整個歷史社會總體裡頭。在改革的過程裡面，我們做了很多基礎性的反省，一方面觀察，一方面理解、詮釋，在理解、詮釋的過程中我們也批評、參與，因為我們希望有更好的重建可能。

十六、結語與討論：由「通古今之變」，才能「究天人之際」，才能「安身立命」

主持人簡茂發校長：

感謝林教授在短短一百分鐘內的講演中，讓我們分享了智慧的饗宴，讓我們走出叢林的困境，讓我們對整個人生世界，用更宏觀及全方位的觀點來獲得全面的覺知。剛剛聽演講要一邊聽、一邊

想，才能領會其中的要義。我記得英國好像有一個實驗，實驗結果是看電視看久了會看笨，看愈多會愈笨，當時我覺得非常疑惑，覺得怎麼會有這種情形，主要是一般兒童在看電視時，都是面對螢幕，資訊排山倒水而來，讓他沒有時間去想，沒有時間去思索，他只是變成訊息的接受站，頭腦不用就會生鏽。今天經過林教授的洗滌，一定會發出智慧的光芒。剛剛談了發揚人文精神，讓我們也看到人性的光輝，這是相當難得的，我想各位回去再看看林教授的大綱，以及口頭論述的要點再想一想，一定會覺得有很大的收穫。我們現在還有十分鐘，是不是可以開放讓大家提出問題？這是相當難得的機會，是不是請大家提出一些問題的對話，我們也不單單是照著講、跟著講，應該提高境界要接著講、對著講，所以我們做一些智慧的對話，也許能使我們今天的演講效益發揮到極至。

問：關於「人文主義」、「人本主義」這些詞所涉及到的義涵如何，它們彼此有何異同，又為什麼有不同的翻譯，理由何在？

林安梧教授：

我前面做了一點工夫釐清，像 humanism 是近代哲學上一個很重要的詞，背後關聯到理智主義式的人本主義，那麼現在我們在廿一世紀談人文精神，談 human spirit，也用人文主義的話，譬如 humanism 在廿一世紀的人文主義，我想是要擺脫原先從十七、十八、十九世紀以來，在現代性所主導下的人文主義（有人翻成人本主義），因為從十七、十八、十九乃至二十世紀初以來的 humanism，所講的 humanity 是通過工具性的理性去規定，以那個為主導，然後他造成人的實存的異化、疏離，那麼人因此工具理性的過分發達，人逐漸掏空自己，成為一個失落的人，就如同卡謬所

寫的「異鄉人」（The Stranger），就是你已經離開那一個家鄉，發現到你怎麼在這，用我們老話來說，就是你失去安身立命的可能。我們現在就是要去檢討，人文主義的目的是要使得人能安身立命，但這樣的人文主義，居然使得人不能安身立命，這不是很弔詭嗎？所以我們現在要強調，人如何安身立命的時候，則要回到目前這裡。如果要借用一個詞，我就想起大約十年前，在香港中文大學開一個安身立命的國際會議，英文名字翻成 From Having to Being，安身立命就是要從 having 變成 being，不要老用佔有而是要真正擁有，而真正擁有是你實存的 existence，這樣的一個有。我今天談的話語的脈絡上，應該就是放在真正廿一世紀在談，臺灣現在很多人談人文主義、談人文精神很多還在十八世紀、十九世紀，對人類的理智充滿一種奇特的自信，而且認為我只要這樣就好了，也不要傳統，什麼都不要，要他們來對話，他們不跟你對話的，這也是臺灣目前所面臨的問題。

主持人簡茂發校長：

時間還有幾分鐘，我們請今天的主辦單位戴維揚教授說幾句話。

戴維揚教授：

在一個「通古今之變，究天人之際」的通人之後，要接著講很難，但是做一個主辦單位，當然願意接受吩咐，要對著講，而且要接著講。我想接著講，因為時間的關係，就從略；對著講，因為林教授是國文系的教授，而我是英文系的教授，他在演講中談到西方的神，身為一位基督徒，我想我有責任對著講。他提到海德格有個很重要的概念就是 aletheia（真理），真理這個字這希臘文非常有意

思，"aletheia"那個"a"的意思是你能夠「解開」，le 的意思是「語言、話語」，theia 就是「God」，就是「上帝」，什麼叫真理，就是能夠解開說明白、講清楚上帝的奧妙，上帝在希臘文的聖經是用 logos，所以上帝是用說的。logos 在約翰福音第一章第一節翻譯成「太初有道」，中文「道」字英文翻譯成"Word"，這也是希臘文的 logos，logos 這個字也是剛才林老師授所講的 logic，logic 本來那個字就是 logos，所以世界上的道理都應該是相通的。

我們今天能夠找到一位博雅通人的朋友來講相通的道理，真是高興；最近我一直在講九年一貫，我發現九年一貫應該請林老師來講，為什麼？九年一貫最重要的精神就是把人文精神帶到每一個學習領域，在規劃九年一貫裡面有個六大議題，在闡釋六大議題每一位都提到要「有感覺」，然後才能有覺知，「覺知」英文大部分是翻成 awareness，我覺得不夠，還是林老師高明，他把覺知帶到 perception 和 conception，perception 這個字拉丁文本來的意思就是 perceive，就是自己要覺悟、自己要清楚，然後才能產生一個 conception，con 的意思就是共同的一個概念，所以九年一貫能夠實施，能夠比較往人文主義，最後我覺得最可貴的是林老師用《易經》裡「太和」的觀念，強調和諧，強調能夠 harmony，人跟「天、地」都能夠「參天贊地」，在天地之間，我們是能夠站起來，站起來是一個人，所以今天我在叢林裡面做到一個很好的森林浴，得到非常多的養分，讓我今後從事人文精神、九年一貫以及教育革新，有更多的養分。最後，我們謝謝林老師！

（本文乃應國立臺灣師範大學之邀，於二○○二年三月二十二日所

做之講演，是日之講演由校長簡茂發教授親臨主持，全文由社教系
林佩嫻同學紀錄，再經講者潤筆修訂，並加上標題完成。該文刪節
本已以〈「存有三態論」與廿一世紀文明之發展：環繞「存有」、
「場域」與「覺知」三概念的展開〉之題發表於二○○三年二月之
《鵝湖》月刊第三三二期）

第十二章 儒家哲學與意義治療 ——以心性學爲主導

【本章提要】

本章旨在檢討儒家心性學與意義治療之關聯,並藉由生命根源性的縱貫立體結構,以及朱子學、陽明學的修養工夫,指出道德實踐之切確道路,並達到安身立命之最終境界。

首先,作者指出陸王「心性為一」與程朱「心性為二」的差異,進而闡明心性學是一種在「存有的連續觀」下,心靈意識整體由往而復的修行活動;而道德實踐的動力起源,則是來自於生命本真的根源性感動,在「究天人之際」的同時,成為縱貫的立體結構,並開發、留固生命根源所具有的愛。

再者,從信息論的系統來看儒學的內聖學,說明心性學修養落實的工夫,在於強化宇宙與內在心性之源的同一性,並將此同一性如其本真地流露出來。亦即人作為一個「信息之場」,以一己之覺性去「參贊」宇宙萬物,將價值意涵、道德向度與自然哲學連在一起,構成一個天人、物我、人己通而為一的龐大系統。通過一種確定的、永恆的定向結構關聯,接通道德創造意義之源,使其如愛的源泉一般,滋潤身心、讓身心獲得安頓。

　　最後，作者進一步融通朱熹與陽明不同之修養工夫：藉著朱熹「涵養用敬」、「格物窮理」──客觀之理的把握，以及陽明「一體之仁」──致良知於事事物物之上，再次指出儒家治療學「上通於天，下接於地，中立於己」的道德實踐之路。

關鍵字詞：朱子學、陽明學、存有的連續觀、存有的斷裂觀、縱貫立體結構、信息之場、參贊、一體之仁、致良知、涵養用敬、格物窮理、道德實踐

一、經由儒家哲學與意義治療的連結，談儒家型的意義治療與文化批判的相關問題

　　余老師，在座的各位朋友，午安。這個課的總名是「宗教的人文向度」，余老師在上個學期與我商量，是不是可以來談談我所做的一些儒家與道家關係到「意義治療」的論題，我很高興有這個機會來這裡討論這個論題。今天四個小時所討論的主題，我把它定位在儒家哲學與意義治療。大體來講，是希望能夠談到儒家心性學的基本結構，以及從現在一般說的「信息論」系統下來看儒學「內聖之學」，這其實是儒家心性學基本結構的另外一個相關詮釋；再來就談「意義治療」，經由儒家哲學與意義治療的連結，看意義治療如何導出來；最後，我希望從儒家型的意義治療，談談與文化批判相關聯的一些問題。

　　儒家哲學的向度其實蠻廣的，我們今天會扣緊在儒家心性學為主導的內涵來談儒家哲學，並不意味著儒家哲學只有心性學。儒家哲學當然還有社會哲學、政治哲學，乃至其他各種不同向度，如果從人們的終極關懷來定義宗教的話，儒家其實也是個宗教，只是不像佛教、基督宗教有那麼完整的宗教型式，但是也具有很深刻的宗教精神，這是可以肯定的。所以，既然是一個宗教，儒家大概對各個不同的向度都有其關懷與發揚，只是我們今天主要集中在儒家心性學上來談。

　　儒家心性學其實在先秦的儒學就已經有了，像《孟子》就是，其實《論語》裡頭也隱含了一點點，此外像《大學》、《中庸》也是非常多的。大體來講，宋明理學家就是把儒家的心性之學發揚光

大，且集中在儒學的幾部重要著作加以深入詮釋闡發，主要就是
《論語》、《孟子》、《大學》、《中庸》、《易傳》這五部書。
《大學》、《中庸》原是《禮記》的兩章，經由朱子把它抽出來，
與《論語》、《孟子》放在一塊兒，就是《四書》。《易傳》其實
就是《易經》與孔老夫子做的《十翼》，《十翼》是否為孔老夫子
所做還有爭議的，但是一般還是說《十翼》是孔子所做。宋明理學
家在談這五部經典的時候，大多是扣緊了心性之學來說，所以我們
談心性之學，當然也要扣緊這五部書去說。

二、陸王的「心」與「性」是通而爲一的，此心 即是天理；程朱的「心」則是落在經驗界裡 面，必須通過格物窮理、涵養用敬，才能把 天理內化到本心

　　心性之學，很顯然從「心」、「性」兩個字可以看出，是談
「心」論「性」。就現代哲學而言，「心」是一種活動，所以一般
講「心」是就活動義說，「性」則是就存有義去說；而一般在中國
傳統哲學講「性」的時候，其實「性」是連著「生」而說。所以，
「性」有兩個意義，一個是就「創生義」說，一個是就「生成義」
說；一般講「生成義」的時候是連著「自然生成」而言，「創生
義」則是就「道德創生」而說。我們之所以把這個標舉出來只是要
說明：心性學牽涉到人的自然生成狀況，而在強調自然生成的裡
面，實隱含了道德創生的動力。當我們強調隱含著道德創生的動力
的時候，「性」顯然不只是一個「存有義」的層次，還帶有「活
動」的能動性。所以宋明理學家在談心性之學的時候，其實重點常

常落在「心」、「性」這兩個字上。然而，這兩個字究竟有著什麼樣的關係？就宋明理學而言，主要有「心性是一」與「心性是二」兩個不同的系統。當我們講「心性是一」的時候，基本上是陸象山、王陽明的系統；講「心性是二」的時候，主要指的是程伊川、朱熹的系統。「是一」、「是二」有什麼不同呢？當我們講「是一」的時候，也就是說，心的本真的活動、真實的活動，也就是道德創生之本然的狀態，即是心與性合而為一的時候，用我們以前的漢語來講，就是道德本性與良知本心是同一的，同一的意思是說，你只要好好地去開發你的良知本心，也就能夠把你的道德本性顯發出來，因此，「心性是一」的重點就是你怎麼樣去開發你道德的內在實踐動力；但如果「心性是二」的時候，它的重點就在於心靈的活動必須通過什麼樣的工夫，讓原來與你並不是同一的道德本心、那個需要學習的理想本心，進到內在的心靈裡面、把它涵聚在你的心理裡面，這個時候，這裡的「性」就不是從道德創生義去說了，而是從一個客觀的法則來說，這個客觀法則即是道德的客觀法則，在以前的漢語系統是用「理」這個字去說，也就是性即是理，所以用一個詞叫做「性即理」，意謂道德本性就是天理了。在「心性是二」的系統中，是把「心」放在一個經驗性的活動之中，認為道德本性就是天理，強調超越於經驗之上，所以「心」在經驗的活動裡通過學習與教養的過程，讓超越的天理，讓道德本性逐漸地涵化而進入到心靈裡面去，而成為道德實踐的依據。顯然的，這是兩套不同的系統。

陸王學的「心」是「心」與「性」通而為一的「心」，顯然是根源性的、沒有雜染的、已經超乎經驗之上的一種純粹的經驗，如

果借用現象學的話語來講，就是純粹的經驗，並不是我們一般所說
的經驗，所以此心即是天理；但是在程朱的系統裡面，「心」一定
是落在經驗界裡面，所以必須要通過一套涵養主敬、格物窮理的工
夫，才能夠把天理、道德本性內化到本心。所以這是兩套不同的修
養工夫，實際操作方式也不相同。

三、心性之學，非常強調如何經由心靈內在的深度體會，而達到安身立命的狀態

為什麼會出現這樣一套心性之學呢？其實很簡單，就是讓我們
內在的人格可以不受外在的干擾而陷落的一個具有宗教性意義的歷
程。儒學到了宋明理學的時候，宗教性的意義很強，這是因為當時
面臨著內憂與外患，所以儒學超越性的宗教意義就出現了。就外患
來講，因為遼、金、元的力量太大了，漢族的軍事力量、政治力量
有所不足，在這種狀況底下，產生了族群生存被壓迫、被擠壓的存
在威脅，所以要從這裡挺立起來；就內憂而言，就是佛教的力量很
強，而當時漢族文化和佛教的關係非常複雜，佛教流傳到宋代，慢
慢出現了三教合一的要求與說法，一直到明代中葉以後，三教統
論、三教同源的說法越來越多，基本上這代表一種融通，這個融通
其實到現在都還沒有真正完成，甚至常常產生彼此的誤會，你也可
以把它當成境內信仰市場的爭奪，而儒學為什麼會開顯出心性之
學？其實正是受到佛教和道家的影響。一般都把「佛老」連在一起
講，其實大家都知道佛與老有很大的不同。佛與老怎麼會是一樣？
但是以前都喊「佛老」，而且都把二者打為有出世的傾向，都是消
極的人生觀。一直到現在，儒、道、佛三教的理解上已比較清晰，

也比較彼此尊重。以前佛教去理解儒家的時候，誤會也是非常多的，認爲儒家老是落在生死海中，不得超生了死，沒有辦法跳出輪迴與業力，然而這其實是兩套不同詮釋的話語系統。

或許你會認爲儒學之所以會發展出心性之學，之所以會對人的心靈內在做出深入的辨析，是因爲在先秦的典籍中，像《孟子》、《中庸》、《大學》，已經隱含了相當多這種心性之說；但儒學的心性之學之所以被顯發出來，其實是因爲受到佛教與道家的影響。我們今天談心性之學，非常強調如何經由心靈內在的深度體會，而達到自己安身立命的狀態。這個心靈內部的深層體會，並不意味著產生外在的力量，而是更強調你必須做深層體會，然而當你在這麼體會的時候，其實是關聯到外在的事事物物，所以講「涵養用敬」、「格物致知」大都是從外在來講。只是對外在事物多半所採取的並不是結構性的理解，而是一種意義的把握；不是把它推出去對物體的、對象化的結構性作把握，而是把它拉近來，作一種主體性的交融體會。這樣看下來，我們就可以了解到，儒家心性學的重要意義就是經由一種修養的活動，而使得我們對於自己內在的心靈意識做更深刻的體會，而這樣的體會能夠讓我們的身心獲得安寧；當我們的身心獲得一種安樂，便會導致一種社會實踐的效果，也就是家庭安樂、社會也安樂。

四、心性學在儒學常被視爲「內聖之學」，但 「內聖」和「外王」是一體之兩面

我們今天談這個問題的時候把它關聯到「意義治療」，其實，當你去閱讀宋明理學家的語錄時，你可以發現這些東西並不是一個

空的理論，而是很實際地針對一些問題，也就是我們常說的「即事言理」而說的。這些「理」都是實踐的，如果你讀王陽明的《傳習錄》，即會發現陽明與弟子的對答都非常具體，雖然陽明的學生碰到什麼心靈上的困境去問他時，也有一些討論是針對學問的、心靈意識的討論，但這些其實都與道德實踐有密切關係。譬如說有一個人覺得天氣很熱，陽明就說：「你用扇子啊！」有些弟子可能對陽明很恭敬，不敢這麼做，陽明就說：「有什麼好不敢的？為什麼要忸怩作態呢？你連這個都不能放下的話，怎麼做聖賢工夫呢？」此外，根據陸象山年譜記載，有一些自高的人，認為自己很了不起，想來試探，經過他點撥以後，每個人都很高興，並且能夠去聽懂一個更真實的「真理的生命」，整個人就放下了。這些其實都很像我們現在所做的心靈諮商或輔導，我們的儒、道、佛，就是這樣在做，其實都是針對我們心靈內部的問題，去尋求解決之道。

　　心性學在儒學常常被視為「內聖之學」，但「內聖」是相對於「外王」而言的。就我的理解，「內聖」和「外王」其實是一體之兩面，當我們談外王的時候，重點是在整個社會的制度面、結構面，但有什麼樣的制度、什麼樣的結構，反照回去，就會有個什麼樣的內聖之學。以前我們常常說，在儒學裡面非常強調「人人親其親，長其長，而天下平」，好像是從內聖直接推到外王，關於外王的部分似乎都沒有談，其實有的，外王就是原來那套禮樂教化、原來那套宗法封建。在經濟上來說，這是一個小農的經濟，從周代的井田到後來井田破滅，基本上還是小農經濟，這是一種我名之為「血緣性縱貫軸」所形成的一種血緣親情的社會。「內聖之學」即是在這種狀況底下，到了秦漢以後的帝王專制所形成的。所以並不

是說，內聖之學好像無關於外王學；當我這麼說的時候，其實已經隱含了內聖學本身也隨著時代在變遷。所以當我們去看內聖之學的時候，通常是先就它純理的部分去看，至於它的歷史背景是暫時不管的，但這樣的內聖之學仍然有它的一些歷史「業力」。

五、心性學是在「存有的連續觀」底下，連著存在的對象，整體由往而復的修行活動

心性學最重要的一個向度是：對心靈做深度的理解、體會，並且展開實踐，達到安身立命的狀態。心靈意識活動到底是怎麼一回事？這牽涉到不同的族群、不同的世界觀與不同的宗教。簡單地說，這關聯著神人、物我、人己的關係。人與人之間的關係、人與物的關係、人與天或人與超越者及神聖者之間的關係，是一個最基本的人作為人活在人間世裡面三個最大的面向。這三種關係是一個什麼樣的關係？簡單來說，有兩個不同的關係，一個是延續的關係，另一個則是斷裂的關係。也就是說，是天人、物我、人己通而為一的關係，還是天人、物我、人己分而為二的關係？天人、物我、人己分而為二的關係，我把它名之為「存有的斷裂觀」；而天人、物我、人己通而為一的關係，我則把它叫做「存有的連續觀」。在存有的連續觀與在存有的斷裂觀底下，心靈意識的狀態是不一樣的。是如何的不一樣呢？存有的連續觀是當我在談一個存在的對象物之前，我必須先預取我的心靈與存在的對象物是通而為一的，我的心靈意識活動，並不是與這存在的對象在最初時就分而為二，成為一條線的兩端，而是關聯成一個整體在活動。因此，人與人之間的關係、人與物的關係、人與超越之間的關係，都是連在一

塊兒的，構成一個圓環，構成一個整體的關係。這樣的一個心靈活動，是往而能復、有往有復、有來有去的。我把這個問題提出來是想說明，心性之學不是那麼簡單地，當成只是自己心靈意識的一個理清的活動，因為並不是在一個主客兩絕對立的情況底下，而是連著那個存在的對象，是那個整體由往而復的活動。因此我們可以發現到，在東方的心性學裡面非常強調，我們要如何回到心靈原初的本真狀態，或是一個根源性的狀態。儒家強調道德本心，道家也強調致虛守靜，回到清靜的人心本靜、元神本清的那種狀態，並肯定心與神原初的本真狀態，是一個清通無礙、沒有任何疏離與異化的狀態。

我們這樣一步一步地討論，其實是在說明：當我們去正視所謂心性之學的時候，要了解心靈意識的活動是怎麼一回事。也就是說，一個古老的、具有心性之學文化傳統下的子民，他的心靈意識的活動方式與在西方主流文化主導下的、存有斷裂觀底下的心靈意識活動，是不一樣的。所以，很多心靈諮商的活動如果只是用西方文化主流的方式來做，是做不通的。記得幾年前，教育上常談「道德哲學」、「道德認知」，有一個方式叫做「價值澄清法」，當時也很廣泛地被運用到中小學，但到目前為止，仍很難被證明此法在我們的教學實用上，對於道德意識的增長有真正的正面效果。問題就在於，我們道德的實踐活動，最重要的不是來自於對道德法則的客觀認知，然而這卻是西方最重視的，不論是古希臘的傳統，如蘇格拉底強調「知即德」，或希伯來宗教的傳統強調上帝的戒律、神律，一直到後來的自然法則，都是強調客觀的法則性；但我們的傳統不是，我們的傳統是強調來自於內在最深層的、沒有任何外在染

污的一種最真實的純粹經驗。這純粹經驗就隱含一個道德實踐的動力、一種純粹之善，有一種深層的慈悲、關懷、愛，這在儒家叫作「不忍仁之心」，在佛教叫作「慈悲」，在道家則叫作「慈」。

六、儒家強調：道德實踐動力的起源，不是來自於客觀的認知，而是來自於真誠的實感，一種生命本真的根源性感動

在還沒有主客兩橛對立以前的那個無分別相、那個總體，已經隱含了一個不可置疑的動力場；而我們道德實踐動力的起源，不是來自於客觀的認知，而是來自於真誠的實感、一種生命本真的根源性感動，儒家所強調的重點就在這裡。然而，儒家有沒有強調客觀的法則性這一面？其實也有，先秦的荀子就是一個很重要的代表。荀子的思想與孟子大相逕庭，除了大家所熟知的性惡說與性善說的對比外，荀子還強調一種客觀的自然法則，認為人們可以通過一種所謂「清明的理智」去把握它，只要依循著這個客觀法則去做，就可以很恰當地做出適當的道德行為來。但這個傳統後來並不是很盛大，只是比較小的傳統，孔子和孟子還是儒家最重要的代表。

附帶一提，其實我們的宗教狀態與西洋一神論的宗教狀態有很大的不同，因為我們這個族群有很獨特的地方。當我們談「教」的時候，是落在「教門」這個意義上說，在這「教」上有一個不同話語系統可以共同歸依之所，那個共同歸依之所，就如同大海一樣，是一個根源的總體之道，我們通常用「道」這個字眼去說，所以我們非常習慣地稱呼任何一個讓真理在此開顯的地方為「道場」。「道」這個字不是道家所獨用，也不是道教所獨用；「道」這個字

眼是所有的華人談到一切話語、一切存在、一切價值、一切之源，所共同使用的字眼。是以真理開顯之場就叫做「道場」，這是佛教的道場，也是基督教的道場。我提出這一點是想說明：在我們的理解中，教門之上有一個更高的道，以作為歸依之所。所以儒學有一個獨特的地方，就是對於宗教的寬容性特別高，能容納各種不同的宗教。這一點很獨特，這其實也是說，我們所採取的並不是一個通過話語去定位的存在，因為通過話語去定位的時候，那個話語與那個存在其實不應該等同，這也即是所謂的「道可道，非常道」。

七、心靈有一個最基本的單位，作為整個心靈意識活動的悠游涵泳之所，那就是「家」

我們剛剛談到存有的連續觀，談到我們宗教的寬容。那麼儒學心靈意識的活動又是怎麼樣的活動呢？心靈意識的活動，是人間一切活動的速度中最快的，它比光速還快，而且可以穿越時空，一念即可以上溯遠古，也可以往下延伸到幾百個世紀之後，所謂的「一念三千」就是這個意思。在儒學裡面有一個很重要的特點，就是非常強調人存在的歷史性，這點與佛教不同。佛教基本上是要把歷史性解開，認為歷史性是一種束縛、業力、輪迴；但儒學放在人間裡面，卻十分正視歷史性，因為人的 identity 是經由歷史性來構造成的，人的自我認同，人的同一性，也是由歷史性來構造成的。所以，儒家認為人是不斷地在歷史的發展過程裡面，構成了一個嶄新同一性。

基本上，儒家在談歷史性問題的時候，可分為幾層，儒家不只是把歷史性放在一個時間之流來說，而是認為一個時間之流的歷史

性必須往上躍升，去碰觸到一個更深刻的、立體縱貫的問題。這也就是說，時間的歷史的延展還是沒有辦法作為 self-identity 的一個基礎，而是要往上翻一層，這就是司馬遷所說的「通古今之變，究天人之際」。通古今之變的時候，還是一個放在平面的延展上來說；但是究天人之際，就變成了一個立體縱貫的構造。我們相信當你深入進去、心靈參與了一個平面的延展之後，還必須深入到天人之際這樣一個立體的縱貫構造。所以整個儒學非常強調我們應該怎麼樣通過生命的往前追溯，而轉成一種立體的縱貫的結構。這也就是說，我如何通過一個歷史的深刻理解，變成一種宗教的超越意識。亦即，天人這個關係是從古今之變裡頭，或是從滾滾紅塵、整個歷史長河之中，一轉而成為天人之際的問題，這是很有趣的問題。儒家基本上是把它放到家庭、人倫來討論、實踐這個問題，所以整個生命的安身立命，其實也是通過家庭裡的人倫、孝悌去安頓，這同時也是靈魂、身心的安頓。這意思是什麼？我這個心靈意識的活動，不是「單個我」的心靈意識的活動，而是放在我的生活場域而有我的心靈活動。這心靈的場域當然是無窮無盡的，但是它有一個最基本的單位以作為整個心靈意識活動場域的一個悠游涵泳之所，那個悠游涵泳之所，就是「家」。所以我們可以看到，當我們華人說一個人的思想很成功，我們就用「家」這個字去稱呼他，所以有教育家、哲學家、文學家、科學家等等。「家」的意思是說，這個人的生命內在已經成為一個足以悠游、涵泳、陶冶、調劑、融通而具有一種生長能力、創造能力；與「家」相對的，則是作為某個工具的「匠」。所以，談儒學的心性之學，不是個人在那裡修心養性，而是要放在歷史社會總體裡、放在生活世界裡，最基

本的更是要放在「家」裡。這就是為什麼談到外王學的時候，也要從這裡說，因為儒家的外王學並不是談權力如何分配的問題，而是要談如何讓內在最根本的關懷與愛的本真以及最真誠的善的資源，怎麼樣生長、怎麼樣傳達、怎麼樣留固的問題。所以整個問題的重點其實是環繞在「家」身上。

八、儒家一再強調：如何回到生命的根源，去開發生命根源所具有的愛，讓愛的力量爬升上來，而傳達，而留固

「家」是什麼？一個家最基本的構成就是有上一代、這一代與下一代。這就是我們剛剛說的，在一個歷史性裡頭，立體縱貫性的結構必須通過歷史性的延展而豎立起來；這也就是為什麼孔老夫子認為，我們必須通過一個儀式、一個節度，而讓自己的生命有分寸的安頓。怎麼安頓呢？就是孝道的安頓。什麼是孝呢？孝就是對於自己內在生命根源的一種崇敬，因為孝是孝於親、孝於祖先、孝於天地，而這生命根源的崇敬則是要通過禮來表現，所以《論語·為政》篇有一段談到：「孟懿子問孝。子曰：『無為。……生，事之以禮；死，葬之以禮，祭之以禮。』」這意思就是不要違背禮，就是要依循著禮的分寸節度而讓你的生命有所安頓。怎麼安頓呢？就是要通過與父母的關係來安頓。當父母活著的時候，要有節度地、恭敬地、恰當地侍奉他們；當他們過世了，就要葬之以禮；不只如此，以後還要每年、每天祭祀他們。在以前華人的儒家傳統中，廳堂就是教堂，廳堂祭祀父母親的地方就是宗教的教堂。祭祀祖先時，祖先的牌位中間有著「天地君親師」，而這「天地君親師」其

實都是生命根源的一種象徵：天地是我們生命的自然根源，君是政治社會總體的根源，親是我們血緣生命的根源，師則是文化生命的根源。所以從這個地方可以看到，儒家其實一直在強調怎樣回到生命的根源，去開發生命根源原來所具有的愛，讓愛的力量爬升上來，而傳達，而留固。這樣的話，就能夠人人親其親，長其長，而天下平。所以在《論語》裡面曾有人問孔老夫子：「你為什麼不去從政呢？」孔老夫子回答：「《書經》裡曾說：『孝道就是這個孝道。』好好友愛你的兄弟，把它推而擴充之，這就是一種為政啊！為什麼一定要具體去從政才算為政？」所以儒家提倡的是一個道德教化之政治，而道德教化從哪裡來，就要從家庭的安頓來。因此，整個心性學，就在家裡做。灑掃應對進退從哪裡做？從家裡；人倫孝悌呢？也是在家裡，什麼都應該要從家庭裡去實踐。

　　家庭是有生命的，有過去、有現在、有未來，過去的生命則是生命的根源。親人過世是一件不幸的事，所以喪禮一般來講是一個凶禮。喪禮最重要的是安頓死者，要服三年之喪。臺灣現在其實還有許多三年之喪，如果把它儀式化，時間就縮短，一般民間的習俗認為，經過這個儀式，死者已經徹底安頓，而且已經被提昇了，人死為神了。從此之後，祖先與你的關係，不再是你去安頓祂，而是祂已經被提昇成一個超越者、一種神聖性的力量，所以過年過節的時候要祭祀祂。祭祀祂的時候不能哭，只有喪禮才能哭，祭禮不能哭。這就是說，祂已經成為一個神聖的存在，因此祭禮其實是吉禮，不是凶禮。喪禮與祭禮有很大的不同，在於喪禮基本上是以死者的身分為禮的分寸，譬如說死者是大夫就給大夫之禮；但是祭禮基本上是以祭祀者、生者為主，雖然你的父親是大夫，但是你現在

是諸侯，那要就用諸侯之禮祭祀。所以這個地方就彰顯出不同的重點：喪禮是凶禮，祭禮是吉禮；喪禮在安頓死者，祭禮則是在提昇生者內在的生命。所以，就祭禮本身來講，是我與我的祖先取得一種神聖的儀式性關聯，通過神聖的儀式性關聯，讓我的生命在這樣的過程裡面神聖化。因此祭禮在儒家非常重要，每年都要挑選一個最好的日子，也就是整個生命之氣往上昂揚、最為清明的四月五號，這就清明節。

所以，清明節去祭祀祖先，就是讓你的生命經過一個對根源的崇敬，而讓自己的生命有了神聖的提昇。儒家安頓下的身心，身就不只是一個孤離起來的身，心也不是孤離的心，而是放在家族脈絡、世俗脈絡裡面，使你的心可以通死生幽明，由死到生，由幽到明，陰陽二界互通，而這個通是一種儀式性的、道德教化意義的通，並不是巫術鬼神信仰的通，因為已經把它儀式化了。如果從歷史上去看的話，這其實是從原來巫術鬼神的信仰轉化過來的。所以荀子裡面曾經說過，這叫做「百姓以為神，君子以為文」，是經由真正的君子、在上位的君子把這個轉化成神道設教的人文儀式。我想儒學中講安身立命，應該是要這樣說的。

九、儒家講心性之學，必須有一個縱貫的立體結構性關係，也必須有一個歷史的延展關係

這樣說下來，心性之學其實不能夠純理地去說，說一套好像心性學的理論，又關聯到西方的哲學去說，然後說成一套純粹的道德哲學理論，這是不對的。其實心性學是與整個宗教、整個歷史社會總體、整個文化傳統有關的，或說要從存有的連續觀這樣的型態去

了解。如果單獨把它抽出來，而視為一套道德的形而上學理論，就會失掉很多東西；如果再從那一套道德的形而上學理論去談工夫怎麼做，我就覺得，工夫是做不出來的，這是因為你已經抽去它的憑藉。這裡也順便一提，所謂「現代新儒學」所面臨的困境就是在這裡。現代新儒學常常被質疑，工夫論是怎麼做的？其實，必須要面對在不同世代、不同的歷史社會總體、不同的生活世界、不同的土壤要怎麼長的問題。雖然我們今天不是談新儒學如何，但是我們也會探索到這個問題。我們既然說以前儒家的心性學是在家庭倫常裡面長出來的，那麼就現代社會而言，我們該怎麼辦？當然家庭倫常還是會有的，這是最基本的，但除此之外，心性學還應該落在一個社會，特別是在民主憲政之下的公民社會。此外，在直接面對現代人的心靈病痛、身心不能安頓的時候，心性之學有沒有一個內在修為的工夫？我想是有的。

　　這樣說下來的時候，其實是要肯定：儒家講心性之學，與整個歷史文化有密切的關係；而這樣的一個心性之學，不單只是反省心靈意識活動的構成理論，還必須涉及到一個冥冥不可知的超越者這樣一個道體的關係，必須涉及到整個歷史文化的關係，就是必須要有一個縱貫的立體結構性關係，當然也必須要有一個歷史的延展關係，這些都必須觸及到。處理了這些問題，回頭再去看儒學在內聖之學、心性之學而說的修養工夫論，比如宋明理學家，以及新儒學最常說的「涵養」、「省察」這工夫怎麼做？「格物窮理」這工夫怎麼做？或者陽明學所強調的「致良知」該怎麼做？就可以有一些不同的體會。待會兒講到意義治療的時候就會討論這個問題，這個小時就先說到這個地方，待會兒我們再談從信息論的系統來看儒學

內聖之學可能相關的一些問題。

十、在中國發展的佛教，比較接近「存有的連續觀」，但處理「存有的連續觀」之方式，與儒家不同

問：佛教是不是屬於「存有斷滅觀」這個體系？

答：不是存有的「斷滅」觀，而是存有的「斷裂」觀。斷裂的意思是說，神人、物我、人己是相互分開的，以基督宗教傳統為主導的西洋文化傳統就是採取「存有斷裂觀」的思考。譬如說，它講「神」與「人」是分隔的，分隔必須要有一個中介者，這個中介者就是耶穌基督到後來的教會傳統；「物」與「我」是分隔的，分隔開來必須要有一個中介者，這個中介者就是古希臘的學問性傳統所強調的這一面；而「人」與「己」之間的分隔斷裂，則要通過契約才能連結在一塊兒，譬如羅馬的法律。所以在西洋文化的三大源流中，古希臘哲學處理了物與我的問題，羅馬法律處理了人與己的問題，希伯來宗教則處理了神與人的問題。這三個向度是人活在世界的基本向度，而西方的文化傳統基本上可以把它理解為存有的斷裂觀。然而，在華人文化傳統中，基本上卻是天人合一、人己合一，人己有一種一體之仁、一種感通、一種真實的關懷與愛，人同此心，心同此理，所以其重點是在怵惕惻隱的真情上，不在客觀的法則上，在講物與我的關係的時候，物與我原來也是通而為一的，所以華人的文化傳統是一種存有的連續觀。

雖然佛教受到印度傳統的影響，但它卻是印度傳統裡頭的反傳統，如果印度傳統是以印度教為主流的話，佛教顯然是另外一個傳

統。佛教的土壤與印度教、婆羅門教的土壤應該是同一個土壤，但佛教卻不同意原來婆羅門教的一些觀點，特別是梵天大我這種思考——談宇宙有一個本體，如何從本體流出這個世間理性。佛教認為，要解決人的問題，不需要了解這個東西。這在非常有名的《箭喻經》中曾提到，當你被一支毒箭射到的時候，最重要的一件事情就是趕快把箭拔起來，不太需要或者甚至完全不需要去追溯這支箭怎麼射來的。這個比喻就是說，要處理人生問題其實不太需要了解宇宙的起源問題，這是一個很有趣的地方。所以如果就佛教的整個土壤來講，其與梵天大我的古印度宗教，從《吠陀書》到《奧義書》，一直到後來的婆羅門教、印度教，其實都有很密切的關係；但是，佛教基本上卻也有另一個非常獨特的傳統，這個傳統並沒有在印度廣為人所接受，反而傳到中國、傳到東南亞與斯里蘭卡，然後從中國再傳到日本、韓國；此外，佛教又與地方的文化特性密切結合在一起，譬如西藏佛教。西藏佛教與原始佛教很不一樣，它與西藏原來薩滿巫術的原始宗教結合在一起，發展出很奇特的藏傳佛教。

　　佛教是否是一種存有的斷裂觀？我認為並不是，因為佛教其實仍然在東方的傳統裡頭，如果以在中國發展的佛教來講，其實還是比較接近我所謂的「存有的連續觀」，只是佛教面對「存有的連續觀」的處理方式，與儒家顯然不同，雖然道家有些接近，但是骨子裡頭還是不同，而最重要的問題則在於其所持的觀點是「一個世界」或「兩個世界」？也就是說，儒、道基本上是「一個世界」論，這個世界不分彼岸與此岸，但佛教卻是分別彼岸與此岸。當然也可以說，在大乘佛教裡面所說的彼岸其實不離此岸世間，然而那

其實已經是一個很嶄新的發展，與原始佛教要「滅度一切眾生」的思考，已經有了很大的轉變。

十一、陸王與程朱都相信：宇宙創造的動源或原理，與內在的心性之源是通而為一的，亦即宇宙與人有一種內在的同一性

我們剛剛大體對於儒家心性學的基本結構做了一些簡單的概述，接下去要談的，是這樣的一套心性之學落實下來的時候，工夫論應該怎麼展開？這個地方其實牽涉到我們一開始的時候在解釋什麼叫做心性之學。心體與性體，心是作為活動，性作為存有。如果是宋明理學家的陸王學派，他們常常強調「心性是一」，而程朱學則強調「心性是二」；但是總的來講，他們都相信宇宙創造的動源或者宇宙創造的原理，與內在的心性之源是通而為一的，亦即認為宇宙與人有一種內在的同一性。宋明心性之學，或儒家的心性之學基本上都是做這樣的肯定。

其實在很多宗教裡面，或多或少都有類似這樣的肯定，當然整個理論構造或許有些不同。如果相信這種道體，也就是宇宙的創造之源與心性之體，有著內在的同一性，那麼修養工夫論的重點就在於如何強化這個內在同一性，此外，更讓內在同一性的心性道體，能夠如其本然地把它最原初、最本真的存在的真情實感流露出來，儒學即非常強調這一點。我們這麼說的時候其實都已經做了很多的預設，譬如道體、心體、性體是通而為一的，那麼這樣一個總體的根源便有一種往外生發的力量，而那個生發的力量如果不受外在污染的話，是可以如其本然、真實至善地流出。然而，這怎麼證明？

在心性之學裡面對這有做證明，但是我們知道，就學問的傳統來講，當我們談證明的時候，有很多種不同的方式，然而當我們追溯到究極之源的時候，其實是沒有辦法通過一種理論的論證程序去證明它，我們只能夠通過一種現象的指引。為什麼這麼說呢？因為當我們通過一個理論的論辯去證明它的時候，其實是放在一個分別相的主客兩橛情境底下，才有所謂理論論辯的證成，而這個理論論辯的證成必須建立在一些根本不能質疑的設定之上；但是你現在去碰到所謂心性之源的時候，卻是根本不能夠去質疑的設定。那這怎麼去證明？所以這時候其實不是一種理論的論證，而是一種實際的現象，就是呈現出來的現象，或者說是呈現出來的實相，這時候的現象是一個真實呈現之實相，就那個實相來指點。怎麼指點呢？就是要舉一個例子，這個例子的經驗是每個人都會經驗到的，但是這個經驗是很獨特的。所謂獨特就是說，它不受世俗的任何干擾，可以從中指點出那時候生命最深層的躍動，每一個人原來都具有這種關懷與愛的能力，這在儒家來講，就叫做「怵惕惻隱」。

十二、孟子說「怵惕惻隱之心」，證明每一個人　　內在都有自己生命所安居的宅第

關於這個部分，最常被引用的就是《孟子》。孟子曾說：「今人乍見孺子將入於井，皆有怵惕惻隱之心；非所以內交於孺子之父母也，非所以要譽於鄉黨鄰里也，非惡其聲而然也。」假使有一個人看到一個小孩掉到井裡頭去了，一定會生出一個怵惕惻隱而想要去援救的心，當這樣的一個心發動起來，不可置疑地就開始行動了，這個心不乏任何其他第二個念頭，這個心是純任天真、純任自

然的一種動源，並不是因為與這個小孩的父母親友什麼交往，也不是因為想要獲得鄉黨鄰里的讚譽，更不是怕人家說見死不救，而是內在就有這樣的動源。孟子認為，這個怵惕惻隱之仁就是證明了每一個人內在都有自己生命所安居的宅第，所以他說：「仁，人之安宅也。」我們每一個人其實都有非常重要的地方，就是必須安居在具有一種真實的愛與真實關懷的狀態之下，而依據真實、關懷、愛這樣一個安居的宅第，才能夠走出一條恰當的路來，這也就是所謂的「義，人之正路也」。

孟子是從一個最純粹的經驗上去指點，所以我常說怵惕惻隱的仁心並不是我們一般世俗的經驗。我所謂「不是世俗的經驗」就是說，不去考慮功利效益的經驗，而是來自於生命最純粹的經驗，就是超乎一切世俗經驗之上的純粹經驗，pure experience 有一個善的向度，其本身就是一個善的動力。因此孟子認為，這個地方就是我們的生命需要好好去養護的地方，必須要好好地去存養這樣的一個生命資源，擴而充之，擴而充之才足以「保四海」，讓整個天下因此獲得一種安頓。

十三、如果沒有愛和關懷，而理性的約制卻被提到最高位置，其結果就是權力的爭奪，臺灣現今的問題就在這裡

其實，我們可以從這個角度順便去了解孔老夫子回答顏回所說的「克己復禮為仁。一日克己復禮，天下歸仁焉」。人們果真能夠徹徹底底一日克己復禮的話，全天下的人通通回到「人之安宅」的狀態，天下就太平了；人類假使能夠好好地開發我們內在的生命資

源、真實的關懷和愛，這個世界上很多事情就可以和解了。我們中國文化傳統的儒、道、佛，乃至西方的基督宗教、伊斯蘭教，通通都有這個傾向。若只有宗教所延展出來的末端，卻是宗教戰爭，那實在是很荒謬的。因爲人被整個宗教所延伸出來的話語系統陷溺，沒有辦法從那裡擢拔出來。所以，儒學所強調的是什麼？儒學主張人必須安居在宅第裡。這個宅第正路，以前是從「人倫孝悌」說發展出來的，但我認爲，這不只是「人倫孝悌」說，還應該跨到社會上去說，一樣是人與人之間的真摯關心、真摯愛，譬如一個社群、一個宗教團體，一步一步地擴充去說。所以，我們今天談儒學心性論的落實運用，並不一定非從一個很固定的家庭那樣的角度上去談，其實也可以放在一個人與人所聚合而成的任何一個大小的群體去說。就儒學來講，其實非常強調，當我們與任何一個人或者幾個人所構造而成的群體中，我們最應該正視的是什麼？在這裡頭有一種最真實、最內在的永恆的愛與關懷的關係，這個關係不能沒有，如果這個關係沒有了，那麼一切就罷了。儒學認爲只要這個關係穩立了，其他的問題就可以慢慢地解決。我覺得這個理解是對的，然而是不是因爲太強調這一面，而忽略了一個群體該如何組織結構，其權力如何分配與反制的問題？也有這個可能。

　　我認爲儒學對於政治的理解，太過於強調「人人親其親，長其長，而天下平」，太強調人的愛與關懷、整個資源的生長、傳播與流布，而不強調權力分配問題。儒學沒有現代的政治學觀點，但是這並不意味著有現代政治學觀念就能夠處理現代政治的問題。我們可以發現，現代政治學的觀念雖然有很多理論，但根本沒有辦法處理現代政治的問題，因爲現代政治的問題面臨到權力分配的問題。

該怎麼樣去處理分配的問題？除了通過理性的約制以外，是不是還有一個更深層、更重要的優先問題？這就牽涉到人如果真正開發了他的愛心，有關理性約制的部分就不會變為第一位；但如果沒有愛、沒有關懷，而理性的約制被提到最高的位置，到最後的結果就是權力的爭奪，其實臺灣現在的問題就在這裡。幸好還有一些宗教團體；但是，怎麼樣讓它與政治的互動有一點恰當的銜接？關於這個問題我們不再往前繼續討論，因為再往前發展，就會講到別的問題上去了。

十四、儒學的工夫，就是好好面對自己的靈性，對心靈之體涵養省察

當儒學的工夫落在一個具體人群中的時候，不是高調地馬上從一個組織的結構來說，而是從最為具體的地方說起。簡單地說，就是要好好面對自己的靈性，並對心靈之體做涵養省察的工夫。為什麼要好好面對心靈之體呢？重點就在於，心性主體或心靈之體，其實是一個人作為一個信息之場非常重要的接收點，同時也是一個傳播點、創造點。人這樣的一個心性之體，與動物最大的不同即在於人的覺性比較高。儒家認為人才有覺性，佛教也認為人的覺性比較高，雖然所有眾生也都有佛性，佛性就是覺性。儒家認為，人有這個覺性，然而這個覺性該怎麼去處理呢？就是要從人作為一個信息之場去看。信息之場的意思是說，你不可能把自己孤離開來，而必須與天地人我萬物相通，儒學裡面很正視這樣一個信息之場的問題，並且認為宇宙造化的動源，也可以視為信息之場的一個最根源性的開創點，人與它必須要有一個恰當的關係，這就叫做「參贊」

的關係，參贊天地之化育，這個「參贊」很重要。

　　這是什麼樣的「參贊」關係呢？整個來講，其實早在幾千年前，我們就通過一種宗教儀式的參贊，這種宗教儀式原來帶有非常奇特的鬼神巫術神怪色彩，後來慢慢變成一種儀式性的道德的禮敬；這個時候對整個的宇宙造化開始給出一套合理的自然哲學體系，隨著文化的發展，而給予了這套合理的自然哲學解釋，同時也隱含了非常深刻的價值意涵在裡面，在這其中也隱含了一個道德的向度。價值意涵、道德向度與自然哲學連在一塊兒，便構成了一個天人、物我、人己通而為一的龐大系統，而完整地表現出來的就是中國古老的《易經》傳統。這是非常完整的一個傳統，認為人生在天地之間，去理解天地萬物一切，這理解的過程同時就是認知，同時也有一個價值意味的體會了解，並且引申出一套道德實踐的指向。譬如《易傳》裡面解釋「乾卦」時說道：「天行健，君子以自強不息。」天是高明、普遍而無所不包的，天體上的日月星辰運轉剛健不息，就是天行健；君子從天體運行中體會到一種剛健不息的價值意味，因此，引申出一套道德實踐的向度，就叫做「自強不息」。這其中具有一種很強的美學品味，並且與道德的實踐及整個自然哲學的理解連在一塊兒。東方的道德哲學都與這很有關係，與西方的道德哲學是很不相同的。西方的道德哲學談到最後就會出現「道德法則」，而道德法則是神律、是神所給出的律令，譬如摩西的十誡；到後來的基督宗教則發展出最為重要的兩個法則：一個是你要尊敬上帝，另一個則是要用同樣的方式愛你的鄰人。

　　但東方的道德哲學卻不是這樣，而是從一種天人合一的、對於原來鬼神信仰與祖先崇拜的信仰方式，慢慢轉成一個道德理性的傳

統，而在這個道德理性傳統裡面，慢慢地尋求到一種法則性；這個法則性不是作為一種優先，而是有一種內在最真情、最真誠的感動。譬如在《易傳》中言道：「夫大人者，與天地合其德，與日月合其明，與四時合其序，與鬼神合其吉凶。先天而天弗違，後天而奉天時。」在這裡便有一種宇宙的次序，而人就在這個次序裡頭；從這個角度去講，便不是先給出一個律則。東方的心靈與西方的心靈的確有很大的不同，因此，當要展開一個輔導諮商活動的時候，便不能夠沿著西方心靈所主導下的輔導學去輔導，這種輔導效果其實並不好。輔導學傳入中國已經很久，至少有幾十年了，這幾十年來不知道有多少輔導人才、諮商人才，但到目前為止，這些輔導諮商的專業人才所輔導的 case，雖然也有很多成功的例子，但是它的總量以及質量，其實是比不上許多沒有學過什麼輔導專業的宗教義工或志工，這一點是可以肯定的，而這也很值得我們去反省。這幾年來，心理學界的學者如楊國樞先生所領導的本土心理學，也開始留意、處理這些問題。本土心理學與自己的文化傳統有什麼關係？因為我自己本身也做了一些相關的東西，也是在這樣的機緣底下，我們才認識。但是，輔導學與諮商學的本土化，還是一條漫漫長路，這牽涉到很多學術權力，包括利益的爭奪與衝突，所以使得有些部分永遠就固守著，這很可惜。

十五、儒學的教育觀，非常強調通過一個縱貫的歷史建構，把它落實到人間來，成為一種愛的傳達、流布，而無所不在

　　回到儒家的心性之學來看，人體會到宇宙創化之動源，這創造

的動源就給了價值意味的體會，並且隱含了一個道德實踐的指向，從自然哲學導出了一個實踐指向道德哲學，關於這些我們剛剛都有舉了一些例子來說明。如果要更為理論性地去說到本源，就是《易傳》裡所說的：「一陰一陽之謂道，繼之者善也，成之者性也。」之所以要把這點提出來，最主要的就是要深層地去理解我們心靈意識的狀態。「一陰一陽之謂道」，這一句話我們可視為一個自然哲學的描述，談整個自然宇宙的造化，主要是由氣之所化，而這個氣具有陰陽兩個不同的面向，這個陰與陽的不同，這就是《老子》所說的「負陰而抱陽」，是一個辯證的統合體，也就是存有之體有一個陰陽的律動。「繼之者善」，誰繼之而善？「繼」是繼續、繼承、承接的意思，承接就是「參而贊之」，參之贊之，承接了它，參予了它，然後繼續往前走。因此，這個「善」是肯定宇宙造化之源，人參予、促成、開展它，再把它涵攝進去，成為人自己內在的本心。這樣的一個論點，就儒家和道家而言，都蠻接近的。就我個人所理解，儒家與道家在中國文化裡面其實是同一個源頭。儒道同源，他們都相信宇宙造化之源的律動隱含著一個純粹之善的動力。然而要如何去處理這個純粹之善的動力呢？道家認為，只要不造作，就會自然，就可以讓這個純粹之善好好留固。所謂的不造作，就是不要在人間世裡面找一個很大的結構，不要在人間世裡面通過話語系統去規範，因為那些東西都會有權力的因子、利益的因子，使得掠奪性欲望之類的東西通通會摻雜進去，到最後把你搞垮掉，讓你異化疏離了。

儒家則認為，人在這個天地之間去參贊天地之化育的時候，就在人倫孝悌裡面，而人本身自覺的活動，就是在人倫孝悌的場域中

得以生長最重要的因素。通過自覺的活動，使得人能夠與那個「道」有一種定向性的關聯，一種確定的、恆定的、永恆不變的定向結構關聯，使得那個「道」向人開顯。這就是《論語》裡頭所說的「志於道，據於德，依於仁，游於藝」，「志」講的是心有恆定不變的定向。而志於道，道向你開顯，其實也可以套用道家「道生之」的說法，道開顯落實於事事物物之中，如果在人的生命裡面，那就叫做「性」，就是「德」。這時候就可以依據著內在的本心而行事，然而，內在的本心表現在哪裡？就表現在你與人事物之間的恰當關係上，那就是真誠、愛與關懷的關係，就是「仁」。依循著真實的愛與關懷的關係，悠游涵泳於整個生活世界中，就是「游於藝」。從這裡其實就可以發現到，所謂的「志於道，據於德」就是「天命之謂性」；然後順著性，就會開展出一條路，就叫做「率性之謂道」。我們這麼說的時候，其實也可以發覺到，如果要從這裡指出一個儒學的教育觀，應該是非常強調通過一個縱貫的歷史建構，而把它落實到人間來，成為一種愛的關懷之傳達流布與普及，而無所不在。而愛與關懷其實是內在資源就有的，但這並不是說內在已經充滿了，而是說要不斷地與冥冥不可知的道有契接的關係。簡單地說就是，作為一個信息場，你必須要時時刻刻與那個神聖的信息之場互動，要打通那個神聖的信息之場，讓它與你有一種呼應互動。如果教育把神聖的信息之場的門關掉，這個教育是很可怕的，因為教育就只剩下功利、利益、實用、工具。當你沒有一個神聖之場，沒有一個更高的禮敬可走，就接通不了這個東西，其實這也就是臺灣現在的教育問題。臺灣現在最典型的教育就是告訴你：這個我是一個扁平的我，你這個人是扁平的人，在經驗界裡面，你

是要去掠奪很多東西再回過頭來說明這個我，你掠奪了越多就表示你越卓越。所以現在臺灣的教育並沒有一個立體的、縱貫的結構性思維，只有一種平面而無限廣布的量的掠奪，然後進一步地，覺得真的是有問題了，乾脆把這個放掉，這問題很嚴重，而這就是對於「我」這個概念，缺乏一種宗教向度，缺乏一種神聖的向度。

　　西方談教育，不會如此。中國古往今來，只有現在這個階段，有一大群的教育學者包括教育改革者，談教育的時候還停留在這個層次。為何如此？那就是不了解西方的教育，以為西方的教育就只是一種實證論般的所涵蓋的教育面，只是一種在功利裡頭打轉的教育。其實不是，西方教育觀的背後有一個很重要的宗教信仰背景，基督宗教的信仰隱含在裡面，如果把那個部分拿掉了，只就技術性操作的部分去猛操作然後移植過來，就碰不到真正的價值核心，這問題很嚴重。所以我們可以發現到，現在的教育就是肯定一個染污的、執著的、掠奪性的自我，把這樣的假我當真我，告訴你要尊重這個染污的、執著的假我，因為我就是這樣，然後再告訴你，必須增強你的能力去掠奪更多東西來證明你的存在，這是目前臺灣的教育之癌。其實我認為，教育改革就是要針對這個問題，但是我們目前的教育改革卻是針對這一點並且讓它不斷地擴大，我覺得這樣的問題非常嚴重。

十六、所謂儒學的意義治療，就是通過一個涵養省察的活動，接通道德創造的意義之源，以滋潤身心，使身心獲得安頓

　　在儒學、道學或者在佛學，「我」這個概念有很多層次，但卻

是很清楚地知道，作為一個我在整個教育的養成過程裡，必須要有一個理想的、神聖的嚮往。也就是說，我們人作為信息之場，必須要打通神聖的信息之門。不管是儒學的意義治療也好，或是道學的意義治療、佛學的意義治療，其實都有一個非常重要的向度。你不打通這個通道，你在人間世裡的東西是沒有辦法究竟地解決，時時刻刻都會受到很多東西的干擾。當我們做了這樣的釐清以後，回過頭來再談儒學的修養工夫論，這個修養工夫論就不能夠只是如何去安頓我的心靈意識活動而已；這個安頓其實應該要「上通於天，下接於地」，上通於天是要朝向普遍而高明的理想，下接於地則是必須落實到具體的生活世界中生長。所以講涵養、講省察，不能只是在平面，還必須涉及到立體的縱貫面，然後通到道德的創生之源。所謂儒學的意義治療，就是如何通過一個涵養省察的活動，接通道德創造的意義之源，而那個道德創造的意義之源就像愛的源泉一樣，滋潤你的身心，讓你的身心因此獲得安頓。在《孟子》書裡面也常常用泉水做比喻：「源泉滾滾，不舍晝夜，盈科而後進，放乎四海。」就是說愛的源泉一但被開發的時候，就如湧泉一般。所以當我們講涵養的時候，那個涵養不是一種平面的、功利的去說我怎麼樣可以達到某個舒適的狀態；講省察的時候，也不是只在對治每一個缺失。在涵養與省察的過程中，其實都是要回過頭來，朝向更高的、立體的、縱貫的創造之源進一步地打通。就這一點來講，我認為是非常重要的，一定要把這一點視為儒學裡面的一個重要資源。打通的意思是什麼？就是你的心對「道」有一種定向，有一種確定不移的定向，用古時候的話來講就叫做「立志」。因為，當我們誠實地面對一個問題的時候，我們常常會覺得最大的問題就是我

們的「志」不堅定。

有一次與幾個朋友談到這個問題時，我覺得蠻慚愧的就是自己的向道之心不夠清，且「志」不夠切，這是真的。但是問題何在？如果很實際地去檢討，其實是我們這個信息的接收之場，我們契接宇宙造化之源信息之場的那個線路有點問題，或者說我們那個地方有太多的干擾。是啊！我們的干擾事實上是非常多的，這就是為什麼修行要有道場。對儒家來講，以前我們的道場就在人倫孝悌裡面，但現在人倫孝悌與家庭已經被分化瓦解掉了，所以就變得非常困難，而儒學之所以沒落的原因，其實就是隨著整個社會變遷，很難有著力的地方。那個著力點必須慢慢轉化，轉化到一個社團、一個學校，或者一個客觀性的組織，不一定要從親情倫理出來，也可以從人間的公義、正義出來，從一種面對事物的真誠、忠誠、信實、責任來說。其實早在兩千多年前，儒學就已經開始有這個傳統，我名之曰「忠信」的傳統。忠信的責任倫理傳統，有別於孝悌的人倫傳統。孝悌的人倫傳統在儒學裡面是很重要的傳統，但是我覺得，在不違背這個傳統的前提下，還必須要強調忠信責任的傳統。

曾子嘗曰：「為人謀而不忠乎？與朋友交而不信乎？傳不習乎？」忠誠信實這個責任倫理的概念，在整個儒學裡面其實是很重要的，但是後來卻慢慢被遺忘了。為什麼被遺忘呢？因為帝王專制壓在中國傳統的人倫結構上，構造成所謂的三綱之說，把儒學的孝悌人倫，通通包含在裡面，然後以帝王專制，我名之曰「宰制性的政治連結」控制一切。國君既是君也是父，所謂「君父」；既是君也是聖，所以叫「聖君」。在這樣所形成的血緣性縱貫軸的封閉系

統底下，就使得儒學原來的忠信責任倫理慢慢地扭曲、不見了，轉成了君臣絕對關係底下的主人與奴隸的關係，也就是在這樣的絕對倫理之下，有了君要臣死，臣不得不死等種種說法，這是毫無道理的。以前是君臣有義，君臣以義合，合則留，不合以義去。然而帝王專制下的這些東西卻形成了整個族群內在的自我壓抑系統，這自我壓抑系統也是我們很多病痛的起因。雖然現在我們這個族群的神聖王權體制已經瓦解了，但是內在還是有很多陰影存在，如何成為一個坦然明白的人格導向，這裡頭還有許多需要做的工夫，還是需要經過一段辛苦的過程。

十七、生命的信息之場要清理，只有自己能做，這就是所謂實踐的重要性

我們說儒學的心性之學，現在應該要落在整個意義治療裡面加以展開。通過具體的經驗事物的理解，然後朝向一個理論性的考察，並且經由這個理論性的考察，往上成為一個立體建構性的追溯。這個追溯是上通於道、上通於存有之源、上通於宇宙造化之源，也就是我們所說的，你的信息之場通過這樣的過程疏理以後，才能夠接通那神聖的信息之場。這個過程其實蠻複雜的，之所以變得那麼複雜，是因為整個時代太複雜。以前只要直接通過內在的心靈就可以通達，「一念警惻，便覺與天地相似」，但為什麼以前容易而現在困難？這問題就出在整個現代西方文化傳統發展傳布到全世界，而現代化的工具性、合理性所造成的對人的壓抑、異化這樣的一個信息系統所形成非的常複雜而紊亂的東西，一直攪擾著人，使人要上通於神聖的信息非常困難。所以必須要有一大套工夫，但

這工夫就不是如宋明理學家所講的「涵養須用敬，敬學在致知」那麼簡單，更不是像「一念警惻，便覺與天地相似」那麼簡單。當然說到徹底的可不可以這麼說？可以。如果整個信息系統脈絡都已經經過一套理論的反省工夫、釐清工夫，把它梳理修復好了，工夫就可以如此簡單。這就好像說，要用水很簡單啊！怎麼簡單？只要把自來水的水龍頭打開就有水。「一念警惻，便覺與天地相似」，全部都修復好了就好了，但怎麼修復好的？因為還要有電啊！自來水廠照樣運作啦！水源的堵塞地方都清理了，自來水廠又澄淨這些水了，水管破了另外又接好了，這才有辦法。所以治療工夫、修行工夫還有一大段是我們自己內部本身要做的，而社會的信息管道也要做。整個宇宙造化天地人己，都是要做這個工夫。

當然不同的層級、不同的人、不同的身分、不同的角色，都扮演著不同的方式。我們現在這麼說的時候，必須知道：在意義治療學上，儒學這個心性之學的起點在哪裡？起點當然需要自己開啟，但是千萬不要誤認為那麼簡單，好像打開水龍頭一樣就好了，也千萬不要誤認為反正按時繳費，把水龍頭打開就有水了。因為這個信息系統只有你才能清理，不是別人可以幫你去清理的；你可以從別人那裡學得如何清理、如何處理，但是別人沒有辦法幫你清理。生命知識有一個特點，就是不能替代，這就是所謂實踐的重要性，在這裡也可以看到它的難處。最大困難就是不能替代，凡是涉及生命的地方就不能替代。所以《論語》對此非常重視，認為祭祀祖先這件事情，就是不能替代的，如果你沒有親自去祭祀就等於沒有祭祀。就好像約會一樣，不能說我沒有空去約會，就找一個人幫我去約會，這是不通的。還是必須要有真實生命的交往，這有不可替代

性。生命的信息之場要清理，只有自己能做，而涵養省察工夫，也沒有人能幫你。

十八、從儒家的心性學落實到意義治療，可藉由 兩條路來檢討：一是「心性爲二」的朱子學， 一是「一體之仁」的陽明學

　　接下來我們要談的是，如何從儒家的心性學落實到意義治療呢？意義治療基本上是弗蘭克的一個提法，弗蘭克有猶太教的背景，但是他的意義治療基本上所強調的是往前看。這就是說，當我思考我生命的意義的時候，我是懷抱著希望，而且相信有一個力量指引著希望往前走，在這種狀況之下，我去正視我存在的困境而往前進。這一點其實在某一個意義下與儒學有某種接近，並不花很多工夫往回溯地去處理哪些病痛的問題，其問題的重點在於我們必須往前開拓。這個往前開拓其實有兩個向度：一個是在具體經驗的歷程裡頭，如何往前瞻視；另外一個則是往上超越的契接，對神聖之場信息的契接。在儒學中，兩者都是很重要的，而這個關係顯示出來一個非常重要的問題，一個是「我與你」的關係，另外則是一種「我與它」的關係。「我與它」是經由主體的對象化活動而推出去，做出主客兩絕觀的對立狀態，由主體對客體的攝取把握；而「我與你」的關係則是把對象當成一個具有生命的物體，與我有一種生命相互輝映而構成一個整體的關係，這個整體的關係在儒學裡頭講得非常清楚的就是王陽明的「一體之仁」，這個部分我在《中國宗教與意義治療》的第四章裡面就有提到。在王陽明的本體實踐學裡面，所強調的是一體之仁，在王陽明的〈大學問〉中，就解釋

了人與宇宙外在萬有一切事物都有一種真誠的愛與關懷並合而為一的一體關係。從這裡來看，任何一個草木瓦石，都是具有心意的，所以看到草木腐朽而瓦石毀壞，你的憐憫愛惜之心會油然而生，因為你與它之間有一種信息的呼應關係。這種呼應關係是怎麼來的？這呼應關係不只是平面的呼應關係，還有一個立體的神聖資源。所謂的意義治療其實不只是取得一個恰當的、平面的你我的關係，而是要有一個合乎一體的關係、立體縱貫往上追溯的關係，就叫做「因而通之，皆可以上遂於道」，就我們所依循憑藉的，經由這樣的一個兩造通而為一的交感互動融通，往上提升到存有之道。所以陽明的「一體之仁」，實是一個普遍的理想。

　　現在我想藉著兩條路來檢討儒家意義治療的道路：一個是朱子學，一個是就陽明學。剛剛我們講「一體之仁」，是就陽明學說，現在我們再回到朱子學來說。朱子學與陽明學最大的不同就是「心性為二」，而不是「心性為一」。當你說為二的時候，這兩個概念就必須分離獨立地看，並不是直接等而為一的。性是偏重在存有義說，心是就活動義說；而心是就經驗界而說的心，性則是就超越界而說的存有的實況，就是超越於經驗界之上的理想義的道德本性。因為性是理想義的道德本性，而心是經驗義的人心，所以人心就必須經由一個道德修養的工夫，讓理想義的道德本性內聚。朱子學所用的工夫，基本上就是「涵養於未發之前，察識於已發之後」。「已發」與「未發」是《中庸》裡頭的詞語：「喜怒哀樂之未發，謂之中；發而皆中節，謂之和」。「未發」是怎麼樣的狀態？就是心靈意識還沒有展開一個對象化活動以前的那個寂然不動的狀態。多半的理學家，大體是就這兩句話來說，主張我們必須在心靈意識

寧靜的狀態，在喜怒哀樂未發的寧靜狀態，把涵養心之本體，肯定為心之本體。有人說，這個心之本體就是「性」，「性，心也」，這個地方就牽涉到整個心性之學的內部結構。以朱熹來講的話，涵養於未發之前，這個部分基本上只是虛著說，因為朱熹是在經驗上說，沒有「未發」，所以他認為「已發」的狀態要好好地去省察，省察這個已發的喜怒哀樂，省察「發」有沒有中節？在朱熹的求道歷程中，有所謂的中和舊說與中和新說，中和新說就是肯定人的心靈意識活動都是經驗界的活動，沒有一個超經驗界的活動，所以朱熹告訴你，我們應該要務實地落實經驗界的活動來正視人的心靈活動，而道德的問題就是你要去正視你的心靈活動。落在這個實際的層次來說道德，就必須合乎大家共同認定的客觀法則，所以朱子到最後就有了一個道德法則的傾向，這與陽明與孟子強調道德的意志，或是道德情感，很不一樣。

十九、朱熹強調「涵養用敬」與「格物窮理」並重，道德修養與客觀事理的把握並行

古今中外的道德只有兩種，一個強調主體能動性的動力，另外一個向度就是強調道德法則，這是很大的分別。朱熹顯然有道德法則的傾向，但是這並不是說，他就是道德法則主義，因為他的整個工夫論仍然是在中國儒學的傳統底下，而儒學傳統很難用道德法則主義去推。朱熹認為，我們必須去正視一個經驗的存在下的心靈意識活動，這個心靈意識活動也必須找尋到一個恰當的規範，而這恰當的規範從哪裡來呢？就是要從事事物物去窮究客觀法則性，只要從事事物物上去理解省察，久之便可以找尋到客觀的法則。這如何

可能呢？我對一個客觀存在的事物又怎麼可能找到呢？因為朱子所說的客觀事物其實並不是一個自然事物的結構，他所講的事物仍然是人間活動的實踐事物，譬如說，我應該如何對待父母親、這些事情發生的時候我應該如何對待等等。這裡的憑藉是什麼？使得他這個格物窮理的「理」不會偏差很遠？他認為這個「理」不會偏差，是因為這個理到最後必須碰到「太極之理」。但當我們展開這樣一個格物致知、格物窮理的學問性活動，最後獲得一個道德實踐的法則，怎麼不會錯呢？他說，我們其實是必須做一個「涵養用敬」的工夫。朱熹一再地強調涵養用敬與格物窮理，如鳥之雙翼、車之雙輪，意思就是客觀事理的把握與內在主觀的道德修養是並行的。所以朱熹所強調的是一個經驗界的客觀事理的認知把握，而他認為對所謂客觀事理的認知把握，並不是一個自然科學的理，而是人事之理。這個人事之理是來自哪裡？來自於生命必須通過的另外一個修養工夫，才能夠打通它，這是很有意思的，就是必須通過一個涵養用敬的工夫才能夠去真正體會。

　　朱子學的一位前輩婁諒曾教陽明格物窮理，當時朱子學遍天下。婁諒告訴陽明怎麼樣格物窮理就可以成為聖人，陽明就回去找一個朋友一起坐在他家竹林前面格竹子，結果他的朋友格了一天就生病了，陽明就坐在竹子前面格了七天，還是沒有悟出什麼道理來，也生病了，其實是因為方法搞錯了。我是覺得婁諒教陽明教錯了，不過也有可能是陽明聽錯了。因為朱子所說的「理」不是一個自然事物的客觀之理，而是一個人間事物的客觀之理。人間事物的客觀之理與自然世界的客觀之理是很不同的，自然的客觀之理無所謂涵養用敬，但是人事的客觀之理，就需要涵養用敬了。所以朱子

這樣一個格物窮理的格法，是不是就如牟先生所說，是一個他律的、橫攝的、往外的一個知識之理的把握與提出，其實很難說，我認為這樣的理解是詮釋過度的。雖然他的格物窮理好像是主客分離的對立，用以主攝客這樣的方式推出去，但其實不是，其實是推到太極。所以他講「物物一太極，統體一太極」，這個話之所以能夠通，就是因為有涵養用敬。所以朱熹所窮究的是一個人事的客觀之理，而他其實告訴我們，你對人事的客觀之理要有恰當的把握，就必須建立在你內在主體的心性修養工夫上，這個工夫與你對於人事的客觀之理的把握，是相輔相成的，是有一種辯證的、和合的關聯性。所以朱子這樣的一套學問，應該把它理解為像是「橫攝歸縱」的，看似一個對人事客觀之理的把握，然而當我們對於客觀認識之理要恰當把握的時候，就必須打通一個縱貫的、歷史的結構關係，必須打通神聖的信息之源與我們的互動，因為你不往那邊走，就不可能對人事之理有一個恰當的把握。這種工夫做久了以後，才能夠「表裡精粗無不到」，才能夠「全體大用無不明」。其實就是因為格物窮理至「表裡精粗無不到，全體大用無不明」，所以才豁然貫通焉，而達到太極之理的境地。所謂「橫攝歸縱」，看起來是主體對於客體之理的把握，但是其實是縱貫的、立體的架構性追溯，追溯到宇宙造化之源，而這樣就落實了一種治療工夫的方式了。

二十、「涵養用敬」在某個意義底下是「行」，重點在於必須從客觀之理的理解與把握，作為實踐之路

當我們面對任何一個存在事物的時候，必須依循著目前既有的

各種知識系統，能夠了解到什麼程度，就先了解到什麼程度。當你在展開這個了解的活動以前，則必須先對生命有一個真誠的尊重，落實來講，就是面對你現在的研究對象的一種虔誠敬意，在這個過程裡面，自然而然地會對人事的客觀之理有恰當地把握，這就是朱熹所強調的。就這樣一而再，再而三地，便會讓你的生命，對於客觀之理有著恰當的契接關係，對於太極之理，也有恰當的契接關係。所以朱子在工夫上談知與行的關係時，知並不隱含不實踐，因為涵養用敬也包括在知的活動裡面，涵養用敬在某個意義底下是「行」，很多爭議就是從這裡延伸出來的。朱子與陽明對於修為的注重不同，朱子的重點在於：我必須從具體經驗界的客觀之理的理解與把握，作為我的實踐的路子，而這個實踐的路子，是從目前具體經驗界所與它對照參考的那一大套話語系統去理解的，在這個解過程裡面，它已經被逐漸澄清的能力慢慢往上提。所以可以了解，如果我們把這個活動導到心靈意識的幾個層級上去說的時候，它的重點便在於對「識」所做的了別作用。所以說，「心」及純粹的意向理念，這個「意」當它涉及到一個存在事物的時候就叫做「念」；在「念」上起一個佔有，就是「欲」；停在這個「念」上，起一個了別、分別的作用就是「識」。朱子的重點在於不是從念到識，他認為「識」是針對一個存在事物，「物」其實是連著「識」一起講，他認為我們經營意識的活動對這個識-物起一個恰當的了別作用。這個部分就是說，他認為有一種客觀的認知關係。然而這客觀的認知關係會不會有許多的異化？當然會，但是我們剛剛講，必須有一個涵養用敬的工夫，朱子就是這麼說的。至於更細緻、更麻煩的邏輯部分，他並沒有更多的提法，如果要有更多的提

法，其實要另外進一步去開發。他認為在這裡會出現一個「理」，這個理若升到最高，就是道之理、太極之理。

另外，心靈意識的「心」不只是對於事物的了別作用，心也有你的情感、你的意志、你的其他種種活動，朱子認為這個地方也要強調涵養用敬。涵養心體而用敬意，用敬意去涵養心體。用敬的意思是說，面對一個真實的事物或活動，這個認知的活動含有虔誠的敬意在裡邊。順便附帶一提的是，談到修養工夫，道家是用「靜」字，儒家用「敬」字，佛家則用「淨」；「淨」是淨化染污，「靜」是把勞頓去除，「敬」就是專注地面對事物。朱熹的修養工夫就是這樣，所以朱子他非常注重對於事理的了別，當然朱子學的末流也產生了一些麻煩，那就另當別論了。我覺得朱子這套工夫很切實，他是從事物之理的客觀認知關係裡面突出一個理，從事物之理一層一層提到一個最高的太極之理，突出這個理之所以可能，而能夠穩立的住，則是因為涵養用敬。這個工夫很好，可以試試。譬如說我們面對一個學生，他從很小的時候就失去了愛與關懷，你該怎麼去面對他？你要把愛與關懷真正地傳遞過去讓他接收得到，好像你用心靈亮光去點燃他的心靈亮光一樣，他的愛與關懷被你點亮。雖然那是一個非常複雜且不容易的過程，但他就從這裡一步一步地往前走。從「表裡精粗無不到」至「全體大用無不明」，這樣的工作是一個何等艱難的工作！所以朱子到晚年過世的時候，弟子問他：「老師有何遺言？」他用了兩個字「堅難」。其實我認為，「堅」這個字是和著涵養用敬來說，「難」則是和著格物致知來說。你所面對的事物、你所需要有的資源、你所需要知道的知識資源，你不能不知道，不知道便是你的恥辱。朱子的意思是說，關於

你自己從事的那個活動本身，要涵養用敬，且信念要非常堅定，但這卻是非常艱難的啊！

廿一、陽明的悟道，已經跳脫了話語系統，進到存在根源性的覺知；且致良知於事事物物之上，使良知能夠即知即行

陽明晚年要過世的時候，弟子問他，他曾說「此心光明」。陽明的禪學意味比較重，受禪學影響更深，與朱子相較之下，他的思想路子不同，而他所謂意義治療的方式也不同，陽明是有另外的背景。陽明的生命很難得，陽明這個人那麼強調良知的作用很不簡單，因為當時天下太沒有良知了。陽明所處的年代是一個什麼樣的年代？那是一個萬曆皇帝四十年不上朝的年代，可以任由宦官弄權的年代，是宦官魏忠賢可以號稱九千歲的年代，而且魏忠賢的生祠林立全中國。生祠就是還沒有過世以前就蓋的廟，那時有一群讀聖賢書的讀書人拜他為乾爹，真是一個荒謬無比的年代。在這樣的狀況底下，由於陽明的生命有一種無比清澈的豪傑氣，在年紀很輕的時候，就自然而然地以這個豪傑之氣忤逆了宦官劉謹，因此被貶到了龍場驛。當陽明過了錢塘江的時候，劉謹就派人追殺他，於是假裝投水而死。而龍場驛是個什麼樣的地方呢？是一個蠻荒的地方。與他一同前往的隨從都染了瘴癘之氣而病倒了，但陽明卻為他們砍柴燒水煮飯，安慰他們，慢慢地，他們才好過來。這時陽明便體會到，即使聖賢與我一樣處在這樣的境地，又能做些什麼呢？當然要先學會放下，先學會生命的放下，後來又慢慢體會到關於「生死」這一面的問題。貴州人送陽明一個石棺，他晚上就睡在棺材裡面，

有一天很神秘性地就悟到了「格物致知」，原來聖賢學問所說的，就是致良知於事事物物而已。但這話語這麼簡單還需要悟道嗎？沒錯！悟道不是話語系統的簡單與否，悟道是已經跳脫了話語系統進到存在根源性的覺知。所以悟道不是你懂得多少書的問題，不是你懂得多少深奧文字的問題，而是在於你什麼時候穿過了那個話語系統的藩籬，進到一個存在的最真實的覺知。

根據王陽明年譜的記載，他悟道的時候，覺得這個世界都亮起來了，進入一種狂喜的狀態。從那一天起開始講學，就是講致良知。陽明開始教學生怎麼做呢？就從澄心默坐、體認天理開始。澄心默坐、體認天理的工夫主要是在強調如何開通你的心靈意識與宇宙神聖的信息之場，這個工夫當然很重要，但陽明卻也發覺到很多學生以為打通了，卻只悠游在迷離恍惚的世界裡面，耽溺在道喜裡面，在那裡玩弄光影。因此陽明認為這樣不行，還必須要知行合一才可以。所以來他就說「致良知」，致良知於事事物物之上，使良知能夠即知即行，才叫良知，要不然知而不行等於未知，這就是把知行合一納入致良知。從陽明的澄心默坐體認天理，到知行合一的致良知，其實我們可以看到，他有一個非常重要的地方就是：如何去開通你的信息之場與神聖信息之場間的管道？這工夫其實是陽明早年得自於道教的。陽明曾經在陽明洞裡面修道，在陽明到龍場驛以前，在還沒有到京師當官以前，他就在陽明洞裡修道了。他修道很厲害，可以知道他的朋友要來看他。陽明很有慧根，所謂很有慧根其實是他打通神聖的信息之場的能力很強。陽明十七歲的時候到江西去娶妻，娶妻先要拜堂完婚，然後再回來浙江，拜堂完婚後的晚上，他散步到一個地方叫做鐵柱宮，看到一個道士在那裡打坐，

他就問道士是怎麼打坐的，那個道士教他打坐。你知道嗎？當時王陽明才十七歲，卻是一打坐就坐到天亮，就入定了。因為這個新郎不見了，結果第二天大家就去找他，才發現他在鐵柱宮打坐。我舉這個例子是在講，陽明生命的秉性，打通神聖之場的能力特別強，這就與朱子不同，朱子是理性主義很強。氣質不同，時代不同，發展出來的學問不同，因此落實下去的意義治療方式也不同。

廿二、良知的「知」，不是認知的「知」，而是如同知縣之「知」，是作為主宰的實踐源頭；因此陽明認為道德無關乎認知，道德就是實踐

其實陽明後面的力量很強旺，當他後來說致良知於事事物物的時候，其實已經慢慢擺脫原來宗教神秘性的思維，良知就在我們的內在，良知就是與宇宙造化之源及我內在心靈意識的同一個東西，所以他說良知是造化的精靈，良知是足以生天生地、成己成物。當他講致良知於事事物物之上的時候，其實是已經不再強調你如何去打通神聖之源，而是告訴你必須用一個肯定的方式，肯定神聖之源本來就是與你合而為一，當下就是你要如何打開那個神聖之源，而不是打通神聖之源。所謂打開神聖之源，就是在具體的事物上用工夫，用工夫就是這個事如何當為，就如何為之，這樣就開啟了一個落實在人間世裡頭非常強旺的道德實踐動力。我肯定人與宇宙內在同一性，我心靈意識的根源與宇宙造化根源、道德實踐之源也是互通的，所以，我能夠把它打開。怎麼打開？致良知於事事物物之上，通過這個通而擴充之的活動，面對一個存在事物，就這個存在

的事物而把它做好。這個話聽起來覺得好簡單啊！就道理來講很簡單，可是為什麼做起來很難？就是因為話語系統與存在的真實是分開來的。他這個話出來的時候，為什麼那麼感動人，而力量為什麼那麼大？原因就這裡。道德實踐無關於知識系統懂多懂少，也無關乎社會地位的高低貴賤，而在於你是否有心去打開你那個神聖的道德之源、你內在本有的道德之源。陽明講心之本體，就是心回到本真的、原先的真摯之體裡面，良知就有實踐的動力。所以他說良知的知，不是認知的知，而是如同「知縣」之知，這個知有管理的意思，就是主宰，就是作為主宰的這樣一個實踐的源頭。

所以陽明認為，道德無關乎認知，道德就是實踐，而認知就是我展開實踐的時候所必須去面臨到的。他的弟子曾問：「老師你說的這一套是不是不需要認知了呢？像侍奉父母、冬溫夏涼，這些事情要怎麼辦啊？難道這些不需要認知嗎？」他說：「不是這個問題，你如果有侍父之心，你如果有好好的孝敬之心，這事就會一一去講求來。」他的重點就是這樣轉出來，這一轉的時候，我們可以發現，當陽明的道德學落在意義治療的方式時，不必一天到晚被一大套的世俗學問所干擾，也不必被一堆不必要的情緒所干擾，因為在當下面對哪一件事物，就從哪一件事物開始，就把哪一件事物徹徹底底地做好，至於沒有能力做的，就應該承認沒有能力做好那件事情，因為那不是你能夠承擔的。那一部份先打開，然後再一步步往前走。這樣說好像很簡單，但是我就是沒有做好，所以我還是有很多煩惱，但是這個問題真的是可以轉的。譬如說以前有一個經驗，就是結婚以後分工合作，太太要我幫忙洗碗，但以前來自於老一輩的觀念就是男人不下廚房的。這就是有業力干擾著我啊！我就

是不願意去洗碗，吃完飯以後就繞到客廳去，看著廚房，本來應該
是要到廚房去的，但是還是繞到客廳去。如果我們把這件事放在陽
明學的立場來說，當你起心動念就應該要做，其他的東西也就不會
干擾你；縱使會干擾你，但是陽明學也告訴你，真的把它做出來就
是了，就是要致良知於事事物物之上，該洗碗就洗碗啊！只需要五
分鐘的時間就可以洗好的，但你在那裡左顧右盼，可能就過了兩個
鐘頭。想想我們是不是常常這樣？是！但是陽明不要這個樣子，所
以你可以想像他生命的力道。陽明學經由他的弟子朱舜水把他的學
問傳到日本，成為日本明治維新最重要的動力，打破了原來的幕
府，真的達到了中央集權，整個國勢也變得強盛起來。陽明學就是
有一種很強旺的力量，就是這樣去處理事情，他擺脫以前既有傳統
與歷史業力的種種限制，告訴你當下就是一個起點。

廿三、陽明開發了人內在道德實踐的根源性動力，並產生一種治療作用，此一治療，即是以積極的建設，取代生命苦痛的疏離

　　就某一個意義底下，我認為陽明從禪宗獲得很多資源，例如
「當下」這個概念就是。他的生命有一種掌握，不被過去所累積的
那些歷史性的東西拖住。他認為歷史從哪裡來？歷史就從我現在這
裡開始。所以如果要講新儒學，陽明這個「新」比朱子還要新。他
的動力非常強，而且汲取了佛與道的資源，尤其受到禪宗的影響。
陽明強調回到人倫孝悌、回到忠信責任，當下即是的工夫，就從這
裡開始。陽明主張致良知於事事物物，其實這個致良知於事事物物
也就是肯定一個立志。所以，當他在龍場驛書院講學的時候，他告

訴學生們，第一個就是要立志，志如果不立就沒有辦法。立志的意思就是，我奠立了一個心靈意識的根源與宇宙造化之源的信息之場是通而為一的，從那個地方開始，也就是由那個心靈意識根源而來的純粹的良知之念，此念當然也就是覺醒的念，是正的念，然後致良知於事事物物之上，「正其不正，使歸於正」，這樣就能夠展開一個很強的治療方式。但我認為治療學基本上並不是有一種普遍的藥方，好像什麼人都可以吃，吃了一定都會好，這是不可能的，其實是有個別的適應性的。但是就陽明或是任何宗教性的治療學來說，都是希望有更多的人能夠受益的。

陽明其實已經把神秘性的思維轉成一種道德實踐理性的作用，很強調良知的時候，已經不再是如何「默坐澄心，體認天理」。就這一點來講，我們可以說：陽明開發了人內在道德實踐的本體根源性動力，產生一種治療的作用；而這個治療，其實也就是以積極的建設，取代生命苦痛的疏離。對於生命苦痛的痕跡該怎麼去梳理？他是不去處理的，而是用積極的建設逐漸地取代跨越內心的痛苦。就這一點來講，我肯定他是蠻可以用「意義治療」這個話去說明，也就是從意義之源開啟而落在人間裡頭，展開實踐。這與朱子的橫攝歸縱不同，陽明是先肯定通而為一體的 I-Thou relation，而落實到任何一個存在的事物；落實以後，自然而然就會正視這種 I-it relation 的恰當分際。所謂的恰當分際就是，當你通過你的認知，讓他安頓以後，必須能夠化掉這種分際所可能導致的疏離與異化。

廿四、儒學的治療學，就是上通於天，下接於地，中立於己，其維度是一個立體的建構，以及一個歷史的延展

從這裡我們可以發現到，陽明學與朱子學其實是兩個不同的向度，有的人歸結說一個是尊德性，一個是道問學，我覺得這個話很空洞，因此不用這樣的方式去說。我想，儒學落在治療學來講，是上通於天，下接於地，中立於己。立於己是己立而立人，所以其維度是一個立體的建構，還有一個歷史的延展。

陽明比較不被歷史性牽絆，但他並不是完全不要歷史性。顯然的，他的重點是在道德性、超越性，這是可以看得出來的。朱子比較重視歷史性一點，但朱子也並沒有很重視，最重視歷史性的就是王夫之。如果我們要再講儒家哲學意義治療的另外一個型態，王夫之可以作為一個很典型的型態。

問：大部分西方的歷史學者，會認為宗教與歷史是衝突的，而且衝突到幾乎沒有辦法互相共存。

林：這一點在中國比較特殊，就是說，中國的歷史性與宗教性不完全是衝突的，但是宗教性與歷史性的確有某種相反關係，凡是越注重歷史性的，它的宗教性就比較薄弱，在西方來說是這樣；但是在儒學來講的話，司馬遷通古今之變，究天人之際，究天人之際就是要回溯到宗教上頭去說。如果以陽明與朱子來講的話，陽明的宗教性、神祕性思維其實比朱子高很多，所以你看陽明的書，他很少有歷史性的鋪排與詮釋，這些通通都可以把它歸到一個經常之道，歸到內在心靈的那個根源裡面去，而那些歷史的事件只是作為

道德實踐的一些例子而已，或者應該去訂正它，或者應該去刪消它，但是他的重點不在於怎麼樣去格物致知窮理。他說只要當下開發了內在的心性之源、宇宙的動源，這個道德實踐的動力就已經實現了，這一點我說他真的是受佛教影響。

（本文原是二○○一年間應慈濟大學宗教研究所做的系列講演，全文經由東華大學研究生石佳儀錄音整理，再經由師大研究生羅任玲訂定並下標題，再經何孟芩潤稿，最後由講者校正完成）

附錄一、當代中國哲學思維向度之理論反思

講演綱目：

一、問題的緣起：關於哲學話語的問題

二、過去接受西學的過程是運用一種格義的方式

三、未來接受西學仍應正視中國文化本身的主體性

四、從文化類型學的對比展開對自身文化的理解

五、理解中國哲學必須照顧到歷史社會總體

六、歸返原典以破斥虛假論述

七、哲學語言本身應回到生活世界去驗察

八、研究中國哲學應學習操作古典話語

九、方法論上應跨越本質主義的思考

十、結語：保臺灣以存中華文化之統，並以此邁向世界

**問題與討論

○、引　言

臺大哲學系主任林義正教授：

　　各位老師，各位同學。教育部覺得我們博士班應該加強基礎教

學。我們這一次的課題是屬於當代的。今天邀請到我們的傑出系友
——林安梧教授。他目前在師大的國文系所。在年青一輩裡面，是
相當有衝勁、有見地的。一方面，自己系上畢業應該要回饋；二方
面，從照顧學弟妹的立場，我們也希望您能多多提供研究的方法，
多多拉拔。很不容易在您百忙中抽出時間來，我們非常高興，也感
謝您。

一、問題的緣起：關於哲學話語的問題

在座的各位老師，各位同學晚安。真的很高興回到自己的母
校。（陳鼓應先生：你畢業了多少年？）我算了一下，快十二年
了。真的非常快。真的很謝謝陳老師，還有系主任的好意，讓我有
機會來這兒，跟在座的各位老師還有各位同學一起來討論一些問
題。回到這個地方的感覺，我想一下，真的叫近鄉情怯。（陳先
生：以前是在這一棟？還是？）對，畢業的時候就在這一棟。但我
入學的時候是在文學院。碩士是在文學院，考博士的時候也在文學
院，後來就搬到這一棟。臺大哲學系是一個很有歷史的系，也是全
臺灣在哲學方面最古老一個的系，我很幸運能夠在這裡唸完學位。
因為我們比較晚設博士班，所以我很幸運還是第一個畢業的博士。
今天也很幸運是第一次回到我的母系，真的要謝謝陳老師跟系主
任，因為以前有種種因素，所以一直沒有回到系裡面來做講演。

大體來講，這些年來我在思考一些問題。不知道每一位朋友是
不是都有這一份講義，我講一個東西不一定要按照講稿，我想把自
己的想法說一說。這一份講稿，我想就把它當成我再回來面對這裡
的老師、學長的時候，交給系裡面的一份小小的成績單，請陳老

師、林主任再鑑察一下，出去了十一年應該還算認真吧。真的很高興，但是我情緒上還沒平復得很好。回想起來，十一年前的六月十三號，在系裡面我做過一次演講，談我在臺大哲學系裡讀了九年的心得。那時剛畢業，系學會請我做了一次講演，之後，一直期待著有這樣一次機會能夠回到這裡跟大家討論。我到過清華教書，也回到我另外一個母校——師範大學。師範大學跟臺大都是我的母校，在我的內在情感中都是感觸極深的。人，難免會近鄉情怯。我想，當陳老師在外面漂泊了一段時間，回來的時候也是這番感觸吧。即使如此，我的心情仍然充滿了喜悅。

我認為目前的中國哲學，真的是到了一個值得去正視他可能有一個新發展的年代。在我這幾年來，大體來講我在思考一個問題，是有關於整個我們所使用的哲學話語的問題，這是一個很重要的問題。我們怎樣進到一個古典的話語系統，把這個古典的話語系統熟悉了，將這裡面的意義釋放出來，進到我們整個生活世界，再跟我們的現在的生活話語結合在一塊兒，而且又能夠通過現代的學術話語把他表述出來。這一點大概是我這幾年來發展的工夫。

二、過去接受西學的過程是運用一種格義的方式

今年我剛好有一個課程跟中國佛學有關。我在思考一個很有趣的問題就是「格義佛教」。所謂格義佛教，大體來講是指中國傳統的讀書人通過老莊去理解佛教。通過老莊的「無」，去理解佛教的「空」；通過了原來老莊的很多哲學概念的範疇去理解佛教。當時，很快地就有所謂般若系統的「六家七宗」出現，當然，不免有些生吞活剝。但是到了僧肇的〈物不遷論〉、〈不真空論〉、〈般

若無知論〉出現，由整個「肇論」系統我們可以看得到，其實已經努力地想要擺脫格義佛教而有所創造，也就是說，佛教真正開始進入了中國化的過程。之後，在竺道生更提出了「眾生皆有佛性」，那就更明顯了。從「眾生皆有佛性」這樣的一個提法來說，我們可以看到，他其實已經是在中國化的過程了。

就我們接受西學的一個過程來講，如果再往前追溯到明代中葉以後，像是利瑪竇的《天主實義》，其實很明顯的，他也是運用一種格義的方式。他通過中國的《詩經》、《書經》還有中國古代的儒家哲學，跟天主教的教理結合在一塊兒，於是寫就了《天主實義》。王夫之也曾批評過《天主實義》。換言之，當時接受西方哲學的方式，也是一個格義的過程，而這個格義是通過中國的儒學、道學去接近天主教，去接近西方的哲學。另外包括李之藻、徐光啟這一批人，在當時也都是如此。

非常可惜的是，清朝初年西學中斷。我覺得皇帝太英明有時候未必是好事。康熙皇帝很英明，直到雍正、乾隆這一百三十四年間，中國的人口從不到一億，變成四億，相當厲害。他也重新起用朱子學。朱子學強調的是一個道德的超越的形式性原則，結果他被專制化了，變成一種專制的一個意識形態；變成一種專制的道德的形式性的原則；變成一個強制的規範。朱子學成為官學後，在清朝特別是這樣，但是他卻形成一個很重要的內聚力，因此也使得清朝前三代變得非常好，進步也非常快。當然，這跟整個經濟產業的發展有關；跟從海外移進來的作物，包括玉米、馬鈴薯以及其他種種有關。但是到了乾隆末期的時候，中國人口已經達到四億。我一直常提到說，戴震哲學的呼聲就是已經告訴我們，這麼大的一個土

地，這麼多的人口，用儒家的以程朱學為主導的意識形態來作為一個道德倫理的規範來管理這一個國家，其實是已經面臨很大的問題了，所以戴震哲學提出「以理殺人」這樣一個批評。

　　我們今天不是要談清代哲學，只是從這一段歷史可以看到清代有一個很大的錯誤，那就是閉關自守，西學中斷。前面那一段時期的富強，其實只是一種封閉式的、內聚的富強。他的內部其實問題很多，所以到了乾隆晚期有和珅的貪污、以及種種問題，接著就一塌糊塗了。後來有太平天國之亂、鴉片戰爭，種種問題，接踵而來，整個中國幾乎被打破了。西學這時候也重新進來。西學這時候進來，跟以前進到中國來的整個態勢不同，他們除了挾帶著船堅炮利之外，也強烈地負擔著白種人的那種上帝選民的使命感。在這樣一個過程裡，我們基本上是很難抵擋住西學的。但有意思的是，即使在這種情況下，當時我們的第一批的留學生從容閎，到後來嚴復，他們回到國內翻譯西學的時候，走的其實還是「格義」的路。像嚴復將穆勒（J.S. Mill）《On Liberty》（《自由論》）譯成《群已權界論》，其實意義已經差很遠了。而且他還是用文言文翻，這個文言文形成了一種很奇特的、龐大的、溯及於道的一種根源性的力量，當他整個融進去以後，我們可以發現，他其實是用中國的哲學來格西方的哲學，這一格進去以後，到最後都放到裡面去了。

　　所以我們現在發現到有很多問題，例如包括把穆勒（J.S. Mill）所提的「個性」（individuality）翻成「特操」。「特操」這個字眼和「個性」，從漢語來看有很大不同，但是我們現在如果從整個歷史的發展去看的話，其實也很難說這樣的翻譯一定那麼不好。關於這問題，我唸博士生的時候曾經撰文討論過，後來收在我的《契約、

自由與歷史性思惟》（該書刊行於一九九六年），那本專著中。因為在
整個文化的互動中，他有沒有主體性是非常重要。到了民國初年五
四運動以後，白話文運動如火如荼。基本上我們對西方的哲學的翻
譯，再也不可能用文言文了。再也不可能是簡易的文言文，而是徹
底的白話文。而且那樣的一個白話文，基本上跟《紅樓夢》的白話
文也是不一樣的。《紅樓夢》的白話文跟整個文言文的脈絡，還是
可以有一個連續體。但是民國初年以後的翻譯體的白話文，基本上
是盡量的依循著西方的語文脈絡，因此形成了一個新的語種。這個
新的語種，可以說到現在為止還在盛行中。譬如所謂「做出偉大的
貢獻」這些辭，在我們的華文裡頭，原來是不太通的。但是現在大
家已經很習慣了。其實佛經的翻譯，也曾經產生新的語種，只是原
來我們中國傳統文化的那個精神意味仍然比較重。所以他能夠形成
了非常龐大的系統，並且跟整個中國哲學連在一塊，而形成了所謂
的三大宗派：天台宗、華嚴宗、禪宗。

三、未來接受西學仍應正視中國文化本身的主體性

　　西方哲學在整個傳譯的過程裡，在整個中國的發展過程裡面，
我覺得前輩先生們有很多貢獻。他們盡量的求其準確。當然，我們
如果從現在解釋學的觀點來講，很難說什麼叫做準確的翻譯。但
是，我常常說「語意是沒定點，但總有個範圍」。在範圍上可以盡
量靠近。像賀麟的翻譯、宗白華的翻譯，我覺得都是非常好的翻
譯。像朱光潛，為了翻譯維科的《新科學》，年紀很大了還在學義
大利文。很了不起。另外我想說的是，前輩先生們所做的不止是翻
譯的工作。畢竟他們原來的漢文底子夠，所以即使在翻譯上未必能

顯露出中國文化的氣息，但是在研究西方哲學時，他們其實是努力地在做一種融通，或者說是格義的工作。

雖然那已經不太可能像魏晉時的那種格義方式，也就是說他不太能夠完全以中國哲學為本位而進到佛學裡。像朱光潛、賀麟、宗白華，他們不太可能以中國哲學為底，去格西方的哲學。更何況在當時，整個風氣上也不被允許。但是，如果我們去看賀麟對黑格爾的詮釋，我們可以發現到，他其實是很有意的知道，如果西方哲學要在中國哲學生長的話，他其實是必須要正視自己文化的底子。在〈黑格爾學述〉這篇文章裡他曾提到，通過《易經》「太極」這個觀念，通過朱子哲學的觀念，盡量地想辦法要去跟黑格爾哲學湊泊在一塊，而去思考那個絕對精神到底是什麼。

當然，這樣的做法是否妥當還有問題。但是，這樣的一個方向其實是值得正視的。我想賀麟、宗白華他們都做出了一些成績。馮友蘭的新理學，把西方的新實在論跟宋明理學特別是朱子學連在一塊，也做出一些成績。像金岳霖的《論道》做出一些非常重要的成績。那麼我就在想一個問題，現在我們在做西洋哲學的先生們，他們是不是能夠正視到這個問題。也就是說，在華人地區，有沒有所謂中國人的，或者華人的西洋哲學傳統？還是我們所做的西洋哲學，頂多是一個介紹？或者我們之所做，仍然是完全放在一個西方哲學的氛圍裡面，然後全部被吸到那個系統的脈絡裡面去？如果以這幾十年看來，其實是後者。

這個禮拜天，有一場關於勞思光先生的會議，林老師也在。會後有一個座談。座談中我曾提到這個問題。林正弘老師也強烈地感受到這個問題，並繼續這個問題討論了一下。他也支持我這個意

見。我覺得，如果我們沒有自己本土的西洋哲學傳統，這個西洋哲學其實到最後，風一吹就過去了。其實讓我感受更深的是，他不只是沒有自己的西洋哲學傳統，連自己的中國哲學傳統也幾乎快立不住了。許多號稱做哲學工作的人，往往是在一個西方新的哲學思潮出現後，循著那個新的思潮的一個向度，以及那後頭所隱含的方法，然後通過那個方法進到中國哲學來，卻號稱自己又發現了什麼，卻說自己是從什麼樣的觀點於是又看出了什麼。譬如以前通過康德學來看儒學。現在又有所謂揚棄康德學，於是又通過海德格爾（Martin Heidegger）來看孟子學。我對這樣的一個做法非常不以為然。

　　我一直覺得，實在沒有理由說，當我展開一個哲學詮釋，回溯到文本展開詮釋的時候，就有人問我說：「你用這個語詞，請問是西洋哲學哪一個詞的意義？」老實說，我真的是回答不出來這是哪一家的意義。並不是我對西洋哲學那麼不熟悉，而是因為當我使用一個 term（詞），當我進到中國哲學去做詮釋的時候，雖然他是一個西方語詞，可能黑格爾用過，康德用過，或者海德格爾用過，而我現在的目的很可能是回到《孟子》這個原典，努力地嘗試去說他。但是這樣的方式，在我們哲學界裡卻不被認可。他一定要問你，你這是黑格爾的觀點嗎？還是康德的觀點呢？還是海德格爾的觀點呢？還是 Whitehead 的觀點？我真的是不能理解為什麼可以這麼問。但是，他們真的就這麼問。

　　中國文化不是個礦產，所以不能用開礦的方式。更嚴重的說，我說中國哲學不是妓女，不必等待恩客。你不能夠把西方哲學當作恩客，把自己當成妓女來等待恩客。好像新的恩客有新的開發方

式,這毫無道理。但是我們居然就這樣。

我覺得我們現在做很多所謂中國哲學的一個詮釋的活動,如果沒有回溯到原典,那是不應該的。而所謂回溯到原典,必須要做一些很基礎的工夫,包括學術史的、思想史的,乃至社會史、文化史的工夫。總的來講,也不是說我們一輩子只做某一個工夫而已。而是在很多人都做了這個工夫之下,我們還有些什麼可能。或許這也就是說我們其實必須借助於更多歷史系、中文系,乃至其他各個學門所做的有關中國文化的總的基底,我們是非常須要那種厚度的理解。當然一些基礎性的訓練,包括語言、文字、訓詁這些理解是非常重要的。我知道我們哲學系以前有一個要求是要修文字學,我不知道現在還有沒有。我認為這是一個非常好的傳統。

四、從文化類型學的對比展開對自身文化的理解

回到我們剛剛所提的問題,我們再回溯去想中國哲學的做法,到底應該怎麼辦?我們剛剛也提到幾個應該留意的問題,不能夠隨著西方的問題意識起舞;不能夠隨著西方的問題的發展以及背後的方法起舞。除此之外,我們也不應該故步自封,而是要全幅的敞開,而有真正的交往跟溝通。如何全幅的敞開、交往跟溝通?我認為必須回溯到我們自己的經典,展開理解跟詮釋。而這個理解跟詮釋,不能夠放棄了整個歷史社會總體的理解;不能夠放棄一個整個文化類型學的對比。譬如說,中國哲學基本上是天人、物我、人己通而為一的思考方式,而西方哲學是神人、物我、人己分而為二的思考方式。大體來講,我們可以通過這樣的文化類型學,或者哲學類型學作區隔。這個區隔,並不意謂著他就被我們設定了。他其實

只是通過這樣的區隔，讓我們通過一個類型學的對比，讓我們有機會來深入地探討這些問題。所以，很多問題我們其實必須有一個很大幅的一個文化學、人類學、社會史……等等，以這些東西作為基礎，回過頭去我們就可以看到，原來是如此。

這些東西也可以驗諸於我們倫常日用之間，可以從我們生活實踐裡頭看到。我很喜歡談這個問題。舉一個很簡單的例子：1979年的時候，我在師大認識一位外國人，名叫戴思客。前一陣子的時候，他還曾到中研院作訪問。他很喜歡讀《易經》，也很喜歡臺灣。當時，他是哈佛人類學博士的侯選人，在臺灣作田野研究，為了生活，他曾經到處騎摩托車去教英文。他問了我一個非常有趣的問題。他說：「我覺得很奇怪，你們臺灣人怎麼可能在那個紅燈變綠燈的前 0.1 秒就已經知道。然後你們摩托車就可以往前衝了？」當時這個問題真的讓我傻住了。其實這個問題很容易了解，這是因為他們的視覺習慣跟我們不同。符號帶給他們指令跟他們實踐的互動，那種內在心靈的機制不同。他們的視覺習慣是對象性的視覺，是定點式的透視。他們的指令是一個符號所下的一個命令，因此而展開了一個實踐活動。而我們不是。我們一到那個地方就是一個場域式的。我們是眼觀四面，耳聽八方。我們是看了那一邊的綠燈變黃燈，黃燈在閃了，我們這一邊就開始發動。所以我們不是一個話語的論定原則，而是一個氣的感通原則。這是很有趣的一個例子。還有很多的例子都可以跟這個相關。所以我後來讀張光直的《考古人類學專題六論》的時候，於我心有戚戚焉。他說整個中國文化跟馬雅文化，可以連成一個叫「馬雅-中國文化連續體」。西方以基督教為主導的這樣一個文化，他變成現代文化主流，其實是一個很

獨特的發展。而這個獨特的發展，他所展開的是一個「存有的斷裂觀」，而不是「存有的連續觀」。我覺得非常有道理。

我們在其他的例子裡面也可以看到。大家想一想，我們按門鈴的時候是怎樣應門鈴的？我們這一代人已經被西化的很厲害了。讓我們想一想父母親那一輩是怎樣按門鈴的。我猜陳老師大概還是這樣按門鈴。我以前也是這樣。上面的人問：「誰？」下面的人說：「我。」上面說：「喔！你。」門就開了。西方常不是這麼問的。你按門鈴他們就說：「who is it?」他一定把他變成一個他者。這個「it」很重要。然後他講：「It's John.」西方這個「他者」的傳統很強。此外，因為我們還有一個很重要的關係，就是「我與您」這個關係。就是馬丁·布伯（Martin Buber）講的「I and Thou」。而西方文化傳統裡面，有一個很重要的「I and it」。這是非常獨特的。所以，我們的哲學基本上，骨子裡頭是「天人物我人己」通而為一，在西方的哲學裡，則是「神人物我人己」分而為二，另外在中間還有個連接者，或者說是第三者，從所謂的耶穌基督，以及後來的教會，還有整個概念系統，法律、契約等等，它們的統系是獨特的。

五、理解中國哲學必須照顧到歷史社會總體

牟先生有一個新的發展。他回過頭來，通過儒學，他要補康德學的不足。這是他的一種格義的方式，而提到最高，構成他的一個系統。在他的《現象與物自身》這本書裡面我們就可以看到。很了不起，但是並不一定很妥當。至於勞思光先生所說的儒學，理解上的問題很多，這是沒辦法的事情。因為他是不講天道的，他單強調

道德主體這樣的儒學，這是不合乎中國哲學始源的。如果回到整個文化的場域裡面來說，這很容易理解。勞思光先生的《中國哲學史》有很大的貢獻，但是也有很大的缺失。只是因為他寫得很清楚。

　　我常跟很多的朋友說，寫得很清楚，論證很清楚，並不代表著結論就是對的。即使論證對，並不代表著結論是對的。因為大前題就已經錯了。所以他只是錯的更曲折，錯的更精緻，錯的一般人沒有辦法去提出來。而勞先生這一部書影響臺灣太大了。我其實對勞先生這個地方一直是有意見的。因為你把天道拿掉了來談道德主體，從這個地方去談儒學，談到底了，其實他便走了樣。沿著康德學來談自律跟他律，這是大有疑慮的，因為中國哲學其實可以不必通過這樣一對概念來談。我覺得這些都必須要照顧到所謂歷史社會總體，整個文化型態，各方面總總對比，如此才不會搞錯。

　　這些對比，其實在我們日常生活中就可以感受得到。例如我們剛剛所談到的視覺方式，從美術來講，我們的國畫是一個多點的、散點的透視，而西方的風景水彩畫是定點的透視；我們的散點透視是人走到畫裡面去，而西方是定住一個點去看，看這個風景，然後去畫定，它是一個主體的對象化活動。對他們來講，這是非常重要的一個活動。所以「說」這個活動對他們來講是無比重要的。但是對於我們華人來講的話，「說」之上有一個超乎「說」之上的「不可說」。「說」後頭是個「可說」，「可說」後頭是個「不可說」，「不可說」而「可說」，「可說」而「說」，由「說」到說出了「對象」，這是一個非常複雜的過程。從這個角度，你回頭去看《老子》或者《莊子》的〈齊物論〉，你不得不佩服，在兩千多

年前我們的老祖先，對於語言跟存在跟思考之間的反省，可以到達那樣的高度，那樣的深度。

　　中國人是非常會思辯的一個族群。當然，後來的中國人思辯能力為什麼減低？那跟帝皇專制、父權中國、男性中心、帝制中心有密切的關係。因為封閉了。但是，並不是中國人原先就不會思考。現在有一種說法，包括一些西方漢學家還問：「亞洲人會思考嗎？」「中國人會思考嗎？」「中國人有哲學嗎？」包括我認識的朋友，蔡錦昌先生也常常這樣問。這一些問題很怪。居然還有人說：「是因為受到西方哲學影響之後，才有中國哲學。而中國哲學原先是沒有什麼思辯性的，而後來因為受西方哲學挑戰才開啟了思辯性。」這些論點居然還在哲學界裡面成為一個很重要的論點，我覺得非常荒謬。

　　我常常說：「哀莫大於浮淺。」何謂浮淺？不讀書之過也。倘若你讀過《易經》、《老子》，讀過《莊子‧齊物論》。我覺得，你真得應該相信金聖嘆所說的，什麼叫做「天下第一才子書」。他覺得這是「空前」，老實說我覺得應該再加上「絕後」二字，只是我們不願意說人類以後沒有更高的東西。這麼會思辯的一個族群，後來為什麼那個腦袋不太動了？這是因為大統一以後，整個思想封閉了。這不是指春秋大一統。春秋大一統是多元的一統，而統一的時候是單元的。這整個封閉了，整個中國儒家傳統從「五倫」變「三綱」。「五倫」變「三綱」以後，原來彼此對待的方式，變成一個主奴式的關係，結果整個儒學在這個過程裡面，變成一個帝皇專制化的儒學。這個問題是很嚴重的。

六、歸返原典以破斥虛假論述

我們再回溯到剛剛那個問題去想，目前來講，我們的中國哲學還有什麼可以繼續做的？對於所謂的虛假論述，必須要唾棄。什麼叫虛假論述？就是回溯到原典，禁不起原典考驗的；回溯到一個更寬廣的、宏觀的對比觀點，禁不起這個對比的，這就是虛假論述。譬如有一位西方漢學家說：「《論語》是倫理學的行為主義，而到了《孟子》則是倫理學的動機論。」這個說法大有問題，因為他沒有真正回到原典，而且也沒有一個寬廣的深厚宏觀的對比，畢竟他可能也沒有這個能耐。所以，當我們去面對並且了解這些問題之後，回過頭來我們發現到，歸返原典非常重要。但是，歸返原典不是把原文重抄一遍，也不是照著原來人家所說的跟著說。譬如朱熹講：「仁者，心之德，愛之理。」你重講了一遍，意義不大。我們應該嘗試的去理解。譬如說，「仁」怎麼解呢？仁可以從感通說，從具體的一種真實存在的道德感說。連著怵惕惻隱，連著鄭玄說的「相人偶」，而說人跟人之間的一種真實的關係。那麼，當我們嘗試著各種說的時候，如何找到定準？我覺得這時候我們應該相信，它是可以一致，可以融貫的。

譬如說，「禮」這個字眼該怎麼解釋呢？禮者，履也。禮是一個實踐，是個體現，是個途徑；禮是個分寸，是個規範，以及其他種種。一個一個說，他總有是一個比較適當而可說的。一般我們說，禮可能是分寸。他可以上升到一個所謂「大禮者，與天地同和」、「大樂者，與天地同節」的層次。「禮」是個節度。我們進一步去想，我們就慢慢的可以將古典的話語，通過現在自己的體

會,用現代的學術話語,嘗試的將他表述出來。我覺得這是須要做的。譬如說孔老夫子的「六藝」之教該怎麼解呢?我們在國小、國中都背過。但是,即使把「禮、樂、射、御、書、數」背了十遍,也還是未必能了解他的意思。那麼,我們應該怎樣用現在的話語將他講出來呢?譬如說,我認為孔老夫子是最早的通識教育的提倡者。「禮」,講的是分寸、節度;「樂」,講的是和合同一;「射」,講的叫對象的準確;「御」,講一種主體的掌握;「書」,講的是一個文化的教養;「數」,講得是邏輯的思辯。當我們用這樣的語詞重新說他的時候,這個「禮、樂、射、御、書、數」就活過來了。

因為我曾經做過清華大學通識教育中心主任,也擔任了通識教育學會理事,所以我也跟黃俊傑先生說過。我說我們談通識教育,不要老接著西方的芝加哥大學、哈佛大學談,我們要接到孔子談。我們研究的畢竟是中國傳統文化。我認為,我們怎樣去將古典話語跟現代話語連在一塊兒,是一個很值得正視的問題。

譬如說在老子《道德經》中,「道」跟「德」這兩個字一再出現。孔老夫子也說:「志於道,據於德。」我想當我們用現代的話語去重新說「道」跟「德」的時候。不能夠說孔老夫子講一個,老子講一個,其實他們有共通性在。這個「道」應該怎麼解呢?我的解法是:「道,就是總體的根源;德,就是內在的本性;仁,就是彼此的感通;義,就是客觀的法則;禮,就是具體的規範。」這也是我經過了二十年左右的琢磨過程中,慢慢地發現到,這是正確的。當然,這是一個開放性的論述,他必須要隨時接受挑戰。但是我們應該要嘗試用這些話語去說。

　　哲學如果不只是停留在骨董的研究，而應該跟現代的學問連在一塊兒，那麼用這樣的方式來解釋老子《道德經》裡面的東西，能否解得通呢？我們可以嘗試看看。譬如《老子》第三十八章說：「失道而後德，失德而後仁，失仁而後義，失義而後禮，夫禮者，忠信之薄而亂之首也。」這段話我們怎麼解呢？當那總體的根源失掉了，我們就要強調內在的本性；當內在的本性有所缺失了，我們就強調彼此的感通；當彼此的感通失去了，我們強調客觀的法則；當客觀的法則失去了，我們就強調具體的規範；當人們努力強調具體的規範的時候，就是人們的忠誠信實已經薄弱，而亂世已經開始了。我認為這麼解是通的。不敢說是老嫗能解，但是一般人似乎也能依稀彷彿地了解。所以我認為中國哲學的生化、活化，如何回到一個真正的生活，讓他能繼續長下去，這一點是我非常關心的。

　　我們還可以用《老子》第五十一章的「道生之，德蓄之，物形之，勢成之。」這段話來講。一個總體根源的生發，經過了內在本性的涵養蓄藏，而落實為一個存在的對象物。所謂「名以定形」、「文以成物」。經由這個主體的對象化活動，以及話語的介入之後，「物」才使之成為物。經過我們這樣去說他，於是「物」形著了，因為「名以定形，方為物也」。這時候，這個物如果沒有「尊道而貴德」，就會「物交物引之而已矣」，於是他就形成了「勢」。所以老子一再告訴你要「尊道而貴德」。

　　因為道家是放在本體論，放在宇宙論這種發展裡頭去說，而儒家能夠放在人的自覺上去說，所以孔子講「志於道，據於德，依於仁，游於藝。」志，是一個心靈的定向，往一個神聖信息走的一個定向。一個心靈的定向，必須要迴向一個總體的根源。「志於道」

的道,就是指這個。所謂「道生之」而「德蓄之」,便是在這種狀況下,德既已蓄藏,於是德為可據,也就是「據於德」。所以,就這一點來講,我是主張「儒道同源互補」。再往下說「依於仁」,仁是感通,人有如此之本性,方而為人,而人與人,人與物之間,才能夠有真實之感通。如此方為可依據,所以「依於仁」。所謂「游於藝」。藝者,整個生活世界都為藝。

七、哲學語言本身應回到生活世界去驗察

我就在想,我們可不可以嘗試用這種方式,慢慢地把中國哲學這些語詞,跟現代的生活,跟現代的學術用語搭在一塊兒,而重新去締造一個新的可能。而這些觀點,他就不是從康德的觀點,或者從黑格爾,從海德格爾,從沙特……,從哪一個觀點,而是溯到我們中國哲學的觀點。至於這些語言本身是否適當?那是開放的,他必須接受檢察。而檢察的原則就是從整個生活體驗上去檢察。在整個話語的訓詁、解釋上,必須檢察;在你整個學術裡頭的用語能否一致,這也必須接受檢察。他必須從不斷地接受這些檢察的過程中,長出一些新的可能。在這樣的方式裡面我們就可以發現到,一個一個字眼慢慢地敲,他會敲定一些可能。譬如《老子》第二十五章:「人法地,地法天,天法道,道法自然。」地,渾厚;天,高明。地代表的是具體性,生長性的原則;天代表普遍性,理想性的原則;道是總體的根源的;自然代表一個自發的和諧的狀態,所以要「人法地,地法天,天法道,道法自然。」也就是說,人要學習地的渾厚。作為一個具體的生長,他必須朝向一個普遍的理想,也必須朝向一個總體的根源。而所謂總體的根源,必須效法那自然的

和諧。這是一種自發的和諧。

我們通過這些語詞，一個一個慢慢出來以後我們可以發現到，你通過亞里斯多德的觀點去理解中國的形而上學，那是不恰當的。不管你理解的是《易經》，或者《老子》，乃至於看起來非常接近托馬斯・阿奎那（St. Thomas Aquinas）的朱熹，那都是不恰當的。因為中國哲學再怎麼頂，就算頂出那個絕對的他者 God，我們仍然是那渾而為一地交融成那不可分的總體──道。

這個是很清楚的。所以我們的「道」，下來有「教」門，因此你就可以看到，我們的民間宗教為什麼會那麼多。我的家鄉有一座神農大帝廟。我記得小時候去過，儒、道、佛、耶各教外，裡頭居然還供奉著穆罕默德。你會覺得很奇怪，但是對他們來說，這些都是「教門」。在那上頭有一個東西，他是融通的，那叫做「道」。所以，這時候就沒有理由會出現這種論述說：「西方因為有基督教的傳統，所以有原罪說，所以有民主政治，所以我們應該趕快去信仰基督教，所以才會有原罪說，所以才會有民主政治。」沒有理由這麼說。我們也沒有理由說：「在中國的哲學傳統裡面出現不了民主政治，中國文化出現不了民主。」這其實是一個非常複雜的學習過程。這是另外的問題。關於傳統和現代的問題，我曾經通過了幾個不同的次序去釐清，也就是「實踐的學習次序」、「理論的邏輯次序」以及「歷史的發生次序」，通過這些，我做過一些分析。我在《儒學革命論：後新儒家哲學的問題向度》（該書一九九八年由臺灣學生書局刊行）裡，大體做了闡述。

八、研究中國哲學應學習操作古典話語

連著我們剛剛所談的話題，我是一直期盼著我們哲學系研究中國哲學，其實非常重要而且需要去做的，那就是回到原典，回到生活，回到學術。但是也不能拒絕於西方的學術，畢竟我們是生長在這個世界。當然，我們可以使用主體這個概念，但是你不會只是康德意義的，也不會只是黑格爾意義的，可能就是看你回到孟子、老子或者荀子，各有不同。在這個過程裡面，一個一個詞慢慢敲定。剛剛我們也談到，這樣一個過程其實是很重要的。我們也必須能夠回到一個很重要的論點上去談。在談整個古典的話語系統的時候，這個古典的話語系統怎樣去說服人。我常跟很多朋友說要學習操作。即使寫不好也沒關係，但是要操作。做中國哲學，你要寫寫古文，也應該做做對聯，寫寫詩。在這個過程裡面，你就會進去了，進去之後才能夠把他拉出來，一步一步地出來後，他就會有一個往上發展的可能。當你真的對這個語言脈絡很熟悉的時候，你就能了解什麼叫做「參造化之微」、「審心念之幾」、「觀歷史之勢」。我用這三句話來概括《易經》。但是，我們學生輩對這些詞語可能都不太熟悉了。我覺得學習語言，他其實是一種熟悉。那是一種「存在的覺知」。熟悉，你就會了。

我常說，其實閩南語講的常常就是文言文，只是你自己不知道而已。譬如閩南語說「爾有閒否？」（你有空嗎？）其實就是文言文；閩南語說：「爾真橫逆。」（你很蠻橫。）也是文言文；閩南語說：「敢有？」（有嗎？）還是文言文。我的意思就是說，這些東西都要去自覺。在我們文言文中有很可貴的東西，你能否去自覺？

自覺以後，再嘗試去運用看看。譬如說，要描述臺灣現在的最大的問題，我們可以很簡單地用文言文來表達。那就是：「志不定，心不安，身不勤，國不富。」志不定，國家目標何在呢？心不安呢？志不定就心不安嘛。就心性學來這麼說。志不定，心不安，身就不勤。身不勤，國就不富。這些語詞通通是活的。很可惜是，我們政治學的教授不讀。我們經濟學、社會學的教授不讀。現在只靠我們中文系跟哲學系的、做中國哲學的、做東方哲學的，然後我們死命地說這些有多重要。

這些東西，譬如我們剛剛講到的志、心。這該如何了解呢？其實你一讀就了解了。譬如讀《太上老君說常清靜經》：「人神好清，人心好靜」。人神是屬於「志於道」這個層面；人心，是心這個層面。他底下是個「欲」。他用三個範疇去說。「人神好清，人心好靜。」「人神好清，而心擾之。人心好靜，而欲牽之。」我們一看就很清楚，這裡頭可以講一套修養的學問。將他放到心靈意識去分析，我們可以發現到，總體的心靈活動叫「心」；心的指向叫「意」；意往上提，通於道叫做「志」；意往下落，涉著於一個物叫做「念」；而在這個念上起一個貪取佔有叫做「欲」；而當你停在這個念上起一個「了別」的作用，這叫做「識」。

從這裡我們可以發現到，中國語詞的構詞關係很有意思。你可以講心念，可以講心意、心識，但是就不能夠講識心，因為他是有高低的、上下的隸屬關係。你可以講意識，可以講意欲，講意念，就是不能講「念意」。誰說中國人的語詞不清楚，西方語詞才清楚。在師大我曾碰到一位先生，他跟我說：「你們搞中國哲學腦袋是不清楚的。因為『天命之謂性，率性之謂道，修道之謂教。』

天、命、性、道、教,這些字眼換來換去都可以。」我心裡想著:
「怎麼會換來換去都可以。因為你不懂,當然換來換去都可以
了。」就好像一個洋人聽到我們講姑丈,講姨丈,講伯父,講叔
叔,他換來換去都可以,因為他們都叫 uncle。那怎麼可以呢?他
在不同的脈絡清楚,並且各自澄清。

九、方法論上應跨越本質主義的思考

這裡順便說一下。十幾二十年前,當時我們是博士班第一屆,
為了到底要考些什麼科目,大家在那裡爭。當時我提議說研究西洋
哲學的也應該考中國哲學,研究中國哲學的也應該考西洋哲學。但
是有些教西洋哲學的老師認為不必考中國哲學。我說:「因為我們
在華人地區,如果不了解中國哲學,即使你所了解的西洋哲學,那
也完全只是些皮毛而已。」這是我的論點,但是在當時卻被視為笑
話。我還記得有一次上課,我們在討論 Max Weber 的時候,討論
到「ideal type」這個觀念。我說這個如果嘗試用「體、用」的觀點
是什麼。一講完之後,全部的人都笑我。因為大家都覺得,何必要
牽涉到中國哲學去理解這些概念呢?這些概念應該回到西方本身的
原文去理解。

我真的不能理解,為什麼回到西方的原典裡面你可以理解。因
為對西方哲學來講,我是外國人,我當然要回到我的本國的語言、
本國的母土,回過頭去深入的理解。但是,居然到目前為止仍有很
多人認為,研究中國哲學必須通過西方的哲學的某一個觀點,然後
再穿透進來做自己的研究。這點我非常不能認同。我覺得這是主客
異位,出主入奴而已。但是你現在跟人家這麼講,人家聽不懂。所

以我現在把這些問題提出來以後，想到自己這些年來做的一些工作，我覺得其實前輩先生們走了很多冤枉路，而那些冤枉路是為我們走的。我們不能夠忽視他們那麼認真走的那些路。而我們現在大體來講，有機會跨過那個「格義」，或者「逆格義」（通過西方的哲學語詞來理解自己，叫做「逆格義」）。

我們大概有機會重新去思考，怎樣將古典的話語系統跟現代的生活話語，跟現代的學術話語連在一塊兒，而有一個重新的發展。我用了很多心思在思考這個問題，所以在這種狀況之下，我就重新的去釐清一些問題。譬如說，中國哲學如果談到本體論、宇宙論的時候，他到底是「理」這個概念作核心呢？還是「心」這個概念作核心呢？還是「氣」這個作核心？我認為，真的是「氣」這個概念在做核心。因為在以話語為中心的中國思想才會以「理」為核心；在主客對立的兩橛觀底下，強調主體性的，才會以「心」為核心。

當然中國講本心論的時候，他其實不是主客對立的，他是更上一層渾而為一的。但是總的來講，他應該是以「氣」為核心。這個概念的解釋力最強。所以由於這個因素，我重新再去思考包括牟先生所做的很多工作。我覺得牟先生他們所作的新儒學，因為整個時代的關係，他們免不了一個道德主體主義的傾向，免不了站在傳統的本質主義的傾向。他們希望從他們所定立的陸王「心即理」為主的這個心性論，從這樣一個主流裡，再去開出民主跟科學。而他的後頭，其實是一個文化的本質主義。這些東西我都寫文章批評過。我的一個理解就是，我們必須跨過這個「方法論的本質主義」（methodological essentialism）的思考，以一種「方法論的約定論」（methodological conventionalism），或者「方法論的唯名論」

（methodological nominalism）的思考來重新構想。

因為文化是多元的，是互動的，是融通的。不是儒家是主流的，道家是輔助。也不是道家是主幹，儒家是支流。他其實總的來講說是多元的互動，而儒道同源而互補。他後頭通到一個最古老的巫祝傳統以及道論的傳統。從巫祝、巫史的傳統，後來轉成一個從「帝」、到「天」、到「道」，這是一個很複雜的過程。整體來講，他還是一個存有的連續觀，也就是天人物我人己通而為一這個觀點。這樣的觀點，他才有一個從「可說」到最上頭的「不可說」，所以他強調「氣的感通」，而不是強調「話語的論定」。

我常常喜歡拿《論語》：「天何言哉，四時行焉，百物生焉，天何言哉。」用來跟《舊約·創世紀》對比。〈創世紀〉一開頭是講：「上帝說有光就有了光，於是把他分成白晝和黑夜。」這對比的很清楚。一個是話語的論定：「說有光就有光，把他分成白晝和黑夜。」；而我們是「四時行焉，百物生焉」，但是「天何言哉」。在《老子》書裡面，到最後一定要談到「無言」。「無名天地之始」，接著再講「有名萬物之母。」在兩千多年前，王弼就能夠提出「名以定形」這個觀念，他就是接著《老子》說「有名萬物之母」。「名以定形，文以成物」這樣的思考告訴我們，我們根本沒有，或者說至少不重視西方的如亞里斯多德的實在論傳統。我們根本上就是物我通而為一。當我們說任何一個存在的對象，他基本上是經由一個主體的對象化活動，話語的論定以後才成為一個對象。那是這麼複雜的一個過程。所以我常說：論形而上學，我們的確是非常非常精彩。

我們論形而上學是超乎西方所說的形而上學，所以有人說它是

「超形而上學」；而像「形而上者謂之道，形而下者謂之器」這些語詞怎麼解？這個「形」當然應做為「形著」（embodied）之義，「形而上者」指的是在這形著的活動，而上溯其源，就這根源來說叫做「道」。「形而下者」指的是經由這形著的活動，下委而成，就這所成之具體物，叫做「器」。「形」不是「形器、形物」，而是「形著為器物」這樣的活動。

　　如上所說，「形而上者謂之道，形而下者謂之器」，這些語詞用我們臺灣話來講，就是要慢慢地「chiau」（慢慢挪動），慢慢地「chengt」（慢慢移動）。在這個「chiau-chengt」（撓稻）的過程中論定，大體來講，他就可以再往前走。當然，當我們做這些工作的時候，必須建立在很多前輩先生做的基礎上。譬如說，屈萬里先生他做了很多工作，這些工作是中文系的工作，那我們哲學系要不要念？當然要。譬如說，我們讀不讀熊十力的東西？讀！你讀不讀胡樸安的東西？讀。你讀不讀朱謙之的東西？讀。你讀不讀馬一浮的東西？讀。你讀不讀皮錫瑞的⋯⋯。當我這麼說的時候，不要說哲學系的，我問中文系的研究生，他都不知道有這些書。這個問題很嚴重哪！這代表我們話語訓練的系統裡面，這些東西基本上並沒有進去。

　　我一直在呼籲，我們失去了一個文化的母土，失去了文化的主體性以後，哲學就會鬆動。哲學如果只是拉著西方的某一個問題意識談得那麼高，那是沒意義的。哲學其實應該連著我們的整個生活世界來進行，然後我們再去談如何意義詮釋的問題。本來我今天所給的一個講綱，其實就是關聯這個——所謂「生活世界」跟「意義詮釋」，這是要對所謂「後新儒學的存有學與解釋學」所作的一個

提法。但是後來想了一下，其實我不喜歡只是念講稿，我喜歡即席地講，即席地將我的一些新的東西說一說。

十、結語：保臺灣以存中華文化之統，並以此邁向世界

另外，我也憂心我們目前在古典方面的能力。關於這點，年青人還很迷糊，而我們的用功也不夠。最近，我剛去大陸開船山學會議，也順便到湖南的幾個大學去講演。早上六點半，我到他們學校的操場上，真的是讓我感觸很多。因為一群學生已經在那裡讀書，背英文了。我問他們是不是要期中考了？他們說不是。在臺灣，我們八點上課，學生卻是姍姍來遲，有的還帶早餐來。想到兩岸這樣一對比，我們將來怎麼辦？在這個對比之下，我突然興起一個非常強烈的本土意識。我非常強烈的覺得：「咱臺灣人不能輸大陸人！」內在裡頭，我真的非常憂心。所以我回來之後，第一件事情先把我孩子叫來訓了一頓。這種地域意識，我認為是很自然的，而且是很良善的。這是一種競爭。像是湖南人跟湖北人，他們常常會分。我覺得這沒什麼不好。只要不變成一種狹隘的族群意識，我覺得這就好了。

從整個華人在歷史發展的觀點，我常常引王夫之《讀通鑑論》裡講王導的方式，用那種方式來講臺灣。他講王導叫「保江東以存道統」。我說我們是「保臺灣以存中華文化之統」。現在則是要「存中華文化之統以保臺灣」。但是很多人在這個地方想不清楚。無論怎麼講，他都想不清楚。因為目前的臺灣是「黃鐘毀棄，瓦釜雷鳴；讒人高張，賢士無名。」（《楚辭·卜居》）至於我們的哲學

界，我感覺最多的問題是「勇於內鬥，怯於公戰」。我很期待能夠讓中國哲學活過來。中國哲學是個活的東西。這一回我在長沙湖南博物館看到馬王堆的古物。一位大陸的考古人員陪著我，為我一五一十的做了解釋，非常清楚。我感覺到，我們以前對中國文化圖像的一些理解，其實值得檢討。

譬如說「中國沒有知識論的傳統」、「中國沒有科學」這些理解是錯的。所謂「中國不注重客觀法則性」這個理解，基本上不完全對，而應該是說，為何中國原來著重客觀的契約法則性的東西，非常著重科學的整個脈絡系統，非常著重司法，居然後來這些東西都慢慢萎縮了。我們應該這麼問，這麼問才會問出問題，也才會問出能力來。結果我們以前卻不是，反而說：「我們中國以前就是怎樣怎樣……，西方人就是怎樣怎樣……。」我們以前是用一種民族性的定性方式把他定性，然後說自己很差。其實沒有那個道理。但是，竟然還會有人說：「中國人沒有理論思辨的能力。」哪有這一回事！中國沒有文學理論構造的能力？我說一部《文心雕龍》就足以輝耀千古，一篇〈齊物論〉，一部《老子》，他就可以告訴你，這個族群曾經是很會思考的。不是因為我們有民族主義情感，而是真的如此。譬如說，我這幾年一直在推一個東西，就是儒道佛跟意義治療（Logotherapy）的關係。華人的安身立命怎麼安身？他後頭有一套東西。目前有位搞本土心理學的朋友也注意到這個問題。我回師大，教育系、心理輔導系也找我談這個問題。所以我覺得臺灣是有希望的。我覺得我們哲學系真的應該去正視一些問題，去群策群力地面對一些很可貴的問題。

回到自己的母系，內在情感會有很大的不同。這跟我在大陸演

講，甚至在師大演講的感覺不太一樣。雖然，我對師大的情感是很深的，對臺大的情感也是很難分彼此。但是對臺大卻不只是情感，還有情結。我是一個很直接的人。其實我很感謝在座有幾位老師、學長。特別陳老師、林老師、郭老師，平常對我都很愛護。今天有幸回到母系來，談自己一些微薄的心得，心裡是非常高興的。我的太太特別跟我說：「一定要跟陳老師說今天是什麼日子。」今天是我結婚二十週年的日子。她說：「你結婚二十週年的日子，居然跑到自己的母系去。」所以我一定要守信用，把這個話帶到。今天我先說到這裡。我想還有一些時間留給諸位。謝謝大家。

＊問題與討論

聽衆提問：

林安梧老師對中國哲學的詮釋系統，與牟先生的差別何在？

各位老師，各位同學大家好。我其實有一些問題想問老師，另外也有一點感想。我跟林安梧先生其實是有一些淵源。以前我在師大附中唸書的時候，林安梧先生就在我們附中教書，而且又在臺大哲學所唸博士班。後來我考上清華大學，林老師他適巧又到清華大學教書。記得我上過他的「哲學概論」，「道家哲學」（《老子》），還有「《論語》」。林老師可以說是我哲學上的啟蒙老師。這跟我在日後選擇做哲學研究有著密切的關係，所以我今天也很高興同時是以學生，又是學弟的身份，在這個地方，聽這個演講。

聽完老師的演講，我有些感想。這個學期我正好有上林義正老師的課。我發覺兩位老師的確有很多英雄所見略同之處，那就是一

直強調說要回到原典，然後強調我們整個中國哲學，其實是一個和諧融貫的一個整體系統。但是有時候用了西方哲學的一些概念之後，他反而變得支離破碎。我感覺到老師每次上課都很努力地要找出在這背後的那個整體的東西，然後也很希望我們不要再走過去一些學者走過的冤枉路。每次上課，我都感覺有些沈重。我們這一輩的人，好像必須在這些基礎上來做。我其實是想從這個地方問老師一個問題。我知道老師這幾年的方向，就是重新回到《易經》、還有《老子》這些文本的解讀，然後重新去建構一個比較適合中國哲學的詮釋系統。就是說，把「人」跟「世界」看成是一個「道」的整體，然後提出一個「場域」來說。

林老師您也以此為一個出發點，對牟先生就中國哲學詮釋成一個超驗主義哲學這樣的一個哲學系統有一些批評。那麼我想請問老師，您覺得牟先生將中國哲學詮釋成一個超驗主體這樣的一個結論，他最大的問題在哪裡？然後，您再重新去理解中國經典，提出「場域」這樣一個理論，您的優越性在哪裡？

然後我還有一點感想。昨天我也聽了一個演講，他講的是西方神學家眼中的《道德經》。可是他的立場很清楚，就是牢牢地站在西方神學的系統，來看我們這個《道德經》。然後把我們《道德經》這樣拆，那樣拆。當時其實有很多老師有意見。本來我也不想發言，可是最後我還是發言了。因為他的結論說：「基督世界是一個開放的世界，道的世界是一個封閉的世界。」然後我就告訴他說：「根據我對《老子》的了解，《老子》裡面的世界觀，其實是一個不斷辯證的，然後呈現自己的過程。在這個過程裡，人跟天地是一直在交相參贊。」我說你如何可以去這樣說，說你自己可以把

他詮釋成一個封閉的系統。可是他最後告訴我說，說他因為覺得中國是一個 circular 的一個系統，所以他把他詮釋成一個封閉的。然後西方是一個直線型的，所以他把他詮釋成一個開放的。我說可能正是因為這樣，所以要把他顛倒過來。因為只要是直線性的，就是有一個目的性，他可能是封閉的。何況中國這個 circular 並非不斷地重覆。但是現在有一些研究者，卻引用這樣的說法，認為《道德經》裡面有一些西方神學的概念。我覺得心情有些沈重。不好意思，說這麼多。希望老師還能記得我剛才問的問題。謝謝。

林安梧老師回答：

1.前輩先生們有許多貢獻，而我們應發展其新的可能

其實我剛剛提的時候，已經稍微說了一下。包括勞思光先生、牟先生，或者其他的先生，他們做的中國哲學其實並不是說他們錯了。他們做了很多貢獻。而這個貢獻，包括他們也曾經告訴我們，當你現在重新看的時候就會發現到，他有些東西其實是不通的。所謂不通，是因為現在挖出更多東西，有更多的背景、更多對比的可能讓我們去了解更多。在這種了解裡面我們就知道，其實不須要這樣去詮釋嘛！如果用別的方式可能更恰當，然後再求其融貫一致。舉個例子來說，譬如康德道德哲學，很明顯是跟盧梭的社會契約論有密切關係。整個康德學，他後頭的自然科學也是以牛頓的物理學做基礎。關於整個社會的理論思想，他是以盧梭為基礎。他後頭所要去問的問題，也就是人的安身立命，他是放在一個契約論的社會下的安身立命，然後去說明那個道德實踐如何可能的問題。

至於孟子，則是放在一個人倫的場域，放在所謂孝悌人倫，放在我所謂的「血緣性的縱貫軸」下說的。所以他有他的特點，也有

他的限制。我們在詮釋的時候就要去思考這些問題。所以我之所以寫《儒學與中國傳統社會之哲學省察》那本書，其實是要對一個社會哲學、歷史哲學、文化哲學做一個背景式的烘托而來檢討儒學。因為我覺得這個工作我們不做的話，一定會不準確。這個工作，我們必須建立在很多人已經做的工作上。譬如說社會史、文化史、人類學，各方面種種，慢慢我們可以釐定大概是怎麼樣。

譬如說，牟先生動不動就談「縱貫的創生系統」。這談得很好。因為在「血緣性的縱貫軸」底下，才會有縱貫的傳統。這個東西，在結構上有一種類似性。所謂的「縱貫的創生系統」，他有什麼樣的創造力跟同時他有什麼樣的限制性？良知他有一個什麼樣的動能，可以突破些什麼樣的限制。但良知卻隱含了專制性跟暴虐性。他如何可能？我常用一個自我嘲諷說：「良知的專制性跟暴虐性，從我的朋友這邊，你就可以看到了。」他最講良知，但是卻也非常專制。這也不錯，因為他可以作為我一個反省的對象。我來自一個以父權為中心的傳統家庭，我和弟妹們一回到家，我們的腦袋總是只有三分之一會動，另外三分之二不動。當我們離開家以後，另外三分之二就會動了。所以我們想到，為什麼「男兒志在四方」，就是這個意思。

我就想，這裡有很多其實跟我們親身體驗有密切的關係。現在我回到了母校——師範大學國文系。我叫她「大宅門」，一個研究中國文化最好的地方。為什麼呢？因為中國文化在別的地方沒有的氛圍在那裡全部都找到了。不管好的、壞的。他有真正的人情、義理，他也有世故與顢頇，什麼都有。其實這也很好，作為一個中國文化的研究者，你很難找到像這樣的地方。你要寫古詩，在那裡可

以找幾個人寫古詩；喜歡唱戲，可以找到一群人；要寫字，也可以找一群人。但是，要找世故顢頇，他也有一群人。你找鄉愿他也有。什麼都有。但我覺得這果真夠富有。臺大哲學系還太小，就不至於這麼豐富了。不過如果加上中文系，加上其他系，他就很豐富。這個很有趣。

我曾經寫過一篇很有趣的文章叫做〈孔子與阿 Q〉，副標題是「一個精神病理學式的探討」。我試著去聯繫孔子與阿 Q 這兩個截然不同的人格。孔子代表一個道德的理想人格；阿 Q 則是魯迅筆下所描寫的那個年代下的，中國一個現實猥瑣的一個人物形象。他們都是中國人，這個中國人有一種內在的關聯，我們怎麼說？如何去疏理他？我覺得這個工作必須要做。我之所以處理這個，目的就是要了解，為什麼從孔子所強調的「道德的社會實踐」慢慢轉成了「道德心性修養」，會變成「道德的境界追求」，慢慢地又從境界追求到變成一種「精神的自我勝利」。他是怎樣轉的？這是很複雜的過程，必須放在一起。

我覺得這些東西須要去想。當然我自己也覺得很幸運，在我的生活週遭的很多朋友，還算蠻容忍我去想很多其實很大逆不道的問題。包括我的老師牟宗三先生。我常常開玩笑說：「我繼承了我的老師牟宗三先生一個很重要的精神，那就是批評老師。」因為牟先生常常批評他的老師熊十力先生，至少我聽過好幾回。我覺得這個批評，其實是很尊師重道的一個方式。我也覺得牟先生的學問不是隨隨便便可以達到的程度。這也是幾百年來很難得有的，我想很多學界的朋友也承認這點。但這並不代表他已經達到所謂最高頂峰，而一切已矣！其實他正代表一個新的起點。

　　再看當代新儒學，我們常常把唐君毅、牟宗三兩位先生連在一塊兒。唐先生跟牟先生根本是兩系，就如同伊川先生跟明道先生一樣，他們兩個應個別是很大的不同脈絡。只是明道早過世，唐先生也是早過世，另外也有其他種種因素，所以唐門凋零，牟門獨大。而在這獨大裡面，又因為其他各種特殊的因素，變成了他有另外的限制。但是也還好。譬如說以《鵝湖學刊》為例。《鵝湖學刊》其實是非常多元的，從政治上的左到右，從思想上的各種爭論。我是覺得這是很有趣的。

　　另外，我還是想藉著機會再說一下我們的這個母系。我覺得臺大訓練我最多的，就是西洋哲學的訓練。當然中國哲學也有，但是西洋哲學的薰陶，我覺得更應該公開的說。其實像郭博文老師的西洋哲學對我影響很深。雖然郭博文老師後來思考的一些基本向度跟我不一樣，甚至他對文化霸權的問題沒有深切的警覺與思考，而對中國哲學也多有貶抑，但是他的西洋哲學我還是覺得很好。另外林正弘老師的西洋哲學，我在方法論上也受過他啟發。另外，還有黃振華老師的康德學，還有許多老師，這裡不及一一敘說。我常常跟很多朋友說，在臺大裡頭要儘可能多學一些。除了學中國哲學，也要學西洋哲學。學西洋哲學的，除了西洋哲學要學也要學中國哲學。臺大最可貴的就是書，還有自由開放的風氣。臺大的老師，他不會給你板一個什麼面孔。這是個非常難得的地方。在這裡的九年，我覺得很有意思。

2.「存有三態論」與「兩層存有論」的異同

　　我覺得自己在做所謂「存有三態論」，其實是比較合乎《易經》的傳統。而那個部份，其實我是從《老子》跟《易經》連在一

塊說的。像「道生一，一生二，二生三，三生萬物」跟「易有太極，是生兩儀，兩儀生四象，四象生八卦，八卦定吉凶。」我大致上仍在揣摩這個問題，我曾經用一個很有趣的數學數值來表達這個東西。今天不太有時間講這個，但是我可以稍微表達一下。我是覺得很多東西很有趣。《老子》是就本體宇宙論的說「道生一，一生二，二生三，三生萬物。」；《易經》的「易有太極，是生兩儀，兩儀生四象，四象生八卦，八卦定吉凶。」他是在價值哲學的實踐哲學上說。《易經》與道家其實很可以通為一個總體來理解，或者可以說他們根本是同一個傳統。就是孔老夫子也不能外於這個大的傳統；這就是這個道論的本源，是不可說的「X」。而這個「二」，代表著陰陽，兩端而一致的思考。就這一點來講的話，我自己在做碩士論文的時候，基本上我是很認同王夫之的。我認為他的思想深度、廣度、厚度遠過於程朱、陸王。

雖然牟先生不太談他，認為他不夠精準，但是我認為王夫之的思維模式以及辯證性的思考，都是合乎《易傳》的。因為他接著張載，而張載其實就是從《易傳》跟《中庸》來的。這是非常可貴而值得重視的。所以，在這個過程裡面我們可以發現到，他的這種「兩端而一致」的思考，這可以通到前面我所說「I and Thou」來講。其實，這非常重要。像王夫之最喜歡談「互藏以為宅，交發以為用」，「性／情」、「道／器」、「理／欲」，都可以經由兩端而一致來理解。再說「理／勢」，我們說「即勢而成理，以理導勢」，我曾經通過「理」跟「勢」來說明目前的臺灣未來的發展，我覺得這個也可以用。所以我一直在想，我們怎樣去回到中國哲學，而再去想如何發展。

　　我所謂「存有三態論」，從「存有的根源」、「存有的彰顯」到「存有的執定」，我是合著「道生一，一生二，二生三，三生萬物」說，也合著一些新的發展來談這個東西。我慢慢的覺得大體來講他的解釋力，比牟先生的「兩層存有論」的解釋力的架構更強一些，而且可以免除主體主義的傾向。我覺得中國哲學通過主體主義去收縮、融攝並不恰當，所以我才慢慢地轉化這個系統。這些最主要是在做熊十力的體用哲學的時候轉出來的。其實有些東西，我覺得是很幸運的。我在做熊十力的時候，牟先生其實不太贊同。他覺得熊十力先生的哲學有什麼好做的。我說我做老師的老師的學問哪。當時牟先生因為身體因素，居於香港，較少來臺灣。我雖亦時相請益，但我那本論文牟先生只看了一章，以後各章是其他先生幫我看的，特別是我的朋友葛安台，還有王財貴。考試的時候，是戴璉璋老師、蔡仁厚老師、王邦雄老師、黃振華老師、張永儁老師、黎建球老師、金忠烈老師幫我主考。我那時候一心一意想發揚熊先生的學問，我以為一定要由牟宗三先生回到熊十力，當代新儒學才有希望。當時，其實我的想法跟牟先生的思考已經有一段很大的區別。牟先生晚年對學生比較寬容，這一點我覺得是幸運的，比較起來，我可思維的空間要多些、大些。我就順便再提起一下。其他是否還有問題？

陳鼓應先生回應：

關於對話要如何不失去主體性

　　《莊子》有句話說：「失之交臂。」我記得 1996 年，在北京召開第一屆關於道家的國際學術會議，世界各地的專家都來，你（林老師）也來參加。當時你發表對《老子》第一章的看法，我就

很欣賞，於是就跟你邀稿。你當時也答應了。但是我後來卻始終沒有收到。你爽約了。今天在這裡聽了你的談話，我才知道，你會一直講儒道同源，其實也是在這個場域裡面。我們有這麼多相通，頗讓我感覺意外。雖然我們經常在一塊兒，但是我始終卻不太了解你的想法。我也非常謝謝今天你來這裡，你的談話也給我很多的啟發。首先我謝謝你。同時，我覺得對於我們來說都很有意義。另外也轉告你太太，謝謝她在你結婚紀念日這天還放你過來。記得我自己結婚二十五週年時，還記得當時是我女兒跟兒子安排的，他們商量好了我才知道。我這個人以前是只知道自己生日的，後來因為我喜歡吃蛋糕，所以我一直都記得。

我先要講一下，也是要讓各位了解一下。人都會受老師影響。我在哲學思想上受方東美先生影響很深，當然，我還受殷海光先生的影響，這是大家都知道的。剛剛我們講到東西方如何對話，講到如何避免失去主體性。臺灣現在的狀況有點像大陸以前的文革，文革把整個中國的東西都掃光了，我覺得這一點是文化的浩劫、文化的大毀滅。現在臺灣將中國文化邊緣化，將中國哲學外化，這是另外一種政治上的一個小型的、小規模的文革。

我接著要說，我因為受到老師的影響。方先生給我的影響是一種學術的威嚴。他不苟言笑，可是我們也常常會去找他。方先生與牟先生曾在中央大學任教過，他們之間有過節，彼此的學術觀點不同。殷海光先生也是一樣。這兩位先生都非常的排斥，也很抵制牟先生，所以彼此之間一直沒有溝通。我在東海的時候，曾經找同學晚上去聽牟先生的課。後來我在文化大學任教，學校要我請他去演講。牟先生的書我也看。可是因為老師的關係，所以有這種影響，

我一直對牟先生的本質主義有意見。方東美先生的《新儒學十八講》、《原始儒家道家哲學》都很可觀。我覺得每一個唸哲學的都有他自家的系統，方先生有方先生的哲學。方先生是一輩子在讀書，他到美國講學之前都講西方哲學，到美國之後回來都講中國哲學。大概也是受到大陸馬列的刺激，所以他那個時期的脈絡，完全是因為這樣的影響而寫的。

至於牟先生。對不起，因為我每次都批評牟先生。這個也是我的個性。尤其你們都會覺得怪怪的，兩三次學術會議中我都批評牟先生。（林老師：我知道你批評錯了，我們再批評。）有一次我說：「牟先生的文章寫得很差。」嘩！當時大家的眼睛瞪得跟什麼一樣。後來我接下去說：「牟先生跟我說的。」因為牟先生他自己講他為什麼文章寫的不好，他一個句子二三十個字沒有標點。這是在文字上很難懂。但是學生的學生，他們就模仿牟先生這種文風，好像是形成一個牟先生的門派，或者牟教一樣。就好像大陸人寫文章一定要有毛主席說。（林老師：這情形是不可能的，這是傳言誤解……）我坦白講，我審稿如果審到牟派的，對不起，我就不要審。為什麼呢？因為有幾次我審稿的時候，我沒辦法審。某一位教授有一次審稿，他硬是給他三十幾分。我不能給，因為給三十幾分的話，他還會找另外一個。我講兩個例子。我曾看過一個用胡塞爾現象學，然後就寫《易經》潛龍勿用的本體論。這讓我覺得怪怪的。即使我們應該跟古典對話，但是這種對話也未免太望文生義了，甚至是指鹿為馬。還有一個例子，也是像剛剛那個問題。他寫尼采跟《莊子》的比較。他說《莊子》卮言的卮是酒器，而尼采是酒神精神，結果卮言竟然是酒言酒語。我的老天！這篇文章我又不

能給他很低，當然也不可能給他很高。（林老師：這樣好不好。……）對不起，我要說的是……（林老師：牟先生的學生大概……）像某某某啊……很多都是這樣。（林老師：少數……）但是又不能批評牟先生，一批評那不得了。我的老朋友——韋政通，就是因為批評了牟先生，所以被逐出師門。大家對他咬牙切齒。我也是第一次聽到你說牟先生晚年的那些事情，那個我也很存疑。不過，我覺得他這個陸王新心學，走心學一走進去以後就走不出來了。

　　關於學術上的本質主義。對不起，我其實沒講得那麼重。我因為是牟先生、殷先生的這個。這裡面當然還有一個情結，我們從事於自由民主的運動的時候，他很多人是站在，躲在背後跟我們這個……，那種東西我就今天不說了。所以我也很懷疑新儒學可以開出自由民主。所以從來沒有沒有人敢在我面前講儒家，新儒家什麼自由民主。因為我們從事於民主運動的時候，他們那些人在底下搞我們……（林老師：現在你這個地方你不要談……沒有，這個地方你不要談。）對不起，我很快就講完了。我要把這個心底話，我對於這個很多舊儒家。舊儒家都是一個陣營，那當然這個我要講的很長。因為我覺得凡是在歷史上的，像管子可以看得出來，就是道家影響了稷下學風。這個是我覺得《老子》作用很大。然後《呂氏春秋》，看到中國要統一了，他覺得應該是百家競起。這個也是以道家為主體，但是後來統治者又結合法家，反而少掉了。至於《淮南子》，那更是一個氣勢蓬勃，可以容納各家之長的，但是他又結合儒家，後來卻反而以儒家為主了。所以，今天聽你的話，我想方先生跟熊十力先生，他們都有一個共同點，他們認為儒家在漢代以後

就死掉了。熊十力比方先生還要絕對，他認為在這以後就沒有儒家了。對不起，我剛剛會批評新儒家、新儒學，對不起其實不止是新儒，舊的我也有意見。「攻乎異端，斯害也矣」。我喜歡道家，心裡不喜歡儒家。這是有血肉感的。因為在我生成的環境中所遇到的儒家，總是心胸狹隘。但是我現在呢，可能是時來運轉了。我現在遇到的，我覺得都還不錯。我也不諱言，我覺得他（指林義正老師）建立旁通學，建立他的那一套儒學對《易》的詮釋，我很鼓勵他寫這種東西。而且他很有很多見解。好多年前，我還請他到班上講過二、三次課。本來我們這個儒道很對立的。但是在系裡面，我大概跟他喝茶喝最多。另外還有王曉波，我們兩個對話是談最久。今天我們有這麼多溝通，我覺得很高興。對不起，我想我對儒家有很深的，說是成見也好，意見也好，那是因為我的經過有那樣的一種感受，有血肉感。很多的儒家，簡直要置我於死地。國民黨有一個警總，如果儒家手上有掌權的話，他可能會搞兩個警總來對付我。這個事我就不說了，你可能也不能了解我這個過程，但是我這個還是一個追求理念的問題。

今天，我覺得你講到很多非常有意義的問題，比如說對話的問題。關於對話要如何不失去主體性，這個也是我感觸很深的。從我們唸書的時候開始，西方哲學跟中國哲學，根本就是楚河漢界。我在大學時唸西方哲學，在研究所也唸西方哲學。並不是我瞧不起中國哲學。後來很偶然的，我看到西方的存在主義。另外《莊子》也講：「善吾生者乃所以善吾死也。」這句話很有存在主義的味道，我才找《莊子》來看。結果兩個都看進去了。因為這兩個都反傳統。我的精神其實是從五四來的，這個反儒家的傳統。另外也藉尼

采來反中國的傳統,我之所以進入尼采也是因為這樣。但是進去以後呢,進《老子》能夠旁及諸子。其實我對於孔子、孟子,我心裡也有一些期盼。這就是說,這裡應該怎麼去理性看待。有一點,剛剛談到說學風的問題。這個如何把握?讀中國哲學千萬不要排斥西方哲學。那麼我們怎樣看待西方哲學呢?我的老師殷先生,他一直是西學派的。還有金岳霖,還有賀麟,他也研究西方哲學。大陸方面來說,像是現在王樹人、葉秀山……這一些人都很不錯。還有余敦康,他的西方哲學的訓練比我們還好。我最近幾年才發現,商務印書館出版了一些西方哲學原著的翻譯本。余敦康他雖然不懂英文或德文,但是他直接讀翻譯的原著。他這一方面有一個學風。所以我覺得這是一個學風的問題。

另外一點就是你剛剛談到的,假如自己的本國文化沒有根柢的話,即使研究西方的東西,表達能力也有限。比如說《讀書雜誌》,那是非常好的一本雜誌。我看過一個在外國教書的年青學者,他寫出來的東西,就沒有我們看朱光潛、宗白華那麼親切,那麼有意境。我不知道他寫什麼東西。後來有一次,我忍不住跟他們講,我說:「這作者的中文表述的不夠好吧。」但是我不敢講他們中文底子不好。所以,我覺得要接受西方的東西,表述能力也非常重要,不然就會很容易用西方的框架硬套。今天我們讀古典,不管是西方或中方的典籍。我們都要進行對話。對話不能失去主體性。比如說你剛剛講到孔子六藝。我們教孔子,研究孔子,我們不能把他的文化環境給甩掉。所以我們現在的學問,有一點去生命化的傾向。有些食古不化的人,喜歡用西方的概念框套中國。如何能夠不去生命化,這樣才能夠有主體性,才能夠對話。所以我非常謝謝你

今天跟我們大家說的這些。你是很肯思考的。牟先生的書，我可以看得進去，但是我覺得牟先生學生的學生，狀況太多。我想溝通是很重要的。今天要講的很多，最後我再講幾句話。我們當代中國哲學的幾位前輩，他們在中、西學方面的功力都相當地深厚。比如你剛剛講，由嚴復這一代，還有郭崧燾。郭崧燾解釋《莊子》就是這麼幾條，但是都相當精采。如今我的年紀也大了，我覺得，至少還算對得起自己。我也是想勉勵同學，要好好努力。比如說徐復觀先生，四、五十歲才發奮圖強。所以你們也要好好加油。

聽眾回應：

　　我是社會人士。在哲學方面是外行。只是我喜歡到處去聽演講。像林老師能夠去省思固然不錯，但是我覺得現在學界研究孔子都必需要借重西方，那是很可悲，也很可嘆的。倘若果真是和西方對話，那還無話可說。可是自己沒有從自身的生命出發，變得只是像是翻譯機、錄放音機一樣，沒有經過自己消化，那也是枉然。或許你們認為我是在批評也好，因為我講話也是蠻坦白，蠻實在的。因為我不想做一個媚俗的人。剛才陳老師說儒派、道派，我覺得哲學系自己都不能省思，難怪會教出一大堆不會思考問題的人。哲學系應該有冷靜的頭腦，如此才不會受到人事物所累。不然就會有像剛才所說的派系之分。

　　再者，應有敏銳的觀察力，才能夠宏觀跟微觀。宏觀才能看到各面向，才不會心胸狹窄。微觀才能抽絲剝繭，找到優先次序。才能先治標，才能治本。希望大家要多努力，也期待林教授能夠繼續提出箴言。

林老師回答：

學術是多元的，彼此可以互動和融通

　　聽到剛剛陳小姐那一番言論，我們作為一個讀書人其實是有一點慚愧。其實，陳老師是有血有肉的感觸到問題去說。他不喜歡把他放在心裡。關於陳老師提到牟先生學生的學生，我還是有一個想法就是，既然他成為一個家派的宗師，他總會有一批這樣的人，你就用一個慈悲的心靈面對他。其實還好。我一直覺得其實牟先生的學生們也非常多元，你可能就是運氣比較不好，然後碰到一些不愉快的事情。其實現在我們有一些機會。譬如說鵝湖月刊社，他其實是一個和而不同的團體。基本上他非常多元，鵝湖的朋友們也很清楚。當然，少數個例上，每個人有每個人的內在衝突，但是有些還是可以克服。譬如說我談到在臺大受教育的整個過程，我覺得我一定要憑良心的說郭博文先生對我的影響。雖然我運氣不太好，他在清華那個哲學研究所不發展中國哲學，這點對我來講，我是很不舒服，但是談到我做的中國哲學，如果我做出一點成績來，我想臺大哲學系對我有很大的影響。即使我還是有些遺憾。另外我也遺憾說，清華大學的哲學研究所沒有中國哲學。我認為這是一個最大的錯誤，也是一個不可彌補的錯誤。但是沒辦法。那沒有關係，有些東西叫因緣不可思議。我回師大就是因為二、三十年前講的一段話，不知叫做「願力」，還是叫做「業力」。很多事情，我還是蠻相信佛教的，真的是願力（業力亦然）不可思議。我記得大四畢業那一天謝師宴的時候，因為我對師大國文系很不滿，喝醉了酒，我趁著酒意，當著列位老師及同學的面前說，我決定不唸自己師大的研究所，但是我希望十年後，能夠回師大任教。果不其然，我是在十年之後，是在畢業了廿二年後，回到了師大國文系所任教。我回師

大以後，覺得這裡有一些可以砥礪的朋友，包括學長。

我一直覺得，老一輩人的恩怨大概差不多了了。像陳老師我認為他不太像莊子，反而像孟子。我記得他剛從美國回來的時候，我就請他到清華去演講。我覺得在我的感覺裡頭就是這樣。譬如說林毓生先生我也很熟悉。林毓生是自由主義者，但我認為他根本是儒家。這只是我的腦袋的認知，沒有別的意思。這也很有趣。所以這裡是牽涉到整個儒家在這兩千年的帝皇專制、父權中心這一套。林義正先生大概的意思也是回溯到孔子，再講公羊學，講《易經》。其實能講公羊學，講《易經》的人很少，國內也有一些做這方面工作的同仁和專家。我一直覺得就是說，大概到我們這一代，有一些機會可以彼此互動、融通和討論，思考一些新的發展的可能。我也常跟師大的同學講，看看能不能跟臺大多一些互動。

至於牟先生學生及其再傳之學生。他們的表現上極少數是如陳老師說的，我想這個只是一個門派下很自然而然會有的。如〈齊物論〉所說：「詼詭譎怪，道通為一；厲風濟，還歸於虛」，之後就可以「萬籟俱寂」了。我覺得我所了解的牟先生很好，他能夠批評熊先生，所以也讓我能夠取得合法性去評議牟先生。我覺得這非常好。所以就這一點來講，截至目前為止，我對牟先生的理論上的批評，在我的師友輩裡面並沒有人認為是大逆不道。或者只有極少數人有嚴重的異議，但也都相待以禮，這是極為難得的。我覺得大體來講還好，可能有那麼一兩位，我想我們都有共同的體會，就姑且不論了。其實，像《鵝湖》這樣的道義團體是極為難能，極為可貴的。當然，既是人就會有些權力的麻煩，但基本上是極好的。

陳鼓應先生回應：

　　其實我剛剛講的是心裡的話。對於牟派的學風，我回臺灣以後，實在不敢領教。今天碰到你，我認為在這個公開場合有機會我一定要講。我也不怕得罪人。我之所以講是因為聽到你的演講，我百分之九十、九十幾都是同意的。我的意思是說，我們認識這麼久，但是經過今天的談話，我才知道我們之間可以有這麼多對話。以前我不知道，所以我們每次碰到都沒有談學問，因為我覺得我們在學問上可能沒有什麼機會能「儒道匯合」。在我的經驗裡面，很少能夠有機會能夠像今天一樣對話。那我現在有一個看法上的不同，就是你講到清代諸子學的興起，造成專制的一種官學。我想我的解釋剛好相反。是每一個朝代，譬如說漢代儒學的發展到這樣的一種地步以後，往後才有諸子學的興起。諸子學的興起，是魏晉玄學產生的一個前奏。（林老師：不是，我講的是朱熹，是清康熙帝提倡的朱子學。）哦，對不起，我聽成是諸子學了。剛好晚清也是有一個諸子學。

學生反應：

　　今天非常謝謝林老師，我覺得收獲很多。正好今天主任也在，還有陳老師、郭老師也在。我有一個建議，就是能否請林老師也在系上開一門課？

尾　聲

林義正先生發言：

各愛其異，適足以聚其大同

　　今天非常難得請到林教授來到這裡。林教授可以說這十年來，深思熟慮。在儒學這一方面，他立基於熊先生，然後又回歸到王船

山。王船山融攝了程朱、陸王之學，他面對當時的環境，在文化慧命的那個情況之下，有一個大開大闔的情況。這個地方，林教授掌握得很好，確實可以說是活生生的。林教授一直要把儒學不祇是做為一種學術性的，或者是哲學性的，他其實很重要的地方就是要把他活化。儒學不只是以供談資而已，真正是變成深入的。就中國哲學來講，這個方面絕對是正確的。只是要如何發展，大家還得好好思考。

今天的情況，只要陳老師在，一定會批評儒家的。我覺得從儒家來講，孔子跟子夏講：「汝為君子儒，勿為小人儒。」所以儒家也有很多品類。有高等儒，有小人儒。這一路下來到了《荀子》，有瞎了眼睛的儒，有陋儒、俗儒，一直到了大儒、雅儒。所以這個「儒」，實在是太廣了。也許陳老師所碰到的儒，大概是陋儒、俗儒這一類。又或許是碰到拿著招牌的儒，結果被他們打了一下頭，所以對儒就害怕了，從此對儒就不懷好感了。陳老師在生命歷程當中，碰巧有這個際遇，所以從此就有所戒心。我覺得這點是難免的。依我的了解，牟先生的課我從是頭聽到尾。唐先生的課我也從頭聽到尾。方先生的課我也是選修了，還有吳康老師，以及其他老師。對我來講，學無常師。讀完以後，我覺得老師們都有他的道理。這個時候，我絕對不會說哪一個老師有道理，我就去做他的信徒來崇拜。我還是在思考我自己。

談到我為什麼要研究孔子。牟先生講到孔子有四個字：「踐仁知天」，我覺得孔子不應該只是這四個字就能夠講完了，應該還得好好地挖掘，所以我就往這方面走。另一方面，當然也有我的背景在。在文化的時候，我碰到了毓老（愛新覺羅毓鋆），他強調學問要

好好地從經學做底子。他是康有為的弟子,也是王闓運的弟子,他講的經學就是公羊學,他一天到晚跟我講公羊學。後來,我又修了吳康老師的課才知道,原來吳康老師在法國讀巴黎大學的時候就是學公羊的。他寫了《春秋三大政策》,法文版的。後來我到他家去,他就拿出本博士論文給我看。他說:「我的指導教授很欣賞這本論文。這個是講春秋的。」我說:「原來老師也是從這一路下來。」我才知道吳康老師原來也是從晚清今文經學這個地方著手的。他講《公羊傳》其實是可以做一做,我就有點好奇了,毓老師講公羊學,但他又不多講,這給我心中留下一個 question mark。後來碰到吳康老師說公羊學可以做一做,於是我就做公羊學。結果沒想這一路做下來的儒學就是從《春秋》通到《易》,然後就是以《論語》為本。我讀《論語》的感覺,跟陳老師讀起來不一樣。陳老師讀起來認為「攻乎異端,斯害也矣。」好像孔子就是喜歡批評別人。我的理解不同。我認為「攻乎異端,斯害也矣。」這個攻,是攻擊的攻。異端就是不同的端。攻擊不同的端是有害的。那是什麼意思呢?就是「和而不同」!孔子是無常師,集大成,而且是聖之時者也。這個是從孔子透示出來的儒學精神,那是多麼地通情理,是多麼地博大精深。孔子這樣博大,居然還去拜老子為師,可見孔子的偉大就在這個地方。我總覺得,在中國的哲學裡面,孔子的學問幾乎是包含著老子的學問。孔門的四科,德行科裡面顏淵這一派,就是孔門裡面道家氣味最濃厚的,但是孔門又不是只有講道家這一派,他還有子路這一個政事派,有子貢這一個外交家,有子游、子夏這個文學家,還有教育、思想、文化的人材。可見孔門的門徒,何其雜也。這個雜有一個好處。雜者,並非雜亂,而是會

通。所以我覺得未來我們時代的整個思想潮流，各愛其異，正好能夠聚其同，會其大同，從這個地方才能夠顯現出來。所以我覺得就是要有不同，才能夠激發我們的思考，學問才能夠變好。今天聽到林教授的話，其實他就有一種精神，就是要把學術的語言變成生活的語言，把儒學從經典的語言，變成生活的語言。我覺得這一點是我們須要去做的。但是，我覺得他說「道生一，一生二，二生三……」這一點，我覺得好像是望文生義。發揮是很好，很清楚，但是這個地方我是覺得發揮是可以，但是仍然得回歸原典。這個地方我覺得是很重要的，我也趁這個機會提供我的看法。今天非常感謝林教授能夠來我們的系，適逢他的結婚紀念日，那更是生生不息的開始。

林安梧老師回應：

關於《老子》的部份，我想我還是說一說。這個部份其實是這樣子，我且先嘗試說說，今天時間不夠，沒有辦法去說他，但願以後有機會再說。我在大四的時候，修了兩個課，一個是《易經》，一個是《老子》。起先，我想去談一個東西是關於「不可說」、「可說」、「說」跟「說出對象」的關係。這是整個從語言哲學的角度重新再審視《老子》跟《莊子》，也就是思考語言、存在跟價值的關係。今天我們可能沒有時間來談這個問題。其實我們在思考一個東西一定不能穿鑿，我非常不喜歡穿鑿。你一定不能附會、不能穿鑿，但是你可以發揮，而發揮一定要回到原典。談到原典我要強調的就是：「如果只讀原典，那就會走不出座標的原點；如果不讀原典，就會回不到座標的原點」，所以不但要讀原典，我覺得也要讀好的詮釋。譬如說，我想方東美的東西我們讀過，還有徐復

觀、唐君毅、牟宗三、熊十力，還有馮友蘭、賀麟。另外，現在還健在的像李澤厚、葉秀山、……他們是都是我熟悉的前輩朋友，我也是受益很多。

關於我所想的這些東西，我也一步一步地盡很多力量。另外還有很多的東西必須去看，包括馬王堆、帛書、楚簡的東西，我也很注意地在研究，我一直覺得不能疏忽這些東西。特別是，中國哲學之所以難治，在於他的整個學問性的傳統還沒有建好，這其實還要花很多的工夫。我想，因為現在慢慢的有一點機會了，這一代，一步一步地累積。我也常跟年青一輩說，我們能夠做的，不是牟先生他們那一代做的事，而是在培養下一代。再下一代，可能再兩三代也不知道能不能再出現像牟先生、方先生他們那樣比較大的學者，在綜合力、各方面總總。雖然我談的也很宏觀，但是我常常強調：「沒有微觀的宏觀會空洞，沒有宏觀的微觀會盲目，會失去焦點」。能夠回到自己系裡面來做這樣的一場演講，我真的很高興。

（本文乃應陳鼓應教授、林義正教授之邀於二○○二年十一月廿五日講於臺灣大學哲學系，由中興大學中文系博士生廖崇斐先生依錄音紀錄完成）

附錄二、John Makeham 訪談林安梧(之一) ——論「新儒學」與「後新儒學」

梅約翰（澳洲 Adelaide 大學中文系教授）
林安梧（臺灣師範大學國文學系教授）
時間：二〇〇三年一月廿二日
地點：臺灣師大文學院館八二一室

　　編案：這是梅約翰教授（John Makeham）在西元二〇〇三年一月間在臺灣師大對林安梧教授的一篇訪問稿，全文由研究生廖崇斐、李彥儀、何孟芩等人根據錄音稿整理完成。內容所涉甚廣，大體及於思想與意識型態之區分，新儒學、當代新儒學與後新儒學諸多向度，全文內容曾經受訪者校閱。

關鍵字詞：意識型態、連續體、牟宗三、現代性、佛教、海洋儒學、我與你、我與它、異化、本質主義、傳統

　　梅問（梅約翰教授 John Makeham，以下以梅為稱）：有人說當代新儒家在臺灣，可以從兩個方面去探討，一個是作為一種意識型態，另一個是作為一門學問。作為一門學問的話，也有人說它的貢獻不是很大，它的進展不是特別明顯。但是作為一種意識型態，是它比較顯著的一個特點，你覺得這樣講有沒有道理？

　　林答（林安梧教授，以下以林為稱）：在華人的學問裡面，「學問」跟「意識型態」這個詞，它是有一個連續的關係的，並不是可以截然分開的。我想也不只是華人，在人文的學問裡面，其實作為學問跟作為意識型態，它有其連續體（continuity）的關係。就當代新儒學來講，作為一門學問，我想老一輩的先生，像唐君毅先生，牟宗三先生，徐復觀先生，我想他們所獲得的學術成績是卓越的。從體系性的建構到文獻的耙疏、整理、構造，以及哲學史上的探討，都有相當高的成就，我想這一點是學界所共同肯定的。作為他們的後學者，我個人認為在學問上的，大部份的後學者是延續這個規模所作的發展，我認為還是學術性的。至於說作為一種意識型態，如果我們把意識型態作一個更廣泛的理解，就是說作為一種行動的指導方針，或者作為生命的一種理念信守，或者各方面種種。如果用「教」跟「學」來作區別的話，我想很清楚，也不需要再費很多的言語去說明。如果說「教」跟「學」做個比較的話，我並不認為在臺灣屬於「教」的層面有更多的發展。

　　梅問：沒有更多的發展，這是為什麼？

　　林答：因為整個時代的氣氛，屬於「教」這個層次，特別就儒教來講，這個層次並不是那麼繼續容易發展。當然新儒家的人物裡面，在新的傳承這一輩裡面，帶有宗教性的人格不如老一輩的人，

老一輩的人比較帶有「教」的人格。譬如說像牟宗三、唐君毅、徐復觀三位學者，他們都是很好的學者，除了作為很好的學者，他們的實踐性格其實比我們作為後起者都更顯強烈。更早一點的梁漱溟、張君勱那就更明顯了。

　　梅問：是不是這個年代，儒教作為一種意識型態，或者一種宗教信仰，已經沒有地位，已經沒有它的價值了？

　　林答：我想這不能從這個地方去推論，基本上應該從幾個層次去理解。原先的儒教它是跟整個官方的帝皇專制的政體，跟整個宗法封建的社會，跟整個小農經濟的組織結構，它是結合在一塊兒的。用我的話來說的話，它是一個「血緣性的縱貫軸」所形成的一個社會政治經濟的總體。在這狀況底下，儒家它依循著這樣一個體制，在體制裡展開它的力量。政治體制是官方的，而在民間的社會裡頭，它源遠流長的一種血緣親情，仁義道德教化是連在一塊兒的。但進入現代化以後，整個政體變化了，整個社會結構變化了，而在這個過程裡面，我覺得儒學必須要有一個新的轉化，而它在這個轉化的過程裡面還在適應中。當然你可能會覺得未免適應太久了，但是我覺得這就是一個很大的挑戰。所以儒學屬於「教」的性格，好的來講的話，就是它已經可以很徹底的從原來的政治體制裡面脫落出來，但是它必須要有一個新的建構，而這個新的建構可能就必須面對各個不同的宗教而有新的挑戰。

　　梅問：……他目前缺乏一個很重要的基礎，那就是現在沒有人讀四書五經了。是嗎？

　　林答：嗯，我並不認為現代沒有人讀四書五經，就以臺灣為例。臺灣讀四書五經的，五經比較少了，讀四書，當然《論語》、

《孟子》是十三經裡頭的兩部，而《大學》、《中庸》都是放在
《禮記》，屬於五經。但是總的來講，四書五經，四書部分，就我
所知，其實在臺灣的宗教裡頭，譬如說一貫道的傳統，一貫道基本
上是以儒為體，以道為用，以佛為相，我的理解是這樣。那麼在一
貫道的團體裡面，基本上屬於四書的講習還是非常多的。

　　梅問：中層階層的話，還是以佛教比較受歡迎吧？

　　林答：總的來講，在臺灣佛教是比較受歡迎的。但是我願意這
麼說，就是即使佛教徒，包括佛教的高僧大德，他們在傳播佛理的
時候，也把儒家的思想滲透在裡面。當然這個問題牽涉到，我做一
個比喻，就是說儒家還是用傳統的商店經營方式，但是現在佛教它
有一個蛻變，它好像 7-11，好像全家便利商店，它是連鎖的一直
出去。現在它那個店開得很大，開得很好，開得很亮麗，它這個店
一樣可以賣你儒家的東西，而且本來人類的精神資源就是相通的，
而它也可以從它那裡繼續生長的，這個地方並沒有什麼不正當性的
問題，它有它的正當性，合法性。

　　梅問：在那種環境裡，儒家的東西難道不會變質嗎？

　　林答：我認為很基本的就是會攝入到它裡面，然後為它所吸
收，然後到最後成為它的一部分。但是這個對於儒家的發展來講，
某一個意義下，當然儒家就是落後了。有一次李澤厚先生到臺灣來
訪問，他到花蓮慈濟訪問證嚴法師，他回來跟我說，他覺得慈濟講
的很多東西其實是儒家的思想。但是我覺得雖然慈濟講的很多東西
是儒家的思想，但是他畢竟是整個收歸到它佛教的團體裡面去了，
也就是和佛教融合在一塊兒，而它是以佛教做底子的。當然在這個
過程裡面，儒家是面臨很大的挑戰。如果說儒家在民間裡面還有力

量的話，在宗教團體裡面，其實就是一貫道多一些。其他的宗教臺灣一般的民間信仰，所謂的儒宗神教，這裡有一些相關連的。但是在臺灣，儒教並沒有以一個「教」的名義出現。

梅問：以前也沒有嗎？

林答：以前的話，因為它是官方所倚賴的、所立國的一個基礎，基本上就是我剛提到的一個「血緣性的縱貫軸」，在這個血緣性的縱貫軸裡面它是以孝悌倫理為主導的，從「父子有親，君臣有義，夫婦有別，長幼有序，朋友有信」這個三綱五常的傳統一直貫下來的。現在這個部份必須面臨到很大的挑戰，必須重新轉化。這個部分，我最近的提法就是說，不是儒家的內聖怎麼開出外王的問題，而是在一個新的 modern society，在一個新的現代社會，現代化過程裡面，儒學必須重新調整，而有一個新的內聖的問題。也就是不是從內聖怎麼開出外王，而其實是從外王重新調節出一個新的內聖。內聖的重點不在於強調內在的心性修養，而應該是注意到一個 social justice，一個社會正義底下，你如何安頓你的生命並且參與社會正義。這個部分我想儒學是需要努力的。

梅問：但是前一百年，有人就提倡這樣一個講法，就是儒學必須入世，必須參加社會活動，必須能有實踐的表現。到底這一百年以來，做到了多少？

林答：它大體是這樣的，這一百年來，整個華人世界，中國、臺灣、新加坡、香港整體來講，在現代化的過程裡面，儒學跟道家跟佛教是分不開的，它們成為華人最基本的、內在心靈的一個土壤。我的提法可能接近是，作為一個心靈的土壤，儒道佛起了一個調節性的作用，它們並不是推進現代化，它們可能某些部分跟現代

化之間必須有一個新的調節的關係、摩合的關係。但是它總的來講，特別在臺灣，在香港，在新加坡，或者在韓國，整個東亞四小龍的興起，其實儒家、道家、佛教起了一個非常重要的，調節性的作用。當然，先前的日本也是如此，我以為以後的中國大陸也是如此。就這一點來講的話，它們並不是沒有作用，只是因為它以前原來所帶的，借用佛家的用語來講，就是「歷史業力」，也就是一個歷史的包袱，歷史的力量，使得大家一想到儒學的時候，就覺得應該趕快把它拋棄掉。但是其實儒學它仍然在民間裡生長。現在比較大的問題是我們談儒學的人跟整個民間的 continuity，這個連續性，沒有處理的很好。所以儒學好像變成了中文系、歷史系、或哲學系裡頭某些教授，去做 research 的工具，好像是俾利營生取得學位的工具而已。其實不是，它在民間裡面仍然有它生長的力量。

　　梅問：那麼它在民間最核心的表現是什麼？

　　林答：在最核心的表現基本上就是孝順父母，友愛兄弟。在整個臺灣截至目前為止，基本上孝悌人倫仍然是我們最重要最基礎的倫理，最基礎的道德。

　　梅問：這個是屬於儒家的壟斷嗎？

　　林答：我想這個地方牽涉到其實人類各個不同的宗教，各個不同的「教」，或者說各個不同的意識型態，各個不同的人類心靈，它其實有它的一個 universality，它的普遍性，這個不是儒家能壟斷的。我想儒家所提的孝悌人倫是儒家的一個根本，而孝悌人倫在家庭裡頭。那麼從孝悌人倫再往上提的話，就是談仁義道德。「仁」談的是一種真實的情感互動，一種真實的愛，孟子所謂的「怵惕惻隱」。「義」講的是一個客觀的法則。所以基本上來說，講仁義道

德的時候，在儒家來講是從孝悌人倫往上提著說。以前它是在一個宗法封建、帝皇專制，這樣一個社會跟政治的總體裡面去講「孝悌人倫」與「仁義道德」。但是現在是在一個，譬如以臺灣來講，是在自由社會、民主憲政，這樣一個社會政治的總體下去談孝悌人倫，去談仁義道德。這時候孝悌人倫、仁義道德它的具體內容必須有一些調整，而我認為現在正在調整之中，而並不是說儒家它就因此都沒有了。當然如果屬於儒家的學者，或者說屬於儒家的信徒，他在這裡不發生作用的時候，它會被其他各個不同的派別，各個不同的人所取代，儒家的思想就整個滲透到這裡面而消失掉了，被溶解掉了。因為儒家所談的很多東西，就像各個宗教所談的很多東西，是 universal 的層次的，雖然他也有 particular 的部分，但是這個 particular 的東西，他必須隨著一個 historicity，一個歷史性而變化。這個地方就以佛教來講，三十多年前的臺灣佛教跟現在的佛教就有很大的不同，這個時候必須要有一些人格典型，一些真的偉大的 personality，在那個地方成為一個非常好的 ideal type。佛教是有這樣，所以他成就了他這個「教」，整個往上提升了。三十多年前臺灣的佛教跟道教跟其他什麼，根本是混在一塊兒的。現在儒家需要像佛教一樣出現一些這樣的人格典型。

梅問：佛教為什麼這三十多年來就比較成功呢？

林答：就是我剛剛說的，因為它有幾位相當難得的人格典型。譬如說星雲、聖嚴、證嚴幾位大師。他們對整個佛教有一個 reformation，一個改革，這就好像西方的 religious reformation、宗教的改革一樣。我覺得儒教也必須要有一個新的改革。而這個改革，我現在的提法是說，並不是說如何從自己的傳統轉出去談如何

開出現代化，而是在現代化的過程裡頭，如何重新來變革這個傳統，而這個變革必須要有一個很大的變化。

梅問：儒教能做得到嗎？因為看以前有佛教有道教，但是沒有民間的儒教。

林答：以前的儒教是「百姓日用而不知」，之所以「百姓日用而不知」是因為他已經被放在原來那個體制裡面，那個 structure，那個 institution 裡面。

梅問：但是它既然沒有一個形式不是更困難了嗎？

林答：我想以前他就是靠著那個龐大的形式，就是我說的宗法封建與君主專制整個的結構，而現在必須從那裡脫出來，因為那個地方已經垮掉了，現在必須有一個新的結構，他可能必須放在很多個 association，或者 society，或者 community，然後慢慢的生長，他可能必須成為一個 religion，某一個向度上。這個部分，我是覺得考驗著儒家未來發展的可能。

梅問：但是到底有多少人在推動？

林答：我想目前來講，單獨的推動沒有。基本上，還是跟著道，跟著佛連在一塊兒。這個地方其實是必須有人去做這個事，而且我覺得不應該排斥做這個事，現在應該是時候，但是誰去做，我想這是一個問題。以前梁漱溟其實有這個意願想做一點的，他推過「鄉村自治運動」，但是梁漱溟他是不是那麼高的自覺作一個儒教，我想未必。倒是康有為曾經思考過這個問題，但是他的儒教的想法裡面仍然跟我現在所說所構想的是不同的。因為他畢竟還是在一個君主專制，或者頂多說是在一個他認為的開明專制的君主立憲下，而說的一個國教的儒教。而不是跟其他各個宗教可以相互競

爭。我想現在如果重提儒教運動跟康有為那個時候的儒教運動是兩回事。

梅問：有一個講法，說如果沒有牟宗三，就沒有新儒家，你覺得如何？

林答：我想這個話是講的過頭了。應該這麼說，牟宗三是做為新儒家整個發展的一個高峰，但這並不意味著，沒有牟宗三就沒有新儒家。因為從熊十力、梁漱溟一直到張君勱、唐君毅，他們其實都是在牟宗三之前就已經開始發展他們的思想了，甚至已經締造他們的理論想法了，而牟宗三只是更為完備。他所涉及的深度跟高度跟體系性比較強。

梅問：但是牟宗三他也沒有特別強調他是梁漱溟、熊十力的繼承者。

林答：他的確是沒有那麼強調，但是當我們作一個思想史理解的時候，是看這裡頭有沒有他的 continuity，如果有他的 continuity 的話，是可以說的。譬如說熊十力到牟宗三是有它的 continuity 的，有它的一個連續性的。

梅問：這個連續性有是有，但是不是牟宗三以後的人才有這個提法，才有人開始形容有這麼一個系統？

林答：我想分兩層來說，首先，牟先生並非完全沒有自覺，他其實已經也有自覺的是在走這個路，而後人更發現這裡頭有他的連續性（continuity）。也就是說牟先生在發展他的學問的時候，他是受到熊十力的啟發跟影響的。但是牟宗三的系統並不完全被熊十力的系統所限制，他也不是完全發展了他的系統，他就某一個向度加上他自己的發展，而熊十力是有他另外一個成就的。所以我想這裡並

不一定可以那麼清楚的區隔，也不必這樣區隔。

　　梅問：牟宗三後的新儒家，包括臺灣跟大陸的，大陸當然少一些，他們有什麼比較值得提的貢獻？

　　林答：所謂「牟宗三先生之後」，應該是年紀比他輕的這一班人全部都算吧。那麼大概分兩個向度在走，一個基本上是繼續著牟宗三先生原來所建構的那個哲學結構，而繼續往前發展。這個繼續的往前發展，我就把它叫做「護教的新儒學」，維護牟宗三先生基本的理論系統。另外一個我稱之為「批判的新儒學」。一個「護教的新儒學」，一個「批判的新儒學」。「批判的新儒學」基本上是對牟宗三先生的系統作一個歷史的回溯之後，給予一個分判。這個分判是想把牟宗三先生過世的那一年，當成一個以牟宗三系統來講的新儒學的一個轉捩點。

　　梅問：但是既然你的著重點還是牟宗三，那麼我們又回到剛才我問的問題，如果少了一個牟宗三，那麼還有什麼新儒家可講呢？現在的這些新儒家學者，他們所談的中心人物還是牟宗三？好像牟宗三的名譽越來越大。

　　林答：我想個問題牽涉到幾個方面，一個就是牟宗三先生年輩與唐君毅先生一樣，不過唐先生早過去了將近二十年，而且在臺時間久，牟先生的影響力自然較大。唐君毅先生他所構成的一套系統和牟宗三是不一樣的，再往前追溯，熊十力也是不一樣的。我自己個人認為熊十力的哲學是必須要重視的，唐君毅的哲學也必須要重視的，只是因為牟宗三先生的系統是非常分明的，而且他的學生有很多原來是中文系出身的，而中文系出身其實對哲學整個綜括的理解上是比較有限的。中文系學生對哲學比較有一個向道之心，就是

當成一個「教」，當成一個「道」，這樣的一種心情。正因為，牟宗三先生他的學問體系非常的龐大，非常的嚴整；一方面他的學生輩裡面學中文的比較多，而在中文系所講的中國哲學，它的求道意味比起哲學系濃厚；另外一方面，他又多活了二十年。所以在這個過程裡面，很自然而然的，他的學問就比較是一種「教義」的傳播方式來發展的，這個是有密切的關係的。如果我們從一個知識社會學的觀點來講的話，那是很清楚的。

在這樣的過程裡面，我是覺得有必要對牟宗三先生的整個傳統做一個回溯，我的理解是把他回溯到宋明理學上，這個脈絡整個來看，他當然也受到西方哲學的發展影響。我認為如果以「格義」來說，牟宗三先生在中西方文化的會通上來講，他應該是「格義」的一個巔峰，但是所謂巔峰並不意味他已經達到中西哲學的真正會通，因為那還是不對等的。當我們說要從「格義」進到一個新的境地的時候，必須雙方的概念是對等的，這個必須往前走，而這個時候我覺得牟宗三先生的哲學變成了一個很重要的資產。這個資產不是說我握有它就得了，而要去釐清它，檢討它，批判它，繼承他。一方面是批判的繼承，另外方面是真正的延續與發展，我認為必須要有一個這樣的很高的自覺意識。但是目前來講，因為牟宗三先生的學問已經被納到一個 academic system 裡面，一個學術的政治組織裡面去，放在中央研究院所研究的項目裡，因此也會引發更多研究者。但是因為他是被放到目前這個研究體制底下，作一個對象來研究，所以他基本上原先的生命活力，其實反而會受到禁錮，甚至由於体制所帶來的權力（power）問題，他也可能被匡限、被竄奪。相對來講，像唐君毅，像熊十力反而就被忽略了，因為研究者只有

一些，他們比較不受鼓勵，所以在這樣的過程裡面，這一點是我覺
得並不是很好的。那麼中國大陸的年輕一輩對於這些東西的研究來
講的話，他們因為也有他另外一個儒學的傳統，像馮友蘭，像張岱
年，湯一介種種這些，他們也會注意到唐君毅、徐復觀。總的來
說，就哲學的深度與高度來講的話，有些研究還不及臺灣，像中央
研究院對牟宗三研究的深度，但一方面，當然就是，整個大陸現在
正在發展中，未來是不是會有更大的發展，這是值得注意的。未來
他的侷限會越來越少，這是肯定的。當然牟宗三的思想還是會影響
比較大，有幾個原因，一個就是牟宗三的書，這幾年由上海古籍出
版社出版，他發行量很廣，特別他重要的著作，像《心體與性
體》，像《中國哲學十九講》，像《中西哲學會通十四講》，還有
《圓善論》，還有其他都陸續在發行中，所以這個影響力會更大。
這樣的影響力大基本上對於整個大陸的中國哲學研究來講當然是有
一股新的生命力，不過因為整個大陸的新儒學的研究課題，近十多
年來，新儒學研究課題是顯學，相對來講的話，中國哲學的研究，
原來譬如說以船山學來說，這十年來反而停滯，這其實並不好。不
過現在伴隨經濟的發展，整個學術也在發展中，我想這個會有變
化，而且原先那新儒學的研究課題已經結束了。

　　梅問：我發現最近幾年大陸那邊發表論文，好像先秦的，和這
個宋明的來相比的話，還是先秦的越來越多，宋明的越來越少，這
個對於新儒學會有什麼樣的影響，會帶來什麼樣的影響？

　　林答：我想這個牽涉到大陸這些年來有很多竹簡啦、帛書啊，
這些東西，地下考古資料的刊行，這當然還牽涉到國家的研究課
題，也牽涉到一個學問的客觀性，各方面種種。他比較有客觀性，

因為這些東西它總要整理而且又有經費，那麼這些東西的出現，它會對於整個中國古代思想史有一些重新的理解。那對於儒學的發展來講的話，他未必那麼直接，但是總的來講，客觀學問性的講求會越來越高。明顯地，大陸目前學問性的講求已經超過原來意識形態的方式很多了，意識型態慢慢在淡化中。但是以研究新儒學來說，也有一些研究者，他們把它當成信念了，而目前來講，作為信念的儒學，作為你先前提問講的「意識形態」，或者「信念」，或者「教」這個儒學，在大陸其實也在生長中，這當然不是很多。

梅問：不是很多！恐怕沒幾個吧？真正的把自己成為一個新儒者。

林答：應該這麼說，就是說自覺的把自己稱為新儒者的不多，但是伴隨著整個大陸經濟發展，跟官方有意的扶植儒家、道家，整儒道兩教作為意識型態的發展，其實正在民間裡頭影響著，包括這些年來，大陸的年青人乃至小孩的讀經運動。其實官方是有意的放手，讓他自己生長的狀況之下，正在方興未艾。

梅問：不過，那還不是很普遍吧？

林答：嗯，還不是很普遍，正在生長中，所以這個地方有待觀察。但是依我看來，伴隨著整個大陸的經濟發展來講的話，整個經濟在這個發展的狀況底下，馬列主義，原來的教條性的馬列主義基本上幾乎是完全退落了。退落了之後，這裡繼續發展的，未來他必須依靠著，他必須要有一個調節性的力量，他不是一個控制性的力量，而最適合做為調節性的力量就是儒、道、佛這三教。中國傳統經過了幾千年，特別到了明代中葉以後，這些東西已經成為人們心靈的一部分。我在一九九○年第一次到中國大陸的時候，就覺得中

國的民間百姓其實他骨子裡面，他心靈的深層結構裡面，仍然具有儒，具有道，具有佛的因子在的，這必須肯定。這真是「野火燒不盡，春風吹又生」啊！現在他其實還在生長中。大陸改革開放十多年了，未來十年左右（也就是二〇一〇左右），他可能必須面臨非常嚴重的，我覺得是個非常嚴重的一個轉捩點，他能不能經受得起，這也很難說，這很辛苦，我認為大陸也自覺到這個問題的嚴重性。

梅問：嗯，這個後新儒學，後新儒學在大陸可以扮演著什麼樣的角色？

林答：「後新儒學」大陸現在大家也留意到了，因為我在一九九四以後開始有這樣的一個提法，正式提到文獻上則是一九九六年間。我當時的提法就是牟宗三先生之後，因為整個新儒學的大師，牟先生的仙逝，那真是一件天大的事。就臺灣來講，儒學的思考，一直牟宗三先生的影響力非常大，包括我們鵝湖月刊的朋友，鵝湖月刊的朋友雖然他的各個不同想法很多，但基本上還是以牟先生的思考為主導的。在中國大陸來講的話，其實還沒有那麼自覺到的說所謂「後新儒學」，他們只是也開始思考到整個儒學在發展。「後新儒學」這個詞，他們並沒有很清楚的意識到說，是針對著何者來說，怎麼樣繼承與發展。，就我個人來講的話，是很清楚的意識到在理論系統上的轉折。這個轉折就是從牟宗三先生的「現象」與「物自身」的兩層存有論，有一新的發展。我現在的提法就是我那天跟你提的「存有三態論」，從「存有的根源」，到「存有的開顯」，到「存有的執定」。我這個理論可能必須還一段時間才會正式的把它寫成一本專著，但是在整個發展裡面，我大體來講，現在是發展到一定的程度。我認為我現在這個提法，比方說對《中

庸》、《易經》這個老傳統來講就與牟宗三先生所說的「一心開二門」的系統是不一樣的。「兩層存有論」並不是當代新儒學的共法，而是牟先生的獨創，唐君毅就不是一心開二門的兩層存有論系統。唐君毅在他《生命存在與心靈九境》那部書，他所提的就不是牟宗三先生「一心開二門」的系統。在熊十力的《新唯識論》也不是這個「一心開二門」的系統，而是比較接近我說的「存有三態論」的系統。我的「存有三態論」系統，其實是從熊十力的《新唯識論》裡作作一個創造性的詮釋（creative interpretation），進而有的一個重建（reconstruction）與發展。我認為這個地方還有很多東西必須要去面對，譬如說你面對一個新的現代化的社會，你必須怎麼去處理，教育的問題你必須怎麼處理，各方面的問題怎麼處理，而這裡頭，我覺得它必須要有一群人的努力，當然是不是能夠有一群人的努力，這個是一個很大的考驗。

梅問：香港呢？請您談談香港的新儒學。

林答：香港的新儒學！以前我們談新儒學，常合稱叫「港臺新儒學」，就香港跟臺灣，香港以新亞書院、新亞研究所，那麼現在有個部分是在香港中文大學的哲學系，以前錢賓四先生、唐君毅先生、牟宗三先生、徐復觀先生都曾在那邊任教過，這四位先生都已經故去。後起的劉述先教授也退休，回到了臺灣。香港中文大學哲學系屬於新儒家的調子也就少了些！新亞研究所也少了些。在香港，我想還有少部分的牟宗三先生，唐君毅先生的門人，那麼他真正還有實踐的動力的，最強而有力的，其實是霍韜晦先生，霍先生自己創造了法住文化書院，「法住」其實是佛教的，它與佛教結合在一起，對香港社會有著相當的貢獻。但從這裡，我們倒可以看

到，儒學在現代社會的發展中，如果要走進去而有力量，可能必須面臨很大的挑戰。

梅問：那新加坡呢？現在有沒有人參加新儒學活動？

林答：新加坡一直是華人活躍的舞臺，儒道佛三教的思想都有。像以前牟先生的學生，像蘇新鋈教授，他也是唐君毅先生的學生，他在新加坡國立大學哲學系任教，目前來講他們幾年前成立了另外一個「新加坡儒學會」。「新加坡儒學會」也參與國際儒聯。整個國際儒聯在整個儒學的發展上有它一個組織跟結構上的作用，而新加坡的儒學會因為伴隨著新加坡的政治社會總體，它仍然代表一個很重要的象徵。

梅問：我提到香港和新加坡，從八五以後，恐怕就很少有人寫有影響的文章和專著，就是從這個新儒學的角度。

林答：當然以前牟宗三先生很多著作是在香港寫的。八五年以後就很少，沒有錯，我想這個理解是正確的。或者說即使有寫，基本上都是一個 research，就是一個研究。作為學院裡頭的一個研究，它其實對整個民間社會，整個 civil society 的影響非常有限。

梅問：臺灣和大陸學者之間還有什麼隔閡？你們溝通上有沒有什麼隔閡？意識型態上還有隔閡嗎？

林答：我想，看是哪方面的學者。當然比如說儒家的學者，研究儒家的學者來講的話，我認為隔閡是在減低中，在消融中，在幾乎慢慢接近到沒有什麼隔閡的境地。如果說早先，因為跟大陸的學者，依我接觸的經驗，在十幾年前接觸的時候，他們受馬克思主義教條的影響比較大，而這些年來他們馬克思主義的教條的影響越來越少。那我個人從另外一個角度去看，就是說其實馬克思主義的成

分在大陸的學者裡面仍然扮演一定的角色，但是這個一定的角色比較是一個學問性的角色，而不是一個意識型態的指導方針了。

梅問：不過，那這麼說的話，方克立怎麼說？

林答：我想方克立也是一個很重要具體的例子，他代表的是仍然比較堅持在馬克思主義的傳統下，來發展所謂的儒學。但是，你如果從他前後期的著作看下來的話，其實腳步也在調整中，我想這是值得重視的。方克立推動新儒學的研究，這十多年對大陸學界起著重大的作用。

梅問：現在好像沒有類似的推動者，就是新儒學的一個推動者，他當然不是一個信徒或者一個傳教者，但是，他推動了這門學問。

林答：以大陸來說，作為官方的一個推動者，我想，就目前來講大概是這樣的。就是說，整個大陸在發展的過程裡面，現在大概就會，因為他們，我記得應該是從國家的發展計畫裡面變成幾個重點基地，像是倫理學研究基地，像是中國傳統文化的研究基地，乃至素質教育的研究基地。素質教育就是我們說的 general education，或者 liberal arts，那麼它基本上來講的話也在發展中，但是他並沒有特別標舉。這裡如果說要舉出具體的人，武漢大學的郭齊勇教授應該會是比較重要的推動者之一，像上海的楊國榮、陳衛平，北京的陳來、陳明等等。

尤其是陳明十年來的《原道》已振動了中外。

梅問：我們之前提到過，大陸現在還有人自稱為新儒家嗎？

林答：嗯，就我所知，應該是有，譬如說羅義俊，我想他是很清楚的把他的 commitment 放在新儒家，這是肯定的。那蔣慶的

話，他提的是較接近「外王」這一面。他用了一個詞，不是很好的詞，也容易被誤解，叫「政治儒學」。我想他的意思是儒學必須通過政治來實現，而不是一個政治化的儒學，而是儒學本身必須通過一個，在一個具體的政治的活動裡頭，他有他要扮演的角色。

梅問：是經世儒學嗎？

林答：沒錯，「經世」，我想這個詞用得很好，就是經世濟民，經世儒學。

梅問：嗯，臺灣本土化運動和新儒學運動，這兩個運動之間有沒有矛盾？

林答：如果就學理上來講，他不應該是矛盾的，但是就政治上講的話，目前碰到了某種矛盾的狀況。因為就就學理上來講的話，臺灣所謂本土化運動是不能離開漢文化運動的，既然不能夠離開漢文化運動，漢文化裡頭的儒、道、佛的整個生長是必須被肯定，必須被正視的。不過，由於臺灣海峽兩岸的政治關係，使得臺灣的本土化運動跟他的原來的母文化，有著一種很奇特的關係，就是所謂的矛盾關係。但是我認為這樣的矛盾關係是暫時的，或者是假象的，也就是因為臺灣畢竟以漢人做主體的，以漢文化做主體的，即使他有意的要區隔所謂的「中原文化」與「臺灣文化」，但是他骨子裡頭，仍然是以中原文化做主導的，所以我認為這個矛盾關係只是表象的，或者是一時的，當政治的氣氛變得比較緩和的時候，他有一些新的，進一步的發展可能。但是這樣的發展也好，因為這會使得臺灣的儒學可能會有新的向度，其實在十幾年前，蔣年豐教授與我就有一個提法叫「海洋儒學」，有別於原來的中原的「大陸儒學」，「海洋儒學」更具有國際性的，更具有開放性的，更 liberal

的。

　　梅問：這個「海洋儒學」，它指的是臺灣、新加坡、香港，還包括北美嗎？

　　林答：也包括。我當時提法是說，是「邁向海洋的，朝向全世界的」。當然這個提法背後都有一些時代的因素，但是我認為這個提法也沒有什麼不好，它也可能是一個新的發展。但是整個來講，可能海峽兩岸的關係會趨近於緩和，然後達到一個我所謂「一統的境地」。我用「一統」這個詞跟「統一」不太一樣，統一的話就是中國傳統的帝皇專制的，以中原為核心的，而一統我用的是「春秋大一統」這個觀念。「一統」是多元的，而「統一」是單元的。我認為秦漢帝制是統一，而秦漢之前的春秋那才叫「一統」。

　　梅問：也不見得，當時不是戰國嗎？

　　林答：對，我是借用一個 model，借用那個模型說的，戰國再往前是春秋嘛，就是孔老夫子想法裡面「春秋大一統」，「大一統」跟「大統一」是不同的，統一就小啦，因為它是霸道，是小統一，「大一統」對比於「小統一」。因為中國以前是一統而多元的，多元你才能夠「邦有道則入，邦無道則隱」，孔老夫子才能夠周遊列國。

　　梅問：文哲所（按：即中央研究院中國文哲研究所）的新儒提倡者還有創造性質的貢獻嗎？

　　林答：以臺灣的文哲所目前所做的新儒學研究，基本上比較偏學術性的研究。因為整個臺灣的中央研究院的特質上，基本上是受到歷史語言學派影響的，歷史語言學派是認為學問（包括 human science）是有它一種科學性的，它是可以對象化，作為一個客觀實

證研究的，這個影響非常非常大。新儒學也好不容易成為中央研究院研究的一個對象，我覺得他很難避免在一個學術的體制裡面，在科學主義主導底下的某種客觀性，而這樣的客觀性往往是犧牲了人文的可生長性跟可創造性，我並不認為在中央研究院的文哲所所做的新儒學研究是新儒學的創造，我認為它是一個研究，這個研究基本上是一個對象化的研究。至於說他之於新儒學本身的發展，我認為應該起著一個「間接的影響」，但是並沒有「直接的效用」。而另外就是在臺灣非常複雜的學術權力的鬥爭跟平衡底下，它其實只是聊備一格，作為某一個大的系統裡面某一個小的部分，它也不可能有太大的作用。不過，有總比沒有還好，這是肯定的。如果另外說它有的功能，可能因為它在一個學術的龐大知識體系裡面，它有國家的力量來支持，那麼它跟國外的互動會多一點，說不定也因此而引發了更多國外的學者來關心這個問題，所以我說在間接的效用上，它是有的。

梅問：臺灣的當代新儒家有誰？代表人物是誰？我說的當代是當今的，今天的？

林答：一般來講，臺灣的新儒學，從牟宗三先生之後來講的話，老一輩人有中央研究院的戴璉璋，東海大學的蔡仁厚，成功大學的唐亦男，還有臺南師範學院的周群振，再來就是王邦雄，曾昭旭，之後，就是我們這一輩人了，包括我、楊祖漢、袁保新，包括李明輝，包括王財貴，包括高柏園、顏國明、陳德和、周博裕，這樣下來，數起來應該還有二十個以上的學者。

梅問：那麼，這些學者的人數是不是越來越少？

林答：應該說，這些學者的學生輩也不少，在發展的過程裡

面，新儒學的旗幟，這個色彩逐漸的減淡，甚至不見了，如果用這個角度來看，是不是剛好符合你說的越來越少。當然我認為這個問題是不是有什麼發展，或者說是不是如鄭家棟所說的，是一個「正在消解的群體」，我認為這個倒未必，我想應該說是一個「重整」。

梅問：「但是重整的證據是什麼？我們怎麼能證明它是在重整中？」

林答：我想從幾個角度來看。就學問性上來說，新儒學研究的論述並沒有因此減少，還在增加中。對於新儒學理論的反省原先阻力非常大，但是這幾年來我覺得那個阻力減少了，大家意識到必須要去反省了。譬如像我的朋友，像楊祖漢，包括李明輝，以前他們大概是會很強烈的完全站在維護的立場，但這些年來我覺得，特別最近這兩三年來我覺得他們也正在調整，他們也覺得必須要重新去思考這個問題。當然他們是比較保留、比較保守的。這個重整，我想有幾個向度，必須要有人去做的，我想姑且借用杜維明教授區隔的三個向度「道，學，政」來說。在「道」方面，其實就是他必須要從 teaching 到 religion，教化到宗教，這個向度上來努力。在教化這個層面來講的話，王財貴教授提倡「兒童讀經」，讀經運動一時之間還未能發榮滋長，真正能夠長起來，這我想是也要再經過五年十年。這個部分還必須要有更多帶有一點宗教性的人格去實踐。就學問方面來講，我認為當代新儒學面臨到很大的挑戰，這個問題牽涉到全球文明發展的 human science 非常不景氣。這個部份我想是必須要看什麼樣的辦法。人文學（human science），是不是能夠，特別在臺灣，在華人地區，能夠慢慢走出自己具有 creativity 的

human science，我想這是一個很大的挑戰。因為基本上在西方的核心國家的主導底下，我們其實往往喪失了主體性，我們只是在西方的主導下的一個螺絲釘。怎麼樣掙脫出來走出自己的路，從新儒學裡頭走出來，這裡頭必須一方面要有 continuity，一方面也要有 discontinuity，連續與斷裂的 tension，在這裡如何有一個理論性的建構，我認為這個考驗很大。我自己在這裡做過一些努力，但是我覺得就能力、各方面種種，都面臨到很大的挑戰。還有時間，還有因為學問還是必須要有一 community 一起討論的，但是整個臺灣的學術社群現在如果比起牟宗三先生他們那個年代，看起來好像比較大，但是那個力量卻是比較小的。這問題牽涉到學問性的方法，因為整個學術性的結構它越來越客觀化、體制化，我們全部被消磨在那個體制裡面，我們怎麼樣走出自己的路來，這面臨了一個很大的挑戰。「道，學，政」這個「政」不只是 political，包括放在整個 society 裡面，我想就是你剛才用了一個很好的詞，就是「經世」，「經世儒學」。這個部分，我想是一個很重大很重大的考驗，我認為這個部分不長出來，儒學的發展空間會被壓縮得越來越小，所以最好的方式是有一群人，能夠有一個類似像基督教民主黨，這樣一個在政治上的儒教民主黨，但是它是否可能，目前並不樂觀。

梅問：現在臺灣的黨派已經太多了吧！

林答：我想如果有，那就看上蒼能不能找到這樣的人了。

梅問：「儒學復興熱」在大陸是不是已經過去的事了？

林答：我覺得還沒有，應該說大陸的儒學復興熱必須進到第二個階段了。也就是說，第一個階段基本上那個復興熱，如果借用辯

證法來說，它只是作為對立面的一端，現在大概跨過了那個階段，必須是一個好好紮根，好好生長的年代了。

梅問：我發現在大陸上發表的文章，題目裡用到「新儒學」的好像比例上少，但是用到「儒學」的多，這個要怎麼解釋呢？

林答：我想這個代表一個新的調整，因為起先大陸這十年有一個新儒學的研究課題，所以用到新儒學這個詞多。而現在這個課題已經結束，而整個大陸現在其實發現到馬列主義，應該說教條化的馬列主義，其實已經退潮，已經不可能了。

梅問：但是他實權還有！

林答：是，還有實權，但是這實權他正在轉化也在妥協中，所以整個中國文化必須再重新的生根，因為十年的文化大革命把這個東西，它好像樹木一樣，都砍伐了，現在必須重新種樹，而重新種樹依我看，至少要十年至二十年，文化來講的話要到二十年、三十年。最快，以目前的傳播、教育，各方面來講的話，一代人，一世三十年，可能還需要三十年。但是大陸以目前整個社會轉型非常非常的快，它是否在這個轉型的過程裡面，我認為十年就必須面臨到一個非常非常大的考驗，這個考驗就是整個社會的結構轉變，政治結構也必須轉變。這個轉變是否是一黨多派呢？是不是還是共產黨一黨專政呢？這都很難說。可能還是，但是它可能是一黨多派，或者別的政治方式，這個地方它有多重的變數，但是它勢必要調整。我認為這是儒學、道家與佛教的新契機。當然儒學可能面臨擠壓，他得發展但同時也得面臨很大的擠壓，他不一定能夠發展出來。這部份就要看大陸這方面的知識份子怎麼發展，這個部分有待觀察，也頗值得注意。臺灣的話其實是也有待觀察，但是臺灣其實比較容

易發展一點。

梅問：我們以後可以跟馬列，或者跟佛教，或者跟道教，像以前傳統社會不是有三教合一嗎？類似的一種發展。

林答：這我非常贊成，而且我覺得他不止三教合一，他可能跟基督教，跟伊斯蘭教，跟各方面的，他是作為多元文化發展裡頭的一元。我的意思也就是說，他已經失去了原先帝皇專制，血緣性縱貫軸的那個護符，他現在必須謙虛一點，他作為那麼龐大體系裡面的一點點，所以這時候，不要強調一個太強的主導性，它沒有主導性的力量了。

梅問：「這一點在你的著作裡面，有特別強調嗎？」

林答：我有提到。基本上我的關心是「作為多元文化裡面的一環」，這個是我想現代人所必須要有這樣的一個心情，而且作為一個學者也不能太強調你有多大的使命，因為你的力量是很有限的，你必須謙卑的去面對自己的有限。

梅問：那麼，既然你有這種看法，為什麼不去創造一個新的方向，一個新的哲學，一個新的思想體系，而不要依賴過去的？

林答：我想現在就是。當我在談，譬如說我自己學問的發展系統裡面，其實對佛教、對道家，我非常善意。甚至應該說，我對道家非常的喜歡，對佛教也很喜歡。我自己也讀 Bible，而且我覺得在大約二十多年前，新儒家跟基督宗教曾經有一次論戰，大概是以蔡仁厚教授與周聯華牧師為主，周聯華是基督宗教的牧師，蔡仁厚是牟宗三先生的大弟子，他們的一個論爭。他們的那個論爭就在宇宙光雜誌社出了一個叫做《會通與轉化》。我認為那基本上是各說各話，而且基本上是在牟宗三先生的系統裡，彼此的態度應該說是

不友善的。最主要的原因是因為民族主義（nationalism），那是因為他們那時代的因素，他有他的背景。這樣的民族主義，基本上，我認為應該要給予一個同情的理解，但同情的理解的目的是要給予恰當的安頓、恰當的放下，放下之後而進一步才能夠真正談溝通。我自己在閱讀 Bible 的時候，我自己覺得也深有感動，而且我覺得華人跟作為一個 Christian，作為一個基督徒，並不是矛盾的。在牟先生的想法裡面，說是矛盾的，我認為那不是矛盾的。一樣的作為一個西方人，譬如說你作為澳洲人，如果你作一個 Confucian，我覺得也並不矛盾，因為基本上這個地方，當我們開始有一種文化多元主義的想法，宗教的一個多元對比的想法的時候，我覺得我們的心胸就會寬廣了。當然這個地方也關聯到整個宗教學的發展，比較宗教學、宗教史的發展。所以學問性的發展很重要的。

梅問：那麼你覺得儒家有什麼宗教的因素？

林答：這個部分就是我那天給你那本書（案：即《中國宗教與意義治療》一書）裡面其中有兩章提到的，如果通過美國神學家 Paul Tillich 所提的「終極關懷」（ultimate concern）來說，我想從個角度來理解所謂 religion 的話，那儒學當然有 ultimate concern，當然有其終極關懷。

梅問：儒學這個 ultimate concern 是很入世的，不像基督教是超越的，是上天堂的！

林答：是的，沒錯。我在《中國宗教與意義治療》的第一章、第二章大概談了這個問題。第一章寫的是東西方宗教的對比，通過兩個神話的對比。一個是中國的「絕地天之通」，在《尚書》，在《國語》裡頭的「絕地天之通」，跟基督教 Bible 裡頭〈創世紀〉

裡面的巴比倫塔（Babylon tower），在那個對比裡，從神話的原型來談宗教的不同。基本上，我的理解是，東方的宗教是在「存有的連續觀」，天、人，物、我，人、己是連續的，構成一個連續體（continuity）；而在西方神、人，物、我，人、己，是斷裂的，有其discontinuity。因為是斷裂的，因此得有一個 agent，是很重要的。一個代理者，這個第三者，把兩個連在一塊兒。顯然地，在西方，他這個「他者」（the other）的傳統很強，它形成一個客觀的第三者的傳統很強。相對來說，在東方、在中國這邊比較弱。它另外有一個優點就是我們這個「我與你」（I-Thou relation）很強，而在西方則是「我與它」（I-it relation）很強。這個部分我是借用馬丁・布伯（Martin Buber）的話語來說的。我以為東西方文明就有很多必須要互動的地方，它成為我們在 dialogue 過程裡很重要的東西。我覺得，整個新儒學發展到我們這一代應該要有一些新發展的可能，因為整個時代在往前走，所以我們現在談學問的時候，民族主義的氣氛應該減到最低。

梅問：這一點，大陸是一個問題，我覺得有一部份人，或者社會的某一個階層，在利用儒學，做民族主義的一種旗幟。

林答：我想是有，這是歷史發展必然會有的階段，我覺得只需要正視它就好了，好好的去看它，它會繼續發展的，它會變化的，伴隨著經濟的發展，而且國際化，它整個會慢慢往前走，我認為這樣的民族主義發展將經由對抗逐漸轉到共生，進入二十一世紀談儒學，不能夠太我族中心主義，這是中國人所該戒慎的。

梅問：這方面，杜維明做了一些貢獻！

林答：喔，我覺得是，這一點是要肯定的。杜先生在這方面有

一個相當包容的態度。一方面因為他的出身背景，一方面因為他博雅的學養，他受到西方人的肯定，西方人的信賴。在這個過程裡面，他成為非常好的橋樑，非常好的 bridge，這非常重要的。但是我覺得他可以進一步的，不只停留在一個學問性的橋樑，慢慢的有更多，用你的話來講，就是意識形態性的互動跟溝通可以更多一些。

梅問：我覺得他已經做到了不少意識型態方面，可能對他要達到了那個目的不一定有利。

林答：對，因為哈佛燕京社畢竟還是一個學術性的組織跟結構，Harvard university 畢竟還是一個 university，而不是一個 church，這很大不同的。當然就是還有另外的一個問題可以討論的就是說，整個中國近一百多年來，基本上在西方文化的衝擊底下，問了很多虛假的問題。問了很多我認為是「假問題」。

梅問：是誰問的？虛假的問題！

林答：譬如說，我們常聽到這樣的問題，「中國文化傳統是否妨礙現代化？」這基本上，我認為是犯了一種方法論上本質主義（methodological essentialism）的謬誤，它認為文化有他固定的本質，徹底的反傳統主義者以為中國文化的本質不能發展出民主跟科學，只要全盤西化就好了，從根把這個本質取消掉，那才有新發展。當代新儒家深刻的體察到徹底反傳統主義的荒謬性，他回過頭來肯定中國文化傳統，並且強調中國文化傳統可以開出現代化。但是骨子裡，還是一種本質主義式的思考，只是思考向度與徹底的反傳統主義者恰好相反。為了要辯護說那是可能開出現代化的，所以就說中國文化本質可以轉化的創造，可以經由「良知的自我坎陷」以開出

知性主體，進而開出民主科學。我認為當代新儒學是面臨了一個非常重大的假問題，但我覺得是應該跨過去了。

梅問：那你覺得這個本質本來沒有？

林答：我的意思是說，不應該用一個恆定不變的本質去範圍他。當我們用 essence 這個詞的時候，其實我們是拿它作為理解的方法，也就是說，在方法論的層次必須用到 essence 個詞，但不能夠把這個 essence 當作 ontological 層次去緊抓著它。在方法的層次上，它當然必須要用到 essence 這個詞。須知：在整個文化的發展、歷史的發展過程裡面，它一直在調節的，而調節的時候，它沒有一個固定的 essence。

梅問：但是儒家這個「道」的概念，不是有一點像這個一個 essence？

林答：「道」它做為「總體的根源」，它當然有它 absolute 的部分，但是一落到人間，一個所謂，我們講的一個 life world 裡面，它在各個不同的 tradition，各個不同的地區，各個不同的人群，它就有不同的表現方式。

梅問：但是，既然你承認它有那麼一個「體」，那不就是一個 essence 嗎？

林答：這個「體」是一個"totality"，它一直在調整；它不是作為一個"metaphysical reality"，不是一個「夐然絕待之物」。這是很重要的，必須要這樣調整。因為不做這樣的調整，你就會覺得我是中心、我是對的。這個部分我想我在方法論上，我採取的比較是一種 conventionalism，一種約定主義，或者說一種 nominalism，一種唯名論，這樣的一個思考方式。也就是大家共同約定用的一個詞去

說它，而它一直在調整中。包括孔老夫子所說「仁」這個概念，它也在變化中。一樣的，各個民族，各個宗教，各個思想都是這樣子的。所以什麼叫做「先驗的」，我認為那只是一個政治社會總體下的一個大家共同認定的東西。我的理解是這樣子，包括康德所說的 categorical imperative、孟子所說「良知」。我認為這或者只是一個在歷史的發展過程裡面，大家心靈積澱所成的，或者可以用 C.G. Jung 的集體意識來闡釋。我這個想法，某個意義下可以說比較唯名論一點，也可以說比較 practical 一點。

梅問：所以說換一個社會，不見得有同樣的概念？

林答：對，它會變化，它在變化中。我認為只有這樣想才可能慢慢的是一個多元的互動的融通，而且我覺得這個是比較合乎道家的。其實儒家應該也是要同意這個，就是「乾道變化，各正性命」，所有的存在事物是就它的存在事物而好好的活著。這個地方我想是必須要做這樣調整的，儒學如果不做這樣的調整，我想儒學可能到最後連最基本的、應該有的作多元文化的一部分，都沒有了。它可能就被擠壓到最後沒有了。這大概是一個時代變遷所必須面臨到的。

（該文發表於《鵝湖》第三○卷第八期，總號第三五六期，二○○五年二月號，臺北）

附錄三、John Makeham 訪談林安梧(之二) ──論「新儒學」與「後新儒學」

梅約翰（澳洲 Adelaide 大學中文系教授）
林安梧（臺灣師範大學國文學系教授）
時間：二〇〇四年二月十二日
地點：臺灣師大文學院館八二六室

　　編案：這是梅約翰教授（John Makeham）在西元二〇〇四年二月間在臺灣師範大學對林安梧教授的一篇訪問稿，全文由研究生李彥儀等人根據錄音稿整理完成。內容所涉甚廣，大體及於臺灣與中國大陸的關係，從主奴意識談到臺灣的本土化，特別關聯到咒術與解咒等問題，全文內容曾經受訪者校閱。

　　梅問（梅約翰教授 John Makeham，以下以梅為稱）：您在《臺灣、中國──邁向世界史》中提到「雙重主奴意識」，後來在《儒學革命論：後新儒家哲學的思維向度》一書中也提到，請您談談所謂的「雙重主奴意識」，該做如何理解！臺灣這些年來強調「本土

化」，請問你如何理解這個概念！

　　林答（林安梧教授，以下以林為稱）：這個概念在《臺灣、中國
——邁向世界史》這本書裡談得很多。其實，我所針對的是有關
「文化霸權」的批判，我想掙脫出這個霸權，我想建立一點文化的
主體性。我覺得這幾個相關觀念，應先從「連續型的理性」與「斷
裂型的理性」說起。「連續型的理性」與「斷裂型的理性」是對比
於「存有的連續觀」與「存有的斷裂觀」思考而成的。「存有的連
續觀」其實是受到張光直先生與杜維明先生的影響，張光直在他的
《考古人類學專題六講》裡提到所謂「瑪雅中國文化連續體」，那
是以考古人類學的研究來講，是一種文化型態，杜維明先生也提到
過，我後來把這樣的一個論點擴大了，就強調「存有的連續觀」強
調的是天人、物我、人己之間是連續的，它不是斷裂的。相對來
講，西方的基督宗教、羅馬法律乃至於古希臘的學問性格，我認為
它剛好反映了另一個側面，相對於此，我造了一個詞，叫做「存有
的斷裂觀」。「存有的連續觀」強調天人、物我、人己是通而為一
的，「存有的斷裂觀」則強調神人、物我、人己分而為二，分而為
二它中間必須要有一個中介者，一個 agent，把兩端連在一塊，神
與人就是透過耶穌基督甚至教會，物與我之間，就是透過概念
（concept）或話語系統而造成學問性的發展，人跟物我就是透過法
律、契約等連在一塊，而中國基本上則是天人、物我、人己是通而
為一的。我說西方文化重在「話語的論定」，中國則強調「氣的感
通」。通過這樣的對比釐清，或者可以脫出雙重的主奴意識！

　　梅問：我請教一下，「超越」跟「內在」這兩個觀念有沒有關
係？

　　林答：這有點關係，基本上，在我的處理裡面，神人、物我、人己分而為二，才有所謂的「超越」跟「內在」，這兩者是區隔開來的，而在天人、物我、人己都通而為一的情形下，它就無所謂「超越」與「內在」的背反了。按照牟宗三先生他們的提法，就是既超越又內在，人可以從有限通到無限，但我現在比較不是那麼喜歡用「超越」與「內在」這兩個詞，而是比較喜歡用「根源」這個詞。

　　梅問：為什麼這麼喜歡用「根源」這個詞？而不喜歡用「超越」和「內在」這兩個詞？

　　林答：因為就「超越」與「內在」這兩個詞，在西方哲學的用語中，會形成一個背反，所以安樂哲（Roger Ames）就寫了很多文章來強調「超越」與「內在」這兩個詞是圓枘方鑿，不能夠放在一塊！其實這是對比於「存有的連續觀」與「存有的斷裂觀」之下的不同。「存有的連續觀」之下的理性，跟「存有的斷裂觀」之下的理性是不同的。「存有的連續觀」的理性強調的是一種我名之曰「和諧性的、調節性的理性」，而「存有的斷裂觀」之下的理性，我名之曰一種指向對象，一個對象化的、主體的對象化的活動，是一種執著性的，指向對象的，那它就不是一個調節性的理性，而是一個「決定性的理性」，而是一指向對象的決定性的理性。這個地方就是整個理性狀態的不同，所以我們的「理」可以名之為「道理」，或者名之為「性理」，但這與西方之重理智的理性是不同的。從這個角度去看東西方理性的狀態不同，在一個 Typology 下的不同。

　　這裡也牽涉到我所說的「咒術型的因果邏輯」與「解咒型的因

果邏輯」，「解咒型的因果邏輯」下，它所重視的因果邏輯，也就是 natural causality，基本上是在一個對象化的，通過我們的心靈、腦子所指向的一個話語所思的這個世界裡頭的那個連結，就是它的 relation，這個關聯是 aRbRcRd……這樣一直下去，它是可以通過科學驗證的，即使在社會科學與人文科學中，雖然不是如同自然科學般的驗證，但它基本上所要的還是盡量能夠是一種學問性的驗證。相對於此，「咒術型的邏輯」不同，它非常強調與主體內在的關係，跟宇宙冥冥之中的那種關係。譬如說，我今天早上起床時突然跌了一跤，跌了一跤其實是很簡單的一件事，或許是因為不小心嘛！但是我就開始想了，這是不是什麼不祥的預兆，果真今天出去開車就擦撞了，我們就把這兩件事連在一塊，而這個是不能夠通過科學的因果性去驗察的，但是在華人的思考裡面很容易把它視為是一種因果關係，這就是我所謂的「咒術型的因果邏輯」。

梅問：那這在中國傳統來講，這個跟民間信仰思想有什麼關係？

林答：有密切關係。這個地方牽涉到「連續型的理性」與「斷裂型的理性」的不同，這個也牽涉到韋伯（Max Weber）所說的解咒，解除咒術，或者解除一種 magic，也就是他所謂的 disenchantment，disenchantment 的後果就使得人們不往那邊去思考，他認為那叫做「迷信」，如果從這觀點來看榮格（Carl Gustav Jung），榮格對於中國的《易經》，對於共時性……等，他充滿了興趣，若站在西方近代科學的角度來說，其實那樣的因果性都是迷信。榮格其實很東方，他很喜歡東方的東西，他並不西方。我在那本書裡面強調，整個華人要走向現代化，要留意這個問題。

梅問：咒術型的因果關係跟民間信仰的關係還是很濃厚了？

林答：我舉一個很有趣的例子。譬如說一九九九年「九二一」大地震時，這民間宗教有一個很有趣的說法，那年李登輝提了「兩國論」，民間宗教的說法就認為他的「兩國論」觸怒了毛澤東，毛澤東已經死了，但是毛澤東是蛇精，這個蛇精就鑽到臺灣中央山脈的附近，然後翻動了一下。

梅問：我記得一九七六年的時候唐山大地震，它發生在毛澤東死前的幾個星期，後來也有很多人就認為這是天人感應。這和你提的例子差不多。

林答：這個其實一直都存在華人的心靈裡面。

梅問：那麼，這種傳統或這種思想要徹底否定嗎？

林答：我覺得不是，不需要徹底否定。你再怎麼否定，它都還是存在。包括西方，雖如韋伯所說的 disenchantment，但是我認為它還是陷入另一個 enchantment 之中，也就是他所說的 Iron cage，但是它還是要做一個區隔，這個區隔很重要。

梅問：你這些年來的哲學反省，真正的對象是牟宗三？

林答：我的意思是說，像這些問題應該好好去留意，因為牟先生所強調的「良知的自我坎陷以開出知性主體」，因而開出民主、科學，那我認為他這個「良知的自我坎陷」要如此開出，那仍只是一種咒術型的開出，也就是說，他這個提法太強調人的主體具有這樣的一種能動性，可以這麼轉過來，太強調人的主體性的優位，而他所說的這個主體，與康德所說的主體是不一樣的。因為他所說的主體是通到天地宇宙造化之源的。就他是通到宇宙造化之源來說的話，他一樣帶有咒術性，也就是說它並不是這麼一轉就可以。我要

探索的是，中國這個咒術型的實踐因果邏輯為什麼和我們這個主體那麼密切結合在一塊？這也就是為什麼我去寫《儒學與中國傳統社會之哲學省察》。因為它跟我所謂的「血緣性的縱貫軸」是密切結合在一塊的，因為它缺乏一個公共論述的傳統，它因為缺乏這個傳統，所以到最後它有很多東西不能說，也沒處說，說了也沒用，到最後只能強調你必須面對你的良知，這是很有趣的。

　　什麼總要提到「良知」，你的良知就必須擔負很重的責任，因而「天理」、「人欲」之間的張力就很大。人們便須得努力地通過「天理」、「人欲」的天人交戰來考驗自己。良知的力量越來越神聖，越來越厲害，但是在現實的考驗它常常是失敗的，這非常有意思。所以這裡會出現一個非常有趣的後果。譬如說在《大學》裡談格、致、誠、正、修、齊、治、平，儒學自來都強調從內聖開出外王，其實這個地方出現一個非常嚴重的問題，把心性修養做為根本，然後要開出一個外王實踐，基本上在這個地方會有一個麻煩的問題。因為「心性修養」與「社會正義」其實都很重要，但是在一個不義的社會裡努力地要去強調心性修養的後果，它其實是一個一直往內的收斂，最後常常是在整個社會正義方面就越來越少，社會正義越來越少，它就越強調心性修養的重要性。所以宋明時期常常出現這種狀況，非常努力地強調心性修養的重要，滿口仁義道德，但社會卻仍不免男盜女娼，產生了這種嚴重的後果。我認為臺海兩岸，整個華人社會要進到現代化最嚴重的問題就是「公共論述」必須打開，但是華人要打開這個公共論述是非常艱辛的，因為他不習慣，他什麼都放在這個人情、面子這樣的一個邏輯裡在運作，我就把這樣的情形名之曰「咒術型的實踐因果邏輯」，他認為在現實都

動不了了，他就會去想到還有一個最獨特的東西，這最獨特的東西
在儒家的話就是人的良知，在一般民間宗教的話就認為是一種冥冥
之中的奇怪力量。

　　梅問：你既然有這個背景，那麼你對人性的了解是怎麼樣的？
人性與天道到底是怎麼樣的連貫性？

　　林答：我常常說，孟子強調人性本善那是就應然的層次來說，
就開發人的價值根源去說，這提到一個價值的應然根源去說。至於
怎麼去描述人呢？我喜歡用這個詞：「人是一個可墮落的存在」，
他的「可墮落性」正是隱含了他的「可超昇性」，他的「可受誘惑
性」正隱含了他的「自由自覺的可能性」，也就是覺醒的可能性。
所以他基本上是一個一體之兩面，自由這個概念就隱含了一個往下
墮落的可能性，要不然就不叫做自由了。自由也隱含了一個往上昇
的力量，那是自我的覺醒。孟子是強化了人的價值的根源性，價值
的根源是在整個歷史文化傳統去累積起來的，所以我是這麼說，孟
子的性善論只是一個文化的產物，它是在一個文化發展的過程裡
面，才會出現孟子的性善說，性善論，它是一套「theory」，一套
「說」，一套「論」，所以當整個「性善說」、「性善論」的
「說」與「論」的文化氛圍不見了，「性善」就彰顯不了了！這點
大概就是我跟宋明理學家的理解所不同之處，與當代新儒學者理解
也有不同。

　　梅問：這是很大的不同。你怎麼看呢？

　　林答：我強調必須有一個 horizon。那麼從我剛剛那個角度去
想的話，我認為不應該是強調心性修養做為社會正義的基礎，可能
應該學習以社會正義做為心性修養的基礎，而社會正義它是一種低

度的倫理，由這裡，再進到高度的心性修養。

梅問：那就是離開了哲學脈絡的政治世界？

林答：對！所以我這些年來，將「內聖」、「外王」的次序調了一下，強調由外王而內聖。你大概有看過相關的文章，在成功大學的一個學術會議上發表的。這個很重要。整個華人要打開公共論述，要強調整個話語系統的使用，它就必須要解除咒術型的因果邏輯的思考。或者說區隔，因為它不可能整個解除，區隔就是劃分出來。這個地方就是整個「連續型的理性」它有什麼限制？它可以透過什麼樣的一個機制或制度來調整？我覺得大概這些東西要連在一塊來思考。

梅問：您好像比較傾向於荀子？

林答：從某個角度來想，會有某些相關，但是不完全，甚至應該說不是。

梅問：當然不完全。

林答：我還是認為孟子是很重要的，只是孟子的性善論要怎麼去理解。

梅問：如果了解這個文化的背景就會有恰當的理解。

林答：對！會有恰當的理解。

梅問：但是孟子本人或許並沒有直接提到這個論法。

林答：但是我想可以從這個角度去重新理解。因為假使我們處在一個蠻荒而完全沒有文化的地方，我想我們的人性基本上是處於一個自然的狀態。自然狀態本身並無所謂的性善或不性善。孟子雖然也提到「舜之居深山之中，與木石居，與鹿豕遊，其所以異於深山之野人者幾希。及其聞一善言、見一善行，若決江河，沛然莫之

能禦也」，這個地方就有一個很重要的解讀了，他是聞一善言、見一善行，因此他的性善才能「沛然莫之能禦」，不然它是隱含而不彰顯的。因為這個問題是我們常會聽到的，孟子不是說「今人乍見孺子乍入於井」，每個人便都有怵惕惻隱之心嗎？但是有些人就是沒有，這是文化敗壞之後的結果。在我的思考裡面，我非常重視文化教養的向度，我認為所有的哲學不能夠離開歷史社會文化，否則哲學會太空洞，或者他的哲學是很專技的，作者可能很接近科學，是一種純理的思考，而我認為哲學不只是一種純理的思考，它涉及到整個人。

梅問：但是有的西方哲學家就會說，照你的說法那就不只是哲學了！

林答：這就要看你怎麼去理解了。我認為這是哲學最重要的問題，所以西方哲學家如早期的邏輯實證論者，他們認為黑格爾根本是錯的！但是我的思考裡面，這是哲學中很重要的問題。

梅問：請你回到前頭我問起的「雙重主奴意識」，談談你的看法！

林答：「雙重主奴意識」這個辭基本上指的是臺灣的狀況，這在《臺灣、中國——邁向世界史》這本書裡面有提到，另外，在《儒學革命論》的其中一章也擴大了相關的討論。「雙重主奴意識」指的是「外力性的主奴意識」與「內力性的主奴意識」。「內力性的主奴意識」主要談的是臺灣與中國大陸之間的關係，或者臺灣與外來者之間的關係，其中特別強調的是與中國大陸的關係，而現在這個也還沒有完全克服。臺灣人現在一直想追求獨立，這個獨立的想法其實是不徹底的，如何說它是不徹底的呢？它其實是在這

個主奴意識之下，它沒有真正走出主奴意識要去做為主人，也就是它是做為這個主奴意識的對立面這一端，我不願意做為由主人所控制下的奴隸，我只要從這裡區隔開來，但他沒有意識到的是，我把這個「奴」去除掉之後我是真正的主人，這就是這幾年我一直發表相關的文章去討論臺灣與中國大陸的關係，臺灣人其實大可以去想，做為全中華民族發展的主要的參與者，而不要只是想努力地區隔而已。那為什麼臺灣人會這樣？這有臺灣人本身的限制、臺灣人的悲情。「外力性的主奴意識」其實很容易理解，那就是歐美，或者廣義的西方文化的霸權。「內力性的主奴意識」到現在還沒有克服，而比以前更為嚴重。以前是做為「內力性的主奴意識」下的「奴位」，而現在則是努力地要從奴位撇清，然後走出來，但是它沒有真正克服。現在的臺獨論者，仍然陷在新的主奴意識之中，真正克服是回到真正的民族大義之中，那才叫做克服。

　　梅問：這在書中寫得很簡略，不太好理解。

　　林答：我後來寫的有些東西都和《臺灣、中國——邁向世界史》中的論點有點相關。這本書在剛開始閱讀時會比較辛苦。

　　梅問：《儒學革命論》也是相關性的東西，是把它擴大了。

　　林答：這是臺灣特殊的歷史。後來我在《鵝湖月刊》發表一些相關的東西，包括一些演講稿也提到了這個部分。最近有另一本將要出版的書，叫做《臺灣・解咒——克服「主奴意識」建立「公民社會」》，就是收錄我的一些講稿而成的著作。

　　梅問：你對整個「本土化」的傾向的態度是？

　　林答：臺灣目前的本土化是不太健康的本土化，這是在我所說的「主奴意識的氛圍」底下的本土化。

梅問：那麼，當代提倡儒家思想的人，他們是怎麼面對這個問題？

林答：我自己是強調「保臺灣以存中國文化之道統，存中國文化之道統以保臺灣」。我認為臺灣在整個中國近現代的發展裡面有一個使命，就是保住了中華文化。

梅問：那不是有一點不一樣的道統觀？那麼誰有資格繼承道統呢？

林答：這道統觀與以前是有些不同，但仍然是一種延續與發展。誰能夠做為道統的繼承者，這基本上要有一種 commitment，有 commitment 者也可以繼承道統啊！

梅問：但是假如我和你所繼承的道統是不同的兩回事，誰作裁判？

林答：這個地方就是要討論了！比如說你梅約翰在澳洲，你說你繼承了孔老夫子的道統，另外又有所謂的波士頓儒家，這個問題就可以在這個過程裡去思考，它是一個發展。

梅問：那麼你對於將來臺灣儒學的發展情況感到樂不樂觀？

林答：審慎的樂觀。審慎的樂觀就是不太樂觀。為什麼不是太樂觀？就是因為儒學必須面對一個新的時代，這新的時代就是它必須參與到整個公民社會如何建立的問題，但是我覺得儒學的研究者，或是儒學的參與者、實踐者、乃至於發揚者，在這方面的意識不是很夠。有些人可能有意識到，比如說我有意識到，但是我的朋友裡面，我的 community 裡面，我的學術社群裡面，對這個意識並沒有很強。還有目前來講，在整個國家的學問性機制裡面，大概也慢慢把整個儒學漢學化了！也許漢學化的後果就是它變成一個研

究的對象，那麼這個從事儒學研究的人他是在研究，而不是參與者或實踐者。但是之所以講審慎的樂觀，其實本來儒學在民間的發展、發揚就不是靠學者，在民間裡還有一大堆知識份子、民間的宗教，以及民間的教養性社群，在臺灣來講還是很深厚的。

梅問：不過現在的情況與十年前的情況相較之下如何呢？現在更健康、更健全？還是？

林答：沒有更健康，也沒有更壞到哪裡去，它是一個加加減減的過程。比如說現在兒童讀經那麼多了，以前兒童讀經卻很少。那麼現在政治意識上雖然「去中國化」比較嚴重，但是基本上在民間來講，即使臺獨意識強了，但是整個華人的傳統文化意識還是很深厚。

梅問：我發現兒童讀經在大陸上好像商業化了？

林答：商業化大概是一件很難避免的事，在臺灣還比較還可以避免，大陸比較難。但是，這就要看他們實際狀況怎麼發展了。大陸現在號稱五百萬人讀經，有人說八百萬⋯⋯

梅問：這是就他們課本銷售量來講！

林答：對！那個不得了！

梅問：我在大陸那兩個月給我的印象是，他們研究儒學的勢力越來越強。可能在某些方面已經超越臺灣⋯⋯

林答：對！你這個觀察是正確的。基本上第一個他們國家在這方面努力在整頓，他們國家給的叫做「科研基金」，就是科學研究的學問研究基金，這比臺灣多，同時這幾年來也帶動了讀經的風潮，新儒學的研究也繼續在往前做。另外，他們現在強調「以德治國」，「以法治國」，「以德治國」現在最重要的便是儒學，這又

把他們那一套倫理學等種種連在一塊，這就變成不只是哲學界、漢學界在做，連教育界也去做了。你現在也可以感受到大陸上的馬克思主義思潮大概已經完全退了。

梅問：不過還沒有消失。

林答：對！現在其實中國共產黨也擔心，因為在整個發展過程裡，經濟方面上來之後，人的自我概念變化了，社會解組，社會慢慢解開，解開之後必須重建。在社會解組與重建的過程裡，他靠什麼精神資源呢？他不能再靠馬克思主義的精神資源了，他就開始強調必須靠中國傳統文化資源。所以現在中國大陸是極力地要恢復中國傳統文化。於是他有很多各方面的計畫與政策，政府、地方與各方面總總都如此。我去年去過幾個地方，其中一次到東北，那吉林大學，他們辦了一個講座，那個講座叫做「人類文明與生存發展」，這講座每年安排境外學者八至十名前往講學，我專門就為了那講座從臺灣飛去了，他們已經完全有能力經營這樣的一個講座。我講的題目是「論語：走向生活世界的儒學」。另外，開徐復觀會議，我又到了湖南，湖南他們就成立了一個「儒商學會」，他們把「儒」與「商」結合在一塊。

梅問：這個不是很矛盾嗎？

林答：子貢就是儒商啊！他就結合在一塊了！這個地方你就可以看到說，像這些東西都可以被立案嘛！都可以登記，官方也都承認嘛！有的連共產黨的官員都參加了，這表示他整個已經不再是批孔揚秦了。

梅問：這也有共產黨員參加？

林答：這當然是會有的！一定會有的！那到時候就看是儒學比

較強？還是馬克思比較強？應該是儒學會比較強！或者是說兩者結合成一個總體，是儒家型的馬克思主義，也是馬克思主義的儒家。

梅問：我怕的是在過程會歪取儒家的本質。

林答：那是肯定會的，但是不用太擔心，只要他的社會慢慢朝向開放，也應該慢慢會朝向開放。總在過程中，我們應相信開放的論述，可能會有些好的後果。

梅問：那臺灣有什麼資源可以帶領大陸？

林答：我是覺得臺灣如果自己的方向穩住了，朝向一個更寬廣的、未來的、新的華人世界，新的華人世界也不只是臺海兩岸，臺灣做為一個參與者，心胸放大一點，放在一個更寬廣的世界裡去看，看看會有什麼新發展。臺灣目前正邁向「公民社會」，而這正是全世界華人所有目共睹的，大陸未來也會朝公民社會走，臺灣在此應可以做為一個實踐的先驅。

（該文發表於《鵝湖》第三〇卷第九期，總號第三五七期，二〇〇五年三月號，臺北）

重要字詞及人名索引

存有：

存有　VI, VII, VIII, IX, XI, XII,
　　XIV, XVI, XVII, 1, 7, 15,
　　23, 25, 26, 34, 35, 37, 38, 41,
　　42, 43, 49, 50, 51, 53, 54, 58,
　　59, 60, 62, 63, 65, 67, 68, 69,
　　70, 71, 72, 73, 74, 75, 78, 79,
　　93, 94, 141, 147, 148, 149,
　　167, 168, 177, 180, 182, 183,
　　189, 190, 210, 228, 237, 259,
　　276, 283, 285, 286, 287, 292,
　　295, 301, 302, 306, 317, 318,
　　323, 324, 342, 356, 360, 361,
　　363, 375, 376, 377, 386, 389,
　　390, 391, 394, 397, 398, 404,
　　408, 413, 414, 422, 423, 424,
　　431, 436, 439, 476, 486, 515,
　　532, 533

存有的連續觀　VII, XI, XIV,
　　XVII, XVIII, 1, 2, 7, 8, 9,
　　14, 68, 177, 182, 283, 295,
　　296, 298, 300, 306, 319, 325,
　　405, 406, 413, 416, 420, 422,
　　423, 463, 475, 526, 532, 533

存有的斷裂觀　VII, XI, XIV,
　　XVIII, 1, 2, 8, 9, 14, 15, 177,
　　182, 283, 295, 406, 413, 422,
　　423, 463, 532, 533

存有的遺忘　VII, 2, 7, 23, 386

筷子　5, 237, 297

叉子　5, 237

兩層存有論　VI, VIII, XI, XIV,
　　XVI, 41, 42, 43, 44, 46, 49,
　　51, 53, 54, 55, 60, 177, 178,
　　180, 182, 189, 191, 211, 228,
　　283, 284, 287, 292, 300, 301,
　　305, 306, 317, 323, 324, 342,
　　353, 355, 356, 360, 361, 397,

484, 486, 514

現象　X, 28, 34, 43, 44, 47, 53,
　　90, 92, 94, 98, 109, 112, 125,
　　130, 143, 144, 155, 159, 161,
　　180, 181, 182, 184, 190, 201,
　　205, 209, 211, 217, 228, 232,
　　235, 236, 242, 287, 291, 292,
　　293, 294, 295, 301, 302, 305,
　　321, 326, 329, 330, 335, 353,
　　354, 355, 356, 358, 362, 363,
　　368, 380, 383, 391, 394, 425,
　　463, 514

物自身　8, 34, 43, 44, 47, 180,
　　181, 182, 183, 201, 205, 209,
　　211, 228, 287, 291, 292, 293,
　　294, 295, 301, 302, 353, 354,
　　355, 356, 358, 463, 514

智的直覺　VIII, 28, 34, 41, 43,
　　49, 181, 182, 183, 205, 293,
　　294, 300, 301, 305, 354, 355,
　　356

良知的自我坎陷　II, XII, XIV,
　　42, 46, 47, 48, 52, 183, 195,
　　200, 201, 202, 204, 205, 206,

283, 284, 302, 305, 307, 342,
　　357, 527, 535

存有三態論　VI, VIII, XI, XII,
　　XIV, XVI, XVII, 15, 41, 42,
　　54, 58, 60, 62, 177, 178, 180,
　　188, 189, 190, 195, 196, 198,
　　228, 283, 284, 286, 287, 315,
　　318, 319, 323, 324, 342, 358,
　　360, 364, 375, 376, 397, 404,
　　484, 486, 514

存有的根源　VI, XI, XVII, 15,
　　56, 58, 61, 67, 68, 78, 189,
　　305, 323, 324, 376, 397, 398,
　　486, 514

存有的開顯　XI, XVII, 58, 177,
　　190, 276, 306, 361, 376, 397,
　　398, 514

存有的執定　VI, VIII, IX, XII,
　　XVII, 15, 42, 58, 60, 65,
　　177, 189, 190, 306, 315, 323,
　　324, 360, 361, 362, 376, 397,
　　398, 486, 514

道德：

道德　II, III, VII, IX, XI, XII,
XIV, XVI, XVII, 1, 10, 11,
13, 16, 17, 24, 26, 40, 44, 45,
47, 48, 49, 50, 52, 53, 54, 58,
59, 74, 81, 97, 99, 100, 101,
102, 103, 104, 105, 106, 107,
108, 109, 110, 111, 112, 113,
115, 116, 117, 118, 119, 120,
123, 124, 125, 128, 130, 131,
141, 143, 146, 149, 150, 151,
153, 154, 156, 157, 158, 159,
160, 161, 162, 164, 165, 166,
168, 173, 177, 178, 182, 183,
191, 195, 199, 200, 204, 205,
207, 208, 209, 210, 211, 213,
215, 216, 217, 218, 220, 225,
226, 227, 229, 231, 233, 248,
250, 253, 272, 279, 288, 289,
292, 293, 294, 295, 300, 301,
302, 303, 305, 306, 312, 314,
315, 317, 319, 325, 333, 336,
338, 342, 344, 346, 347, 349,
353, 354, 356, 357, 358, 359,
361, 363, 367, 381, 386, 389,
391, 392, 405, 406, 408, 410,
412, 414, 415, 419, 420, 429,
431, 433, 434, 439, 440, 447,
448, 450, 451, 452, 456, 464,
466, 467, 468, 474, 480, 481,
483, 503, 506, 536

道生之　XVI, 19, 20, 21, 26, 59,
61, 112, 190, 375, 376, 391,
432, 468, 469

德蓄之　XVI, 19, 21, 26, 59, 61,
112, 190, 376, 391, 468, 469

志於道　19, 61, 80, 112, 273,
432, 467, 468, 472

據於德　19, 61, 80, 112, 273,
432, 467, 468

尊道而貴德　19, 24, 26, 59, 61,
75, 398, 468

道生一　21, 22, 485, 486, 498

道法自然　61, 75, 251, 391, 469

倫理：

社會公義　X, 33, 97, 98, 105,
108, 110, 112, 115, 116, 129,

199

交融倫理　98

責任倫理　98, 169, 193, 214,
　　215, 216, 229, 308, 309, 311,
　　435

慎獨　XI, 139, 140, 158, 159,
　　160

溝通　17, 68, 89, 93, 166, 169,
　　172, 226, 232, 234, 237, 307,
　　399, 400, 461, 487, 490, 492,
　　516, 525, 527

社會正義論　XII, XIV, 178,
　　192, 197, 198, 214, 222, 224,
　　227, 229, 284, 308, 312, 315

心性修養論　XII, XV, 178, 181,
　　183, 191, 193, 229, 284, 303,
　　308, 315, 345, 347, 349, 354,
　　356, 363

內聖　III, XII, XIII, XV, XVII,
　　118, 178, 191, 192, 193, 195,
　　196, 206, 207, 219, 220, 226,
　　229, 230, 231, 234, 237, 240,
　　241, 284, 308, 312, 315, 405,
　　407, 411, 412, 421, 505, 536,

538

外王　III, XII, XV, 118, 178,
　　191, 192, 193, 195, 206, 207,
　　219, 229, 230, 231, 234, 237,
　　240, 284, 308, 312, 315, 328,
　　411, 412, 418, 505, 518, 536,
　　538

宗教：

儒　I, II, IV, V, VI, VII, VIII, IX,
　　XI, XII, XIII, XIV, XV,
　　XVII, XIX, 1, 2, 10, 11, 14,
　　18, 19, 27, 30, 31, 32, 36, 37,
　　39, 40, 41, 43, 45, 46, 47, 48,
　　49, 51, 53, 60, 61, 62, 63, 65,
　　67, 72, 73, 74, 76, 78, 79, 80,
　　81, 82, 83, 84, 86, 87, 88, 99,
　　100, 101, 103, 105, 106, 107,
　　108, 110, 111, 112, 113, 118,
　　119, 123, 124, 125, 126, 127,
　　132, 137, 142, 143, 151, 152,
　　154, 155, 157, 158, 159, 161,
　　162, 163, 164, 165, 167, 168,
　　169, 170, 178, 179, 180, 181,

184, 187, 189, 191, 192, 193,
195, 196, 197, 198, 199, 200,
202, 203, 204, 205, 206, 207,
209, 210, 211, 213, 214, 215,
216, 217, 219, 221, 222, 224,
225, 226, 227, 228, 229, 235,
241, 242, 245, 247, 248, 250,
252, 253, 254, 255, 257, 258,
259, 260, 261, 263, 266, 270,
274, 275, 279, 284, 285, 289,
290, 292, 295, 300, 308, 309,
310, 311, 312, 313, 316, 317,
320, 322, 323, 324, 325, 326,
328, 329, 330, 332, 334, 336,
339, 341, 343, 345, 347, 348,
349, 351, 352, 353, 354, 356,
359, 360, 363, 366, 371, 377,
405, 407, 410, 411, 412, 415,
416, 419, 420, 421, 423, 424,
427, 428, 430, 431, 432, 433,
435, 436, 437, 438, 439, 440,
451, 456, 460, 463, 464, 465,
469, 470, 475, 478, 482, 487,
489, 492, 494, 495, 496, 497,

501, 503, 504, 505, 506, 508,
509, 510, 512, 513, 514, 515,
516, 517, 518, 519, 520, 521,
522, 523, 524, 525, 526, 529,
536, 541, 542, 543

道　II, III, VII, VIII, IX, XII,
XV, XVI, XVII, XIX, XX,
2, 4, 7, 8, 9, 10, 11, 13, 14,
16, 18, 19, 20, 21, 22, 24, 25,
26, 27, 28, 30, 32, 33, 34, 35,
36, 37, 38, 39, 41, 42, 43, 44,
45, 46, 47, 49, 50, 52, 53, 54,
56, 57, 59, 60, 62, 63, 65, 67,
68, 69, 70, 71, 72, 73, 74, 75,
78, 79, 80, 81, 82, 83, 84, 86,
87, 88, 92, 93, 95, 97, 98, 99,
100, 101, 102, 103, 104, 105,
106, 107, 108, 109, 110, 111,
112, 113, 115, 116, 117, 119,
120, 121, 123, 124, 125, 126,
129, 130, 131, 132, 133, 134,
136, 141, 150, 153, 154, 155,
156, 157, 158, 162, 164, 166,
169, 170, 171, 173, 176, 179,

181, 182, 183, 187, 189, 190,
191, 192, 199, 200, 203, 204,
205, 207, 208, 209, 210, 211,
213, 216, 218, 221, 224, 225,
226, 227, 228, 229, 231, 232,
233, 235, 239, 241, 242, 244,
245, 249, 250, 251, 252, 254,
256, 258, 265, 266, 271, 273,
275, 276, 278, 280, 281, 284,
286, 288, 289, 290, 293, 295,
296, 299, 300, 301, 303, 305,
306, 309, 310, 311, 312, 313,
317, 318, 319, 324, 325, 326,
327, 331, 333, 335, 337, 338,
341, 342, 343, 346, 347, 348,
349, 351, 352, 353, 354, 357,
358, 359, 360, 361, 363, 366,
367, 368, 371, 372, 373, 375,
388, 390, 391, 392, 397, 398,
399, 403, 405, 408, 410, 412,
414, 415, 418, 420, 421, 423,
424, 427, 429, 431, 432, 433,
435, 436, 437, 439, 440, 441,
444, 445, 446, 447, 448, 449,

450, 451, 454, 456, 457, 459,
461, 462, 463, 464, 467, 468,
469, 470, 471, 472, 475, 476,
478, 480, 481, 483, 484, 485,
487, 488, 489, 490, 491, 492,
494, 495, 496, 497, 499, 502,
504, 505, 507, 508, 510, 513,
516, 517, 518, 519, 521, 524,
528, 529, 533, 537, 541

佛　I, IX, 29, 43, 44, 47, 49, 65,
67, 72, 73, 76, 77, 78, 79, 80,
81, 82, 83, 84, 86, 88, 167,
181, 205, 249, 252, 255, 258,
276, 278, 279, 285, 290, 295,
299, 300, 332, 343, 349, 354,
357, 360, 373, 378, 380, 392,
410, 412, 416, 422, 423, 427,
428, 433, 444, 449, 455, 458,
459, 462, 467, 470, 478, 504,
505, 507, 508, 513, 515, 516,
518, 524, 527

基督　20, 21, 53, 187, 188, 243,
254, 270, 275, 278, 294, 295,
317, 372, 388, 395, 402, 407,

416, 422, 427, 429, 433, 462,
463, 470, 480, 522, 524, 525,
532

伊斯蘭　427, 524

三教　43, 410, 513, 516, 524

儒教　30, 187, 363, 395, 502,
503, 505, 507, 508, 522

儒家　I, II, III, IV, V, VI, VII,
VIII, IX, XIII, XIV, XVII, 1,
11, 16, 17, 18, 19, 21, 26, 27,
29, 30, 36, 37, 39, 40, 42, 43,
44, 47, 53, 56, 61, 62, 64, 65,
71, 72, 73, 74, 75, 76, 78, 79,
80, 82, 83, 84, 86, 95, 105,
110, 117, 124, 126, 127, 143,
149, 158, 162, 163, 164, 167,
169, 187, 189, 199, 202, 205,
207, 212, 226, 228, 233, 244,
247, 248, 250, 252, 253, 254,
255, 257, 258, 259, 260, 263,
266, 268, 269, 270, 271, 274,
275, 276, 278, 279, 283, 285,
287, 291, 292, 295, 300, 310,
316, 317, 319, 327, 328, 329,

330, 332, 336, 339, 346, 348,
354, 359, 366, 405, 406, 407,
411, 414, 415, 416, 418, 420,
421, 422, 424, 425, 428, 430,
431, 435, 438, 444, 456, 457,
465, 468, 470, 475, 488, 489,
490, 494, 496, 502, 503, 504,
505, 506, 508, 509, 510, 513,
515, 516, 517, 520, 525, 527,
528, 529, 531, 537, 541, 544

道家　VII, IX, 2, 11, 18, 19, 20,
21, 25, 26, 27, 28, 29, 30, 36,
37, 43, 44, 47, 53, 56, 59, 61,
62, 65, 71, 72, 73, 74, 75, 76,
78, 79, 80, 82, 83, 84, 86,
112, 168, 181, 199, 205, 250,
251, 252, 254, 275, 285, 292,
295, 300, 326, 327, 330, 331,
349, 354, 356, 389, 397, 407,
410, 411, 414, 415, 423, 431,
432, 444, 468, 475, 479, 485,
486, 488, 489, 497, 505, 513,
523, 524, 529

道教　30, 187, 243, 332, 395,

415, 446, 507, 508, 524

老子　8, 24, 26, 59, 61, 84, 133,
　　141, 171, 244, 251, 255, 275,
　　309, 320, 322, 325, 327, 391,
　　398, 431, 464, 465, 467, 468,
　　469, 470, 471, 475, 478, 479,
　　480, 484, 486, 489, 491, 497,
　　498

莊子　5, 11, 36, 61, 67, 69, 70,
　　141, 322, 396, 464, 465, 486,
　　488, 490, 492, 494, 498

陰陽五行　IX, 65, 66, 84, 85,
　　86, 266

佛教　25, 43, 47, 53, 56, 73, 76,
　　77, 78, 79, 80, 82, 83, 86,
　　116, 166, 167, 168, 199, 205,
　　223, 228, 241, 243, 249, 250,
　　251, 252, 254, 258, 261, 265,
　　266, 275, 278, 290, 292, 295,
　　300, 349, 356, 373, 387, 395,
　　407, 410, 411, 415, 416, 422,
　　423, 428, 452, 455, 493, 501,
　　504, 505, 507, 508, 515, 523,
　　524

孔子　XIX, 10, 16, 45, 105, 106,
　　126, 141, 157, 191, 192, 200,
　　215, 249, 309, 310, 311, 312,
　　320, 327, 328, 329, 330, 334,
　　335, 338, 367, 390, 408, 415,
　　467, 468, 483, 491, 492, 494,
　　496

孟子　10, 43, 45, 62, 73, 100,
　　101, 111, 141, 157, 168, 208,
　　209, 210, 250, 252, 253, 256,
　　272, 273, 286, 311, 312, 321,
　　325, 329, 332, 334, 335, 337,
　　338, 349, 390, 407, 411, 415,
　　425, 426, 434, 440, 460, 466,
　　471, 481, 491, 494, 504, 506,
　　529, 537, 538

荀子　184, 271, 278, 329, 344,
　　349, 415, 420, 471, 496, 538

論語　VII, XIII, XV, 1, 4, 9, 10,
　　11, 62, 71, 76, 93, 113, 192,
　　215, 216, 227, 247, 248, 254,
　　255, 256, 261, 263, 270, 271,
　　273, 276, 284, 286, 309, 310,
　　311, 312, 321, 322, 328, 332,

333, 334, 335, 349, 407, 418,
432, 437, 466, 475, 479, 497,
503, 543

四書　101, 252, 378, 395, 408,
503

曾子　XV, 192, 215, 284, 309,
310, 311, 328, 338, 339, 435

有子　XV, 192, 215, 284, 309,
310, 328, 329, 338, 339, 497

佛陀　258

釋迦牟尼　249, 258

金剛　77

般若　IX, 29, 66, 73, 76, 80,
455

天台　458

華嚴　458

禪宗（禪）　223, 228, 354, 445,
449, 458

儒學：

今文經學　497

公羊學　332, 494, 497

康有為　345, 497, 508

春秋　143, 274, 334, 465, 489,

497, 519

大一統　465, 519

道統　III, VI, XI, 45, 46, 139,
143, 153, 155, 156, 157, 184,
218, 219, 303, 346, 347, 351,
477, 541

世界史　239, 285, 531, 532, 539,
540

傳統儒學　X, 139, 184, 199,
319, 344

三綱　193, 316, 340, 347, 435,
465, 505

五倫　316, 340, 465

孝悌　XV, 100, 128, 151, 167,
192, 207, 220, 224, 236, 250,
252, 253, 258, 274, 284, 309,
310, 311, 312, 316, 328, 336,
338, 339, 417, 419, 427, 431,
435, 449, 481, 505, 506

忠信　XV, 192, 215, 284, 309,
310, 311, 338, 435, 436, 449,
468

李光地　156, 289

康熙　156, 157, 289, 290, 456,

495

新儒學　I, III, IV, V, VI, XII,
　　XIII, XV, XVIII, 32, 46, 51,
　　52, 55, 179, 180, 184, 188,
　　191, 194, 196, 197, 202, 206,
　　228, 230, 235, 245, 259, 287,
　　291, 292, 305, 320, 341, 343,
　　345, 347, 349, 354, 358, 363,
　　421, 449, 474, 488, 489, 501,
　　510, 512, 513, 514, 515, 516,
　　517, 518, 519, 520, 521, 523,
　　526, 531, 542

理欲合一　284, 313, 324, 352,
　　359

理氣合一　324, 352, 359

存天理　XIII, 108, 121, 131,
　　196, 227, 313

去人欲　XIII, 108, 121, 131,
　　196, 227, 313

以心控身　XV, XVI, 122, 284,
　　313, 341, 342, 351, 352

身心一如　XV, 122, 313, 341,
　　342, 351, 352, 359

良知　VIII, IX, X, XIV, 2, 29,

31, 41, 42, 46, 48, 49, 51, 52,
　　54, 55, 58, 60, 71, 79, 80, 97,
　　99, 100, 101, 102, 103, 104,
　　105, 107, 108, 114, 118, 120,
　　130, 135, 139, 140, 142, 143,
　　144, 145, 147, 150, 151, 152,
　　156, 158, 160, 165, 166, 168,
　　169, 170, 171, 172, 173, 175,
　　182, 191, 196, 199, 200, 201,
　　202, 205, 206, 211, 214, 215,
　　217, 221, 222, 223, 224, 227,
　　284, 301, 302, 303, 315, 316,
　　344, 346, 353, 355, 356, 357,
　　409, 445, 446, 447, 449, 450,
　　482, 529, 535, 536

自我坎陷　XIV, 183, 196, 201,
　　202, 284, 355, 357, 358, 535

參贊　XVI, XVII, 18, 19, 56, 62,
　　103, 113, 210, 211, 228, 360,
　　361, 375, 385, 386, 389, 390,
　　405, 406, 428, 429, 431, 480

張載（橫渠）　288, 485

王夫之（船山）　XIV, XVIII,
　　XIX, 34, 37, 67, 180, 191,

197, 218, 231, 241, 283, 284,
285, 287, 288, 289, 307, 313,
313, 323, 324, 325, 328, 337,
397, 451, 456, 477, 485, 496,
512
程頤（伊川）　409, 484
朱熹（朱子）　XVII, 34, 50,
　104, 105, 140, 153, 154, 155,
　156, 157, 166, 199, 211, 212,
　218, 252, 289, 325, 344, 396,
　405, 406, 408, 409, 438, 439,
　440, 441, 442, 443, 444, 445,
　447, 449, 450, 451, 456, 459,
　466, 470, 495
陸九淵（象山）　45, 80, 104,
　152, 210, 281, 325, 409, 412
王守仁（陽明）　XVII, 4, 29,
　31, 34, 45, 92, 105, 118, 140,
　150, 152, 156, 160, 166, 167,
　168, 209, 210, 223, 229, 260,
　325, 346, 386, 405, 406, 409,
　412, 421, 438, 439, 441, 443,
　445, 446, 447, 448, 449, 450,
　451

心即理　50, 154, 474
性即理　153, 154, 409
涵養主敬　45, 226, 397, 410
格物窮理　XVII, 45, 406, 408,
　410, 421, 440, 441
致良知　XVII, 223, 406, 421,
　445, 446, 447, 449
知行合一　446
一體之仁　XVI, XVII, 4, 73, 92,
　156, 199, 209, 229, 260, 346,
　376, 386, 396, 406, 422, 438,
　439
兩端而一致　V, 35, 53, 191,
　257, 307, 324, 485
乾坤並建　128
劉宗周（蕺山）　VII, 2, 29, 31,
　158, 353
縱貫　II, XVII, 53, 100, 219,
　232, 347, 405, 417, 418, 420,
　421, 430, 432, 434, 439, 442,
　481, 482, 503, 505, 536
橫攝　442, 450
當代新儒學　I, III, V, XI, XIII,
　XIV, XV, XVIII, 32, 44, 45,

46, 51, 52, 56, 177, 180, 184, 200, 203, 204, 206, 209, 228, 283, 284, 287, 290, 291, 292, 303, 341, 343, 345, 346, 347, 349, 353, 358, 361, 366, 484, 486, 501, 502, 515, 521, 528, 537

後新儒學　I, III, IV, V, VI, VIII, X, XI, XII, XIII, XV, XVIII, 41, 177, 178, 179, 180, 195, 196, 197, 198, 199, 207, 228, 229, 237, 284, 287, 319, 320, 341, 342, 343, 358, 363, 397, 476, 501, 514, 531

儒學革命　IV, XI, 163, 177, 178, 179, 202, 285, 470, 531, 539, 540

儒學轉向　I, III, VI, XIX

瓦解　X, XV, 51, 52, 87, 112, 114, 122, 124, 128, 139, 140, 145, 149, 159, 165, 175, 203, 221, 223, 236, 315, 316, 317, 322, 341, 347, 368, 435, 436

自由　IV, XIX, 48, 115, 124,

136, 142, 162, 163, 166, 196, 209, 224, 225, 227, 229, 265, 266, 278, 280, 285, 326, 357, 369, 370, 372, 457, 458, 484, 489, 507, 537

解放　143, 227, 237

生活世界　II, V, VI, VIII, IX, X, XII, XIII, XIV, XVI, XVIII, 4, 10, 19, 24, 36, 42, 57, 60, 62, 65, 66, 67, 68, 69, 87, 91, 103, 139, 140, 141, 146, 147, 150, 151, 156, 162, 163, 167, 168, 172, 173, 174, 178, 189, 190, 194, 195, 196, 199, 200, 206, 228, 232, 274, 283, 286, 288, 289, 299, 306, 307, 315, 324, 334, 335, 342, 351, 358, 359, 363, 378, 383, 384, 392, 393, 417, 421, 432, 434, 453, 455, 469, 476, 543

熊十力　III, XI, XIV, 34, 37, 40, 49, 62, 177, 180, 189, 197, 204, 284, 285, 286, 287, 291, 305, 306, 325, 360, 397, 476,

483, 486, 489, 499, 509, 510,
511, 515

牟宗三　II, III, V, VIII, XI, XII,
XVI, 3, 41, 42, 43, 46, 47,
163, 177, 178, 180, 181, 182,
183, 184, 188, 189, 195, 200,
202, 204, 205, 209, 211, 212,
283, 284, 285, 287, 291, 300,
319, 342, 345, 353, 354, 360,
363, 397, 483, 484, 486, 499,
501, 502, 503, 509, 510, 511,
514, 515, 516, 520, 522, 524,
533, 535

唐君毅　III, 33, 34, 35, 73, 204,
285, 291, 345, 484, 499, 502,
503, 509, 510, 511, 515, 516

徐復觀　34, 127, 291, 320, 322,
345, 492, 499, 502, 503, 512,
515, 543

鵝湖　38, 39, 104, 179, 199, 212,
377, 404, 484, 493, 494, 514,
529, 540, 544

林安梧　I, XIX, 163, 164, 197,
198, 199, 200, 207, 209, 215,

216, 218, 222, 229, 230, 232,
235, 237, 240, 242, 244, 254,
257, 260, 269, 280, 320, 340,
378, 401, 454, 479, 481, 498,
501, 502, 531, 532

曾昭旭　34, 241, 520

蔡仁厚　486, 520, 524

黃振華　484, 486

李澤厚　126, 179, 343, 354, 499,
504

葉秀山　331, 491, 499

蔣慶　517

陳明　199, 517

梅約翰　XVIII, 501, 502, 531,
541

郭齊勇　198, 285, 286, 289, 323,
338, 340, 517

自由主義　494

林毓生　II, 125, 180, 203, 291,
382, 494

張灝　180, 203, 291, 346, 382

日本　56, 57, 166, 224, 239, 423,
449, 506

京都學派　56, 58

韓國　343, 423, 506

新加坡　221, 505, 516, 519

杜維明　182, 184, 296, 343, 521,
　　526, 532

黃俊傑　467

墨子刻　370

方法論：

方法　II, XI, 38, 78, 82, 141,
　　146, 147, 148, 150, 151, 162,
　　168, 175, 184, 186, 188, 197,
　　208, 246, 331, 344, 347, 354,
　　355, 394, 441, 454, 460, 461,
　　474, 522, 528

方法論　XI, XV, 147, 148, 151,
　　168, 177, 178, 184, 188, 197,
　　303, 327, 331, 341, 344, 346,
　　349, 381, 453, 473, 474, 484,
　　527, 528

本質主義（本質論）　X, XI,
　　XV, 139, 147, 149, 152, 177,
　　184, 186, 188, 211, 218, 303,
　　334, 341, 344, 346, 453, 473,
　　474, 488, 489, 501, 527

唯名論　474, 528

約定論　474

實在論　185, 459, 475

獨我論　XI, 139, 140, 151, 152,
　　160, 161, 352

無世界論　XI, 139, 151, 152,
　　352

存在的覺知　XII, XVIII, 195,
　　196, 198, 383, 384, 471

概念的思考　189, 198

波柏爾　299

海德格爾　460, 469

高達美　385, 397

張光直　182, 295, 462, 532

韋伯　186, 187, 193, 215, 216,
　　308, 534, 535

盧梭　208, 209, 225, 481

我與它　IX, 8, 66, 90, 92, 385,
　　438, 501, 526

我與你（我與您）　IX, XIV, 8,
　　9, 66, 90, 92, 283, 298, 299,
　　385, 438, 463, 501, 526

體用不二　207

知識論　28, 43, 149, 293, 356,

478
知識社會學　511
文化人類學　170
現象學　XVII, 30, 53, 60, 190,
　　236, 286, 376, 381, 394, 410,
　　488
詮釋學　9, 318, 329

血緣性縱貫軸：
血緣性縱貫軸　I, II, 164, 192,
　　216, 219, 339, 412, 435, 524
血緣性的自然連結　II, 100,
　　124, 127, 128, 151, 153, 164,
　　219, 220, 236, 347
宰制性的政治連結　II, X, 98,
　　100, 124, 125, 126, 127, 128,
　　153, 164, 219, 220, 236, 347,
　　435
人格性的道德連結　II, 100,
　　124, 127, 128, 153, 164, 219,
　　236, 347
委託性的政治連結　III, 124,
　　128, 219, 220, 236
契約性的社會連結　II, X, 97,

98, 124, 128, 219, 220, 225,
　　235, 236
縱貫立體結構　XVII, 405, 406
人際性互動軸　II

錯置：
錯置　II, 24, 31, 125, 262
具體性的誤置　VII, 2, 23, 25,
　　386
道的錯置　II, 13, 124, 125, 164,
　　200
道德威權　98, 105, 108, 109,
　　110, 114, 128, 135
道德與思想意圖　216
氣的感通　98, 110, 111, 140,
　　170, 173, 174, 175, 298, 462,
　　475, 532
話語的論定　322, 462, 475, 532
禮教吃人　98, 118, 122
人學　53, 98, 123, 149, 305
咒術　IV, V, X, XVIII, 42, 51,
　　52, 53, 54, 55, 60, 139, 140,
　　144, 145, 148, 152, 158, 163,
　　165, 166, 169, 170, 171, 175,

317, 531, 533, 534, 535, 536, 538

專制　II, IV, V, IX, X, XIII, XV, 42, 51, 52, 54, 55, 60, 97, 100, 101, 103, 104, 105, 106, 107, 108, 110, 112, 113, 114, 115, 117, 118, 119, 120, 121, 124, 125, 126, 127, 128, 135, 136, 139, 140, 142, 143, 145, 147, 148, 150, 153, 154, 155, 156, 157, 158, 161, 163, 164, 165, 170, 171, 175, 193, 195, 205, 207, 209, 213, 214, 216, 217, 218, 219, 221, 222, 224, 236, 240, 242, 284, 289, 290, 302, 308, 311, 312, 316, 321, 322, 328, 329, 332, 337, 339, 347, 351, 371, 388, 393, 412, 435, 456, 465, 482, 494, 495, 503, 507, 508, 519, 524

核心　I, II, VIII, X, XII, XIII, XIV, XV, 2, 16, 30, 31, 33, 50, 53, 60, 67, 132, 139, 140, 141, 142, 143, 144, 146, 147, 148, 149, 150, 151, 164, 178, 184, 185, 188, 189, 191, 192, 195, 196, 198, 199, 200, 204, 210, 211, 216, 219, 220, 227, 228, 229, 235, 247, 255, 283, 288, 291, 301, 302, 303, 308, 316, 323, 325, 341, 344, 345, 346, 347, 349, 354, 355, 359, 362, 433, 474, 506, 519, 522

邊緣　X, 53, 139, 140, 141, 142, 143, 146, 147, 148, 149, 150, 383, 393, 487

解咒　XVIII, 51, 52, 146, 165, 170, 172, 175, 317, 531, 533, 534, 540

現代性：

現代性　IV, V, XVI, 23, 27, 229, 236, 244, 345, 375, 376, 380, 383, 388, 389, 401, 501

工具理性　24, 244, 383, 385, 401

異化　II, V, IX, XIII, XVI, 24, 25, 26, 59, 72, 74, 87, 97,

110, 122, 132, 133, 164, 195,
204, 217, 278, 340, 375, 380,
381, 389, 401, 414, 431, 436,
443, 450, 501

疏離　59, 87, 122, 204, 278, 389,
401, 414, 431, 449, 450

選民　457

理智中心主義　376, 380, 381,
385, 388, 397, 399

康德　VIII, XI, XIV, 3, 28, 34,
42, 43, 47, 49, 53, 111, 162,
163, 168, 173, 177, 181, 182,
204, 208, 209, 210, 211, 213,
225, 283, 284, 292, 293, 294,
295, 300, 317, 355, 356, 358,
363, 460, 463, 464, 469, 471,
481, 484, 529, 535

洛克　123, 208, 371

黑格爾　142, 287, 326, 327, 459,
460, 469, 471, 539

費希特　183, 302

存在先於本質　26, 376, 384

覺知　VI, XVI, 60, 198, 375,
376, 377, 389, 390, 391, 392,

394, 396, 398, 399, 400, 403,
404, 445, 446

批判理論　242

文化霸權：

信息之場　XVII, 405, 406, 428,
432, 434, 435, 436, 438, 446,
450

虛假論述　XVIII, 371, 453, 466

文化霸權　484, 532

現代話語　467

生死學：

生死　XIII, 223, 247, 248, 250,
255, 257, 258, 260, 261, 262,
268, 269, 272, 273, 274, 275,
281, 411, 445

敬　XIII, XVII, 11, 16, 17, 18,
71, 72, 80, 83, 193, 212, 215,
216, 226, 247, 248, 250, 252,
254, 255, 257, 269, 270, 311,
321, 327, 339, 345, 350, 382,
395, 406, 408, 411, 412, 418,
420, 429, 432, 437, 440, 441,

442, 443, 444, 448

喪 XIII, 25, 90, 115, 235, 247,
248, 251, 259, 265, 267, 268,
269, 270, 272, 274, 364, 419,
522

祭 XIII, 11, 13, 17, 247, 248,
255, 257, 264, 268, 269, 270,
271, 272, 273, 274, 279, 418,
419, 420, 437

孝 XIII, 13, 83, 95, 100, 119,
125, 128, 155, 162, 167, 192,
220, 247, 248, 249, 250, 252,
254, 255, 256, 258, 308, 309,
310, 311, 312, 330, 336, 338,
339, 418, 427, 431, 435, 448,
506

終極關懷 XIII, 247, 248, 250,
254, 257, 407, 525

悌 162, 167, 192, 220, 250, 252,
258, 309, 310, 312, 316, 336,
338, 339, 427, 431, 435, 506

慈 X, XVII, 13, 73, 77, 84, 98,
132, 135, 136, 162, 277, 392,
395, 415, 452, 493, 504

自然 II, VII, X, XIII, XVII, 2,
6, 7, 11, 12, 14, 19, 23, 26,
27, 28, 36, 40, 43, 56, 58, 62,
68, 72, 73, 75, 79, 80, 90, 98,
108, 118, 119, 121, 122, 123,
124, 128, 135, 164, 165, 166,
183, 196, 209, 210, 220, 225,
226, 227, 233, 241, 251, 256,
257, 260, 262, 264, 265, 266,
269, 270, 271, 275, 278, 288,
290, 305, 312, 315, 316, 326,
347, 359, 362, 364, 370, 371,
381, 382, 387, 391, 405, 408,
414, 415, 419, 426, 429, 431,
441, 443, 445, 450, 469, 477,
481, 494, 510, 534, 538

自覺 VII, 2, 19, 26, 27, 36, 61,
62, 68, 73, 75, 76, 79, 80,
103, 111, 112, 130, 133, 161,
217, 223, 227, 228, 254, 265,
276, 431, 468, 471, 508, 509,
511, 513, 514, 537

自在 278, 391, 398

傅偉勳 II, 228

治療：

治療學　IX, XVII, 26, 59, 88,
　　95, 360, 406, 450, 451

文化型態學　VII, 1, 9

存有治療　IX, 65, 66, 74, 75,
　　76, 79, 81, 82

般若治療　IX, 65, 76, 77, 79,
　　81, 82

意義治療　IX, XVII, 39, 65, 66,

72, 73, 74, 76, 79, 81, 82, 84,
86, 92, 260, 269, 280, 285,
405, 407, 411, 421, 433, 434,
436, 437, 438, 445, 447, 448,
450, 478, 525

文化治療　87, 222, 286

社會批判　88, 231

弗蘭克　74, 81, 438

榮格　86, 534

國家圖書館出版品預行編目資料

儒學轉向：從「新儒學」到「後新儒學」的過渡

林安梧著. — 初版. — 臺北市：臺灣學生，
2006[民 95]
面；公分
含索引

ISBN 957-15-1300-8(精裝)
ISBN 957-15-1301-6(平裝)

1. 哲學 — 中國 — 現代（1900-） — 論文，講詞等

128.07   95002743

儒學轉向：從「新儒學」到「後新儒學」的過渡(全一冊)

著　作　者：林　　　安　　　梧
出　版　者：臺 灣 學 生 書 局 有 限 公 司
發　行　人：盧　　　保　　　宏
發　行　所：臺 灣 學 生 書 局 有 限 公 司
　　　　　　臺 北 市 和 平 東 路 一 段 一 九 八 號
　　　　　　郵 政 劃 撥 帳 號 ： 0 0 0 2 4 6 6 8
　　　　　　電　話 ： (0 2) 2 3 6 3 4 1 5 6
　　　　　　傳　眞 ： (0 2) 2 3 6 3 6 3 3 4
　　　　　　E-mail：student.book@msa.hinet.net
　　　　　　http：//www.studentbooks.com.tw
本書局登
記證字號　：行政院新聞局局版北市業字第玖捌壹號
印　刷　所：長 欣 彩 色 印 刷 公 司
　　　　　　中 和 市 永 和 路 三 六 三 巷 四 二 號
　　　　　　電　話 ： (0 2) 2 2 2 6 8 8 5 3

定價　：精裝新臺幣七〇〇元
　　　　平裝新臺幣六〇〇元

西 元 二 〇 〇 六 年 二 月 初 版